인지행동치료에서
심상

Lusia Stopa 저 | 정은주 역

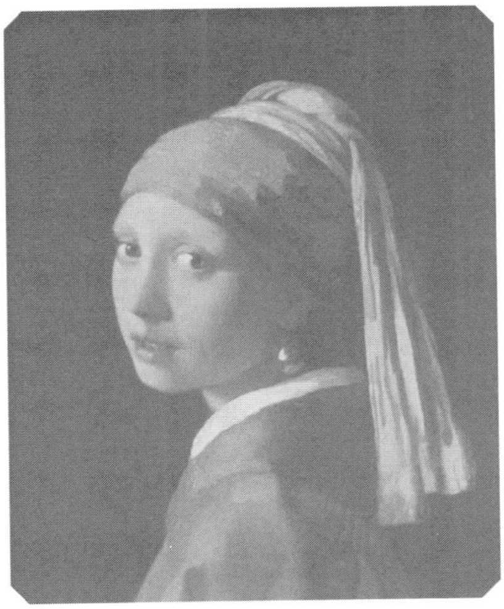

IMAGERY IN COGNITIVE-BEHAVIORAL THERAPY

학지사

Imagery in Cognitive-Behavioral Therapy
by Lusia Stopa, DPhil

역자 서문

심상 작업을 심리치료에 활용한 지는 꽤 오래된 것 같다. 심리치료에서 심상 작업을 활용하기 시작한 초반에는 사실 이론적 배경에 대한 충분한 지식이 없었고 안츠와 베르트만(Arntz & Weertman, 1999)의 3단계 기법도 알지 못했었다. 다만, EMDR(Eye Movement Desensitization and Reprocessing)을 공부할 기회가 있었고 그것을 통해 아이디어를 얻었다. 눈동자를 움직이는 활동을 하지 않더라도 눈을 감고 상상하는 것은 얼마든지 치료적 효과가 있겠다는 판단을 하게 되었다. 초반에는 자신의 죽음을 상상하는 작업을 통해 삶의 가치나 방향을 찾고자 하는 작업에 활용하다가 점차 부적응적 사고를 낳은 일상의 경험뿐만 아니라 외상에도 적용하게 되었다. 외상이나 힘든 경험에 적용할 때 내담자들은 그들의 목소리를 내는 것을 두려워했는데, 그때 현재의 자기뿐만 아니라 부모나 경찰이 등장하기도 하고 때로는 치료사로서 내가 그 심상 속으로 들어가기도 하였다. 이러한 제3자는 내담자가 표현하고자 하는 말이나 행동에 용기를 주기도 하고, 치료사를 제외한 제3의 인물들은 과거 내담자를 대신하여 현재의 자기가 원하는 말이나 행동을 해 주기도 하였다. 심상 작업은 나의 치료과정에서 중요한 부분 중 하나로서 내담자와 함께 넘어야 하는 산을 좀 더 효율적으로 넘을 수 있도록 하는 과정이었고, 이러한 작업은 안츠와 베르트만 3단계 작업의 변형이라고 할 수 있었다.

이후에 나는 영국 런던으로 일 년 단기 유학을 가게 되었고, 이때의 경험은 나에게 심리치료 작업의 전환을 가져오게 하였다. 그 유학 이전에는 박사학위를 받았던 자기심리학을 이론적 배경으로 삼아 세상을 바라보았다. 물론 지금도 그 관점에서 치료를 하는 사례가 있을 정도로 훌륭한 이론이지만 긴 치료과정이 요구되었다. 하지만 그렇게 긴 시간을 쓸 준비가 된 내담자는 많지 않았다. 그러한 상황에서 나는 심리치료사로서 변화의 필요성을 안고 런던으로 가게 되었고 그곳에서 인지행동치료를 만난 것이다. 인지행동치료는 문제에 깔끔하게 접근하여 해결하며 내담자의 만족도 또한 높은 접근방법으로서 나에게 딱 맞게 어울리고 필요한 옷을 발견한 느낌이었다. 한국으로 돌아온 후 나의 학습과 치료의 방향은 인지행동치료로 향하게 되었고, 그곳에서의 배움과 임상 경험을 통해 알게 된 것을 함께 나누고자 번역한『자기탐색을 통한 인지행동치료 경험하기』(2020),『인지행동 미술치료』(2022), 그리고 인지행동치료 기반 집단미술치료 경험이 반영된『나를 위한 미술치료』(2023)를 학지사의 도움으로 출간하였다.

인지행동치료와 인지행동 미술치료를 향한 길에서 마주하지 않을 수 없는 '심상'은 나에게 운명처럼 다가왔다. 어찌 몰라볼 수 있었겠는가? 내가 하고 싶었던 말들이 거기에서 살아 움직이고 있었다. 이 책에는 심상 기법과 이론들이 매우 체계적으로 잘 정리되어 있다. 그뿐만 아니라 실제 치료 장면을 보는 듯한 자세한 사례들을 치료사들이 읽는다면 많은 도움이 될 것이라 생각하였다.

나는 이 책을 만나자마자 학지사의 문을 두드렸다. 이 책이 나를 선택하였으니 나 또한 최선을 다해야 한다고 생각하였기 때문이다. 학지사 김진환 대표님의 심리학 분야에 대한 관심과 사랑으로 이 책을 한국의 독자들도 만나 볼 수 있게 되었다. 어떤 장은 술술 번역되었지만, 어떤 장은 읽고 또 읽어야 했다. 그렇게 하루하루가 지나가고 이 책이 출간될 시기가 되었다. 번역판이 나올 수 있도록 안내해 주신 이수정 대리님, 편집을 위해 최선을 다해 주신 이영봉 과장님을 비롯한 편집부에 감사를 전한다.

더불어 항상 변함없이 나를 지지해 주는 남편과 아들에게 미소를 보낸다. 그들 옆에서 편안하게 공부하며 성장하고 있는 것 같다. 그리고 내 앞에 앉아 있는 내담자들과 학생들에게도 감사를 전하고 싶다. 나를 믿고 내 앞에 앉아 있는 그들이 나의 스승이라 생각한다. 나는 그들 덕분에 성장하고 발전한 모습으로 또 다른 그들 앞에 앉는다. 이러한 나의 마음을 담은 노력이 모든 이의 안녕과 성장에 조금이라도 도움이 되기를 바란다.

2024년 9월

햇볕 드는 나의 작은 서재에서

정은주

추천사

심상은 고통스러운 개인들에게 더 강력하게 작용할 수 있다. 35년 전, 죽음에 대한 생각 때문에 매우 불안해했던 나의 첫 내담자들 중 한 명이 생각난다. 그녀는 실수에 의해 살아 있는 상태로 관에 묻힌 채 깨어났는데, 절망적이고 무기력하고 체념한 심상이 마음에 떠오른다고 말했다. 이 내담자는 내게 내담자들로부터 심상을 이끌어 내는 것의 중요성을 가르쳐 주었다. 나는 심상을 떠올리는 데는 타고난 것 같다. 내담자들이 자동적 사고를 보고할 때 나는 나의 인지를 관찰한다. 내가 그들의 언어적 사고에 대해 심상을 떠올렸다는 것을 알아차리면 질문으로 넘어간다. "그것은 무엇처럼 보이나요/보였나요? 당신의 마음에 그것에 대한 심상이 떠오르나요?" 나는 사고와 심상을 평가하는 언어적 방법들이 꽤 유용하다는 것을 알고 있다. 하지만 루시아 스토파(Lusia Stopa)의 훌륭한 책에서 설명하고 있듯이 심상 기법들은 훨씬 더 큰 인지적 · 정서적 변화를 가져올 수 있다.

심상 작업은 초기부터 인지치료의 일부분이었다. 1979년 아론 벡(Aaron Beck)과 동료들에 의해 출간된 첫 번째 인지치료 책인 『우울증을 위한 인지치료(Cognitive Therapy of Depression)』를 읽으며 기억을 더듬어 보자. 당신은 언어적 · 자동적 사고와 심상적 · 자동적 사고가 모두 다루어진다는 것을 알게 될 것이다. 하지만 너무나 많은 치료사가 부적응적 심상을 확인하고 수정하는 것의 중요성에 대해서는 알지 못하는 것 같다. 내담자들은 보통 자신의 정서적 · 생리적 또는 행동적 반응에 대해 훨씬 더 잘 알지만 그들이 심상을 경험하고 있다는 것을 처음에는 알아차리지 못할 수도 있다. 하지만 대부분의 사람은 짧은 훈련만으로 자발적이고 부정적인 심상을 발견하는 법을 배울 수 있다. 이 심상을 수정하는 것은 특히 부정적 정서가 일어날 때, 인지적 · 정서적 수준에서 인지를 변화시키는 데 매우 효과적일 수 있다. 내담자의 심상과 그들이 그것에 부여하는 의미를 이해하는 것은 내담자를 더 온전히 개념화하도록 돕기에 우리는 더 효과적으로 치료를 계획할 수 있다.

또 치료적 이점을 위해 심상을 유도하는 것은 매우 강력할 수 있다. 내담자들이 그들의 소망을 이루는 자신을 보는 상상을 하도록 돕는 것은 희망을 더 크게 고취시키고 힘든 치료 작업을 해 나가는 동기를 증가시키며 목표 설정 과정을 도울 수 있다. 인생 최고의 순간을 시각적 형태로 마음에 떠올리는 것은 그들의 강점, 긍정적 자질, 성취 그리고 자원을 떠올리는 데 도움이 된다. 심상을 통해 아동기와 그 후 외상 사건의 의미를 재구성하는 것은 언어적으로만 대화할 때보다 훨씬 더 강력하다. 심상을 활용하는 것은 특히 내담자의 핵심 신념을 다룰 때, 인지행동치료의 인지적 기술들을 향상시키는 마음의 일부를 활용하는 데 도움이 된다.

이 멋지고 실용적인 책을 읽는 것은 치료사들이 설사 이미 내담자의 심상을 유도하고 반응하는 데 능숙하다고 할지라도 치료를 개선하도록 도울 것이다. 이 책에 나오는 여러 아이디어와 전략은 이미 그 효과가 증명된 것이다. 하지만 벡 인지행동치료 연구소의 교수인 스토파 박사는 실험적으로 개발되어 인지행동치료 실제에 이제 막 통합되기 시작한 새로운 심상 기법들도 소개한다. 그녀는 심상 기반 개입방법들의 강도와 효능은 치료사가 이 작업을 수행할 때 내담자를 안전하게 느끼도록 하는 데 있어서 아주 중요하다고 조언한다. 이 책은 심상 기법들에 대한 구체적인 설명뿐만 아니라 치료사들이 어떻게 신뢰와 협력을 구축할 수 있는지를 설명하는 자세한 임상 사례들로 가득 차 있는데, 이를 통해 그들은 부정적이고 두려운 심상을 표적으로 삼을 수 있을 뿐만 아니라 긍정적 정서를 키우고 자기와 타인에 대한 긍정적 관점을 강화할 수 있게 된다.

이 책의 특별한 힘은 이론에 기반을 두고 있다는 것이다. 이론은 치료사가 언제 어떻게 심상 개입방법을 활용할지, 특히 상황이 계획대로 진행되지 않을 때 어떻게 이론에 의지할지를 이해하도록 돕는다.

스토파 박사의 말에 따르면, "심상은 잠재적으로 강력한 개입방법이고 상황을 예상치 못한 방향으로 이끌 수 있다." 당신은 심상 작업을 위한 이론적 기초와 사용할 특정 기술을 배우는 것이 당신의 치료를 훨씬 창의적이고 효과적이고 보람 있게 만드는 것임을 알게 될 것이다.

주디스 벡 박사(Judith S. Beck, PhD)
벡 인지행동치료 연구소와 펜실베이니아 대학교
(Beck Institute for Cognitive Behavior Therapy and University of Pennsylvania)

저자 서문

지난 10년 동안 심상에 대한 관심이 높아졌고, 심상 기법도 발달해 왔으며, 심상 개입방법이 내담자에게 실제로 치료적 이점을 제공하는지를 확실히 하기 위한 검토가 진행되어 왔다. 그러나 심상을 위한 훈련 교재들은 이보다 더 전통적 방식인 인지치료에 관한 교재보다 훨씬 뒤처진다. 이 책은 그 격차를 해소하고, 이용 가능한 개입방법을 소개하기 위한 것이다. 즉, 이 개입방법을 지지하는 증거를 제시하고, 가장 중요하게는 그것을 활용하는 방법을 소개하고자 한다. 특정 기법을 설명하는 각 장은 기법을 활용하는 방법과 그것을 다른 표준 개입방법과 통합하는 방법을 설명하기 위해 폭넓은 사례를 보여 준다. 이러한 접근은 심상을 그보다 더 친숙한 인지적 접근과 통합하는 치료의 전 과정을 설명하는 로저(Roger)에 대한 단일 사례를 설명하는 데 집중하는 장으로 마무리된다.

나는 인지치료에서 심상 활용을 위한 실용적인 지침서(혹은 설명서)를 제공하기 위해 이 책을 썼다. 하지만 이것이 규범적인 것은 아니다. 구체적인 심상 개입에 대한 장들은 기법을 설명하고 그것을 활용하는 방법을 설명한다. 나는 이 책에서 잘못 진행될 수 있는 것이나 심상 개입이 작용하지 않은 예들을 강조하고 이것이 왜 그럴 수 있는지에 대해 설명한다. 문제해결에 대한 장이 끝에 나오는데, 이는 잠재적인 문제를 발견하고 해결할 수 있는 방법을 찾도록 돕는 것이 목적이다. 치료에서 문제점을 해결하거나 어떤 어려움을 해소하는 데에는 개입방법을 안내하는 기저 이론들과 모델들에 대한 지식이 요구된다. 비록 이 책이 이론 자체에 대한 것은 아니지만 나는 관련된 이론들을 광범위하게 활용하였다. 왜 특정 기법을 활용하는지를 설명하고, 개입방법이 예상되는 방식으로 작용하지 않을 때 당신이 잠재적인 가설들을 세우도록 돕기 위함이다. 특히 나는 나를 비롯하여 많은 동료가 참여했던 심상, 기억 그리고 자기와의 관계를 탐색하는 연구에 중점을 두었다.

심상에 대한 나의 흥미는 다양한 자원에서 생겨났다. 나는 항상 열렬한 소설독자였으며 심리학자가 되기 전에는 영국과 캐나다에서 영문학을 공부하였다. 소설은 우리가 그것을 읽는 동안 우리가 사는 심상의 세계를 그린다. 소설은 이야기뿐만 아니라 독자의 상상 속에서 내적·외적 세계를 보여 준다. 이야기의 세계로 들어가는 경험은 내가 치료에서 심상과 그것의 가치에 반응하는 데 밑거름이 된 것 같다. 자기에 대해 중점을 둔 사회불안에 대한 박사 연구와 심리도식치료에 대한 나의 초기 시도의 결합은 곧 나를 심상 연구로 나아가게 했고, 점점 치료 작업에 그것을 사용하도록 하였다. 그 통합은 마침내 이 책으로 이어졌다.

나는 인지치료사와 임상 심리학자를 훈련시키는 데 내 경력의 대부분을 사용해 왔다. 심상에 대해 관심이 높고 더 많은 것을 배우고자 하는 욕구가 있지만 여기에는 불안이 동반되어 있다. 심상은 신비한 매력을 가지고 있는 것처럼 보이지만 치료사들은 그것이 문제의 영역을 건드리거나, 압도되고 통제 불가능한 정서를 자극할까 봐 두려워한다. 심상이 잠재적으로 강력한 개입방법이고 예상치 못한 방향으로 갈 수 있다는 것은 사실이다. 하지만 심상 기법을 사용하는 방법과 당신이 그것을 사용하는 이유를 이해한다면 이것을 두려워할 필요가 없다. 심상은 당신의 치료에서 흥미롭고 창의적인 접근을 할 기회를 제공한다. 나는 이 책이 당신에게 심상에 대해 알려줄 뿐만 아니라 그것의 잠재력에 대한 당신의 상상과 열정을 자극하기를 바란다. 이 영역의 개발을 통해 우리의 내담자에게 잠재적으로 제공할 수 있는 것과 배울 점이 훨씬 더 많기 때문이다.

사례에 나오는 내담자들은 내가 많은 세월 동안 임상 장면에서 심상을 활용한 데서 추출한 것이다. 즉, 많은 사례에 나오는 내담자는 내가 만난 여러 사람을 합성한 것이고 한 사람의 사례를 면밀히 따랐으며, 비밀을 보장하기 위해 세부 사항을 바꾸었다. 모든 이름은 가명이다. 제10장에 나오는 로저의 사례를 보면, 그의 문제는 내가 치료한 여러 사람에게서 도출한 것이지만 그의 가족사는 우리 삶의 상황과 우리가 상황에 반응하는 방법이 세대를 통해 어떻게 반향을 일으키는지를 설명하기 위해 만들어졌다. 나는 이 내담자들과의 작업에서 아주 많은 것을 배웠고, 새로운 많은 심상 기법을 탐색하고자 한 그들의 의지에 큰 감사를 표한다. 그들의 경험이 당신이 심상을 활용하기 시작하는 데, 또는 심상 개입을 더 폭넓게 실험하는 데 자신감을 주길 바란다.

책을 쓰는 것은 쉬운 일이 아니다. 나의 길에 함께했던 모든 내담자, 동료와 학생에게 감사의 말을 전하고자 한다. 특히 내 생각을 자극하고 구체화한 콜레트 허쉬(Colette Hirsch) 박사, 엔케 칼(Anke Karl) 박사, 그리고 솔자나 칠리(Soljana Çili) 박사에게 특별한 감사를 전한다. 그들은 내가 아이디어들을 탐색하고 검토하도록 도왔다. 그들은 헤아릴 수 없을 만큼 귀중한 동료이며 좋은 친구이다. 길포드 출판사(Guildford Press)의 편집팀 역시 훌륭하였다. 특히 이 책의 담당 편집자였던 짐 나고트(Jim Nageotte)는 내가 여러 차례 마감일을 놓쳤음에도 불구하고 항상 나를 격려하고 지지해 주었다. 훌륭한 조언과 편집 덕분에 이 책은 엄청나게 향상되었다. 늘 그렇듯, 나에게 변함없는 지지와 믿음을 주는 나의 가족에게 감사한다.

Lusia Stopa

차례

제7장 심상 다시쓰기 • 169

제8장 자기 심상의 변형 • 207

제9장 안전, 온정, 긍정 정서를 위한 심상 • 245

제10장 사례에서 심상 통합 • 271

제11장 문제점 해결 • 319

제1장

심상 소개

> 잔뜩 웅크리고 있는 작고 불쌍한 내 모습이 보여요. 얼굴은 정말 비참하게 보이고 내 모습 위로 희미한 형체들이 어렴풋이 보여요. —존

> 담배 냄새가 느껴져요, 아니, 그것뿐만 아니라, 쓰고 매운 맛도 느껴져요. —수니타

> 내가 멍청하고, 평생 아무 데도 못 갈 거고, 항상 내 잘못이라고 말하는 그의 목소리가 들려요. —사라

심상은 세상을 경험하는 기본적인 방법이다. 심상은 한 가지 단순한 감각 표상이거나 일부 또는 전체 감각을 포함하는 복잡한 것일 수도 있다. 당신은 눈을 감고 활짝 핀 장미를 떠올리고 향기를 느낄 수도 있다. 반대로, 당신은 전쟁터를 떠올려 그 장면을 보고 총소리나 폭발 소리를 듣고 그 냄새도 맡을 수 있다. 이와 같은 이미지에는 피 맛이나 폭발에 의한 바람도 포함될 수 있다. 심상은 어떤 외적 자극이 없이도 나타날 수 있다. 당신은 고요하고 어두운 방에 누워서 산이나 사막을 여행하는 것을 상상할 수 있다. 비록 심상이 외적 감각의 입력을 필요로 하지는 않지만 외적 자극은 촉발 자극으로 작용할 수 있다. 한 줄기 냄새가 아주 좋았던 휴가나 끔찍한 강간을 떠올리게 할 수 있다. 한 장의 사진은 세상을 떠난 사랑하는 사람에 대한 내면의 이미지를 떠올리게 할 수 있다.

벡(Beck)은 심상이 언어적 인지와 같은 방식으로 고통을 낳을 수 있다는 것을 확

인하였고(예: Beck, Rush, Shaw, & Emery, 1979), 오랫동안 그 둘은 기능적으로 동등한 것으로 여겨졌다. 그러나 인지치료에서 심상이 "핵심 주제"로 떠오른 것이(Holmes, Arntz, & Smucker, 2007, p. 298) 심상에 대한 이해를 변화시켰는데, 부분적으로는 주류 심리학과 인지신경과학을 매개로 한 인지행동치료(Cognitive-Behavioral Therapy: CBT) 사이의 교류 때문이다. 코슬린, 가니스와 톰슨(Kosslyn, Ganis, & Thompson, 2001)은 심상이 여러 지각 행위와 운동 행위와 마찬가지로, 같은 기저 신경회로에 의존하고 있다고 한다. 코슬린과 동료들은 심상이 인지 기능을 가장 잘 이해할 수 있는 것 중 하나인데, 지금까지 심상은 시각적 이미지에 주로 적용되고 있다고 강하게 주장한다. 우리는 다른 감각 양식에서의 심상에 대해 잘 모른다.

외부 세계에 대한 지각과 내면의 이미지의 근거가 되는 신경구조의 공유는 심상의 중요성을 어느 정도 설명한다. 우리는 심상의 세계에 살고 있고, 대개 실제 사건들에 반응하는 것과 같은 방식으로 이 심상들에 반응한다. PTSD를 겪는 내담자가 교통사고에 대한 생생한 플래시백을 경험하는 경우, 사건이 일어났을 때와 같은(또는 비슷한) 뇌 활동이 이 재경험의 토대가 된다. 만약 부정적 심상이 신경의 공포 회로를 활성화한다면, 긍정적 심상이 반대되는 신경생물학적 시스템을 작동시킬 수 있을 것이다.

이 책의 목적은 초보자와 중간 단계의 치료사들에게 CBT에서 심상을 활용하는 실용적 핸드북을 제공하기 위함이다. 심상을 효과적으로 사용하기 위해, 당신은 정신적 이미지의 특징과 기능에 대해 알아야 하고 증거 기반 심상 개입 적용에 어느 정도 친숙해져야 한다. 이 책의 주요 목적은 당신에게 심상 개입을 하기 위한 틀을 제공하고, 당신이 변화를 가져오는 심상의 힘에 대해 자신감을 갖도록 하기 위함이다.

다양한 심리치료 학파에서 심상의 활용

인지치료가 치료적 도구로서 심상의 힘을 발견했다고 생각하면 오해이다. 프로이트(Freud)는 그의 치료 초기에 카타르시스의 한 형태로서 최면술과 아동기 기억에 대한 생생한 재체험을 활용하였다. 자넷(Janet)의 최면 치료 활용은 심상 다시쓰기의 형태로 정의되고(Edwards, 2007 참조), 많은 인본주의와 실존주의 치료가 언제나 그들의 임상에 심상 작업을 포함하고 있다(예: 게슈탈트 치료; Perls, Hefferline, & Goodman,

1951). 싱어(Singer, 2006)는 『심리치료에서 심상(Imagery in Psychotherapy)』이라는 그의 책에서 여러 치료학파를 지지하는 두 개의 대조되는 철학적 · 지적 전통방식을 구별한다. 그는 이들 중 하나를 '합리적 사고와 인지적 접근들'이라 하고 다른 하나를 '내러티브적 경험적 심상 중심'이라고 불렀다. 전자는 아론 벡(Aaron Beck)의 인지치료, 알버트 엘리스(Albert Ellis)의 합리적 정서적 치료와 조지 켈리(George Kelly)의 개인구성개념 치료를 포함한 인지적 · 행동적 치료이다. 후자는 프로이트와 그의 추종자들, 예를 들면 안나 프로이트(Anna Freud), 멜라니 클라인(Melanie Klein), 도널드 위니컷(D. W. Winnicott)과 존 볼비(John Bowlby)를 포함한 고전적 정신분석이다. 내러티브적 경험 치료 분과로 융 분석 심리학과 융의 영향을 받은 다양한 인본주의와 경험 치료들, 예를 들면 인간중심치료와 게슈탈트 치료, 알프레드 아들러(Alfred Adler)의 개인심리학, 대인관계 정신분석, 사회정신분석과 교류분석이 있다(Singer, 2006, p. 69 참조).

이 두 가지 폭넓은 영역의 치료들 사이에 철학적 근거의 차이가 있을 뿐만 아니라, 싱어(2006)는 "내러티브적 경험 치료가 심리학적 · 과학적 방법 연구에 근거하기보다 직접적인 임상에서 기인하였다면, 합리적 치료, 사고 기반 인지치료 또는 행동치료는 임상 이전의 행동과학 연구와 더 밀접하게 관련된다."(p. 74)는 사실을 지적한다. 비록 여전히 주로 임상 과학에 근거를 두고 있지만 심리도식치료(Young, 1999), 변증법적 행동치료(Linehan, 1993), 수용전념치료(Hayes, 2012)와 같은 더 최근의 인지치료들은 이 두 접근 사이의 경계를 다소 희미하게 만들고 있다. 이 세 가지 모두 치료과정에 심상과 경험적 작업을 포함한다. 최근에 심상 기반 치료에 대한 관심이 급증하는 이유 중 하나는 내러티브적 경험 치료 내에서 치료 작업을 위해 심상을 활용하는 풍부한 경험을 할 수 있을 뿐만 아니라 두 접근방법을 모두 활용할 수 있고, 임상 및 인지 심리학의 실험 연구를 이용할 수 있는 심상의 능력 때문일지도 모른다.

심상의 치료적 활용

내가 새로이 자격을 취득하고 노동 연령에 해당하는 성인을 위한 심리치료 작업을 할 때 심상의 힘을 알게 되었다. 많은 사람이 다양한 동반 질환, 만성 심리적 문제와 굳어진 성격 문제들을 포함한 복합적인 문제들을 가지고 있었다. 내담자 중에 수년 동안 폭식증으로 고통받고 있던 30대 초반의 엘리야가 있었다. 폭식증을 위한 표준적인 인지치료 몇 회기를 진행하였을 때 약간의 진전이 있었지만, 나는 막혔다고 느껴지는 몇 가지 답답한 점에 대해 실험 정신으로 영(Young)의 심리도식치료에 기반한 심상 작업을 시도해 보겠냐고 그녀에게 제안했다. 내담자의 도식(기저 신념, 정서와 기억들로 이루어진)에 접근하는 한 가지 방법은 특히 고통스러운 감정에 초점을 맞추고 마음에 떠오르는 이미지나 기억이 무엇인지를 보는 것이다. 엘리야는 이 작업에 동의하였다. 그녀는 바로 감정이 올라오면서 눈물이 고였다. 나는 그녀에게 무엇을 보았는지 말해 달라고 했는데, 그녀는 자신을 큰소리로 비웃으며 "역겹고 뚱뚱한 어린 소"라고 말하는 엄마와 함께 정원에 앉아 있다고 묘사하였다. 엘리야는 엄마로부터 자기를 보호하기 위해 의자에 웅크리고 앉아 있으며, 수치스러움을 느끼고 있는 자기 자신을 보았다. 심지어 그녀는 겨우 일곱 살이나 여덟 살 정도였는데 엄마가 그녀에게 실망했다는 것을 알았고, 엄마가 자신을 역겨워한다는 것도 느끼고 있었다. 이 작업에 대해 의견을 나눌 때 엘리야는 엄마의 감정들과 특히 그녀가 엄마에 대해 혐오감을 느끼는 이유로 인해 놀라기도 하고 괴로워하였다. 동시에, 엘리야는 심상 작업을 통해 알게 되었는데, 성인이 된 후 처음으로 자신의 자기혐오를 엄마의 정서적 학대와 관련시킬 수 있었다. 자기 자신을 뚱뚱하고 역겹다고 보고 있었던 것이 이해되기 시작하였고, 엄마가 그녀를 언어적으로 비난하고 업신여기거나 역겹다고 말할 때 느꼈던 기분과 폭식, 구토를 할 때마다 그녀가 느꼈던 감정들을 관련지었다.

우리는 둘 다 중요한 돌파구를 열었다고 느꼈지만, 나는 우리가 알게 된 것을 활용할 수 있는 최선의 방법이나 다음에 무엇을 할지에 대한 확신이 들지 않았다. 만약 내가 지금 엘리야를 만났다면, 나는 훨씬 더 분명한 계획을 세우고, 초기 경험들에서 나온 의미들을 변화시키기 위해 심상 다시쓰기(7장 참조)를 시작했을 것이라고 거의 확신한다. 그 후 몇 년 동안 심상은 내 연구의 주요 초점이 되었는데, 먼저 사회불안에 대해, 그다음에는 심상, 기억과 자기 사이의 더 폭넓은 관계에 대해 초점이 맞춰졌다.

심상 활용에 대한 치료사의 관심

나는 임상에서 심상을 언제나 활용하고 있고, 심상 개입에 대한 워크숍을 열고 다른 치료사들에게 슈퍼비전을 한다. 일반적으로 치료사들이 그들의 치료에 심상을 포함시키는 것에 흥미가 있고 열정적이지만, 일부는 약간 혼란스럽게 바라보고 있다는 것을 안다. 이 불안의 근원은 지식이나 기술의 부족 또는 자신감의 부족이다. 치료사들은 내가 엘리야와의 작업에서 느꼈던 것처럼 내담자들에게 심상에 대해 질문은 하지만 그다음에 내담자들과 함께 무엇을 해야 할지 모르겠다고 자주 말한다. 사람들이 말하는 또 다른 두려움은 심상 작업이 어떻게 다루어야 하는지 모르는 '어떤 것을 열게' 하거나 내담자를 '너무 괴롭게' 만들 수 있다는 점이다.

심상 작업과 더 전통적인 언어 기술로 작업하는 것 사이에 몇 가지 실질적인 차이점이 있다. 심상 작업은 대개 덜 구조적이고 예상치 못한 방향으로 갈 수 있고 상황이 훨씬 더 빠르게 전개되며, 심상이 강한 정서를 야기한다는 것은 분명한 사실이다. 하지만 많은 유사점이 있다. 모든 치료적 작업은 불확실하다. 내담자에게 질문을 던졌을 때 당신은 어떤 대답이 나올지 모른다. 그리고 내담자는 혼란스럽고 심지어 때로 무섭기까지 한 예상치 못한 내용을 말하게 된다. 기존의 언어적 기법들을 적용하는 데 사용되는 기술은 정서적 고통 다루기와 내담자가 변화하도록 돕는 것이다. 이와 같은 기술은 심상 작업에도 적용된다. 즉, 심상 개입이 독립적으로 활용되는 것이 아니라는 점을 기억하는 것이 중요하다. 능숙한 치료사는 언어 기반 개입과 심상 기반 개입 사이를 자연스럽게 옮겨 다닐 수 있다. 그럼에도 불구하고 어떤 치료 활동에서도 상황이 항상 계획대로 흘러가는 것은 아니다. 때때로 심상이 효과적이지 않고 가끔은 잘못되기도 한다. 그것을 위하여 이 책은 일반적인 문제들을 해결하기 위해 문제해결에 관한 장을 포함하고 있다(11장 참조).

심상 기반 개입과 언어 기반 개입 사이의 잠재적인 차이점 중 하나는 심상 개입에서는 치료사의 심상에 대한 개인적 경험이 더 방해가 될 수도 있다는 점이다. 심상에 접근하는 것이 어렵거나 자신의 내면의 심상에 대한 인식이 부족한 치료사들은 내담자도 같은 입장이라고 생각하기 때문에 심상 활용을 꺼릴 수 있다. 그들의 심상에 대한 생소함이 심상 작업을 수행하는 데 어려움을 초래할 수 있다. 왜냐하면 그들이 심상을 낯선 것으로 보거나 많은 효과를 내지 못할 것이라고 추측하기 때문이다. 아니면, 정반대일 수도 있다. 치료사 자신의 심상이 너무 생생하고 '진짜'처럼 보이기에 치료사는 심상이 내담자가 본 것에 대한 정확하고 믿을 수 있는 반영이라고 생각한다. 이러한 추측은 잘못된 해석을 초래할 수 있다. 예를 들어, PTSD를 위한 재체험 작업에서 내담자에게 "최악의 순간은 언제였나요?"라고 물을 때, 그들의 대답이 그 경험에서 가장 고통스러운 부분일 거라는 나의 지각과 거의 일치하지 않는다는 사실에서 나는 항상 난처함을 느꼈다. 기록지들, 파이 차트, 또는 연속선과 같은 언어적 방법을 활용할 때는 이런 일들이 일어날 수 있지만, 세상에 대한 강력한 상을 제공하는 심상의 능력은 그 효과를 심화시킬 수 있다. 여기서 중요한 것은 한 개인의 심상을 알아차리는 것이지, 그것이 내담자의 경험을 직접적으로 반영한다고 추측하는 것이 결코 아니라는 점이다.

심상의 특성과 기능

심상은 세 가지 분명한 특징으로 구성되어 있다. 첫 번째, 심상의 내용으로 마음속 그림 또는 당신에게 들리는 소리이다. 두 번째는 나타나는 심상의 형태로 정적인가 또는 동적인가, 선명한가 또는 흐린가이다. 다음 장에서 알게 되는데, 둘 다 치료개입의 잠재적 목표가 된다. 세 번째 심상의 특징은 그것의 기능과 관련된 것이다. 다음 절에서 먼저 심상의 내용과 형태에 대해 알아보고 그다음 인지치료와 가장 관련된 그 기능을 살펴본다.

심상의 내용

내담자들의 심상의 내용은 특정 장애를 특징짓는 주제와 관련된 중요한 부정적 의미(예: 건강염려증에서 죽음과 질병에 대한 심상, 사회불안장애에서 바보짓을 하는 자기 자신에 대한 심상)를 일반적으로 나타낸다. 그러한 침습적인 부정적 심상은 불안장애에서 가장 광범위하게 연구되고 있지만, 모든 장애에서 그것의 중요성이 입증되고 있다. 침습적 심상은 무섭고 기이할 수 있다. 정신증을 가진 사람은 잔혹 동화 속 심상을 떠올린다. 예를 들면, 오븐 속에 갇힌 자기가 떠오른다(Morrison et al., 2002). 침습적인 부정적 심상은 일반적으로 비자발적이고 원치 않는 것인데, 심한 고통을 낳고 부적응적 행동 반응을 야기한다.

침습적 심상은 그 자체가 병리적이지는 않다. 라흐만과 드 실바(Rachman & de Silva, 1978)는 침습적 심상이 임상 집단과 비임상 집단에서 유사하다는 것을 보여 주었다. 지금은 비임상 참가자들에게서 일반적 침습들로, 예를 들면 벼랑에서 뛰어내리거나 폭력적 행동을 하는 것과 같은 심상일 수 있다는 것으로 잘 알려져 있다. 문제는 침습적 심상에 대한 개인의 반응에서 발생한다. 부정적 심상을 억압하려는 노력은 그것을 중요한 것으로 꼬리표를 붙이는 것이 되며, 따라서 그것에 자동적으로 주의를 향하게 되고, 역설적으로 그것의 빈도가 증가하게 된다. 회피나 안전 행동과 같은 행동 반응은 그 심상이 위험하고 통제되어야 한다는 신념과 중립화해야 한다는 위협감을 강화시키게 된다. 다시 말해, 침습적 심상 그 자체의 존재가 아니라 이 심상들에 대한 개인의 평가와 반응이 문제를 야기한다.

강박장애(Obsessive-Compulsive Disorder: OCD; Shafran & Rachman, 2004)에서 사고-행동 융합은 내담자가 어떻게 그 생각을 하는 것이 행동을 하는 것만큼 나쁘다거나, 그 생각을 하는 것이 자신이 상상한 행동을 하게 되는 임박한 위험에 처해 있다는 것을 의미한다고 믿는지를 설명한다. OCD를 겪는 마리아는 아기를 해칠까 봐 두려워하였다. 그녀에게는 날카로운 칼의 심상이 반복해서 나타났는데, 칼을 높이 들고서 마치 아기를 곧 찌를 것 같은 자기가 계속 보였다. 그녀는 심상들이 무서웠고 아기가 당장 위험에 처할까 봐 걱정하였다. 결국, 마리아는 자기 생각들을 끊임없이 검열하여 심상이 나타날 때 그것을 발견할 수 있었고 억압하려고 노력하였다. 검열과 사고 억압은 심상이 덜 현저하게 나타나기보다 더 나타나게 하여 본의 아니게 문제를 유지시키고 있었다. OCD 심리교육의 핵심 부분은 침습을 정상화하기 위해 침습적 사고와 심상의 특성, 빈도에 대한 정보를 포함한다. 현행 모델들은 내담자의 침습적 사고와 심상의 의미에 대한 평가, 그리고 이 평가들이 선택적 주의, 사고 억압과 강박적 의례 행위와 같은 다른 유지 과정을 초래하는 방식에 초점을 맞춘다(OCD의 인지행동 모델 검토에 관한 Shafran, 2005 참조).

수니타는 집에 심한 화재가 나서 중증 화상을 입었다. 그녀에게는 끊임없이 불안하고 경계하게 만드는 연기의 냄새와 맛에 대한 침습적 심상이 나타났다. 이 통제 불가능한 심상으로 인해 수니타는 자기가 미쳐 가고 있다고 믿었고, 회색빛의 차가운 정신병원 병실에 갇혀 있는 자기가 떠올랐다. 수니타와 마리아는 어떻게 침습적인 부정적 심상이 불안 각성과 (내적 · 외적) 위협을 찾는 지속적 환경 검열을 초래하는지에 대한 예시가 된다. 이는 사고 억압, 회피, 중립화와 같은 심상을 통제하기 위한 다양한 전략을 낳는다. 이 전략들은 단기적으로는 위안을 주지만, 장기적으로는 문제를 유지하는 데 기여하기 쉽다.

일련의 시각적 심상은 모든 또는 어떤 감각으로 이루어진 심상을 포함할 수 있는 중요한 내용이 담긴 이야기를 만들 수 있다. 예를 들어, 아이가 예상치 못하게 귀가가 늦어지자 납치당했을지도 모른다는 두려움을 느끼는 부모는 아이가 차로 끌려간 후 문이 쾅 닫히는 소리가 들리고 차가 움직임에 따라 아이가 비명을 지르는 심상을 떠올릴 수 있다. 이 경우에 청각적 심상은 심상의 현실감을 증폭시키고 부모의 두려움을 증가시키며, 아이가 납치당한다는 생각, 즉 이야기 내용을 점화시킬 수 있다. 시각적 심상이 없이, 시각 이외의 다른 감각의 심상이 이와 같은 내러티브 감각을 만들어 낼 수 있는지는 분명하지 않다. 그러나 우리는 여러 감각 사이의 부조화와 이것이 개인의 경험에 어떻게 영향을 미치는지에 대해서는 잘 알지 못한다. 심상은 이야기적으로 연결되기보다 주제적으로 연결된다. 예를 들면, 교통사고로 차에 갇힌 어떤 사람은 불난 집이나 엘리베이터와 같이 다른 상황과 맥락에서 갇히는 심상을 경험할 수 있다. 이렇게 나타날 때 치료사는 언뜻 보기에도 심상이 임의로 모여 있는 것처럼 보이는 것을 이해시키기 위해 내담자가 그 주제를 인식하게 도와야 한다. 물론 심상이 항상 일관성 있는 이야기를 만들지는 않으며, 정말로 무작위하게 이야기를 변경하거나 전환시킬 수 있는데, 이것이 예를 들어 '나는 내 생각을 통제할 수가 없어.'와 같은 문제가 되는 두 번째 평가를 나을 수 있다. 복합적 심상은 과거에 일어났던 실제 사건을 나타낼 수도 있고, 순수하게 상상이거나 실제와 상상이 섞인 것일 수도 있다.

불수의적 심상 대 의도적 심상

앞에서 언급한 것처럼 많은 심상이 자발적으로 떠오른다. 그러나 심상은 또한 의도적으로 만들 수 있다. 심상의 두 가지 유형은 치료에서 중요하다. 악마에 대한 침습적 심상이 자발적으로 떠오르는 강박장애를 겪는 신앙심이 깊은 내담자가 있다고 생각해 보자. 이 내담자는 악마의 힘에 대항하기 위해 의도적으로 천사의 심상을 형성한다. 이 불수의적 심상은 내담자의 강한 종교적 신념과 대립되고 악마에게 사로잡혔다는 생각을 초래하기 때문에 내담자는 무섭고 혼란스러워진다. 이 경우에, 악마에 대한 불수의적 심상은 처음엔 고통을 야기하지만 의도적으로 떠올린 천사의 심상은 문제를 유지시키게 된다. 왜냐하면 내담자가 악마를 상상하는 것이 본질적으로 해롭거나 위험한 것은 전혀 없다는 인식을 방해하는 안전 행동으로 기능하기 때문이다.

자살 행위에 대한 심상은 자발적 심상과 비자발적 심상의 관계에 대한 또 다른 설명을 제공한다. 자살 심상은 자살에 대한 상상(자발적)과 침습적 자살 심상(비자발적)을 포함하며, 이것은 때때로 PTSD에서 플래시백과 유사하기 때문에 '플래시포워드(flashforwards)'라 불린다(Holmes, Crane, Fennell, & Williams, 2007). 플래시포워드는 자살 행위나 그것의 영향에 대한 침습적이고 반복적인 감각이 풍부한 표상이지만 자살 상상은 자살 관련 주제에 대한 자발적인 일련의 창작물이거나 내러티브이다. 비록 심상의 두 유형이 고통을 야기하지만 심상은 해결 방법이 없다거나 자살이 더 나쁜 일이 일어나는 것을 막는 유일한 방법이라는 함정으로부터 벗어나게 함으로써 위로가 되거나 승리감을 이끌어 낼 수도 있다(Ng, Di Simplicio, McManus, Kennerley, & Holmes, 2016; van Bentum et al., 2017). 이 자살 심상과의 정적 연합은 위험을 증가시키는 데 특히 중요한 역할을 한다. 모든 정신장애에 걸쳐서 자살 위험이 가장 높은 양극성 장애를 겪는 사람들은 일반적으로 심상의 영향에 아주 민감하며, 자살 심상이 비양극성 우울을 겪는 사람들보다 더 압도적이고 특히 그들을 위험에 빠지게 한다(Holmes, Hales, Young, & Di Simplicio, 2019).

심상은 의식적으로 깨어 있는 시간 동안에만 일어나지는 않는다. 또 그것은 꿈과 악몽에서 필수적 부분이기도 하다. 수면 심상은 완벽하게 비자발적이고, 또한 선명함과 풍부한 감각적 상세함을 가진 것은 악몽이 왜 많은 사람을 그렇게 두렵게 만드는지를 설명할 수 있다. 꿈과 악몽은 묘사되는 경험이 기괴하고 무서운데, 실제로 일어나는 것처럼 자주 경험된다. 깨어 있으며 감독하는 의식의 부재는 때로 꿈의 특징이 되는 통제감 결핍의 느낌을 줄 수 있다. 물론, 꿈은 흥미진진하거나 개인이 성적 흥분을 느끼는 에로틱한 꿈처럼 매혹적이고 때로 성취감을 느끼게 한다. 이러한 종류의 긍정적 꿈은 풍부한 감각적 경험이기도 하며 통제와 억제의 부재는 무섭기보다 자유롭게 느껴질 수 있다. 꿈 심상은 깨어 있는 시간 동안 자발적으로 나타날 수 있고, 긍정적 꿈과 관련된 감각과 느낌을 재체험하거나, 부정적이거나 무서운 꿈의 의미나 이유들을 알아차리기 위해 의도적으로 떠올릴 수도 있다.

부정적 자기 심상

많은 사례에서, 자발적이고 의도적으로 창조된 심상은 개인의 자기에 대한 관점과 연결되어 있고 자기에 대한 위협이 되는 평가를 야기한다. 마리아는 그녀가 아기를 칼로 찌를지도 모른다는 두려움 때문에 아기에게 자신이 위험한 존재라고 생각한다. 그녀는 심상 속에서 칼을 들고 있는 자신을 보고 나서 자신은 끔찍한 엄마이고 사악한 사람이라는 결론을 내린다. 그렇지 않으면 왜 그녀의 눈에 그런 것들이 보이겠는가? 수니타는 정신을 잃고 미쳐 버릴 것 같아 두렵다. 그녀는 더 이상 제대로 활동하지 못해 다른 사람들의 손에 이끌려 정신병원에 수용된 자기 자신을 본다. 부정적 자기 심상은 다수의 최신 정신장애 모델(예: 사회불안장애)에서 핵심이 된다. 그리고 성공적 치료는 심상과 그들의 관련된 신념을 변화시킨다. 사회적 상황에 놓이게 될 때마다 존은 떨고 더듬거리는 자기 자신의 심상을 본다. 그는 더듬거리는 목소리를 듣게 되고 시각적으로 작고 '불쌍한' 자신을 본다. 존은 이것이 타인에게 자신이 어떻게 보이는지에 대한 정확한 이미지라고 믿는다. 또 그는 타인들이 그의 불안을 알아차릴 수 있기 때문에 그를 약하고 무능력한 사람으로 판단할 것이라고 생각한다. 이러한 믿음은 해낼 수 있는 그의 노력을 약화시킨다. 왜냐하면 그는 자신이 어떤 인상을 주는지 감시하고, 그가 생각하는 자신의 나쁜 인상을 중화시키려고 다양한 행동을 하는 데 모든 에너지를 쏟기 때문이다. 이러한 노력은 존이 실제 사회적 상황에 초점을 맞추지 못하게 하고, 그 요구들을 충족시키려는 그의 행동을 유연하게 조절하지 못하게 한다. 그러한 심상은 사회불안장애의 특징이다. 즉, 그것들은 개인의 자기에 관한 최악의 두려움을 나타내고, 부적응적 행동을 야기한다. 주요 치료목표 중 하나는 그 또는 그녀가 타인에게 실제로 어떻게 보이는지 알게 하고 그에 따라 내면의 이미지를 조절하도록 돕는 것이다.

자기에 대한 침습적 심상은 비단 사회불안장애에서만 나타나는 것이 아니며 많은 장애에서 중요한 역할을 한다(예: 섭식장애, 신체이형장애, PTSD; 검토를 위해 Çili & Stopa, 2015 참조). 그것들은 예를 들면, 낮은 자존감과 같은 초진단적인 문제들에서 자주 나타난다. 아동기 내내 사라의 아버지는 그녀를 비난했다. 그녀는 실황방송처럼 자신에게 "어리석구나." "칠칠치 못해."라고 말하는 아버지의 목소리를 듣는다. 그녀가 학업적으로 매우 우수하였고 현재 소아과 전문의라는 사실에도 불구하고 사라는 그가 옳다는 것을 당연하게 여기고 있다. 이러한 믿음은 그녀를 방어적으로 만든다. 그녀는 항상 병원에서 동료들의 비난을 기다리고 있으며, 직장 밖에서 제한된 생활을 하고 있다. 왜냐하면 그녀는 모든 사람이 그녀의 아버지와 같은 평가를 한다고 생각하기 때문이다.

지금 우리는 심상의 내용, 빈도, 영향 그리고 사람들이 어떻게 반응하는지에 관해 훨씬 많이 알고 있다(Çili & Stopa, 2015; Hirsch & Holmes, 2007, 개요 참조). 이러한 인식으로 모든 장애의 원인과 유지에서 심상의 역할을 더 잘 이해하게 된다.

심상의 형태

심상은 다양한 형태로 나타날 수 있다. 다시 말하지만 우리는 다른 감각 형태보다 시각적 심상 형태에 대해 더 많이 알고 있다. 시각적 심상은 한 장의 스냅샷처럼—사진에 더 가깝게—나타날 수 있고, 또는 그것들이 연속하여 나타날 수 있어서 오히려 영화나 연속되는 스틸 사진에 더 가깝게 경험된다. 심상의 내용과 다르게 심상의 형태는 순수하게 초진단적이다.

우리가 심상의 형태에 대해 생각할 때 중요한 특징은 선명함이다. 다시 말해, 이는 시각적 심상에서 주로 연구되고 있고 사람들이 얼마나 선명하게 시각적 심상을 '볼' 수 있는지, 일반적으로 시각적 심상을 창조하는 데 얼마나 능숙한지를 측정하는 설문조사가 있다. 비록 선명함이 시각적 심상에서 가장 적절하지만, 우리는 다른 감각 형태에서 특수성(distinctiveness)과 강도(intensity)와 같은 특징들을 고려할 필요가 있다. 시각적 심상에서의 선명함과 비슷하게, 대부분의 감각적 형태에는 연속성이 있는 것 같다. 청각적 심상은 또렷하면서 구별할 수 있는 명료한 소리에서부터 구별하기 어려운 흐릿한 소음까지 다양할 수 있다. 앞 절에 나온 사라의 이야기로 돌아가면, 우리는 전통적인 인지 재평가 기법들로 시작하였고 그녀가 어리석다는 신념에 도전하기 위해 심상 재구성을 병행하였다. 그러나 그녀는 자신을 비판하는 내면의 목소리의 청각적 심상을 바꾸는 것이 어렵다는 것을 발견하였다. 그녀가 아버지의 목소리로 스스로 하는 자기 비난을 들었다는 것을 깨달았을 때 우리는 상상의 전화기 볼륨을 낮추려고 시도했고, 이것은 사라가 자기 자신으로부터 거리를 두고 초기의 다른 기법들의 활용에서 얻은 이점을 통합하는 데 도움이 되었다. 4장에서는 심상의 특징을 조작하는 것(예: 목소리 줄이기, 시각적 심상의 성격 바꾸기)을 배움으로써 치료사가 심상의 형태를 다룰 수 있는 다양한 방법을 살펴본다.

어떠한 감각적 영역에서도 심상은 고통을 낳을 수 있다. 예를 들어, 폭행당한 후에 느끼는 피의 맛이나 냄새는 강렬하고 분명하게 인식될 수도, 순간적이고 희미한 것처럼 경험될 수도 있다. 그 강도는 심상에 주의를 기울이는 정도와 그것이 낳는 고통의 양에 영향을 미칠 수 있다. 신체 감각과 외상, 부상 이후 재경험 고통 현상도 마찬가지로 달라질 수 있다. 선명하거나 강렬한 부정적 심상은 즉각적인 고통을 유발하는 방식 때문에 심상의 명료성, 특수성과 강도(모든 형태 변인)가 중요하지만, 불분명하고 흐릿한 심상도 문제가 될 수 있다. 예를 들어, 정신이 이상해질 것이라는 두려움을 가진 개인은 자신이 그 소리들을 정말 듣는지를 확인하기 위해 지속적으로 감시할 수 있다. 이 경우, 희미한 청각적 심상은 확인하기 어렵지만, 그녀에게 '목소리가 들리고' 그렇기 때문에 추가적인 감시로 이어지는 고통을 낳는 가정을 초래할 수 있다.

심상에서 시각적 관점

다른 감각과 유사점이 없는 시각적 심상을 다룰 때 고려해야 할 특별한 특징이 있다. 즉, '관점'이라는 현상이다(Nigro & Neisser, 1983). 심상, 특히 기억으로 나타나는 심상은 1인칭 관점이나 장(field) 관점, 또는 3인칭이나 관찰자 관점에서 보여질 수 있다. 장 관점은 마치 당신이 당신의 눈 뒤에서 보고 있는 것처럼 심상을 보는 것으로 묘사한다. 반면에, 관찰자 관점은 마치 비디오 카메라로 보고 있는 것처럼 외부 관찰자 관점에서 심상을 보고 있는 것으로 묘사한다. 관점은 그 자체가 병리적인 것은 아니지만, 장 관점의 기억은 더 정서적이고, 관찰자 관점은 사회불안장애 및 신체이형장애와 같은 장애를 유발할 수 있다는 증거가 있다. 왜곡되고 부정적인 자기에 대한 관찰자 관점이, 이것이 '내가 다른 사람에게 정말 보이는 모습'이라는 믿음에 대한 정당성을 부여하는 방식이기 때문이다.

심상의 기능

심상에 대한 논쟁은 광범위하며, 고대 그리스 철학자들에까지 거슬러 올라간다. 최신 지식은 심상이 다양한 기능을 가진 인지적 표상의 한 유형이라는 것을 인정한다. 심상은 정서적이고 심리적인 반응을 활성화한다. 즉, 그것은 추론과 창조성에 관여한다. 작업 기억과 자전적 기억에서도 중요하다. 또 우리가 과거나 미래에 대한 정신적 시뮬레이션을 할 수 있도록 해 준다. 심상과 창조성 사이에는 중요한 연결고리가 있다. 그리고 중요한 점으로, 이 책에서 그것은 자기를 나타내는 중요한 역할을 한다. 내용과 형태는 다양한 방식으로 심상의 기능에 기여한다.

우리의 목적을 위해, 나는 정서적 · 생리적 · 행동적 반응에서 심상의 역할을 강조하고 계속해서 기억과 자기 사이의 관계를 설명함에 있어서 심상의 기능을 토론할 것이다. 이는 정신병리학에서 심상의 두 가지 주요한 기능을 의미하고 치료적으로 심상 활용이 그러한 유익한 효과를 내는 이유를 이해하도록 도울 것이다. 나는 그것들을 서로 분리된 기능으로 설명하겠지만 그럼에도 불구하고 현실에서 그것들은 상호작용한다. 실험연구는 심상이 일반적으로 유사한 언어적 도구보다 더 강한 정서적 반응을 활성화하고, 정서적 증폭기로서 역할을 할 수 있다는 것을 보여 준다(Holmes & Mathews, 2005). 교통사고가 날 가능성에 대해 생각하는 것은 기분 나쁠 수 있지만, 실제로 일어난 일을 상상하기 시작하는 것은 일반적으로 훨씬 더 뚜렷한 정서적 반응을 일으키게 된다. 강한 정서적 반응은 대개 신체에서 생리적 변화를 동반하고, 운전을 포기하거나 사고를 피하기 위해 '안전한' 길로만 운전하는 것과 같은 행동적 반응도 야기할 수 있다. 긍정적 심상도 문제가 될 수 있다. 복권에 당첨되거나 유명해지는 심상은 긍정적 감정을 증폭시킴으로써 조증을 강화하고 계속 술잔치를 하며 보내는 것과 같은 충동적인 행동을 초래할 수 있다. 부정적 심상과 긍정적 심상의 선명함은, 심상에 진실성을 부여하고 정서적 영향을 더 크게 만들 수 있는 심상의 내용과 상호작용할 수 있다. 참신한 개입인 감정-행동-심리 프로그램(Mood Action Psychology Programme: MAPP; Holmes et al., 2019)은 양극성 장애를 위해 개발되었는데(그러나 작가는 다른 심리적 문제에 적용될 수 있다고 주장한다), 심상의 감정-증폭 효과를 보여 주는 연구에 근거를 두고 있다.

심상, 기억과 자기

심상과 정서 경험을 강조하는 것은 이해할 만하다. 왜냐하면 모든 치료사가 힘들고 불쾌한 감정을 개선시키고자 하기 때문이다. 하지만 심상을 정서와의 관계에만 국한시키는 것은 인지치료에서 심상이 기여할 수 있는 잠재성을 크게 제한하는 위험을 떠안는 것이다. 두 번째 중요한 것은 심상이 기억에서 하는 역할과 과거, 현재, 미래의 자기를 나타내는 심상의 기능이다.

정서에서 자기로의 이행

최근 몇 년 동안 내 연구 프로그램의 주요 목표는 앞에서 언급한 것처럼 심상과 정서 사이의 관계에만 초점을 맞추는 것에서 이 책을 통해 심상, 기억과 자기와의 관계, 재발되는 중요한 주제를 더 폭넓게 논의하는 쪽으로 바꾸는 것이다. 사람들의 기억을 다루고 그들의 자기와 상호작용하는 것은 치료에서 우리가 하는 일의 중심이 된다. 누군가에게 공황이나 사회적 불안이나 목소리가 들리는 일의 최근 삽화에 대해 말해 달라고 요구할 때 당신은 내담자에게 기억을 회상하고 묘사하라고 지시하는데, 이것은 대개 심상을 기반으로 하고 자기를 나타내는 심상을 포함한다. PTSD에서, 기억은 주요한 역할을 하고 걱정, 행동을 야기하며 자기와 미래에 대한 개인의 관점을 형성한다. 기억과 자기는 불가분하게 엉켜 있다. 당신이 누구이고 자신을 어떻게 보는지는 자기 정의로서 특별한 상황을 포함한 기억과 함께 자전적 기억 속에 저장된 경험을 통해 형성된다(Singer & Salovey, 1993). 자기기억 체계(Self-Memory System: SMS) 모델(Conway & Pleydell-Pearce, 2000)은 자기와 기억 사이의 관계를 이해하는 개념적 틀을 제공한다. 사실상 기억은 자기인식에 통합되어 있기에, 콘웨이(Conway, 2005)는 기억을 자기에 대한 '데이터베이스'라고 말한다.

자기기억 체계 모델

자기는 시간을 거슬러 존재하고, 우리의 현재 자기는 개인사, 관계, 경험에서 우리가 자신에게 말하는 내러티브에 의존한다. 자기기억 체계(SMS) 모델은 이 복잡한 관계를 이해하는 방식을 제공한다. 그 모델은 장기적 자기, 삽화적 자기, 그리고 작용하는 자기(working self), 이 세 가지 구성개념을 포함한다.

장기적 자기는 자기에 대한 개념화된 지식과 자전적 기억으로 구성된다. 개념화된 지식은 특징, 성격 유형과 선호들에 대한 정보를 포함하는 반면, 자전적 기억은 의도적이거나 비자발적으로 회상될 수 있는 개인적으로 의미 있는 기억들이 저장된 것이다. 심상은 대다수의 사람에게 자전적 기억의 중요한 부분이고, 기억에 따라 긍정적 · 부정적 결과와 함께 기억된 사건의 풍부함에 크게 기여한다.

삽화 기억 체계는 당신의 감각적, 지각적, 인지적 그리고 감정적 경험을 지속적으로 기록한다. 그러나 이 기록들 중 일부는 장기적인 자전적 기억으로 옮겨 간다. SMS 모델에 따르면, 기억이 저장되고 잊혀지는 것을 결정하는 요소들은 복잡하지만, 단기 · 장기 목표 성취와 자기 일관성의 유지를 포함한다(전체 내용을 보려면 Çili & Stopa, 2015 참조). 자기 일관성이나 지속성은 건강한 심리적 기능의 근본이 되고, 이 장 끝에 설명할 자기개념 명료화를 위한 구성개념에 포함된다. 이 일관성은 자기를 특징짓는 이야기 속 정체성의 바탕이 되고 우리가 자신에게 말하는 이야기와 이 이야기를 특징짓는 기억 속에 나타난다.

SMS 모델의 세 번째 중심인 작용하는 자기는 특정한 상황적 요구에 응하여 활성화되고 장기적 자기에 포함된 지식과 정보의 일부분을 구성한다. 목표 성취는 작용하는 자기의 기본적 표적이고 콘웨이, 싱어와 타기니(Conway, Singer, & Tagini, 2004)는 기억에서 파생된 심상은 개인이 성취하고자 하는 목표를 나타낸다고 말한다. 사실, 그들은 정신적 심상을 '목표 언어'(p. 525)라고 설명하고, 작용하는 자기는 목표가 야기하는 감정, 인지, 행동의 복잡한 계층을 구성한다고 말한다. 이 목표는 과거의 영향을 받은 것이고 미래와 관련될 수 있다. 예를 들면, 이상적 체형과 체중은 섭식의 역기능적 패턴을 야기할 수 있다.

SMS 모델에서 설명하는 자기와 기억의 구조는 개인이 외적 요구에 유연하게 반응하는 동안 자기 일관성을 유지할 수 있도록 한다(Conway, Meares, & Standart, 2004; Conway, Singer, & Tagini, 2004). 게다가 현재 목표를 나타내는 심상은 자전적 기억의 활성화를 통해 장기적 자기와 작용하는 자기의 관련성을 설명한다. 작용하는 자기와 자전적 기억은 상호작용한다. 즉, 당신의 현재 작용하는 자기는 자전적 기억의 회상에 영향을 미치지만 동시에 당신의 기억은 작용하는 자기가 활성화하는 데 영향을 미칠 수 있고 현재 자기의 전체 경험을 왜곡할 수 있다. 나는 심상이 목표를 나타낸다는 의견을 넘어서 자기를 나타낸다고 주장하고자 한다. 당신이 연인과 헤어진 일과 작별인사를 하거나 혼자인 자신을 보고 연인을 그리워하는 것과 같은 과거 사건을 떠올릴 때 당신은 그 당시 당신이 누구였는지, 당신이 어떻게 느꼈는지를 나타내는 자신의 심상을 보게 될 것이다. 그 기억은 당신의 삶에서 이 시기와 관련된 특정한 작용하는 자기를 재활성화할 것이고 상실감, 슬픔, 외로움을 다시 불러일으킬 것이다. 아니면, 당신은 회상 속에서 자신을 보고 이전의 자기를 인식할 수 있지만, 그때 당신이었던 그 사람의 너머에서 당신이 움직인다는 것을 느낄 것이다. 또 이러한 더 최근의 자기가 과거 자기 심상과 대조를 이루는 자기 심상으로 나타날 수 있다.

심상, 기억과 자기의 관계에 대한 임상 사례

이 장의 앞부분에 언급했던 존의 이야기로 돌아가자. 존은 28세 남성으로 항상 부끄러워하고 자신감이 부족하다. 그러나 학교 다닐 때는 가까운 친구가 몇 명 있었다. 그는 대학 첫 학기에 힘들기는 했지만 체스 클럽에 가입했고 편안하게 느껴지는 몇 명의 친구를 다시 사귀었다. 존은 학위를 마치고 IT 회사에서 일하게 되었고 승진할 때까지 꽤 잘해 나갔다. 그의 새로운 역할은 내담자와 다른 직원들 앞에서 프레젠테이션을 하는 것과 슈퍼비전 임무였다. 존은 타인을 슈퍼비전하는 것이 극도로 스트레스였고 약하고 자신감 없어 보이는 것에 대해 오랫동안 걱정하고 있었다. 그는 프레젠테이션이 버거웠고, 시작하기 전부터 극도의 불안을 느끼며 과하게 준비하였다. 이 불안은 얼어붙어 말을 할 수 없었던 한 프레젠테이션에서 최고조에 달하였다. 말을 더듬거린 후 그는 아프다는 변명을 하고 회의실을 나왔다. 존은 가끔 병가를 내었고 직장으로 복귀하였을 때 이전 자리로 전임을 신청하였다. 그는 프로그램 일이 그립고 상위직에 정말 흥미가 없다고는 말했지만, 사실은 그 일을 할 수 없다는 것을 인정하고 싶지 않았다.

이 사건 후, 존은 사회적 상황에서 점점 더 불안해졌고 직장 안팎에서 그것을 피하기 위해 변명을 하였다. 그의 회사에는 다가오는 주말을 맞이하기 위해 금요일마다 퇴근 후 회식을 하는 전통이 있었다. 존은 동료들과 함께하지 않으려고 반복적으로 변명을 하였다. 또 가족들이 그가 만나지 않았던 사람이나 잘 모르는 사람을 초대하면 그는 가족 모임을 피하기 위해 변명하기 시작하였다. 그는 오랜 친구들과 함께할 때 모르는 사람을 함께 만나야 하는 경우에는 친구들조차 만나는 것을 점점 더 주저하게 되었다.

SMS 모델을 활용하여, 우리는 존의 작용하는 자기에 대한 몇 가지를 살펴볼 수 있었다. 그를 치료에 오게 한 가장 고통스러운 문제는 그를 불안하게 만드는 사회적 상황 속에 있거나 그런 상황이 예상될 때 활성화되는 작용하는 자기이다. 그 자기는 불안, 타인으로부터 철수에 대한 욕구, 자기방어와 나약하고 자신감 없어 보일 것이라는 믿음에 동반되는 열등감으로 특징지어진다. 자기에 대한 이러한 경험은 더듬거리고 말을 잘 못 하고 떨리고 얼굴이 붉어지고 위축되는 자기 심상 속에서 구체화된다. 이 상황들 속에서 활성화되는 '작용하는 자기'에 저장된 이 심상은 그의 자전적 기억 중 하나와 직접적으로 연결되어 있다. 즉, 직장에서 프레젠테이션을 하는 동안 입술이 바짝 마르고 제대로 할 수 없었던 기억이다. 치료 후반에, 존의 심상이 학교에서 친구들 앞에서 말하기를 할 때 당황하고 수치스러웠던 초기 경험과도 관련된다는 것이 나타났다.

이 사회적으로 불안한 작용하는 자기는 부정적이지 않은 과거와 현재, 타인과 공존한다. 그의 현재 문제가 나타나기 전, 존은 가까운 친구들과 어울리는 것을 즐겼고 그들과 있을 때 편안하고 수용되며 판단되지 않는다고 느꼈다. 그 결과로 그는 자유롭게 어울릴 수 있었다. 심지어 그는 재치 있고 재미있게 말한다고 평판이 나 있었다. 비록 이 사회적으로 더 자신 있는 자기인식(sense of self)이 두드러지지는 않지만, 그것이 활성화될 때가 여전히 있다. 즉, 존이 안전하고 편안하다고 느끼는 경우이다. 가까운 친구들과 있으며 이렇게 느꼈던 때를 떠올려 보라고 했을 때, 존은 2위를 했었던 체스 대회에 대해 말했다. 그는 체스 테이블에 앉아 있는 자기 심상을 떠올렸다. 이 심상에서 그는 타인에 비해 더 작아 보이지 않는다. 대신에 그는 나약하고 자신감 없어 보이기보다 흥미롭고 사려 깊어 보인다. 다시 한번 말하지만, 더 긍정적인 작용하는 자기 심상이 자전적 기억에 근거를 두고 있다. 그러나 그것은 두려운 사회적 상황에서 활성화되는 것과 갈등한다. 이러한 갈등에도 불구하고 존은 현재 작용하는 자기와 장기적 자기를 연결하는, 그가 누구인지에 대한 내러티브를 구성하는 전체적 자기인식을 지니고 있다. 이 내러티브는 비록 그가 자신감을 느끼도록 하는 좋은 친구들이 있음에도 불구하고 그가 항상 수줍어하고 자신감이 부족하다는 사실을 포함한다. 따라서 심한 사회적 불안을 촉발시킨 더 최근 사건들은 과거와 완전히 단절된 것은 아니며, 비록 달갑지 않은 것일지라도 이 내러티브의 연속으로 보여진다.

치료에서 내담자와 마주 앉았을 때 나타나는 자기의 복잡성과 우리가 아는 인지치료에서 자기를 전통적으로 개념화하는 제한된 방식 사이에 차이가 있다. 심상, 기억 그리고 자기의 관계에 대해 더 잘 이해함으로써, 우리는 여러 모델이 갖는 필연적인 환원주의와 우리가 도우려 하는 타인과의 상호작용 속에 존재하는 실제의 복잡성 사이의 차이를 좁힐 수 있다. SMS 모델은 핵심 신념과 도식의 관점에서의 전통적인 자기에 대한 개념화를 넘어 이 복잡성을 이해하도록 한다. 자기를 나타내거나 구체화하는 심상은 변화될 수 있고, 이상화된 심상은 현실적 심상으로, 부정적 심상은 긍정적 심상으로 대체함으로써 부정적 심상을 수정하는 것은 동기를 높이고 인지와 행동면에서 중요한 변화를 초래할 수 있다. 우리는 실제 자기들과 작업하는 데 제한을 두지 않지만 가정된 자기들에 대한 작업에도 심상을 활용할 수 있다. 예를 들어, 우리는 이상적 자기에 대한 심상을 가지는 것의 이점과 그 대가에 대해 논의할 수 있고 대신할 수 있는 것을 탐색할 수 있다. 심상 다시쓰기(7장 참조)와 같은 개입방법은 자기를 나타내는 심상의 기능을 이용한다. 심상-기억-자기 관계는 변화 기제를 이해하도록 하고, 임상의 관점에서 '전체 자기'와 작업하는 방법과 기법을 제공한다.

심상 그리고 가능한 자기들

심상이 자기를 나타낼 수 있다는 것을 인식하면 과거, 현재와 미래 자기들에 대해 이야기하고 치료에서 바라는 자기들과 두려워하는 자기들을 고려할 수 있게 된다. 다발성 경화증 진단을 받은 사이먼을 생각해 보자. 그는 최근의 발작으로 인해 이동의 제한을 받고 있다. 그는 걸을 수 없을까 봐, 휠체어를 사용하게 될까 봐, 외출할 때 타인에게 의존해야 할까 봐 두려워하고 있다고 말한다. 이 모든 것이 사이먼의 두려워하는 자기를 나타낸다. 그에게 일어날 수 있는 미래의 자기 심상이 떠오르는지를 물었을 때 사이먼은 늙고 구부정한 채 휠체어에 앉아 있는 자기를 묘사하였다. 그는 무릎에 담요를 덮고 있고 말을 한다고 상상하면 약하고 떨리는 목소리로 어떤 것을 말하고 있는 자기 목소리가 들린다. 이 심상에서 그는 자기를 아래로 내려다보며 무시하는 사람들에 의해 둘러싸여 있곤 한다. 이 심상은 두려움뿐만 아니라 무력감과 무망감도 동반한다. 심상의 효능은 '구체화된' 자기를 표현할 수 있는 심상의 능력에서 나온다. 사이먼은 치료사에게 질병에 따른 두려워하는 결과를 말할 수 있고, 일단 그가 심상을 묘사하면, 그들은 이 자기를 탐색하고 논의하고 수정할 수 있는 강력한 언어를 가지게 된다.

SMS 모델에서 심상은 목표 언어를 나타낸다고 생각된다. 사이먼의 사례에서, 그의 두려워하는 자기에 대한 심상은 추구할 수 있는 목표와 피하고 싶은 것들을 포함하는, 가정적인 작용하는 자기를 나타낸다. 다발성 경화증은 예상할 수 없는 조건이고, 어떤 개입도 휠체어를 타는 것을 피하려는 사이먼의 목표가 달성될 수 없다는 것을 인정해야 할 것이다. 그러나 휠체어에 앉아 있고 사람들이 그를 둘러싸고 무시하는 것을 보고 있는 그의 심상은 약하고 무기력한 것에 대한 그의 두려움을 보여 주는 것이며, 그것을 확대시킨다. 사이먼과의 작업은 두려워하는 자기를 확인하고 이름을 붙이고 심상과 그것이 의미하는 것을 탐색하는 것을 포함할 수 있다. 그다음, 수많은 미래 자기를 고려하는 것과 상황 속에 내재된 불확실성, 즉 비록 완전히 못 걷게 되는 것이 일어날 수 있는 하나의 결과일지는 몰라도 유일한 결과는 아니라는 것을 의미한다는 것을 인식하는 것이 포함될 수 있다.

사이먼에게 있어 최악의 시나리오가 걸을 수 없게 되는 것이라면, 당신은 이것이 그의 자기인식에서 무엇을 의미하는지 탐색할 수 있고, 그다음 이 일이 일어났을 때 여전히 남아 있는 가치 있고 성취 가능한 목표가 무엇인지 탐색하는 것이다. 그가 더 이상 걸을 수 없고 휠체어를 타야만 한다면(그가 약간은 통제할 수 있는 것) 그는 어떤 영역을 변화시킬 수 있을까? 예를 들어, 그는 의존성과 무력감의 느낌을 극복하기를 원할 수 있다. 이는 수동이나 자동 휠체어를 선택하는 것과 같은 선택지를 탐색하는 것, 그가 휠체어를 탈 때 자기주장을 하는 법을 배우는 것(목소리를 높이고, 휠체어를 밀어주는 사람보다는 사람들이 그에게 말을 걸기를 기대하는 것) 또는 휠체어를 타는 장애인 운동선수나 음악가와 같은 긍정적 역할 모델들을 관찰하는 것이 될 수 있다. 이 탐색 과정에서 당신은 사이먼이 그의 가장 나쁜 시나리오를 감안하여 희망하는 자기의 심상을 분명하게 창조하고, 더 이상 그것에 대해 그가 가장 두려워하는 것들을 받아들이지 않도록 도울 수 있다. 어쩌면 이는 현재와 미래의 그를 위해 보호적일 수 있다.

자기가 단일한 본질이 아니라 복합적 자기를 포함하는 역동적 체계(실제적으로 작용하는 자기와 가정적 자기)라는 생각은 사회인지 심리학으로부터 유래한 것이고 정신장애를 가진 사람은 자기에 대한 안정적인 부정적 자기를 지닌다는 전통적인 관점에 도전하는 것이다. 그것은 긍정적이거나 부정적인 단일 자기이기보다 다양하고 실제적인 가능한 긍정적·부정적 자기들을 지닌다는 것을 말한다. 브레윈(Brewin, 2006)의 회복 경쟁 가설은 인지치료에서의 변화가 신념과 도식을 근본적으로 바꾸거나 수정하는 것보다 더 접근하기 쉬운 긍정적이고 더 건강한 (작용하는) 자기를 형성한 결과라고 주장하기 위해 복합적 자기라는 이 아이디어(비록 자기표상으로서 이것을 언급했지만)를 활용한다. 나는 심상 다시쓰기가 어떻게 작용하는지 설명하기 위해 7장에서 이 생각을 더 자세히 탐색한다. 그런데 복합적 자기들과 그와 관련된 심상의 존재를 인정하는 것은 이 자기들이 어떻게 통합되어 개인의 주관적 자기에 대한 관점에서 일관성과 안정성을 보장할 수 있는지 의문을 불러일으킨다.

자기개념 명료성

자기개념 명료성은 복합적 자기들의 응집적 통합을 의미하고 자기의 여러 측면이 분명하게 정의되며 내적으로 일관성 있고 시간의 경과에도 안정적인 것을 말한다. 높은 자기개념 명료성은 일반적으로 더 나은 심리적 기능과 관련되고 긍정적 자기인식의 보호와 유지 역할을 한다. 캠벨(Campbell, 1990)은 자기개념 명료성이 높은 사람들과 비교해서 낮은 사람들에게 자기 관련 자극이 더 많은 영향을 미칠 수 있다고 말한다. 예를 들어, 부정적 피드백은 자기개념 명료성이 낮은 사람에게 더 해로울 수 있고 저조한 기분을 야기하거나 불안을 증가시킬 수 있다. 높은 자기개념 명료성은 자기존중감과 관련되고, 일반적으로 이 분야 연구에 의하면 높은 자기개념 명료성은 유익하고 보호적인 효과를 지닌다고 말한다(Luke & Stopa, 2009).

자기개념 명료성은 임상 장애에 대해서는 폭넓게 연구되지 않았지만, 사회불안장애에 대한 최근 연구는 높은 사회불안(임상, 비임상 모두)이 낮은 자기개념 명료성과 관련된다는 것을 보여 준다(Gregory & Peters, 2017; Stopa, Brown, Luke, & Hirsch, 2010; Wilson & Rapee, 2006). 존의 사례에서 자기개념 명료성을 생각해 보자. 존은 그가 편안하다고 느끼는 상황과 비교해서 불안한 사회적 상황에서 활성화되는 자기들 사이에 직접적인 갈등이 있기 때문에 낮은 자기개념 명료성을 지닌다. 비록 (기억 기반 심상으로 나타나는) 부정적인 작용하는 자기의 반복적인 활성화가 일반적으로 그가 느끼는 것에 해로운 영향을 주기는 하지만 그것이 다른 긍정적 자기가 더 이상 존재하지 않는다는 것을 의미하지는 않는다. 브레윈(2006)의 회복 경쟁 가설의 관점에서, 부정적 자기는 회복 경쟁에서 '승리'한다. 물론, 예시에서 다루는 작용하는 자기는 단 두 가지뿐이다. 존은 직장의 요구와 같이, 그의 삶의 다른 영역들에 대한 반응으로 활성화되는 작용하는 자기들이 있을 수 있다. 다시 말해, 이것들은 목표를 성취하고 효능감과 능력감을 경험할 때는 긍정적일 수 있고, 프레젠테이션이나 슈퍼바이저 역할을 포기해야 하는 것에서는 부정적일 수 있다.

앞에서 말했듯이, 존은 긍정적이고 부정적인 실제적이고 가능한 자기들의 혼합상태(즉, 희망적 자기와 두려워하는 자기들)일 수 있다. 우리는 사회불안장애를 가진 사람이 대개 무엇이 효과적인지('나는 항상 재치 있고 재미있어야만 해.') 또는 인정할 만한 사회적 행동인지('나는 대화 중에 주저해서는 안 돼.') 그리고 불안을 보이는 것이 어떤 의미인지('나는 약하게 보일 거야.')에 대한 비현실적 기대와 가정을 지닌다는 것을 안다. 이 신념은 사회적으로 수용되는 것은 준비되어 있는 상태이고, 사회적으로 자신감 있고 항상 옳은 말을 할 줄 알고 결코 불안해해서는 안 된다는 이상적 자기 안에 저장되어 있을 수 있다. 실제적 자기(존의 더듬거리고 떨리는 자기 심상)와 이상적 자기 사이에 심한 불일치를 낳고, 그 차이는 낮은 자기개념 명료성을 더 부추기는데, 존이 그가 실제로 인식하는 자기와 그가 열망하는 자기를 통합하는 방법을 찾지 못하기 때문이다.

실제적이고 가능한 자기들을 나타내는 심상 작업은 단순히 자기에 대한 신념에 초점을 맞춤으로써 변화를 꾀하려고 노력하는 것보다 더 효과적이고 강력할 수 있다. 사회불안장애에서 우선적으로 작업하는 것은 부정적으로 작용하는 자기의 심상과 현실 사이 사이에 잠재된 불일치를 해결하는 것이다. 일반적으로 현실이 내면화된 자기 심상보다 훨씬 더 긍정적이다. 보이는 자기(예: 당신이 내면 감찰에 너무 몰입되어 있어서 대화에 홍미 없어 보이는)에게 영향을 미칠 수 있는 부정적 결과를 제거하기 위해 안전 행동을 그만두는 것과 비디오 피드백과 같은 인정된 기법들은 사회적 상황에서 현실적(보통 더 긍정적) 자기의 내적 심상을 발달시키는 첫 단계가 된다(Clark et al., 2006). 그러나 이 접근의 제한점 중 하나는 보이는 자기에 대해 초점을 맞추는 것이다. 사회불안을 지닌 많은 사람에게 그들의 부정적 자기인식은 내면화되고 덜 시각적인 특징들을 보인다. 여기서 우리는 부정적 심상이 침습할 때 의도적으로 대체할 수 있는 특별한 자전적 기억과 관련된 긍정적 자기의 심상에 접근하기 위해 SMS 모델과 실험적 증거를 이용할 수 있다. 이는 8장에서 자세히 논의될 것이다. 자기 심상들의 탐색, 그것이 가진 효과, 그리고 불일치를 줄이기 위한 방법에 대한 작업(심상을 통해서 그리고 더 표준적인 언어적 기법들을 통해서)은 모두 자기에 대한 명료성을 높이고 개인이 더 통합된 자기인식을 하도록 돕는 방법들이다.

심상 작업의 힘

자기에 대한 신념이나 가정('나는 타인에 비해 열등해.' '나는 나쁜 사람이야.')을 직접적으로 작업하는 것은 어느 정도까지는 도움이 될 수 있지만, 대개 상응하는 정서적 변화('나는 어리석지 않다는 것을 알지만 나는 여전히 어리석다고 느껴.' '나는 뚱뚱하지 않다는 것을 알아. 하지만 나는 뚱뚱하다고 느껴.')에 반드시 반영되지는 않는 인지적 변화를 남겨 두게 된다. 쿠퍼(Cooper)는 섭식장애 연구에서 불일치를 파악하였고 내담자가 변화를 모니터할 때 인지적·정서적 신념을 평가하도록 지시하였다(Cooper, Todd, & Turner, 2007). 티즈데일과 버나드(Teasdale & Barnard, 1993)는 이 두 가지 서로 다른 의미의 종류에 각각 '명제적인'과 '함축적인'이라고 이름을 붙였다.

자기 심상 작업을 시작할 때, 우리는 단순히 인지적이거나 명제적인 의미 수준과 작업하는 것도 아니며, 함축적인 것과 작업하는 것도 아니다. 우리는 개인의 자기 경험 전체와 작업한다. PTSD를 가진 내담자 중 한 명이 나에게 그의 "오래된 자기는 죽었다."고 말할 때, 그는 그의 외상 전 자기가 죽었다는 믿음에 대해 말하지 않는다. 그는 외상 후 자기가 되는 것이 어떤 느낌인지, 그가 그 자신을 어떻게 경험하고 세상과 어떻게 상호작용하는지를 묘사하고 있다. 그래서 우리는 이 복합성을 정당화하는 자기에 대한 이해가 필요하고 우리는 또한 '전체 자기들'과 작업할 수 있는 개입방법들이 필요하다. 동시에, 우리는 이 복잡함에 당황하고 있을 수 없으며, 나는 심상과 자전적 기억의 관점들을 통해 자기에게 접근하면 가장 효과적인 치료 개입을 알 수 있는 균형을 잡을 수 있다고 주장한다.

CBT의 효율성에 대한 증거는 확실하지만, 다양한 장애와 사람들에 따라 가변성이 있고(Hofmann, Asnaani, Vonk, Sawyer, & Fang, 2017) 모든 사람에게 도움이 되는 것은 아니기에 개선의 여지가 많다. 이 장의 초반에 언급했던 인지치료와 경험 치료 접근에 대한 싱어(2006)의 구별을 다시 보는 것은 의미가 있다. 내 생각에는 근거가 없는데, 인지치료에 대한 흔한 비판은 정서를 희생시켜 사고에 초점을 맞춘다는 것이다. 경험 치료가 전체 자기에 대한 더 풍부한 반응을 제공하는 것처럼 보이기 때문에 사람들은 경험 치료에 더 끌린다. 이것은 유감스러운 일인데, 인지치료의 과학적 토대와 그 계열의 개입에 대한 광범위한 검증이 내담자에게 효과적 치료를 할 수 있는 가장 좋은 기회를 제공하기 때문이다. 분명히, 경험 치료가 자기와 체험의 풍부함에 초점을 맞춤으로써 사람들에게 제공하는 것이 무엇인지 인식하고 인지할 필요가 있다. 뛰어난 인지치료는 이미 이것을 하지만, 덜 전문적이거나 경험이 부족한 인지치료사는 더 경직되고 기계적인 개입으로 잘못을 저지를 수 있다. 즉, 사고와 명제적 의미에 지나치게 초점을 맞춘다는 것이다. 자기에 대한 많은 모델을 아는 것은 이것을 피하는 데 도움이 되고, 치료가 왜 효과적이지 않은지에 대한 가정을 세울 수 있고, 전체 자기와 작업하는 과학적으로 알려진 방법을 제공한다.

심상 개입에 대한 개관과 전망

이 장을 통해, 나는 수많은 심상 개입을 언급했다. 홈즈, 안츠와 스무커(Holmes, Arntz, & Smucker, 2007)는 유용한 유형을 발달시켰고, 거기서 그들은 긍정적 · 부정적 심상의 초점을 구별하였으며, 현재 치료 기법을 직접적 심상 기법과 간접적 심상 작업 기법으로 구별하였다. 부정적 심상에 초점을 맞추는 직접적 '심상 상호작용' 기법으로 심상 노출, 심상 재체험, 심상 다시쓰기가 있다. 경쟁 기억 훈련에서 자기에 대한 온정적 심상 형성과 긍정적 심상에 초점을 두는 것은 둘 다 긍정적 심상에 대한 직

표 1-1 이 책에서 설명하는 심상 기법

부정적 심상 기법
- 줌, 페이딩, 심상 조작
- 심상 노출
- 심상 재체험
- 심상 다시쓰기
- 비디오 피드백

긍정적 심상 기법
- 상상된 안전한 장소 만들기
- 기억을 통해 긍정적 심상 활성화하기
- 미래의 긍정적 결과에 관한 상상적 예행연습
- 온정적 심상
- 심상 활용 자기 이완

접적 작업의 예시가 된다. 심상 작업의 간접적 방법은 마음챙김 기반 인지치료(Segal, Williams, & Teasdale), 메타인지치료(Wells, 2000)와 같은 개인의 신념이나 사고와 심상의 관계를 변화시키는 치료적 개입과 기법을 포함한다. 이 간접적 접근들의 목표는 개인이 침습적이고 혼란스러운 부정적 심상으로 '되돌아가', 그들이 누구인지에 대한 심상—현실에 대한 직접적 반영이기보다 개인의 의식의 결과물—을 볼 수 있도록 돕는다. 간접적 방법은 또한 인지적 편견 수정(인지적 편견 수정의 효과에 대한 메타 분석 개관은 Jones & Sharpe, 2017 참조)에서 활용된 훈련 기법을 포함한다. 이 간접적 방법은 흥미롭고 잠재적으로 제공할 수 있는 것이 많은데, 이 책의 목표는 어떻게든 심상을 직접적으로 해결하는 기법들을 소개하는 것이다. 〈표 1-1〉은 다음 장들에서 설명하는 심상 기법들을 요약한 것이다. 나는 부정적 심상 기법 목록에 줌(zooming), 페이딩(fading)과 심상의 특성들에 대한 작업(4장 참조)을 포함시켰다. 이 기법들이 주로 부정적 심상을 변화시키는 데 활용된다고 하여도, 긍정적 심상에서 활용하는 데 배제되는 것은 아니다.

가장 좋은 개입방법을 결정하기 전에, 치료사는 내담자의 문제에 접근하고 공식화할 필요가 있다. 2장에서는 평가에 대한 설명을, 3장에서는 사례개념화에 심상을 통합하는 것에 대해 다룰 것이다. 4~9장은 인지치료에서 발달되었거나 활용에 적용된 특정 심상 기법들을 설명할 것이다. 4장은 심상 개입을 위해 내담자를 준비시키는 방법, 심상으로 안전한 장소 만들기, 줌과 페이딩을 통한 심상 조작하기를 포함한다. 심상 노출은 5장에서 다루고, 6장에서 재체험 그리고 7장에서 심상 다시쓰기를 다룬다. 8장은 비디오 피드백과 같은 기법들과 자전적 기억 기반 기법들을 활용한 자기 심상의 변형을 설명한다. 9장은 온정적 자기 심상 형성을 설명한다. 10장에서는 다양한 심상 기법들이 치료에서 어떻게 함께 활용될 수 있는지, 심상 작업이 더 전통적인 언어적 개입에 어떻게 통합될 수 있는지를 설명하기 위해 한 사례를 자세히 설명한다. 여러 심상 개입방법에서 발생할 수 있는 특별한 문제들이 각 장에서 논의되는데 이 책의 마지막 11장에서는 더 자세하게 문제해결에 초점을 맞추고 치료적 심상 작업을 할 때 나타날 수 있는 다양한 문제들을 다루는 방법을 설명한다.

심상은 미술과 과학의 교차점에 있고, 좋은 치료를 만든다. 이 책의 목적은 당신의 임상에서 심상 작업을 시작하기 위한 지식과 기술을 갖추도록 하는 것이다. 모든 장을 읽으라. 그 제안된 내용들을 연습해 보고, 당신의 치료과정을 시작하기 위해 적절한 슈퍼비전을 받으라.

제2장

심상 인식과 평가

이 장의 목적은 인지치료에서 평가하는 동안 당신이 심상을 탐색할 수 있는 방법을 설명하는 것이다. 우리가 내담자의 심상을 조사할 때 여러 측면을 살펴보게 된다. 먼저, 우리는 내담자가 어떤 심상을 경험하는지 알고자 한다. 만약 내담자가 심상을 경험한다면, 우리는 심상이 무엇을 의미하는지를 알길 원한다. 즉, 우리는 자기의 내용과 심상의 감각적 요소에 대한 자세한 설명을 원한다. 그 내용은 특정 장애와 관련되는 것 같다. 즉, 섭식장애를 겪는 내담자는 뚱뚱하고 부어 있거나, 팽창하고 부풀어 오른 신체 부위에 대한 심상에 대해 말하겠지만 정신증을 겪는 내담자는 타인에 의해 학대당하거나 폭력을 당하는 심상에 대해 말할 것이다. 그러나 1장에서 언급했듯이, 우리는 심상이 나타나는 형태에 대한 정보—그것들은 정적인가 역동적인가, 얼마나 선명하거나 강렬한가, 얼마나 자주 나타나는가, 무시하기가 얼마나 힘든가?—도 필요하다.

평가

평가는 임상 개입을 위한 시작점이고, 관련 이론과 모델들에 근거해 이루어진다. 초기 평가의 주요 목표는 문제 목록의 확인, 목표 설정, 사례개념화, 신뢰 있는 치료 관계 형성을 위해서 내담자의 문제에 대해 이해하는 것이다. 인지치료의 두 가지 중심 견해는 '협력적 경험주의'와 '안내된 발견'이고, 이 둘 다의 핵심에는 치료자와 내담자가 치료를 통해 지속되는 탐색의 여정 중에 있다는 것이다. 이는 평가가 회기를 통해서 이루어지는 것이지 단지 첫 회기에만 하는 것이 아니라는 것을 의미한다. 인지치료에서 일부 전통적인 표현은 내담자가 심상보다 언어적 사고를 보고하도록 유도할 수 있다. 예를 들어, '마음속에 무엇이 지나가나요?'라는 질문은 내용이 언어적 형태나 심상적 형태 또는 둘의 조합으로 나타나는지를 안내하기보다는 의식의 내용에 대해 기술하도록 이끄는 것 같다. 치료사와 강박장애를 겪는 도나의 다음 대화를 검토해 보자. 그녀의 강박증은 갓 태어난 아기, 코라를 해칠 것이라는 두려움에 초점이 맞춰져 있다.

도 나: 내가 아기를 해칠까 봐 계속 걱정이 돼요.

치료사: 어떤 점들이 걱정되나요?

도 나: 음, 내가 어떤 식으로든 아기를 다치게 할까 봐서요. 그러니까, 아기를 떨어뜨리거나 더 나쁜 짓이요.

치료사: 더 나쁜 어떤 것이요?

도 나: 음, 정말 나쁜 짓이요. 그렇게 한 적은 없어요. 그런데 (잠시 멈춤) 때때로 내가 아기를 칼로 찌를 것 같은 걱정을 해요.

치료사: 이런 생각들이 얼마나 자주 떠오르나요?

도 나: 음, 거의 매일이요. 엄마가 집에 와 있을 때는 좀 나아요. 하지만 저 혼자 있을 때는 계속 그런 생각이 떠올라요.

치료사: 전에 코라를 다치게 한 적이 있나요?

도 나: 아니요, 난 아기를 다치게 하고 싶지 않아요. 나는 아기를 정말 사랑해요. 그래서 더 끔찍해요. 나의 일부는 정말 아기를 잘 돌보고 보호하려고 하는데, 한편으로는 그런 생각을 하니까. 나는 아기를 가질 자격이 없고 다른 사람이 아기를 돌봐야만 한다고 생각해요.

치료사: 이런 생각을 할 때 무엇을 하나요?

도 나: 음, 나는 부엌에 들어가지 않아야 한다고 다짐해요. 이미 브렌든에게 날카로운 칼들을 창고로 치워 달라고 했어요. 그리고 보통은 엄마에게 전화해요. 그렇지만 내가 걱정하는 것에 대해서는 엄마에게 말하지 않아요. 나는 그저 잘 못하겠다고, 엄마가 들러 주실 수 있는지를 물어봐요.

심상에 대해 분명하게 질문하기

도나는 심하게 걱정이 되는 반복적인 침습적 생각들을 말하는데, 그 내용은 코라를 해칠 거라는 것이다. 그녀는 심상을 언급하지 않고 치료사는 그것들에 대해 명시적으로 질문하지 않는다. 치료사는 강박증의 주요 내용을 확인하였는데, 심상은 왜 문제가 되나? 심상은 고통을 심화시키고 과거 사건이나 상상된 미래의 두려움과 관련된 특이한 의미를 나타낼 수 있다. 심상 체계의 한 가지 주요 기능은 우리가 목표를 계획하고 성취할 수 있도록 미래 시뮬레이션을 작동시키는 것이다. 이 시뮬레이션이 더 현실적일수록, 바라는 결과의 성취 가능성은 더 높아진다. 도나가 이 시나리오에서 바라는 결과는 아기를 보호하고 아기에게 닥칠 위험을 막는 것이다. 미래 시뮬레이션—아기를 칼로 찌르는 것—이 더 선명하고 자세할수록, 칼을 치우고 안심할 수 있는 방법을 찾고, 코라를 안전하게 지키기 위해 집으로 친정 엄마를 부르고자 하는 강박은 더 강렬해진다.

걱정을 확대하고 강박 사고를 야기하는 심상의 잠재적인 주요 역할을 고려할 때, 왜 내담자는 자발적으로 그것들을 말하지 못하는 것일까? 우선, 대부분의 사람은 심상이 특별히 선명하거나 독특하지 않다면(예: 외상 플래시백) 의식의 내용을 떠올릴 때 언어적 사고와 심상을 구별하지 않는다. 치료사가 묻지 않는다면, 도나는 자신이 걱정되는 일들에 대한 일반적인 설명을 할 가능성이 더 높다. 한편으로 그녀는 선명한 침습적 심상의 존재를 매우 잘 알고 있어서 이것은 자신이 미쳐 가는 신호라고 생각할 수 있다. 그녀는 이 심상에 대해 수치스러워할 수 있고 아기를 '해치는' 것에 대해 더 일반적인 용어로 말하는 것이 더 쉽다는 것을 알게 된다. 그녀는 '나쁜 엄마'이고 그녀가 미쳐 가고 있다는 것을 밝힌다면 아기를 데려가 버릴까 봐 두려워할 수 있다. 그녀가 엄마로서 적합한지에 대한 판단은, 생각하는 것은 행동하는 것만큼 나쁘다는 믿음을 설명하는 강박장애에서 정립된 개념인 사고-행동 융합 현상을 통해 강해지는 것 같다(Shafran & Rachman, 2004).

물론, 어떤 사람이 다른 사람을 해칠 것이라고 말한다면 바로 위험성 평가를 하는 것이 중요하다. 그러나 강박장애에 대한 주요 견해 중 하나로, 침습적 사고—그것이 폭력적이든 성적이든 그 밖의 다른 것이든—는 **자기소외적**이다(Clark & O'Connor, 2005). 이는 그것들이 개인의 가치와 신념과는 모순되고 이전 행동과 일치하지 않는다는 것을 의미한다. 사실상, 침습적 사고와 심상은 그것을 경험하는 개인에게는 대개 혐오감을 일으킨다. 베일, 프리스톤, 크렙스, 헤이먼과 살코브스키(Veale, Freeston, Krebs, Heyman, & Salkovskis, 2009)는 만약 강박장애에 대한 지식이 없다면 당신이 수행하는 위험 평가가 그 자체로 개인에게 해로울 수 있기 때문에 강박장애의 현상을 자세히 이해할 필요가 있다고 말한다. 심상에 관해 직접적으로 질문하는 것은 그 역할과 기능에 대한 정보를 제공하고 개인의 강박적 침습의 내용이 자기소외적인지 인식하도록 돕는다.

이 대화를 다시 살펴보자. 그러나 이번에는 치료사가 도나에게 심상에 대해 명시적으로 질문한다.

도 나: 내가 아기를 해칠까 봐 계속 걱정이 돼요.

치료사: 어떤 점들이 걱정되나요?

도 나: 음, 내가 어떤 식으로든 아기를 다치게 할까 봐서요. 그러니까, 아기를 떨어뜨리거나 더 나쁜 짓이요.

치료사: 전에 코라를 다치게 한 일이 있었나요?

도 나: 아니요, 난 아기를 다치게 하고 싶지 않아요. 나는 아기를 정말 사랑해요. 그래서 더 끔찍해요. 나의 일부는 정말 아기를 잘 돌보고 보호하려고 하는데, 한편으로는 그런 생각을 하니까. 나는 아기를 가질 자격이 없고 다른 사람이 아기를 돌봐야만 한다고 생각해요.

치료사: 당신이 코라를 해치는 그런 당황스러운 생각을 할 때, 당신의 마음속에 어떤 심상이 지나갈까요?

도 나: 네, 때때로 내가 아기를 떨어뜨리는 상상을 하고 아기가 바닥에 떨어질 때 나는 쿵 하는 소리를 들을 수 있어요.

치료사: 그 심상을 보고 쿵 소리를 들을 때 당신은 어때요?

도 나: (몸서리치며) 끔찍해요, 토할 것 같아요.

치료사: 코라를 다치게 하는 당신을 보거나 소리를 들을 때 또 다른 기분 나쁜 심상이 있을까요?

도 나: (흐느끼며 아주 낮은 목소리로 말한다.) 네, 네, 있어요. 훨씬, 훨씬 더 심한 것이요.

치료사: 그런 심상은 정말 무섭고 당황스럽죠. 도나, 그렇지만 강박장애에서는 아주 일반적이에요. 당신이 겪는 그 가장 심한 심상을 말해 줄 수 있어요? 왜냐하면 그것들은 훨씬 더 고통스러운 것들일 거예요.

도 나: 내가 떠올리는 가장 끔찍한 심상은 아기를 칼로 찌르는 나를 보는 것이에요. 견딜 수가 없어요. 정말 무서워요. 나는 엄마가 될 자격이 없어요. 어떤 엄마가 아기를 그렇게 하겠어요?

치료사: 그것이 당신을 정말 두렵게 하겠군요. 도나, 그러나 내가 말했듯이, 이 심상들은 강박장애에서 아주 일반적이고 그것들이 당신이 코라를 해칠 것이라는 것을 실제로 의미하는 것은 아니에요. 우리는 그것들을 이해할 필요가 있고 그러고 나서 당신이 그것들을 다루도록 도울 거예요. 그렇다면 그것들이 그렇게 두렵지 않을 거예요. 이 심상에서 어떤 소리를 들었나요? 아니면 그냥 코라를 칼로 찌르는 자신만 보이나요?

도 나: 그만큼은 아니에요. 플래시백에 가까워요. 내 머릿속에 번쩍하고 나타났다가 사라져요. 그런데 아기를 떨어뜨리는 것은 좀 더 오래 지속되고 거의 현실 같아요. 칼로 찌르는 심상은 살인 장면을 보여 주는 공포 영화를 보는 것 같은데, 단편들만 보이니 어떤 일이 일어나고 있는지 이해하기 어려워요.

이 점에서, 치료사는 도나가 두 가지 심상을 경험하는 다양한 방식의 영향을 탐색할 수 있다. 즉, 코라를 떨어뜨리는 진짜 같은 심상과 아기를 칼로 찌르는 더 파편화된 인상적 심상이다. 그렇지만 이것은 치료 초기이며, 치료사가 도나의 문제에 대한 전체 상황을 이해하려고 하기 때문에, 치료사는 도나가 이 심상에 어떻게 반응하는지 초점을 맞추기로 하고 다음 단계에서 심상의 형태가 그녀에게 어떻게 영향을 미치는지를 탐색하게 될 것이다.

치료사: 도나, 그건 당신에게 아주 무서울 거예요. 그런 심상들을 경험할 때 당신은 무엇을 하나요?

도 나: 음, 나는 부엌에 들어가지 않아야 한다고 다짐해요. 이미 브렌든에게 창고에 날카로운 칼들을 넣고 잠그라고 했어요. 그리고 보통은 엄마에게

오시라고 해요. 하지만 내가 정말 걱정하고 있는 것은 말하지 않아요. 그저 내가 잘 못하고 있다고 말하고 들러 주실 수 있는지 물어요.

치료사: 그런 식으로 당신은 그런 생각이나 심상이 행동화되지 않도록 확실히 함으로써 코라를 보호하려고 애쓰는군요. 심상을 떨쳐 버리거나 어떤 식으로든 통제하기 위해 머릿속에서 하는 일이 있나요?

도 나: 네, 대개 기도문을 외우고 코라 주위에 신성한 빛이 있는 것을 상상하는데, (흐느끼며) 코라를 나로부터 보호하려고…… 반드시 나는 아기를 보호하는 사람이어야 해요.

침습적인 부정적 심상의 정상화

도나의 침습적 심상은 그녀의 강박장애에 관한 첫 대화에서 한 일반적 설명보다 훨씬 더 자세하고 분명한 설명이 되고, 침습적 심상을 탐색함으로써 얻은 풍부하고 구체적인 내용은 사례개념화의 정보가 된다. 치료사는 또 심상이 도나가 실제로 코라를 해치려고 하거나 그녀가 '나쁜 엄마'라는 것을 의미하는 것이 아니라는 것을 인식하도록 돕는 것을 시작하기 위해 강박장애에서 심상의 존재를 정상화한다. 앞의 예시에서, 치료사는 강박 사고에 초점을 맞추기 위해 특별한 질문을 한다. 다른 경우에 처음 질문들은 덜 표적 지향적이다. 그러나 평가 과정에서 초기에 심상에 관한 질문을 하는 것은 언제나 자세한 정보를 모으는 좋은 방법이 되고, 대개 내담자에게 핵심이 될 수 있는 독특한 의미를 드러내도록 돕는다.

심상 평가를 위한 질문

〈표 2-1〉은 당신이 심상에 관해 내담자에게 물을 수 있는 질문의 예시이다. 이것은 최종적인 목록이 아니다. 이 질문들은 초기 평가 과정만이 아니라, 당신이 내담자와 심상을 탐색하는 치료과정 내내 활용될 수 있다. 나는 대개 내담자들이 치료가 진행됨에 따라 더 많은 심상을 드러내는 것을 보게 된다. 그들은 치료가 진행됨에 따라 심상과 그 역할을 인식하는 데 더 익숙해지거나, 치료사를 신뢰하게 됨에 따라 심상

을 노출하는 데 더 편안하게 느낄 수 있다. 이 생각은 당신이 외우기 위한 목록으로서 〈표 2-1〉에 질문을 정리해 둔 것이 아니라, 관련된 질문을 선택하거나 변경하고 적절한 시기에 그들에게 질문하도록 하기 위한 것이다. 만약 당신이 이미 심상 작업에 대한 경험이 있다면 아마도 이와 같은 질문들을 활용하고 있겠지만 당신의 레퍼토리를 확장하는 데 이 표를 참고할 수 있다. 또 〈표 2-1〉은 치료사 훈련에 유용한 자료가 될 수 있다.

표 2-1 심상 평가를 위한 질문

1. 심상이 떠오르나요?
2. 당신의 머릿속에 어떤 그림이 떠오르나요?
3. 마음의 눈에 뭐가 보이나요/마음의 귀에 뭐가 들리나요?
4. 뭐가 보이나요? 당신이 본 것을 말해 주세요.
5. 무슨 소리가 들리나요? 뭐가 들리나요?
6. 어떤 냄새/맛이 느껴지나요? 어떤 냄새를 맡았나요/어떤 맛을 느꼈나요? 당신이 본/들은/맛본/냄새 맡은 것을 설명해 줄 수 있나요?
7. 이 심상에 초점을 맞춤에 따라(이 심상을 설명하기 위해 내담자의 표현을 활용하여), 당신의 몸에서 어떤 변화를 알아차렸나요? 신체 감각을 알아차렸나요?
8. 심상에 초점을 맞출 때(다시 한번 내담자가 심상에 대해 말한 것을 간단하게 요약하라) 어떻게 느껴지나요?
9. 이 심상이 마음에 떠오를 때, 당신은 무엇을 하나요? 심상이 나타날 때 이 심상을 통제하기 위해 어떤 것을 하나요? 무엇을 하나요? 그것은 얼마나 효과가 있나요?
10. 당신의 마음속에 심상이 떠오를 때, 기분이 나아지도록 하는 일이 있나요?
11. 심상 속에서 당신을 볼 수 있나요? [만약 그렇다면] 당신은 어떻게 생겼나요? 몇 살이에요? 체격은 어느 정도인가요? 심상 속에서 당신이 되는 것은 어떤 느낌이 드나요?
12. 당신이 마치 영화나 사진을 보고 있는 것처럼 밖에서 안으로 당신을 보고 있나요? 아니면 내부에서, 당신의 눈 뒤에서 보고 있나요?
13. 당신 혼자인가요? 심상 속에 다른 사람이 있나요? 그들은 무엇을 하나요? 그들은 어떻게 생겼나요? 당신은 그들의 목소리를 들을 수 있나요? 그들이 뭐라고 말하나요? 그들은 당신에게 어떻게 행동하나요? 그들은 당신을 어떻게 느끼나요?
14. 그 심상은 스틸 사진에 더 가까운가요? 또는 비디오에 더 가까운가요?
15. [심상이 비디오에 가깝다면] 어떤 일이 일어나는지 묘사할 수 있나요? 그것은 항상 같은 지점에서 시작하나요? 항상 같은 순서대로 진행되나요, 아니면 변하나요? 거기서 가장 힘든/가장 고통스러운 부분은 무엇인가요?

심상 경험 탐색

심상이 내담자의 문제에서 중요한 역할을 하는지를 탐색하기 전에 당신은 내담자가 어떤 심상을 경험하는지와 내담자가 관찰하고 보고할 수 있는지를 분명히 할 필요가 있다. 〈표 2-1〉에서 첫 세 가지 질문이 내담자가 심상을 경험하고 있는지를 분명히 하기 위한 것이다. 이것은 어떤 사람이 심상을 형성할 수 없는지에 대한 질문을 제기하는 것이다. 폭넓은 연구에 의하면, 5%의 사람은 자기가 상상력이 부족하거나 시각적 심상을 전혀 창조할 줄 모르는 사람이라고 묘사하는데(Faw, 2009), 이는 '아판타시아(aphantasia)'라고 불리는 상태이다(Zeman, Dewar, & Della Sala, 2015). 아판타시아의 일부 사람들은 어떤 종류의 시각적 심상도 경험하지 못한다. 반면에 다른 이들은 몇몇 비자발적인 심상을 경험하지만 자발적으로 시각적 심상을 떠올릴 수 없다. 아판타시아 상태의 사람들이 다양한 감각 양식으로 심상을 경험하는지에 대한 증거는 한정적이다. 11장은 심상 작업에서 나타날 수 있는 다른 문제들과 함께 아판타시아에 대해 더 상세하게 살펴본다.

앞의 비율은 적어도 95%의 사람이 규칙적으로 심상을 경험하고, 심상 능력이 연속선 위에 있을 가능성이 있기 때문에 다양한 정도의 효과를 지닌 심상을 창조할 수 있다는 것을 말한다. 그러나 앞에서 말한 바와 같이, 우리는 다른 감각 양식 면에서 심상의 유병률에 대한 많은 정보를 가지고 있지 않다. 한편, 자신의 심상을 관찰하고 심상의 형태와 내용에 대해 반영하고 타인에게 그것을 보고하는 과정은 일반적으로 친숙하지는 않다. 처음에 심상을 경험한 적이 없다고 말하는 일부 내담자들은, 결국 치료가 진행됨에 따라 그들이 심상을 경험한다는 것을 깨닫기 시작한다. 다른 내담자들은 심상을 경험한 적이 없다고 말하는데, 심상과 매우 흡사한 소리 같은 것을 묘사한다. 이 경우에 주의 깊은 질문은 그것들이 무엇인지 깨닫지 못하였지만 심상을 보고하고 있는지 알도록 도울 수 있다.

심상으로 의미 설명

가능한 한 초기에 심상에 접근하기 위해, 특히 처음에 내담자가 심상을 보고하는

데 자신 없어 하거나 보고할 수 없다면, 당신이 의미하는 것에 대해 심상으로 정보를 주는 것이 때로는 도움이 된다. 다음 시나리오는 이를 할 수 있는 예시가 된다.

❝ 시나리오: 심상 소개 ❞

"심상은 당신의 눈에 그림처럼 나타날 수 있어요. 일부 사람들에게 이것은 선명하고 초점이 잘 맞춰질 수 있지만, 다른 사람들에게는 그것이 마음의 배경에 비치는 그림자처럼 훨씬 더 희미할 수 있어요. 그것은 거기에 있을 수 있지만, 그것을 잡으려고 하면 슬그머니 사라지는 것 같아요. 또 심상은 귀에 들릴 수 있어요. 예를 들어, 당신이 배우자나 아이와 말다툼을 했다면, 당신의 마음속에 그것이 재생되고 당신은 타인의 목소리를 듣거나 그들이 지르는 소리나 문을 쾅 닫는 소리를 들을 수 있지요. 만약 당신이 어떤 음식을 먹고 식중독에 걸렸었는데 다음에 다시 같은 음식을 보게 되면, 심지어 그것을 먹지 않아도 당신의 입에서 그 음식 맛이 느껴질 수 있어요. 또 배탈이 났다면 토사물의 냄새나 맛을 느낄 수도 있어요. 이 모든 것이 심상의 예시가 되고 그것들은 당신의 어떤 감각이든 포함할 수 있어요. 어떤 심상은 단 하나의 감각을 포함하는 반면에 어떤 것은 다양한 감각들의 복합물이 될 수 있어요. 예를 들어, 당신이 밤에 늦게 귀가하는데 누군가가 당신을 따라오는 것을 불안해한 것을 기억해 보면, 당신은 그 장소나 당신이 어깨 너머로 흘깃 본 사람에 대한 시각적 심상이 떠오를 수 있고 당신 뒤에서 들리는 발자국 소리를 들을 수 있어요."

이 설명은 당신의 내담자가 소수의 아판타시아인 사람 중 한 사람인지, 아니면 내담자가 찾고 있는 것에 단순히 익숙하지 않은 것인지 알기 위한 간단한 심상 훈련으로 이어질 수 있다. 사람들이 심상에 접근할 수 있는지 보기 위한 또 다른 좋은 훈련법은 그들에게 레몬을 생각하도록 지시하는 것인데, 그것은 일반적으로 친숙한 대상이고 분명한 감각적 특성을 많이 지니기 때문이다.

❝ 시나리오: 레몬 훈련 ❞

"눈을 감고 레몬을 생각해 보세요. 그것의 모양을 상상해 보세요. 색깔을 생각해 보세요. 당신의 마음에 레몬을 떠올려 보세요. 무엇이 보이나요? 그것은 어떤 종류의 노란색인가요? 당신의 손에 그것을 잡고 있는 것을 상상해 보세요. 어떻게 느껴지나요? 그 표면의 감촉, 기름기, 움푹 패인 부분들이 어떻게 느껴지나요? 그것을 반으로 자르고 당신의 코에 갖다 대는 상상을 해 보세요. 어떤 냄새가 나나요? 무엇을 알게 되었나요? 당신의 신체에 감각이 느껴지나요? 그것은 어떤 종류의 감각인가요?"

심상 훈련을 할 때, 부드러운 목소리 톤으로 천천히 친절하게 말하고, (레몬 훈련에서처럼) 당신이 묘사하는 것의 심상을 내담자가 생각하고 창조하고, 기억 속 심상에 접근하거나 새로운 심상을 구성할 수 있도록 충분한 시간을 준다. 스스로 이 훈련을 해 보라. 훈련을 하면서 스스로에게 말하는 상상을 하라. 천천히 하라. 그리고 시각, 촉각, 후각, 미각 등 많은 감각적인 구체적 내용과 함께 완성된 심상을 만들도록 자신에게 시간을 주기 위해 질문 사이에 잠시 침묵을 지키라. 일반적으로 사람들이 레몬을 상상할 때 그들은 마음의 눈으로 레몬을 볼 수 있을 뿐만 아니라 냄새를 맡을 수 있고, 사람들은 대개 실제 레몬 주스를 맛볼 때 경험하는 입 안에 군침이 돌거나 입이 오므라드는 것과 같은 신체 감각을 보고한다. 만져 볼 수 있는 대상과 복합 감각 반응을 일으키는 대상으로 이와 같은 훈련을 하는 것은 대개 당신이 심상에 대해 질문할 때 요구하는 것을 내담자가 이해하도록 돕는다. 레몬 심상은 레몬 주스 만들기나 휴가 기간 레몬 나무를 본 것과 같은 자전적 기억을 야기할 수 있다(4장 클라라의 예시 참조).

문제에서 심상의 특징, 영향, 역할 평가

내담자가 심상을 경험하고 있는지를 분명히 한 다음, 당신은 심상의 특징, 내담자에게 미치는 영향, 문제 유지에 있어서 심상의 역할에 대해 더 많이 알 필요가 있다. 질문 4~6은 심상의 여러 감각적 특징을 탐색하는 데 유용하고, 내담자의 경험을 함께 이해할 수 있다. 그 질문들은 내담자가 심상에 존재하는 여러 감각적 특징을 반영하도록 촉진한다. 질문 7과 8은 심상의 정서적 · 생리적 영향에 초점을 맞추고 어떤 심상이나 심상의 부분이 가장 고통스러운지 그리고/또는 가장 중요한 의미를 지니는지 인식하도록 돕는다. 질문 9와 10은 심상 그 자체에서 벗어나 내담자가 심상에 어떻게 반응하는지 알기 위한 것이다.

폴은 공황장애가 심해지고 있고, 공황 발작을 자주 경험하는데, 쓰러질까 봐 두려워하고 있다. 다음 대화에서 치료사는 이 두려움이 어떤 심상으로 나타나는지, 폴에게 어떤 영향을 미치는지 그리고 어떻게 반응하는지를 탐색한다.

치료사: 쓰러질까 봐 걱정할 때 어떤 심상이 떠오르나요?

폴: 음, 확실하지는 않아요. 정말 두려워요. 내가 생각할 수 있는 것은 그곳에서 나가는 방법이에요.

치료사: 때때로 사람들은 당신처럼 두려운 생각이 들 때 두려운 것에 대한 심상을 가져요. 그들은 마음의 눈으로 그림을 보거나 어떤 것이 들리거나 심지어 두려움과 관련된 어떤 것의 냄새나 맛을 느끼기도 해요. 그 심상이 항상 엄청 선명하거나 정확하지는 않아요. 그것은 꼭 영화를 보거나 정말 초점이 정확한 사진을 보는 것 같지는 않아요. 그것은 거의 당신 마음의 뒤편에 있는 것 같이 더 희미할 수 있어요. 또는 심상이 희미하거나 흐릿한 소리를 포함할 수도 있어요.

폴: 무슨 말인지 알겠어요. 확실하진 않아요. 뭔가 있는 것 같아요.

치료사: 저한테 얘기했던 지난 수요일에 겪은 공황 발작에다가 다시 초점을 맞춰 봐요. 그리고 우리가 뭔가 확인할 수 있는지 봅시다. 모든 사람이 심상을 떠올리는 것은 아니에요. 그러니 아무것도 없을 수 있어요. 그러나 지난 수요일로 돌아가, 증상이 나타나기 시작할 때를 생각해 본다면 도움이 될 수 있어요. 현기증과 열감을 느끼기 시작했고 시야가 흐릿해졌다고 말했죠.

폴: 네, 점점 더 열이 올랐어요. 그리고 숨이 찼어요. 정말 어떤 것에도 집중할 수 없었어요.

치료사: 그냥 눈을 감아 보세요. 좋아요. 증상이 나타날 때 느껴진 것을 기억할 수 있어요?

폴: 네, 지금 그것들 중 어떤 것이 느껴지기 시작해요.

치료사: 지금 느껴지는 것이 무엇인가요?

폴: 열과 약간의 공황 상태요.

치료사: 그리고 지금 마음의 눈에 어떤 심상이나 그림이 떠오르나요? 이것들은 흐리멍덩하거나 그림자처럼 보일 수 있다는 것을 기억하세요.

폴: 네, 바닥에 있는 내가 보여요.

치료사: 심상 속에서 어떤 일이 일어났나요?

폴: 내가 바닥에 누워 있고 입술 가장자리에 침이 보여요.

치료사: 누워 있을 때 뭐가 들리나요?

폴: 심장 두근거리는 소리를 들을 수 있어요. 훅훅거리는 소리 같아요. 피가 너무 심하게 고동쳐서 마치 폭발할 것 같아요.

치료사: 어떻게 느껴지나요?

폴: 정말 무서워요. 내가 이번에 해낼지 확신이 서지 않는다고 느껴요.

치료사: '해내지 못한다'는 것이 무슨 뜻인가요?

폴: 그냥, 그냥 이번엔 살아남지 못할 것 같아요.

치료사: 그러니까 바닥에 누워 있는 자신을 볼 때 훅훅거리는 소리가 들리고 마치 죽을 것 같다고 느껴지네요?

폴: 네, 심장이 더 이상 견딜 수 없고 그저 폭발할 것 같아요.

치료사: 훅훅거리는 소리가 들리고 정말 두렵고 심장이 터질 것이기 때문에 살아남지 못할 것이라고 생각할 때, 당신은 그 상황을 보거나 심장이 터지는 소리를 들은 적이 있나요?

폴: 아니요. 그렇진 않아요. 때때로 사이렌 소리가 들리고 그다음엔 모든 장비에 연결되어 있는 이미지가 떠올라요.

치료사: 폴, 그 심상이 떠오를 때 신체 감각은 어떻게 느껴지는지 설명할 수 있나요?

폴: 점점 나빠지는 것 같아요. 한번은 의식을 잃을 뻔했는데 그것도 무서웠어요.

치료사: 정말 무서웠겠네요. 지금은 기분이 어때요?

폴: 무섭지만 혼자일 때만큼 나쁘지는 않아요. 선생님과 함께여서 안전하다고 느껴져요.

치료사: 정말 잘하고 있어요, 훅훅거리는 소리를 처음 들었을 때 보통은 어떻게 하나요?

폴: 음, 제가 항상 아스피린과 물을 들고 다녀요. 그래서 항상 공황 발작이 온다고 느끼자마자 아스피린 두 알을 먹어요. 그다음 아내에게 전화를 하고, 아내는 제가 검사를 받았고 제 심장이 괜찮다고 말해 줘요.

치료사: 그것이 도움이 되나요?

폴: 아주 심하지 않으면 아스피린을 먹고 조이에게 전화하면 진정하는 데 도움이 돼요. 하지만 아직 마음에 남아 있어서 다시 시작될 수 있어요. 만약 아내와 연락이 닿지 않으면 그때는 심하게 소용돌이쳐요.

치료사: 그게 다른 심상—사이렌과 기계에 연결되어 있는 자신을 보는—을 보기 시작할 때인가요?

폴: 네, 그런 것 같아요.

치료사: 그리고 그것들이 보일 때 어떤 뜻이라고 생각되나요?

폴: 문제, 큰 문제가 생겼다고 생각해요.

치료사: 어떤 문제요?

폴: 내 생각에, '이건 큰 거야.'라는 생각으로 되돌아가게 되는 것 같아요. '나를 빠져들게 하는' 것이요.

치료사: 그럼 이런 일이 일어날 때 자신을 안전하게 지키기 위해 어떤 것을 하나요?

폴: 음, 나는 그다지 종교적인 사람은 아니지만 그래도 기도하고 가끔은 응급 서비스에 전화해요. 그런데 그들이 모든 검사를 하고 안전하다고 말하면 제가 정말 어리석다고 느껴져요.

이 예시에서, 치료사는 공황 발작이 일어나는 동안 폴이 느끼는 쓰러질 것 같은 두려움을 이해하게 되었다. 이렇게 함으로써 그들은 폴의 두려움이 다양한 부분들로 이루어져 있고 그가 두려움을 지지하고 있는 아주 사실적이고 독특한 심상을 가지고 있다는 것을 알게 되었다. 아기를 해칠 것 같다는 도나의 두려움처럼, 쓰러질 것 같은 폴의 두려움의 강렬함과 그 두려움에 대한 그의 반응은 기저의 심상이 확인되었을 때 그와 치료사에게 충분히 이해가 되었다. 이 심상들은 사례개념화에서 공황 사이클에 포함될 수 있다. 클라크(Clark, 1986)의 모델에 따르면, 치료의 주요 초점은 공황 사이클을 야기하는 재앙적 오해석에 도전하는 것이다. 이는 공황 발작 중에 생리적으로 일어나는 일에 대한 심리교육, 인지적 재평가, 그리고 행동 실험을 포함한다. 그러나 폴의 심상을 직접적으로 다루는 개입도 필요할 것이다.

점점 더 많은 연구가 불안과 관련한 고통스러운 심상과 초기 기억들 사이의 관련성을 보여 주고 있다. 그러므로 폴의 두려운 심상이 초기 경험과 관련되는지 탐색할 가치가 있다. 예를 들면, 부모나 가까운 친척이 건강상 문제가 있다는 것을 봤다든가,

병원에 입원한 사람을 방문한 적이 있다든가, 심장박동 모니터와 연결된 다른 사람을 본 적이 있다든가 하는 것 등이다. 내담자가 심상이 상황을 얼마나 더 실제처럼 느끼게 하고 고통을 강화하는지에 대한 정보를 얻는 것은 유용하다. 만약 초기 기억과 관련된다면 치료는 심상 노출이나 심상 다시쓰기와 같은 기법들을 통해 심상에 특별히 초점을 맞추는 것을 포함해야 할 필요가 있다. 이 장의 후반과 책 전반을 통해 고통스러운 심상과 자전적 기억들의 관계를 다루게 된다.

자기와 타인과의 관계에 대한 심상 평가

질문 11과 12는 심상 속에서 자기 그리고 어떤 경우에는 타인과 관련된 자기가 표현되는 방식을 탐색한다. 부정적 자기 심상은 모든 심리적 장애에서 강력한 유지 요인이고(Stopa, 2009), 사회불안장애에 대한 현행 인지 모델에서 중심이 되는 것이다(Clark & Wells, 1995; Hofmann, 2007; Rapee & Heimberg, 1997). 사회불안장애에서 자기 심상은 부정적이고 왜곡되어 있으며, 어떤 경우에는 심상 안에서 자기는 매우 작고 타인은 아주 크거나 또는 자기 위에 우뚝 서서 자기를 내려다보는 것처럼 묘사한다. 그러한 심상은 치료목표가 될 수 있는 몇 가지 가정들을 야기한다. 우선, 그것은 개인이 그들 주위의 성인들보다 신체적으로 작았던 아동기 때의 경험에 대한 기억들을 의미할 수 있다. 만약 이 경우라면, 그러한 기억 기반 심상들은 심상 다시쓰기에 적합하다. 또 심상은 개인이 자신을 어떻게 느끼는지에 대한 표상이고('나는 중요하지 않아.' '나는 무능력해.' '타인들은 나를 통제할 수 있어/나를 조롱할 수 있어/나를 모욕할 수 있어.'), 사회적 계급에서 자기의 위치이다('나는 열등해.'). 이것의 의미는 인지치료에서 그것을 지지하는 신념이나 가정들과 함께 탐색되고 도전될 수 있다.

앞에서 언급했듯이, 사회불안은 심상에 의해 자기 표상이 강력한 부정적 결과를 낳을 수 있는 유일한 장애는 아니다. 다음 예시에서 보면, 수는 우울과 함께 오랫동안 낮은 자기존중감을 경험하고 있는 내담자이다.

치료사: 당신이 타미라의 결혼식에 초대되었을 때 기분이 훅 가라앉는 것을 알아차렸네요.

수: 네, 맞아요. 그날 아침에는 나 자신을 잘 조절하고 있었고 정말 잘하고 있다

고 생각했어요. 눈물이 쏟아질 것 같다고 생각해서 화장실로 뛰어가는 일이 없이 직장에서 하루를 잘 끝냈어요. 그 후 집으로 갔는데 현관 매트에 그 편지가 있었고, 나는 그것이 양각으로 글자가 새겨진 두툼한 크림색의 봉투였기 때문에 단번에 뭔지 알아차렸어요. 봉투를 열었을 때 기분이 너무 안 좋았어요. 마치 내 세상이 무너져 내린 것처럼요.

치료사: 그 봉투를 열고 초대글을 보았을 때 당신의 마음에 무엇이 지나갔을까요?

수: 어, 이건 절망적이라고 생각했어요. 타미라는 가장 친한 친구들 중 결혼하는 세 번째 친구이고, 나에겐 결코 일어날 수 없는 일이에요.

치료사: 그게 당신 자신에 대해 어떻게 느끼도록 했나요?

수: 그냥 사라지고 싶었어요. 공처럼 웅크리고 싶고 그냥 사라지고 싶었어요.

치료사는 결혼 초대장에 대한 수의 반응에서 나타나는 의미의 여러 층을 탐색하기 위해 하향식 화살표와 같은 소크라테스식 질문과 기법들을 활용한 질문의 방침을 따를 수 있다. 이는 할 수 있는 완벽하게 논리적인 방법일 것이다. 또 치료사는 어떤 심상이 수의 감정을 나타내는지 탐색할 수 있고, 그다음 수의 저조한 기분과 낮은 자기존중감을 야기할 수 있는 주제들과 의미들을 밝히기 위해 이 탐색을 활용할 수 있다.

치료사: 희망이 없다고 느끼고 너무 끔찍해서 몸을 웅크리고 그냥 사라지고 싶다고 느꼈을 때, 마음속에 어떤 심상이 떠올랐나요?

수: 음, 저 멀리 있는 나를 보고 있는 것 같아요.

치료사: 어떻게 보이죠?

수: 혼자 고슴도치처럼 몸을 웅크리고 있는 바보 같고 불쌍한 사람으로 보였어요. 거기엔 아무도 없었어요.

치료사: 정말 고통스러우시겠어요, 수. 고슴도치처럼 몸을 웅크리고 있는 자신의 심상을 보는 동안 어떻게 느껴졌어요?

수: 그냥 너무 절망스럽고 너무 외로웠어요.

치료사: 이 심상 속에서 당신 자신이 보이거나 어떤 소리가 들렸나요?

수: 확실하지 않은데, 분명 어떤 소리를 들은 것 같아요. 하지만 그저 사람들이 나를 보며 웃고 있는 듯한 느낌이나 감각 같아요.

치료사: 그것이 당신 자신에 대해 뭐라고 말했나요?

수: 내가 혼자라는 걸 말해 줬어요. 그리고 사람들은 내가 어리석다고 생각해요. 타미라의 결혼식에 절대로 가지 않을 거예요. (눈물이 고이기 시작했다.)

이 대화에서, 치료사는 사고에 초점을 맞추는 데서 시작해서 그다음 심상을 탐색한다. 심상은 수가 무엇을, 왜 경험하는지에 대한 풍부한 정보를 준다. 그 경우에, 치료사에게는 치료를 계속하는 방법에 대한 많은 선택지가 생긴다. 치료사는 심상의 의미와 수가 외롭고 절망적인 이유를 탐색할 수 있다. 또 심상 그 자체에 대해 더 많은 정보를 찾을 수 있다. 수가 심상을 떠올린 것이 이번이 처음인가? 다른 때에 나타난 적이 있는가? 다른 상황들에서 다른 유형으로 나타나는가? 관계의 단절과 미래에 그것이 갖는 의미들에 대해 수가 갖는 복합 감정들을 나타내는 상징적인 심상인가? 또는 기억 기반 심상인가? 치료사는 심상의 감각적 특징과 그것에 대한 수의 신체적 반응을 탐색할 수 있다. "심상 속에서 소리나 냄새가 느껴지나요, 아니면 주로 시각적인 심상인가요? 타인들과 멀리 떨어져서 공처럼 웅크리고 있는 자신을 볼 때 어떤 신체 감각이 느껴지나요?" 또 치료사는 심상에 의해 일어나는 감정을 탐색할 수 있다. "당신이 그렇게 느꼈던 다른 때를 떠올릴 수 있나요?" 또는 "같은 감정을 느꼈던 과거 어느 때를 떠올릴 수 있나요? 어떤 일이 있었나요? 그때 같은 심상이 떠올랐나요?"

대인관계는 대개 개인의 현재 어려움들의 필수적인 부분인데, 개인의 자기인식과 타인에 대한 자기의 신념을 형성하는 문제가 되는 현재 관계나 과거 관계 때문이다. 대인관계적 자기, 즉 타인과의 관계에서 자기는 대인관계 치료를 뒷받침하는 주요 개념이다. 수는 자신을 단지 외로운 존재로만 보는 게 아니라 타인의 웃음거리의 대상으로도 본다. 이는 그녀의 고통을 강화시킨다. 질문 13은 심상이 어떻게 자기뿐만 아니라 대인관계의 측면들을 나타내는지 탐색하기 시작한다.

심상 작업은 심상에만 초점을 맞추는 것이 아니라 심상의 탐색과 심상 기반 개입방법의 활용 사이를 왔다 갔다 하는 것이고, 사고, 감정, 신체 감각적 반응과 행동에 대한 접근인 전통적인 인지치료 그 이상이다. 심상에 대해 질문하는 것의 장점 중 하나는 아주 빠르게 많은 정보를 드러내게 할 수 있다는 것이고, 그러므로 복합적인 의미를 탐색하는 효율적 방법이다. 또 내담자가 회피하려고 하는 주요 감정을 활성화할 수 있고, 따라서 치료사는 평가 과정에서 문제에 대한 더 포괄적인 관점을 얻을 수 있다.

초기 도식 평가에서 심상 활용

심리도식치료(Young, 1999)에서 심상은, 특히 초기 부적응적 도식의 특징(초기 경험에 기반을 둔 자기와 타인에 대한 광범위한 주제)을 탐색하기 위해 활용되고, 도식의 감정적 내용에 접근하기 위해 활용되는데, 정서적 회피가 오래 지속된 성격 문제를 가진 사람들에게서 일반적이기 때문에 중요하다. 이러한 도식에의 접근은 내담자에게 자신이 특별한 감정(예: 분노, 좌절, 낙심이나 포기)을 경험하게 되는 상황에 대해 생각해 보라고 요구하고 나서 어떤 심상이 마음에 떠오르는지 질문함으로써 이루어질 수 있다. 그 후 내담자에게 그 심상 및 그것과 동반되는 감정들을 묘사하도록 격려한다. 또 내담자에게 특별히 반복되는 감정이나 어려움과 관련된 기억에 대해 생각해 보라고 요구하고, 그런 다음 도식과 이 기억을 통해 그것의 기원을 탐색하게 할 수 있다. 도식치료와는 별개로, 중요한 자전적 기억에 대해 생각해 보는 것은 내담자가 심상에 접근할 수 있는지를 탐색하는 또 다른 유용한 방법이다. 당신은 내담자가 현재 문제와 관련되지 않은 과거의 특별한 경우에 대해 생각하도록 요구할 수 있다. 그것은 결혼식, 스물한 번째 생일 파티, 또는 졸업식과 같이 중요한 행사일 수도 있다. 또는 가족과 함께했던 행복한 기억이나 아이 생일 파티일 수도 있다. 이 사건에 대해 물어보고 그것을 묘사하도록 요구하라. 당신이 심상을 이끌어 낼 수 있는지 알아보기 위해 촉구를 활용하라. 예를 들어, 당신은 "누구와 같이 있나요?" 또는 "이 일이 일어나는 장소를 묘사해 보세요."라고 물어볼 수 있다. 자전적 기억은 심상에 크게 기반을 두고 있으므로 이 훈련은 자동적으로 당신이 탐색할 수 있는 심상을 촉발하기 쉽다. 이 접근은 긍정적 감정을 증가시키고 더 긍정적 자기인식을 형성하기 위해 치료 후반에 사용될 수 있는 긍정적 기억과 자기에 대한 긍정적 심상에 접근하기 위한 기초 작업이 될 수 있다. 8장에서 자전적 기억을 통해 자기에 대한 긍정적 심상에 접근하는 방법을 설명하고 9장에서는 온정 기반 치료의 일부로서 긍정적 심상 활용에 대해 살펴본다.

심상 관점 평가

자기에 대한 시각적 심상은 장(field) 관점이나 관찰자 관점에서 볼 수 있다. 질문 13은 관점에 대해 명시적으로 질문한다. 1장에서 설명했듯이, 1인칭 관점은 자신의 눈 뒤에서부터 기억을 시각화하거나 장면을 그림처럼 묘사한다. '장'은 당신의 시야를 말하는데, 당신이 처음에 그것을 보았듯이 근본적으로 같은 식으로 장면을 상상하는 것이다. 그에 비하여, 관찰자 또는 3인칭 관점은 마치 당신이 타인의 관점에서 보고 있거나 비디오를 보는 것처럼 당신을 생생하게 표현하는 방식으로, 밖에서 그 장면이나 기억을 보듯이 묘사하는 것이다.

정신병리학과 관련된 심상에서 관점의 역할에 관한 것은 발전하고 있는 분야이다. 인지심리학에서 기억의 관점에 대한 연구는 관찰자 관점이 더 오래된 기억이나 더 정서적으로 고통스러운 기억에 더 많이 활용되는 것 같다고 말한다. 아마도, 그것은 개인이 기억으로부터 거리두기를 할 수 있기 때문인 것 같다(Negro & Neisser, 1983). 초기 연구는 사회적으로 불안한 개인이, 특히 그들이 높은 불안 상황에 놓여 있을 때 관찰자 관점에서 자기 심상을 보기가 훨씬 더 쉬운 것 같다고 말한다(Coles, Turk, Heimberg, & Fresco, 2001; Wells, Clark, & Ahmad, 1998). 초기 연구는 많은 왜곡된 자기 심상이 따돌림 같은 초기 경험들과 관련된다고 말한다(Hackmann, Clark, & McManus, 2000). 비록 후기 연구는 부정적인 사회적 경험의 비율이 사회적으로 불안한 개인들과 그렇지 않은 개인들 사이에 반드시 차이가 있는 것은 아니라는 것을 말해 주지만 말이다(Moscovitch, Gavric, Merrifield, Bielak, & Moscovitch, 2011). 관찰자 관점은 정서적 회피를 반영하거나 장 관점보다 정서적으로 더 거리를 둘 수 있기 때문에 정서를 조절하려는 시도일 수 있다. 그러나 사회불안장애를 가진 사람들에게 관찰자 관점은 그들의 마음의 눈에 보이는 것이 타인이 보는 것이라는 믿음 때문에 예상외의 부정적 결과를 가져올 수 있다. 이는 그들의 부정적 자기 관점과 자신에 대한 타인의 부정적 평가에 대한 믿음, 그리고 그들의 사회적 수행을 지속하게 한다.

관점의 중요성은 사회불안장애에만 국한되는 것은 아니다. 리비, 발렌티와 펜트(Libby, Valenti, & Pfent, 2011)는 자기존중감이 높은 사람들과 낮은 사람들을 대상으로 관찰자와 장 관점에서 실패를 회상하고 상상한 영향을 비교하는 여러 실험을 실시하였다. 낮은 자기존중감을 지닌 참가자들은 장 관점과 비교해서 관찰자 관점에서 실패를 그려 보았을 때 더 부정적 자기인식을 하고 훨씬 더 수치스럽게 느꼈다. 반면에 높은 자기존중감을 가진 참가자들에게서 관찰자 관점은 수치심을 감소시켰다. 비록 우리가 사회불안이 아닌 다른 장애에서 관찰자 관점의 역할에 대해 아직은 분명하게 알고 있지는 못하지만, 이와 같은 결과들에 의하면 그것이 고통과 부정적 자기 신념들을 유지시키는 데 잠재적 역할을 하기 때문에, 자기 심상에 대한 다른 관점의 영향을 탐색하는 것은 가치가 있다.

심상의 일반적 특징 평가

자기 심상의 관점뿐만 아니라, 우리는 더 일반적으로 심상의 특징을 탐색할 수도 있다. 질문 14와 15는 심상이 정적인지 동적인지, 그리고 진행되는지 탐색한다. 내담자가 보고하는 심상은 다양한 형상과 형태로 나타나는데 이러한 특징은 내용만큼이나 중요하다. 어떤 사람들은 변하지 않는 하나의 반복되는 심상을 지니는 반면, 다른 사람들은 꾸준하게 시나리오가 재생될 수 있다. 예를 들어, PTSD에서 심상은 둘의 복합이든지 어느 한쪽으로 나타날 수 있다. 외상 희생자는 외상 사건의 부분들이 지속적으로 재생될 수 있는데, 예를 들면 머리에 총이 겨누어지는 심상처럼 특정 장면이 스냅사진처럼 나타날 수도 있다. 일반적으로 불안은 주로 미래에 초점을 맞추고 있다. 특히 취약한 개인을 기다리고 있을 수 있는 다양하고 많은 위협에 초점이 맞춰진다. 언어적으로 '~하면 어쩌지?' 계열에 따른 반추적 사고의 형태를 지닌다. '나 혼자 집에 있는데 거미가 나타나면 어쩌지? 오염되면 어쩌지? 아프면 어쩌지?' 상상된 시나리오는 대개 이 반사실적 질문에 대한 대답을 준다. 왜냐하면 심상의 중요한 특징 중 하나가 그것을 더 사실적인 것처럼 느끼게 하고, 위협을 증폭시키고, 즉시 해결해야 하는 것으로 느끼게 하는 것이기 때문이다.

역동적이고 변화하는 심상은 개인에 의해 지각된 위협감을 높일 수 있다. 닥쳐오는 부적응 양식(The Looming Maladaptive Style: LMS)으로 불리는 인지 처리의 특정한 형태가 있다(Riskind & Williams, 1999). LMS는 일반적 인지 경향으로, 개인은 위험과 위기가 재빠르게 증가되는 것으로 위협을 인식한다. LMS 작업은 심상에 한정하여 초점을 맞추지는 않지만 더 생생하고 더 긴급하고 더 커질지도 모르는 심상이 현재의 위협감을 증폭시킬 가능성이 있다. 그래서 심상이 정적인지 역동적인지, 그리고 만약 후자라면 그것은 어떻게 변하고, 개인의 정서적 · 생리적 · 행동적 반응에 어떤 영향을 미치는지 등 심상의 특징에 대해 아는 것은 개인의 어려움을 이해하는 데 중요한 정보를 제공할 것이다.

처음부터 심상에 대해 명확하게 질문하는 것이 왜 중요한지, 심상에 대한 지식이 어떻게 치료 계획에 정보를 주는지에 대해 지금쯤이면 분명해졌을 것이다. 내담자가 자발적으로 심상 정보를 주는 몇 가지 정신장애가 있다. 예를 들면, PTSD에서 플래시백을 겪는 사람은 평가에서 이것들에 대해 자발적으로 보고하기 쉽다. 유사하게, 주방 싱크대 표면에 세균이 득실거리는 심상을 가진 내담자는 이 심상을 바로 묘사할 것이다. 그러나 내담자가 심상을 왜 보고하지 않는지에는 여러 이유가 있다. 그것들은 개인의 현재 문제들과 어려움에 크게 기여하고 있을 것이다. 심상은 대부분 사람들의 정신 세계에서 습관적인 부분이고, 자전적 기억은 심상을 연상시켜서 그것들을 당연하게 받아들이기 쉽다. 사회불안장애의 예를 다시 한번 보자. 도움을 구하는 개인은 내적인 부정적 자기 심상에 초점을 맞추기보다, 수행을 방해하고 말이 꼬이게 만들고 사회적 상황에서 명료하게 생각하거나 말할 수 없는, 심한 불안에 초점을 맞추기 쉽다. 게다가 왜곡된 내적 자기 심상은 그 문제의 일부로 보여지기보다 개인이 실제로 어떻게 생겼다고 믿는지에 대한 표상이 될 것이다.

요약

평가의 목적은 내담자의 문제를 이해하는 것이며, 그래서 그것은 적절한 개입을 위한 정보가 되는 식으로 공식화나 개념화가 될 수 있다. 이 장에서는 당신이 이미 이것을 하고 있는 게 아니라면 심상의 평가를 당신의 현재 임상에 어떻게 포함할 수 있을지 살펴보았다. 우리는 심상으로 당신이 의미하는 것을 설명하기 위해, 그리고 침습적 심상의 경험을 정상화하기 위해 심상에 대해 명시적으로 질문하는 것이 중요하다는 것을 알게 되었다. 심상은 기억, 자기, 미래와 관련될 수 있고 〈표 2-1〉은 이러한 여러 가지 영역을 탐색하는 데 필요한 다양한 질문들을 보여 주었다. 심상의 내용과 이것이 어떻게 개인의 문제와 관련되는지 탐색하는 것뿐만 아니라 평가는 또한 심상의 특징들과 이것들이 내용과 어떻게 작용하는지도 탐색할 수 있다.

다음 장에서는 사례개념화에 심상을 포함하는 방법을 탐색하고 심상과 정서적 · 행동적 · 생리적 반응들 사이의 관계를 더 자세히 살펴보게 된다.

제3장

사례개념화에서 심상 활용

사례개념화 또는 공식화는 인지치료의 토대가 된다(Beck, 2020; Butler, 1988; Dudley, Kuyken, & Padesky, 2011). 개념화는 평가에서 얻은 정보를 조직화하고 내담자의 문제를 이해하기 위해 이론과 실제를 통합하는 것이다. 주요 기능은 치료 계획과 구조화에 정보를 제공하는 내담자의 문제에 대한 공유된 이론 기반 개념화를 발달시키는 것이다. 이 장은 심상을 사례개념화에 포함하는 방법과 그렇게 하는 것이 중요한 근거를 밝히는 것에 초점을 둔다.

인지치료 발달과 새로운 치료의 확산으로 인해, 사례개념화에 활용 가능한 다양한 모델이 많이 있다. 쿠이켄, 파데스키와 두들리(Kuyken, Padesky, & Dudley, 2009)는 폭넓은 유형을 제안하는데, 세 가지 수준의 개념화를 설명한다. 기술적(descriptive), 횡단적(cross-sectional), 종단적(longitudinal) 개념화이다. 하지만 해크먼, 베닛-레비와 홈즈(Hackmann, Bennett-Levy, & Holmes, 2011)는 때때로 문제가 되는 특정한 심상이 이들 폭넓은 사례개념화에서 방향을 잃게 된다고 주장하고, 그들은 심상에 더 정확히 초점을 맞출 것을 주장한다(다음 예시 참조). 해크먼과 동료들의 비판에도 불구하고, 그 유형은 유용한 논리적 틀을 제공한다. 다음 절은 각각의 세 가지 수준에 심상을 포함하는 방법, 심상이 어떻게 가치를 더하는지, 그리고 그렇게 함으로써 심상이 방향을 '잃어버리지' 않도록 확실하게 하는 방법을 보여 준다.

사례개념화의 세 가지 수준

파데스키와 그린버거(Padesky & Greenberger, 1995)의 '핫 크로스 번(hot cross bun)'과 같은 기술적 사례개념화는 정보를 단순히 이론적으로 관련된 범주—예를 들면, 사고, 감정, 신체 감각과 증상 그리고 행동—로 그룹화하는 가장 기본적인 유형의 논리적 틀을 제공한다. 이 목록들은 환경이 전체를 아우르는 틀 안에 위치한다.

횡단적 사례개념화는 내담자의 지속되는 고통의 원인이 되는 주요 과정을 설명하기 위해 현재 유지되는 요소에 초점을 맞춘다. 불안에 대한 대부분의 현행 특정 장애 모델은 횡단적 모델이다. 중요한 것은 이 모델들이 대개 인지치료의 전통적인 일반적 모델을 뛰어넘어서 폭넓은 심리적 과정들, 즉 주의, 걱정, 반추와 같은 반복적 사고, 기억적 편견 그리고 점점 자기 표상까지도 포함한다는 것이다. 그러나 다수의 횡단적 개념화는 과거에 대한 정보를 포함하지 않는다. 그것들의 강점 중 하나는 현재 유지 과정에 자세히 초점을 맞춘다는 점이고 이는 변화를 위한 구체적 목표를 제공한다.

종단적 개념화는 과거 경험들과 현재의 관계를 분명하게 설명한다. 그것은 기저 신념과 가정을 형성한 이전 경험들에 대한 정보와 잠재적으로 활성화되는 사건들과 나타나는 문제들에 대한 정보를 포함한다. 그것의 복잡성이 증가함으로 인해, 종단적 개념화는 때로는 횡단적 개념화보다 현재 유지 과정에 대해 덜 자세히 설명한다. 사례개념화는 발전하고 있고, 쿠이켄과 동료들(2009)은 세 가지 다른 '수준들'을 상호 보완적으로 생각하는 것이 도움이 된다고 말한다. 당신은 그것들을 상호배타적인 것으로 보기보다 현재 정보와 내담자의 이해 수준을 가장 잘 나타내는 어떤 수준이든 활용할 수 있다.

해크먼과 동료들(2011)은 심상에 대한 그들의 책에서, 심상을 포함한 '미니개념화'를 제안한다. 이는 근본적으로 인지치료에서 사고, 감정, 행동(과 관련된 신체 감각)의 관계를 설명하기 위해 전통적으로 활용되고 있는 대표적인 악순환(vicious circle)의 확장이다. 하지만 그것은 특정 심상을 바탕으로 구성된다. 심상은 훨씬 더 폭넓은 역할을 하고, 쿠이켄과 동료들(2009)에 의해 설명된 사례개념화의 세 가지 다른 수준에 전반적으로 포함될 수 있다. 심상은 현재 인지치료에서 사례개념화를 지지하는 많은 다양한 이론적 모델에서 중요한 역할을 한다. 우리는 먼저 기술적 사례개념화에 심상이 어떻게 포함되는지를 살펴보고, 그다음 해크먼과 동료들의 미니개념화로 넘어갈 것이다. 그리고 우리는 이것을 넘어서 횡단적 사례개념화의 수준으로 나아가 사회불안장애와 강박장애를 겪는 내담자의 예시를 통해 심상을 어떻게 개념화에 넣는지 설명할 것이다. 마지막으로, 종단적 모델에서 심상을 탐색하고, 현재 개인이 겪고 있는 어려움에 기여하는 자기(타인과 세상)에 대한 의미와, 초기 자전적 기억과 관련된 심상에서 얻은 정보를 함께 연결하는 방법을 살펴볼 것이다.

기술적 사례개념화에서 심상

개입의 첫 단계는 관련 정보를 모으고 내담자와 치료사 모두에게 이해되는 방식으로 정보를 조직하는 것이다. 이 초기 정보 조사를 위한 개념적 틀은 인지치료의 초석이 되는 사고, 감정, 행동의 핵심 개념들에 근거한다. 그것들은 고통을 일으키는 것이 사건에 대한 해석이지 사건 그 자체가 아니라는 기본 전제를 지지한다. 기술적 개념화는 대개 치료사가 특정 장애 모델이나 더 복잡한 인지치료 개념화에 익숙하지 않은 훈련의 초기 단계에서 특히 유용하다. 다음 예시에서 우리는 내담자가 건강염려증 삽화를 기술하는 것을 보고, 내담자가 보고하는 몇 가지 생생한 심상을 포함하여 이 정보가 어떻게 기술적 방법을 활용하여 요약될 수 있는지를 살펴본다.

치료사: 당신이 건강을 걱정하기 시작했던 최근 예를 생각해 보면 좋을 것 같아요.

줄 리: 한 가게에서 오래된 이웃을 만났어요. 오랫동안 그녀를 못 봐서 "어떻게 지내세요?" 하고 물었더니, 그녀가 "못 들었어요? 한동안 좋지 않았어요. 하딥이 몇 달 전에 세상을 떠났어요."라고 대답했어요. 전 정말 끔찍했어요. 제가 몰랐다는 것이 기분이 너무 안 좋게 느껴졌어요. 그래도 저는 그녀를 만나서 기뻤기 때문에 큰 미소로 인사를 했어요. 정말 어색하고 당황스러웠고 바로 불안이 올라오는 것을 느낄 수 있었어요. 몸에 열이 오르고 그냥 도망치고 싶었지만 '넌 그러면 안 돼. 그건 정말 무례한 거야.'라고 계속 생각했어요. 그래서 저는 정말 미안하다고 말하고 정말 알고 싶지는 않았지만 무슨 일이 있었는지 물었어요. 하딥은 암으로

죽었고 모든 것이 너무 빨리 진행되었대요. 저는 할 수 있는 만큼 오래 그녀와 함께 있었고 그래서 그냥 집에 가고 싶어서 아이들 중 한 명을 데리러 가야 한다고 핑계를 댔어요.

치료사: 그때 기분이 어떠했나요?

줄 리: 그때 완전 공황 발작이 오기 직전이었어요. 그냥 집에 가서 내가 그것을 통제할 수 있었으면 했어요.

치료사: 거의 공황 상태라고 느꼈을 때 당신의 마음에 무엇이 떠올랐을까요?

줄 리: 음, 저는 병원에 가서 유방 검진을 했고 의사가 혹이 없다고 말했었는데요. 글쎄요. 내가 생각할 수 있었던 건, '만약 의사가 뭔가를 놓쳤다면 어쩌지? 의사들은 하딥에게서도 뭔가를 놓쳤음에 틀림없어. 그렇지 않으면 그가 왜 그렇게 빨리 죽었겠어?'예요.

치료사: 그런 생각이 당신 마음에 떠오르고 공황 상태를 느끼고 집에 가고 싶을 때 당신의 마음에 어떤 심상이나 이미지가 떠올랐을까요?

줄 리: 마지막에 엄마가 계속 보였어요. 엄마는 너무 끔찍하고 아주 허약하고 아프게 보였어요. 그리고 그때 잠시 제 얼굴이 엄마 얼굴 위에 겹쳐졌어요.

치료사: 당신 얼굴이 엄마 얼굴 위에 겹쳐졌을 때 어떻게 느껴졌어요?

줄 리: 그냥 무서웠어요. '다음은 나인가?' 그렇게 생각했어요.

치료사: 그건 정말 무서운 생각이었겠네요. 엄마 심상에 당신의 얼굴이 겹쳐진 것을 봤을 때 당신의 몸에서 느껴진 어떤 감각을 알아차렸을까요?

줄 리: 네, 제 유방이 이상하고 혹이 있는 것처럼 느껴졌고, 브래지어를 더 많이 압박하는 것 같았어요. 정말 열이 나고 숨을 쉬기 어려웠어요. 기절할 것 같고 집에 갈 수가 없다는 생각이 들었고 정말 너무 무섭고 외롭게 느껴졌어요.

치료사: 그렇게 무섭게 느껴질 때 집에 돌아가기 위해 무엇을 했나요?

줄 리: 계속 나 자신과 대화를 하려 하고 안심시키려고 애썼어요. 그가 암이었기 때문에 나도 암이 있다는 것을 의미하는 것은 아니라고 자신에게 말했어요. 그런데 내가 떠올릴 수 있는 게 암이니까 그게 크게 도움이 되지는 않았어요. 마치 이것이 내 머리를 두드리며 '암, 암, 암' 하는 것 같았어요.

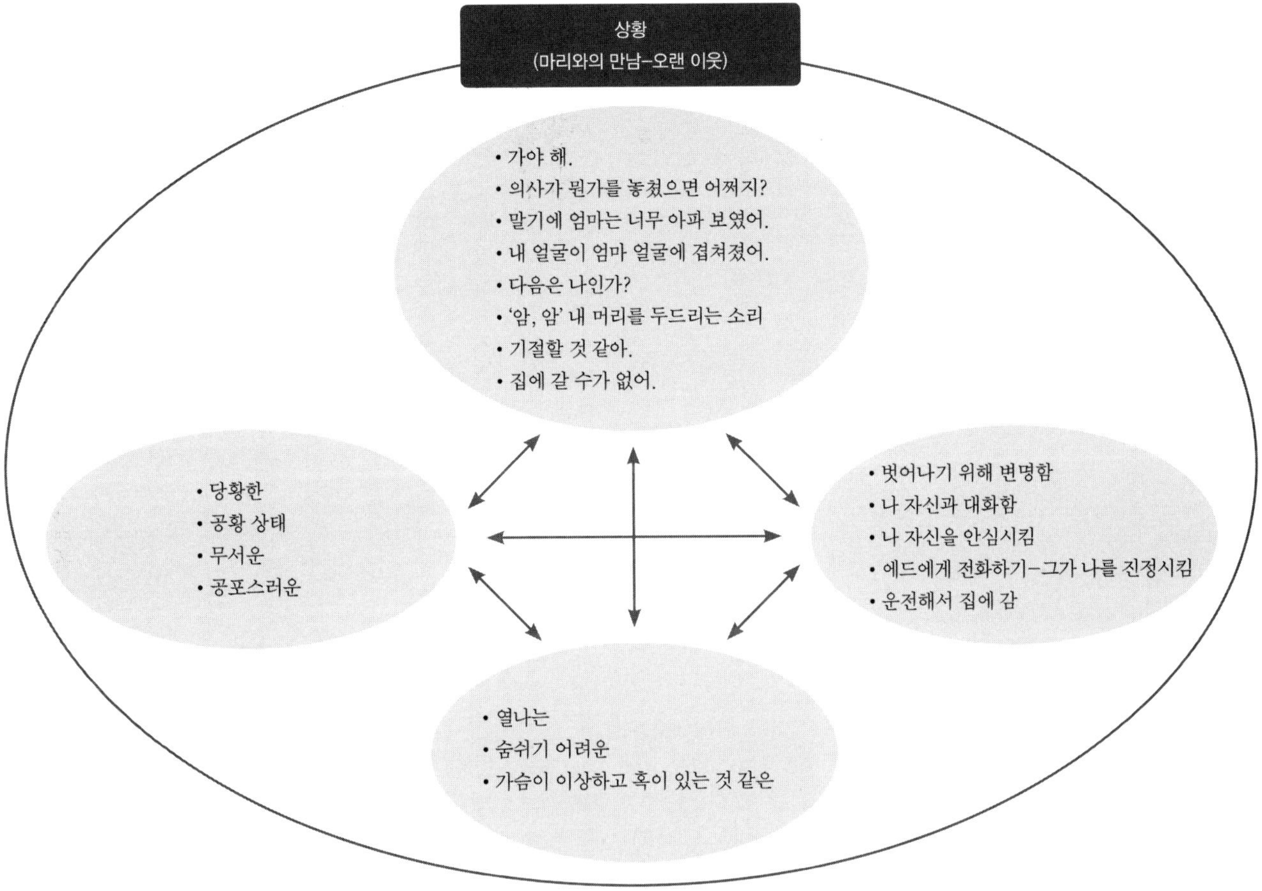

[그림 3-1] 핫 크로스 번을 활용한 기술적인 사례개념화(줄리) (Padesky & Greenberger, 1995)

치료사: 어떤 말이 들렸나요?

줄 리: 말하자면, 정확하지는 않은데요. 뭔가가 나를 두들기는 것 같은 신체적 느낌이 들었어요. 그래서 에드에게 전화를 걸어야만 했어요. 남편이 회의 중일 때 정말 힘들었어요. 남편이 어떻게든 나를 설득해서 차에 타고 집으로 가도록 했어요.

이 대화에서, 줄리는 최근에 암으로 남편이 사망한 이웃을 만남으로써 건강염려증이 촉발된 삽화를 설명한다. 이 소식은 즉시 줄리의 건강염려증을 활성화하고 자신이 병에 걸린다는 부정적 생각들을 하게 한다. 그 만남은 두 가지 다른 심상도 떠오르게 한다. 하나는 때때로 줄리의 얼굴이 엄마의 몸에 겹쳐지는 것과 함께 아주 아팠을 때 엄마의 모습이고, 다른 하나는 훨씬 흐릿한 소리 심상인데 '암'이라는 단어가 그녀의 머리를 '두드리는' 것 같은 경험이다. 일어난 일에 대한 줄리의 기술은 많은 정보를 포함하고 그녀는 그 상황과 그것에 대한 반응에 의해 분명히 압도되었다고 느꼈다. 또 그녀는 치료사에게 그것을 이야기할 때 자신이 점점 더 불안해지고 있다는 것을 알아차린다. [그림 3-1]은 파데스키와 그린버거(1995)의 핫 크로스 번처럼 기술적 사례개념화를 활용하여 줄리의 설명이 어떻게 조직될 수 있는지를 설명한다. 이 정보는 사고, 감정, 신체 감각과 행동 사이를 분명히 구별하는 목록들로 조직화된다.

이 방식으로 정보를 조직하는 것은 유용한 첫 단계가 되는데, 특히 내담자(또는 치료사)가 많은 문제나 서로 관련된다고 보이는 많은 정보에 의해 압도된다고 느낄 때 그렇다. 그러나 기술적 개념화는 단지 제한된 설명적 힘만 지닌다. 풍부한 줄리의 정보는 사고, 감정, 행동을 연결시키고, 이것이 개념화의 설명적 힘을 증가시킨다는 것을 파악할 수 있는 여러 다른 잠재적 방법이 있다는 것을 암시한다.

다음 단계는 하나의 맥락을 찾고 다른 요소들 사이를 정확하게 연결 지을 수 있는, 단순한 악순환이 될 수 있다. [그림 3-2]는 줄리가 인식한 생각들 중 하나—의사가 이웃의 남편의 병을 조기에 진단하는 데 실패했음에 틀림없고 이 때문에 그가 그렇게 빨리 사망했다—에 초점을 맞추는 예시를 보여 준다. 줄리는 그때 그녀의 의사가 잠재적으로 생명에 위협이 되는 중요한 어떤 것을 놓쳤을 것이라는 생각에 빠지고 이는 건강에 대한 두려움을 증가시키는 악순환을 야기한다.

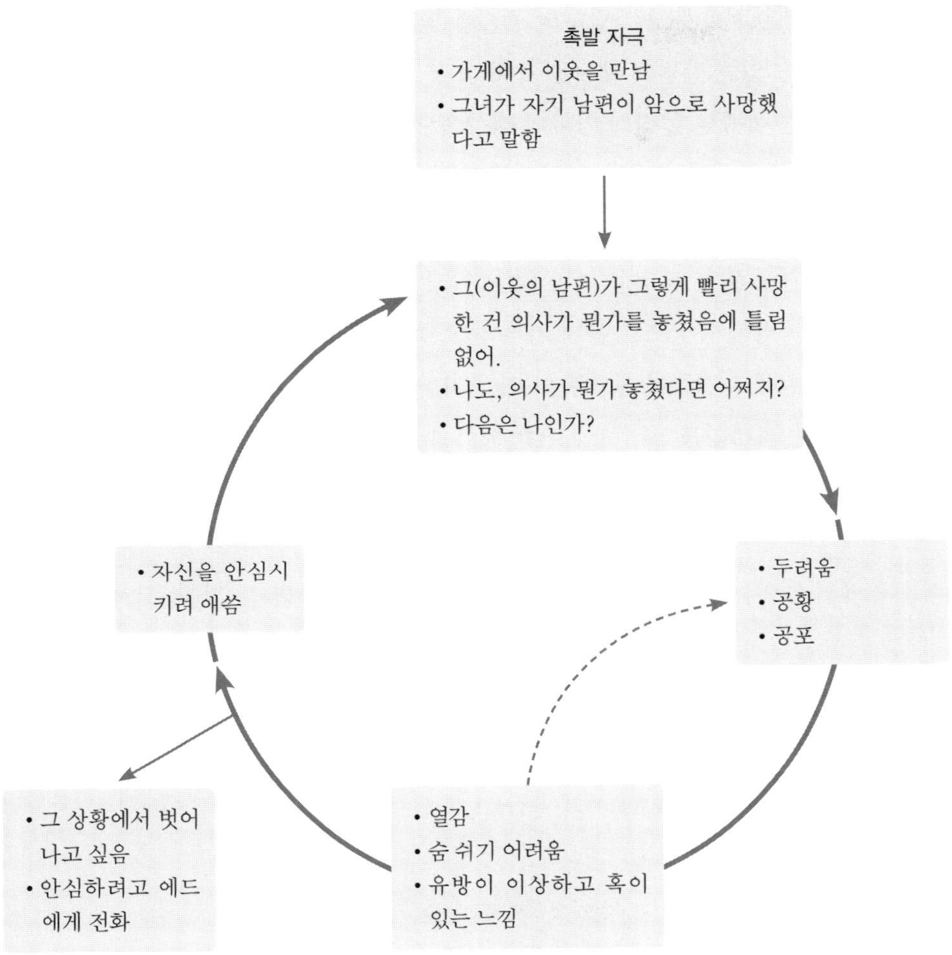

[그림 3-2] 단순 악순환(줄리)

다시 말해, 이는 다른 많은 정보 사이의 관계를 파악하기 시작하기 때문에 유용하다. 하지만 암일 거라는 무서운 생각과 줄리가 보고한 심상을 구별하지는 않는다.

심상 중심 미니개념화

해크먼과 동료들(2011)은 심상에 포함된 복합적 의미들이 방향을 잃게 할 수 있으나 심상을 중심으로 활용하는 미니개념화를 그리는 것은 도움이 될 수 있다고 지적한다. [그림 3-3]은 치료사가 개념화의 중요한 역할로서 줄리의 엄마의 심상을 활용하여 이것을 할 수 있는 방법의 예시를 보여 준다.

[그림 3-3]은 아팠던 줄리의 엄마의 심상에 초점을 맞춘다. 이 심상은 줄리가 정신적 충격을 받았던, 엄마의 죽음과 관련된 고통스러운 자전적 기억의 일부이다. 그녀 자신의 얼굴이 그 심상에 겹쳐질 때, 이것은 '다음은 나인가?'라는 생각으로 구체화되는 우려를 증가시킨다. 그리고 그녀의 두려움을 '공포'로 증폭시킨다. 재빠르게 증가된 두려움은 주의를 유방으로 옮겨 가게 하고 줄리는 그때 이상하고 혹이 있는 것 같은 느낌을 경험했고 절박한 두려움이 더 증가한다. 공포와 마찬가지로 '너무 외롭다'라는 압도하는 외로움을 느끼는데 이는 엄마의 죽음에 대한 기억과 상실에서 오는 버림받은 느낌과 관련될 수 있다. 줄리는 자신을 안심시키려 애썼지만 취약감 및 고립감과 함께 인식된 두려움의 강도로 인해 불가능했고, 그녀가 할 수 있는 유일한 일은 그 상황에서 벗어나는 것이었으며 그래서 남편 에드를 통해 안심하려고 한다. 엄마

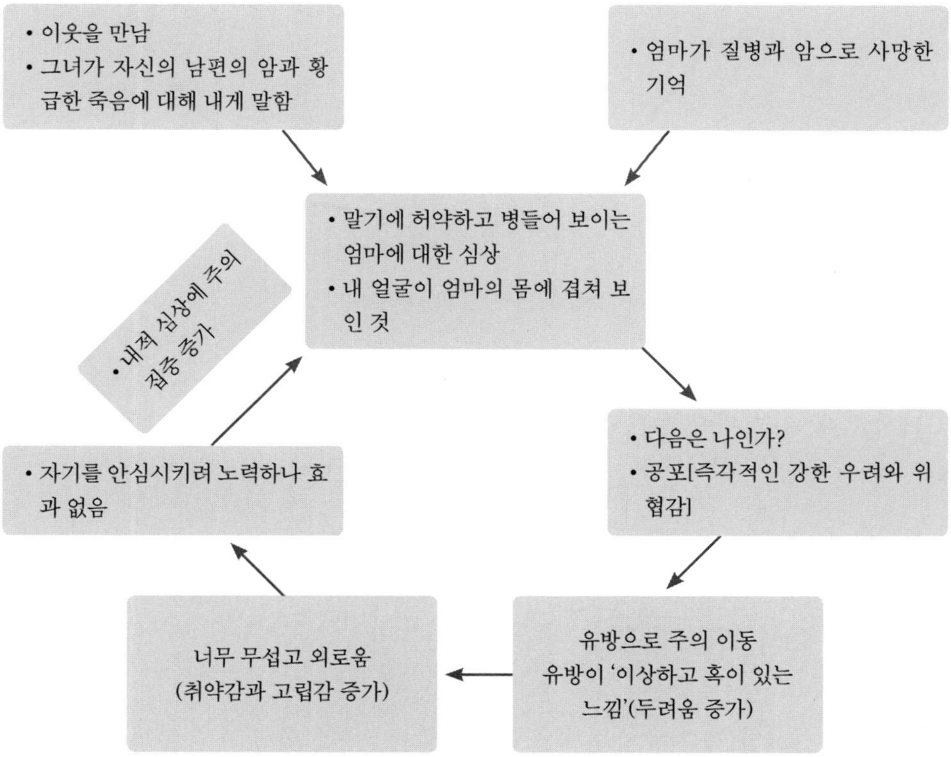

[그림 3-3] 사례 개념화에서 중심 허브로서 심상 활용

의 질병과 죽음 심상이 재발되고 침습적이라면, 그것들은 그녀의 건강염려증의 중요한 유지 요인이 될 수 있다. 심상의 의미를 탐색하는 것은 엄마의 죽음과 관련된 고통 때문에 그것의 억압을 초래할 수 있는 엄마의 죽음에 관해 해결하지 못한 문제를 밝힐 수 있다. 만약 그런 경우라면, 상황의 회피와 심상의 차단이나 회피 노력은 엄마의 상실을 정서적으로 처리하는 것의 실패에 기여할 수 있고 줄리의 건강에 대한 불안이 더 지속될 수 있다.

이 방식으로 심상과 그 의미를 공식화하는 것은 몇 가지 이점이 있다. 첫째, 단순하고 직접적인 방식으로 복합적 정보를 잠재적으로 통합하게 된다. 줄리의 두려움이 그렇게 빨리 상승하는 이유를 설명하고, 그녀가 새로운 방식으로 엄마의 죽음과 그녀의 불안의 관계를 이해하도록 도울 수 있다. 둘째, 추가 질문을 위한 영역을 확인하게 된다. 이것은 재발하는 심상인가? 그 심상은 줄리에게 어떤 의미인가? 그것은 항상 같은 심상인가? 어느 관점에서 줄리의 얼굴이 엄마와 겹쳐 보이는가? 항상 이런 일이 생기는가? 셋째, 예를 들어 엄마의 죽음에 대한 기억을 목표로 한 심상 재구성과 같은 추가적인 개입 목표의 가능성을 치료사가 생각해 보게 한다. 악순환은 그것이 특정한 부정적인 자동적 사고(NATs)로의 경로를 나타내든, 아니면 심상 중심이든 (Hackmann et al., 2011에 의해 기술된 미니개념화), 단순한 핫 크로스 번 그 이상이며, 인지 모델의 여러 요소 사이의 특정 관계를 이해하는 중요한 방법을 제공한다. 이와 같이 당신은 특정 사고, 심상, 감정 또는 문제 행동에 초점을 맞추길 원할 때 치료를 통해 그것을 활용하기 쉽다. 그것은 모델의 특정 부분을 해결하기 위해서 또는 더 복합적인 의미를 탐색하기 위해서 횡단적 사례개념화 및 종단적 사례개념화와 함께 활용될 수 있다. 다음에 논의될 횡단적 개념화는 특정 문제나 장애의 유지에 기여하는 주요 유지 요인을 개념화하기 위해서 보다 광범위하게 초점을 맞춘다.

횡단적 사례개념화에서 심상

특정 장애 모델의 급증은 광범위한 임상적 문제들을 위한 효과적인 개입의 발달로 이어졌다. 이 모델들의 강점은 정상적 심리 과정들(예: 주의, 기억, 반복적인 보속적 사고, 회피)에 그리고 이 과정들이 '역기능적'이 될 때를 이해하는 데에 기반을 두고 있다는 점이다. 예를 들어, 선택적 주의는 우리로 하여금 위협에 향하게도 하고 우리 자신을 보호하려는 적절한 행동을 하게도 하는 진화된 기제이다. 그 과정에서 '비정상'은 없다. 그러나 불안장애에서 위협에 대한 선택적 주의는 객관적 위협이 없거나 개인이 위협의 가능성을 지속적으로 과대평가할 때 문제가 된다. 이 경우에 선택적 주의는 개인이 외적이든(예: 거미), 내적이든(예: 신체 감각) 위협적 자극을 지속적으로 지향하게 하고, 불안을 조장하고, 현재 활동을 방해하고, 도피나 회피 행동을 빈번하게 야기한다.

비록 특정 장애 모델들에서 여러 가지 가설로 세워진 유지 과정이 초진단적이지만, 그 모델들은 그것들이 어떻게 작동하고 특정 장애에서 어떻게 상호작용하는지를 구체화하는 데에 가치가 있다고 말한다. 또 모델들은 내용의 수준(예: 사고와 심상)에서, 그리고 경우에 따라서는 특히 신체 감각과 행동 반응에서 특수성이 있다고 제안한다. 예를 들어, 건강염려증을 겪는 개인에게는 질병, 그리고 걱정하는 질병과 관련된 신체 감각에 초점을 둔 두려움이 우세할 것이다. 행동 반응은 반복적 체크와 안전 행동을 포함할 것이다. 그에 비하면, 사회불안장애를 겪는 개인은 자기가 당황하거나 굴욕감을 느끼는 것을 걱정할 것이다. 걱정되는 신체 감각은 얼굴이 붉어지고, 떨리고 땀이 나는 것과 같은 당황함과 불안이 드러나는 것들일 것 같다. 행동 반응은 회피와 철수를 포함할 가능성이 더 높다. 일부 특정 장애 모델에서는 심상이 분명하게 포함되지만 다른 모델에서는 그렇지 않다. 다음 절은 각각의 예시를 살펴본다. 사회불안장애에서는 자기 심상이 모델의 핵심이 되고(Clark & Wells, 1995), 강박장애에서 심상은 침습의 형태로 포함되지만 딱히 다른 침습적 사고와 완전히 구별되어 개념화되는 것은 아니다(Steketee & Barlow, 2002).

사회불안장애 사례개념화에서 심상

자기에 대한 부정적인 왜곡된 심상들은 모든 현재 인지 모델에서 보는 사회불안장애의 특징이다(Clark & Wells, 1995; Rapee & Heimberg, 1997; Hofmann, 2007). 그것들은 클라크와 웰스(Clark & Wells, 1995)의 모델에서 핵심이고, 이는 영국 국립보건임상연구소(National Institute for Health and Care Excellence: Nice, 2013)에 의해 추천된 가

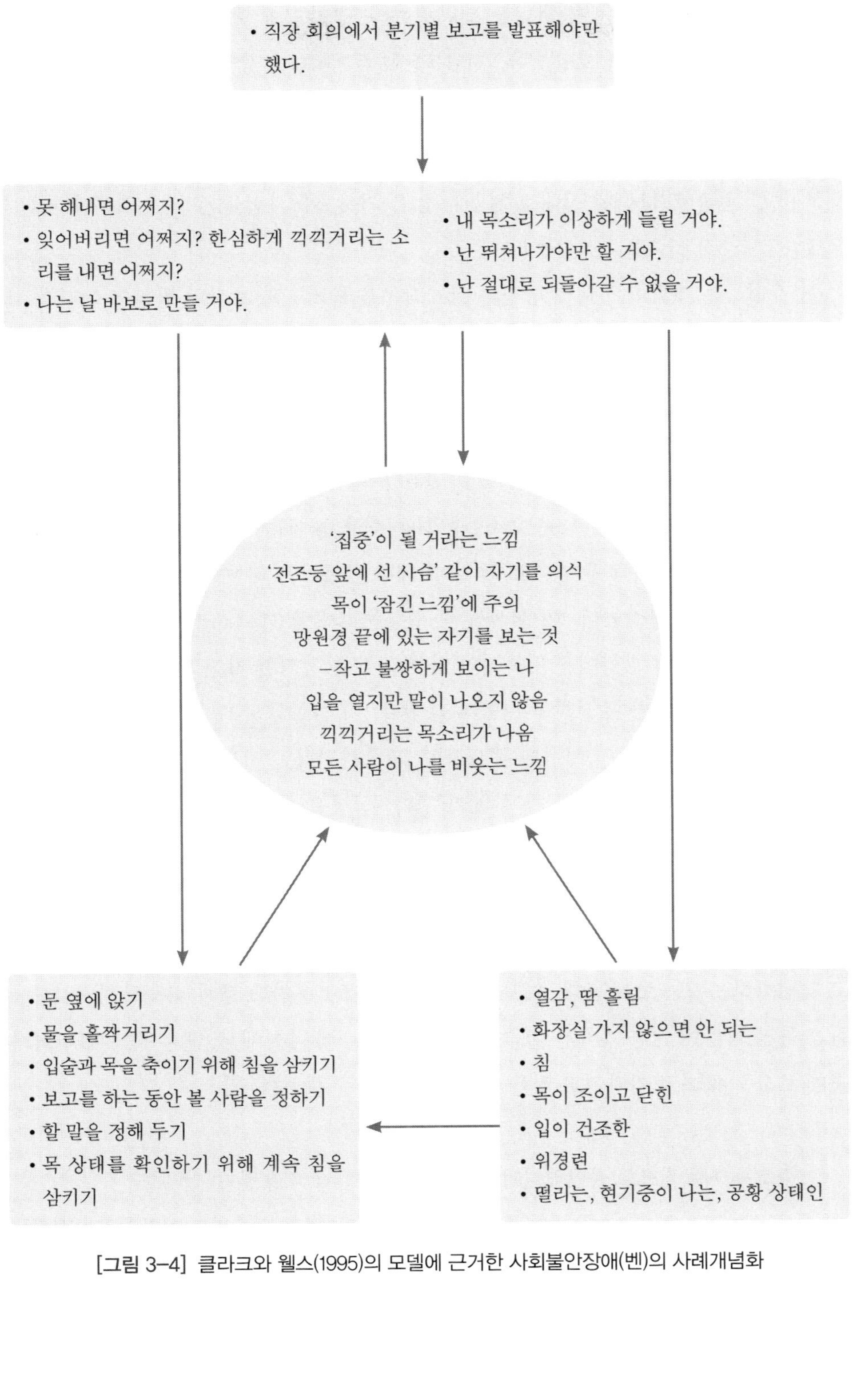

[그림 3-4] 클라크와 웰스(1995)의 모델에 근거한 사회불안장애(벤)의 사례개념화

장 효과적인 최근 치료들 중 하나를 뒷받침한다. 클라크와 웰스는 개인이 불안을 나타내는 의미('난 이상하게 보일 거야.' '사람들은 내가 약하다고 생각할 거야.')와 사회적 수행('난 항상 위트 있고 재미있어야만 해.' '대화 중에 절대로 꾸물대서는 안 돼.' '사람들은 나를 지겹다고 생각할 거야.')에 대한 역기능적 가정을 지닌다고 주장한다. 이 기준을 충족하지 못한 결과로 '나한텐 절대로 친구가 없을 거야.'와 '사람들은 나를 거부할 거야.'와 같은 재앙적 예측을 하게 된다.

이 가정들은 개인이 사회적 상황과 상호작용을 즐거움과 보상의 원천이 아니라 위험한 것으로 인식하도록 한다. 이것은 불안을 야기하고 자주 얼굴 붉힘, 떨림, 땀 흘림과 같은 관찰 가능한 생리 증상들을 야기하는 부정적 사고와 심상의 흐름을 활성화한다. 결국, 이것은 두려운 재앙을 막기 위해 안전 행동을 시작하게 한다(예: 그 사람이 말하는 것 또는 그 사람이 어떤 인상을 주는지 관찰하기, 얼굴 붉힘이나 땀 흘림을 숨기려고 애쓰기, 할 말을 연습하기). 이 모든 요소들이 자의식을 높이는 데 상호작용한다. 사회불안을 겪는 개인들이 주의를 자기로 돌릴 때 대부분 불안을 더 증폭시키는 부정적이고 왜곡된 자기 심상을 갖는다. 이 심상들 중 일부는 따돌림(Hackmann et al., 2000)과 같은 초기의 고통스런 경험에 근거하지만 다른 것들은 특별한 자전적 기억과 관련되지 않으면서 자기에 대한 부정적 의미를 나타낸다. 이 심상들의 내용은 매우 독특할 수 있지만, 부적절하고, 타인보다 덜 중요하고, 괴상하거나 받아들일 수 없는 것으로 자기를 인식하는 것과 관련된 공통 주제가 있다. 심상을 보고하지 않는 사람들에게는 대개 부정적 자기 관점과 유사하게 나타나는 '느껴진 감각(felt sense)'이 있다.

사례개념화에 있어서, 이 모델은 그 중심에 있는 부정적 자기 심상을 분명히 확인한다. 다음 대화는 [그림 3-4]와 함께 사회불안장애에서 자기 심상에 어떻게 접근하고 개념화하는지를 보여 준다. 대부분 특정 장애 CBT 불안 모델과 비슷하게, 이 개념화는 특정 상황에 대한 자세한 기술에 기반을 둔다. 이 예시에서, 벤은 직장에서 회의 중에 보고를 하려고 기다리고 있을 때 일어난 일을 기술한다.

치료사: 사회적으로 불안해졌던 최근의 상황에 대해 떠올릴 수 있나요?

벤: 네, 쉬워요. 지난주 회의 중이었어요. 제 업무를 보고하려고 기다리고 있었는데 불안이 점점 더 올라왔어요. 제가 어떻게 거기서 그것을 할 수 있었는지 모르겠어요.

치료사: 일어난 일을 제가 명확하게 이해할 수 있기 위해 그 상황을 자세히 검토하고 싶어요. 괜찮을까요?

벤: 네, 물론이죠. 불안이 올 거라는 것을 알고 있었기 때문에 오전 내내 걱정하고 있었어요. 매주 이 회의를 하는데 저는 분기마다 한 번만 하면 돼요. 그래서 저는 대부분 그저 앉아서 듣기만 하면 넘어갈 수 있어요. 그런데 이번엔 내가 주목받게 될 거라는 것을 알고 있었죠.

치료사: 불안이 심해지기 시작한다는 것을 언제 알아차리셨나요?

벤: 그날 아침에 일어난 이후 계속 불안했어요. 그런데 회의 시작 한 시간 전인가, 아마 약간 덜 돼서 정말 시작되었던 것 같아요. 20분 동안 화장실에 두 번이나 갔어요. 모두가 알아차리고 '왜 저러는 거야?'라고 생각했을 거라고 생각되어서 당황스러웠어요.

치료사: 시작을 기다리는 동안 당신 마음에 무엇이 지나갔나요?

벤: '오, 안 돼, 해내지 못하면 어쩌지? 잊어버리면 어쩌지? 난 나를 완전 바보로 만들 거야.'라고 생각하기 시작했어요.

치료사: 그리고 어떻게 느껴졌어요?

벤: 열이 나고 땀이 났어요. 또 화장실에 가야 할 것 같은 느낌이 들었어요.

치료사: 회의에 들어갔을 때 무슨 일이 일어났나요?

벤: 나가고 싶을 때 나가려고 문 근처에 앉았어요. 일단 앉으니까 사람들이 들어오고 이리저리 움직이고 서로 대화도 나누고 그래서 좀 편해졌어요. 그래서 내 옆에 앉은 멜과 잡담을 나눴어요. 그녀는 내 문제에 대해 약간 알고 있어서 "걱정하지 마세요. 벤, 잘할 거예요."라고 말했어요. 그 말은 친절하게 느껴졌고 약간은 안심이 되었어요. 그런데 불안이 바로 요동치기 시작했어요.

치료사: 벤, 회의에서 가장 나빴던 부분에 초점을 맞춰 볼 수 있겠어요? 어떤 일이 있었나요?

벤: 내 슬라이드가 올라오기 바로 몇 분 전이었어요. '아이구, 못 할 것 같아. 목소리가 이상하게 나와. 너무 하이톤에 끽끽거려. 할 말이 생각나지 않으면 어쩌지?'라고 계속 생각하고 있었어요. 그건 말이 안 돼요. 왜냐하면 거울 앞에서 발표를 해 봤고 발표할 내용의 요약도 정리해 두었거든요.

그래서 최악의 상황이 되면 그냥 그것을 큰 소리로 글자 그대로 읽으면 돼요. 그런데도 나는 '잊어버리고 아무 말도 못 하면 어쩌지? 난 바보처럼 보일 거야.'라고 생각했어요.

치료사: 당신 생각에 일어날 수 있는 가장 나쁜 일이 무엇일까요?

벤: 내 생각에, 까맣게 잊어버릴 거라는 두려움이요. 내 입에서 한심하고 끽끽거리는 소리가 나오는 것이 상상이 되었어요. 그럼 상황이 너무 나빠져서 그냥 회의실에서 뛰쳐나가야 할 거라고 생각했어요. 만약 그렇게 되면 어떻게 되돌아갈지 상상을 할 수 없어요.

치료사: 할 말을 잊어버리고 하이톤에 끽끽거리는 소리가 나올까 봐 걱정할 때 어떤 감각이 몸에서 느껴지는지 알아차렸을까요?

벤: 네, 1분 동안 열이 나고 그런 다음 떨렸어요. 목은 점점 더 조이는 느낌이고 입안이 정말 바짝 말랐어요. 계속 물을 홀짝홀짝 마셨어요.

치료사: 다른 감각은요?

벤: 구역질이 날 것 같고 화장실로 달려가야 할까 봐 걱정되었죠. 그리고 약간 떨리고 현기증이 났어요.

치료사: 할 말을 잊어버리고 입이 마르고 목구멍이 조이는 그런 모든 불쾌한 감각에 대해 걱정할 때 그런 일이 일어나는 것을 막기 위해 어떤 노력을 했을까요?

벤: 머릿속으로 계획한 말을 되뇌었어요. 그리고 입이 마르지 않도록 했어요. 물을 한 모금씩 마시고 침이 돌게 했어요. 또 내가 말하는 동안 누구를 볼지 찾으려 애썼어요. 내 생각에 친근한 얼굴에 초점을 맞추는 것이 좋을 것 같았어요. 직원들 중 한 명이 아니라요. 왜냐하면 그들은 항상 농담만 하거든요. 만약 내가 말문이 막히면 나를 괴롭힐 거고 끝없이 계속 그럴 거예요. 완전 바보처럼 보이지 않으려고 나가야 한다면 어떤 변명을 할지 생각하고 있었어요. 그건 완전 굴욕적일 거예요.

치료사: 모든 신체 증상과 함께 할 말을 잊어버리는 것, 회의실을 뛰쳐나가는 것, 자신이 모욕당할까 봐 두려운 느낌 등, 이 모든 것에 대해 걱정하고 있는 동안, 당신은 어디에 주목하고 있었나요?

벤: 나는 주로 목에 초점을 맞추고 있었어요. 건조해지고 있는지, 약간 매끄럽

도록 잘 관리하고 있는지 확인하면서 침을 계속 삼키고 있었어요.

치료사: 그 일이 일어났을 때 더 의식적이게 되었나요?

벤: 네, 전조등 앞에 얼어붙은 사슴같이 느껴졌고, 발표를 시작하면 모두가 쳐다보기 때문에 점점 더 심해지기 시작했어요. 덫에 걸린 기분이었어요.

치료사: 전조등 앞에 얼어붙은 사슴처럼 느껴지고 모두가 당신을 쳐다본다고 느껴졌을 때 당신에게 문득 떠오른 심상이 있었을까요?

벤: 마치 내가 거꾸로 된 망원경으로 나 자신을 내려다보고 있는 것 같았어요. 내가 저 멀리 있어서 아주 작아 보여요.

치료사: 이 심상에서 당신이 무엇처럼 보이는지를 묘사해 보겠어요?

벤: 나는 작고 불쌍해 보여요. 입을 열고 있고 말을 하려고 애쓰는데 아무 말도 못해요.

치료사: 이 심상에서 들은 소리가 있었을까요?

벤: 네, 끽끽거리는 소리가 내 입에서 나오고, 마치 나를 둘러싼 모든 이들이 나를 보고 있고 막 웃음이 터져 나오려는 것처럼 느껴졌어요.

치료사: 그들의 웃음 소리가 들렸나요?

벤: 아니요. 웃음이 터져 나오기 직전 고요한 순간이요. 그러나 그게 더 나빴어요. 왜냐하면 곧 일어날 것이고 내가 그것을 막을 수 없다는 것을 알았으니까요.

치료사: 물을 한 모금씩 마시고 목을 축이기 위해 침을 삼키고 할 말을 생각하고 있을 때 그것이 대체로 자신에게 초점을 맞추게 하였나요?

벤: 나는 완전히 목이 잠기는 느낌이었어요. 그것을 향해 나를 당기는 정말 강력한 자석 같았어요. 나는 다른 어떤 것에도 집중할 수 없었어요.

치료사: 또 어떻게 느꼈나요?

벤: 진짜 공황 상태요.

치료사: 그것은 당신의 주의에 어떤 영향을 미쳤나요?

벤: 내 생각에 점점 더 나 자신에게 초점을 맞추는 것 같아요.

치료사: 당신이 목을 축이려고 애쓰고 침을 삼키고 할 말을 연습하는 것이 당신의 불안에 어떻게 영향을 미쳤다고 생각하세요?

벤: 생각해 본 적이 없어요. 단지 그것을 극복하기 위해 집중하고 있는 것 같아

요. 그런데 불안이 나아지지 않으니까 그게 불안에 도움이 되지 않는다는 생각이 들지만, 반면에 만약 내가 그렇게 하지 않았다면 더 심해지는 것은 당연할 것 같아요. 가장 좋은 때에도 궁지에 몰린 기분이 들어요.

치료사: 입을 크게 벌리고 끽끽거리는 소리가 들리며 거꾸로 된 망원경 끝에 당신이 보일 때, 당신이 할 말을 잊어버리고 끽끽거리는 소리만 나서 회의실을 뛰쳐나가야 한다는 것이 어느 정도 가능성이 있어 보이나요?

벤: 아주 많이 그럴 것 같아요. 사실처럼 보이니까 어떤 때는 이미 일어난 일처럼 느껴져요.

벤은 사회불안장애를 가진 사람의 전형적인 패턴을 기술한다. 그는 회의에 가기 전에 걱정되는 불안한 순간을 묘사하면서 시작한다. 그가 회의실에 있을 때 그의 주된 걱정과 관련된 부정적 생각들을 말한다. '난 말할 수 없을 거야.' '나는 날 바보로 만들 거야.' 이 점에서 우리는 벤의 신념과 가정에 대한 더 많은 정보를 얻지는 못한다. 그러나 회의에 대한 자세한 탐색으로 그의 불안과 그 모델의 여러 요소 사이의 몇몇 관계에 대해 풍부한 정보를 얻는다. 벤의 건조한 입과 목이 잠기는 느낌은 사람들 앞에서 말할 수 없을 것이라는 불안과 직접적으로 연결된다. 그것들은 '끽끽거리고' 말할 수 없는 그 자신에 대해 그가 가진 심상의 특징을 이룬다. 그의 불안은 실제로 일어날 것이라는 두려움을 막기 위한 다양한 안전 행동들로 시작된다(예: 목을 축이려고 애쓰기, 할 말을 연습하기). 그의 부정적 생각과 가정들, 그의 불안 증상과 안전 행동은 모두 그의 내적 자기 초점을 강화시킨다. 이 일이 일어날 때, 벤은 (거꾸로 된 망원경 끝에) 아주 작게 보이고 끽끽거리는 소리가 나오는 동안 입이 벌어지고 말이 안 나오는 그런 자기 자신에 대한 심상을 떠올린다. 이 심상은 벤의 가장 심한 두려움을 나타내고, 아마도 다른 사람들이 그를 보고 들을 때 사람들이 무엇을 보는지 추론하는 데 활용될 것이다.

[그림 3-4]는 클라크와 웰스(1995)의 모델에 근거한 사례개념화이다. 이 개념화에서 심상은 다차원적이다. 벤은 마치 그가 거꾸로 된 망원경으로 내려다보이는 자신을 보는 것을 묘사한다. 다시 말해, 그는 아주 작게 보이고 멀리 떨어져 있다. 이 심상은 친구들 앞에서 당황하고 모욕적이었던 아동기 기억과 관련될 수 있다. 그것이 기억과 관련된다면 이 '관찰자 자기'는 원래 이 경험을 다시 체험함으로써 정서적 영향

으로부터 거리를 두려는 벤의 방식이었을지도 모른다. 또는 자신을 작게 저 멀리 보는 것은 많은 내담자가 사회적 상황에서 극도로 불안할 때 느끼는 취약성과 무기력감을 표현하는 방식일 수도 있다. 초기 사례개념화에서 그러한 심상을 명확히 확인하는 것은 두 가지 주요 치료목표를 성취하는 데 중요하다. 첫째, '현실적' 자기 심상 개발하기와, 둘째, 자기보다는 환경 처리하기이다(Clark & Wells, 1995).

심상을 통한 정서의 확대(Holmes & Mathews, 2010)는 말로 단순하게 기술된 감정보다 더 '진짜로' 느껴지는 상상된 시나리오의 원인이 된다. 벤의 심상은 그가 '잊어버리고' 말할 수 없거나 목소리가 '이상하게' 나올지도 모른다는 두려움에 대한 생생한 표상을 나타낸다. 이 심상은 위협감을 증가시키고, 그가 타인에게 어떤 인상을 주는지를 해석하는 데 활용하는 자료가 된다. 즉, 벤은 타인이 그를 볼 때 그가 내적으로 구성한 심상과 타인이 보는 자신이 같을 것이라고 믿는다. 자신의 심상을 보듯이 벤은 타인이 그를 비웃을 거라고 느낀다. 사람들이 그를 비웃고 놀릴 것이라는 이 강한 인식은 굴욕적이라고 판단되는 방식으로 행동하는 자신을 보게 되는 시각적 심상에 대한 신뢰성을 증가시킨다. 시각적이거나 복합 감각적 심상의 형태에서 자기 표상은 사회불안장애를 이해하는 데 결정적이며, 클라크와 웰스(1995)의 모델에 의해 설명된, 보다 친숙한 유지 과정을 작동시키는 '발전기'로서 작용한다. 더 초기 모델들에서 자기에 대한 분명한 개념화의 부재는 사회불안장애에 대해 일반적인 인지 모델(사고, 감정과 행동)에 근거한 인지행동치료가 약간의 성공에만 머무르는 이유를 설명한다(예: Heimberg & Juster, 1995).

강박장애 사례개념화에서 심상

2장에서, 우리는 아기를 해칠 거라는 도나의 침습적 심상에 대한 평가가 어떻게 그녀의 문제를 더 자세히 설명하는지 살펴보았다. 주요 침습적 심상은 도나가 아기를 떨어뜨리는 심상, 코라가 바닥에 부딪힐 때 쿵하는 소리를 듣는 심상 그리고 공포영화처럼 갑자기 나타나는 코라를 칼로 찌르는 심상이다. 강박들은 두려운 사건이 일어나는 것을 막거나 그것이 일어난다면 바로잡으려는 시도를 나타낸다. 도나의 사례에서, 그녀는 코라를 보호하려는 시도로 '성스러운 빛'에 의해 둘러싸인 코라에 대한 심상을 의도적으로 만들어 낸다. 하지만 '보호하거나' '바로잡으려는' 이 시도의 의도치 않은 결과는 코라를 보호하는 것이 그녀의 역할이고 딸이 '엄마로부터 보호'받지 못했기 때문에 도나가 나쁜 엄마라는 결론을 내리게 한다. 강박장애를 위한 스티키티와 발로(Steketee & Barlow, 2002)의 모델은 생물학적 위험 요소(강박장애 또는 불안을 겪는 다른 가족 구성원들), 환경적 맥락 그리고 초기 경험에 근거한 핵심 신념들과 같은 선행 요소들에 대한 정보를 포함한다. 또 완벽주의, 책임감 관련 신념, 사고의 중요성에 대한 과대평가, 확실함의 중요성과 사고 통제의 필요성과 같은 강박장애 관련 신념과 가정들을 포함한다.

도나의 사례에서, 치료사는 도나의 아버지에게 주로 확인하는 강박장애가 있었다는 것을 알게 되었다. 그는 어릴 때 집에 화재가 나는 것을 보았고 도나는 아버지가 밤에 전자제품이 꺼졌는지 상기하고 자주 점검하며 집에서 화재 안전에 몰두하였다는 것을 기억한다. 부모님은 도나를 사랑하고 보호적이었다. 그녀는 그들이 신앙심이 깊었고, 자신이 '옳은 일'을 하고 있는지 자신의 행동에 책임을 지는지에 대한 확신의 중요성을 강조하는 강한 도덕규범을 가지고 있었다고 말했다. 또 그녀의 어머니는 그녀가 어렸을 때 뭔가 잘못을 하면 '하느님이 그녀를 더 좋은 사람으로 만들어 주도록' 기도하라고 했던 것을 도나는 기억한다. 도나의 자기에 대한 부정적 관점과 그녀가 나쁜 사람이라는 관점은 분명히 그녀의 침습적 심상과 관련이 된다. 그러나 그 관계의 정확한 특징은 아직 분명하지 않다. 다음 대화는 그것을 더 탐색한다.

치료사: 당신에게 전체 사이클이 자극되는 것에 대해 좀 더 탐색하는 것부터 시작하면 좋을 것 같아요. 때때로 코라를 보면 아기를 떨어뜨리거나 다치게 하는 바로 그 심상들이 나타나지만 이것은 한 번도 일어나지 않았다고 말했어요.

도 나: 맞아요. 정말 이상해요. 때로 그냥 코라를 들어 올려서 껴안으면 기분이 좋아요. 다른 때엔, 아기 방에 들어가는 순간 자고 있는 아기를 들어 올리라고 명령하고, 뭔가 하고 있는 플래시가 떠오르게 돼요.

치료사: 예측 불가능성은 정말 감당하기 어려울 거예요.

도 나: 네, 그래요. 몇 시간이나 때때로 하루 종일 그게 나타나지 않거나 그렇게 자주 나타나지 않을 때, 제가 그것을 잘 다루고 있다고 생각해요. 그

런데 그때 나쁜 게 떠오르면, 그것을 결코 떨쳐 버리지 못할 것처럼 느껴져요.

치료사: 당신이 코라에게 그런 식으로 반응하게 될 거라는 것을 어느 정도 가능성 있게 만드는, 당신이 알아차릴 수 있는 어떤 패턴이나 무언가가 있는지에 대해 같이 생각해 볼까요? 그런 식으로 생각할 때 어떤 것이 마음에 떠오르나요?

도 나: 음, 내 생각에, 일진이 안 좋은 날 피곤하고 기분이 안 좋을 때 더 그런 것 같아요. 코라가 태어난 후 가벼운 산후 우울증을 겪었어요. 왜냐하면 힘든 출산이었거든요. 정말 모든 것이 그때 시작되었어요.

치료사: 그러니까, 피곤함이나 기분 같은 것이 그것에 영향을 미치게 되나요?

도 나: 네, 그런 것 같아요. 나는 자신감이 많았던 적이 없어요. 많은 도움을 청해야 할 때 나는 정말 어리석고 마치 아기를 가질 자격이 없는 것처럼 느껴져요. 그래서 내 생각에, 그게 내가 아기를 돌볼 수 없을 것이라는 걱정을 더 하게 하는 것 같아요.

치료사: 아기를 가질 자격이 없을 거라는 생각은 당신이 코라를 가질 '가치'가 없다고 말했던, 지난주에 우리가 나눴던 대화와는 다른 내용인가요?

도 나: (잠시 말이 없다.) 그런 것 같아요. 네, 뭔가 느낌이 달라요.

치료사: 그것에 대해 조금 더 말해 줄 수 있나요? 어떤 점에서 두 생각이 다르게 느껴지나요?

도 나: 음, 코라를 가질 가치가 없다는 것은 더 당황스러워요. 강박장애가 심해질 때 그것이 정말 강하게 느껴져요. 그래서 아기에게 나쁜 짓을 하는 자신을 더 많이 보게 되면 그렇게 될 거라는 믿음이 더 강해져요. 엄마가 될 자격이 없다는 생각은 더 배경이 되는 것 같아요. 그것은 항상 거기에 있고, 아마도 아주 자신감이 없고 자신에게 좋은 선택지가 없다고 느끼는 나와 관련될 수 있을 것 같아요.

치료사: 코라를 가질 가치가 없다는 생각에 대해 좀 더 집중해 봅시다. 그런 생각을 할 때 가치 없는 엄마로서 당신 자신에 대한 심상이 떠오르나요?

도 나: (애처롭게 웃는다.) 정말 하나도 재미있지 않은데 왜 내가 웃는지 모르겠어요. 하지만 지금 선생님이 내게 물었고 그것에 대해 소리 내서 말하

니 정말 바보같이 느껴져요. 그런데 심상이 떠오르니까요. 그것에 대해 정말 이렇게 생각해 보지는 않았어요. 그런데 TV 시리즈 〈오렌지는 새로운 검정인가(Orange Is the New Black)?〉에 나오는 일부 여성이 자기 아이들을 해치잖아요. 떠오르는 심상은 내가 등 뒤로 수갑을 차고 오렌지 점프슈트를 입고 있는 거예요. 손이 등 뒤로 묶인 채 사람들이 해야만 하는, 그 이상하게 발을 끌며 걷는 것을 내가 하고 있는 것이 보여요. 하지만 그건 말도 안 돼요. 왜냐하면 나는 영국에 있는 교도소에 갈 것이고 그들은 그런 오렌지색 점프슈트를 입지 않으니까요.

치료사: 지금 그 심상을 떠올릴 수 있나요?

도 나: 네.

치료사: 도나, 눈을 감고 그와 같이 당신 자신을 보는 것에만 초점을 맞출 수 있을까요? (잠시 멈춘다.) 지금은 기분이 어때요?

도 나: 슬프고 (잠시 멈춘다.) 수치스러워요. 그리고 정말 죄책감이 들어요.

치료사: 그 심상은 당신 자신에 대해 뭐라고 말하나요?

도 나: 내가 나쁜 사람이고 믿을 수 없다고요.

치료사: 기분이 어때요?

도 나: 끔찍해요. 난 좋은 사람이 되려고 노력했는데 될 수 없을 것 같아요. 내가 아무리 노력해도 반드시 망치게 될 거예요.

치료사: 도나, 당신이 '좋은' 사람이 되려면 뭐가 바뀌어야 할까요?

도 나: 음, 우선, 이 끔찍한 생각들을 멈추어야만 하고 내 손으로 코라를 제대로 돌볼 수 있어야 해요.

치료사: 당신이 그렇게 하는, 그러니까 코라를 돌보고 있는 당신의 심상을 떠올릴 수 있나요? (잠시 멈춘다.) 어떤 기분일까요?

도 나: 아기를 안고 있는 자신을 볼 수 있어요. 하지만 마음 한구석에서 내가 그 나쁜 심상을 막고 있어서 마음이 편할 수가 없어요.

치료사: 좋아요. 눈을 뜨세요. 그러니까 코라를 돌보고 당신이 원하는 엄마가 되는 심상은 아기를 해치는 무서운 심상을 포함한 배경 소음과 연결이 되네요. 내 말이 맞나요?

도 나: 네, 그런 것 같아요. 정말 그렇게 생각해 본 적이 없어요. 하지만 그것들

이 연결되는 것 같아요. 그중 하나를 극복하자 곧 그것은 내가 결코 좋은 엄마가 될 수 없다는 것을 느끼게 하는 것 같아요.

치료사: 오렌지색 점프슈트를 입은 당신의 심상이 언제 떠오르나요?

도 나: 그건 나중에 내가 그 상황에 대해 지치고 절망감을 느낄 때 올라오는 경향이 있는 것 같아요. 그리고 무슨 일이 일어날지 생각해요.

치료사: 당신에겐 정말 힘든 일일 것 같아요. 왜냐하면 마치 당신이 가장 원하는 좋은 엄마가 되는 것이, 당신은 나쁜 엄마이고 아기를 돌볼 가치가 없다는 신념을 부추기는, 코라를 해치는 강박적 사고를 야기하는 것 같아요. 그리고 그 모든 것이 당신을 우울하게 만들고 우울한 기분이 강박적 사고를 만드는 것 같고 심상이 당신의 마음속에 더 많이 떠오르는 것 같다고 말했죠.

도 나: (한숨 쉬며) 당신 말이 맞아요. 마치 피할 수 없는 이 지옥 같은 사이클에 갇힌 느낌이에요.

치료사: 좋아요. 음, 이 도식에 새로운 모든 정보를 추가합시다. 그리고 당신은 당신의 인생을 살고 코라의 엄마가 되는 것을 즐길 수 있기 위해서 함께 머리를 맞대고 해결 방법을 찾아봅시다.

도 나: 좋아요.

[그림 3-5]에 나타나는 개념화는 많은 영역을 더 탐색할 것을 시사한다. 도나의 오렌지색 점프슈트를 입은 자기 심상은 자기 관점에 대한 강한 의미를 전달하고 무가치, 수치심과 죄책감을 포함한다. 자기인식의 유지 역할에 대한 이해와 함께 그것의 근원에 대해 탐색하는 것은 도움이 된다. 그녀의 가정교육이 '좋은' 또는 '나쁜' 것으로 심하게 양분화된 자기 관점을 낳았을까? 부모의 신앙과 엄격한 도덕규범이 그녀를 끊임없이 실패하게 하는, 이룰 수 없는 이상적 자기를 위해 애쓰게 했을까? 이 자기 관점을 유지시키게 한 특별한 자전적 기억들이 있을까? 이 예시에서, 부정적인 왜곡된 자기 관점은 두 번째 사이클을 반영하는데, 이 경우 도나가 좋은 엄마가 되려는 노력은 그녀가 코라를 해친다는 침습적 사고들을 하기 쉽게 만든다. 이는 그녀가 소망을 이루는 것이 계속 실패하고 있다는 증거가 된다. 개입은 심리교육, 침습적 사고와 심상들을 직접적 대상으로 하는 노출과 반응방지, 그리고 초기 기억에 대한 심상

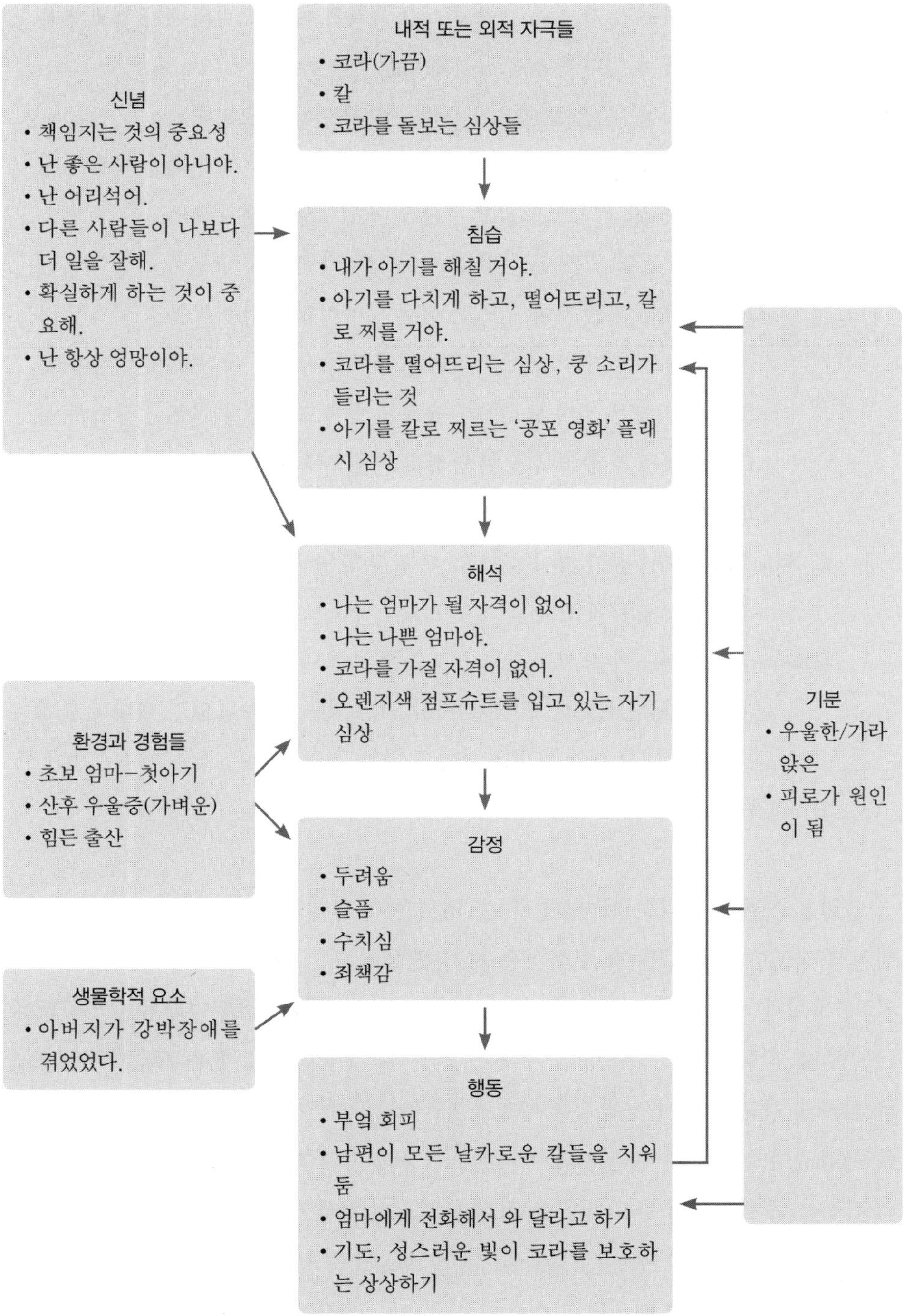

[그림 3-5] 스티키티와 바로우(2002)에 기반한 도나의 강박 증상 사례개념화

다시쓰기 등이 있다. 치료사는 아마도 도나가 두 번째 유지 사이클을 깰 수 있도록 더 강건한 자기인식의 발달을 돕기 위해 어느 정도 시간을 보내야만 할 것이다. 도나는 신념과 가정의 형성에 있어 과거 경험의 역할에 명시적으로 초점을 맞추는 개념화와 잘 연결된다.

종단적 사례개념화에서 심상

특정 상황에 초점을 맞추는 것은 정확한 개념화를 발달시키는 데 대개 가장 효과적 방법이 된다. 이는 내담자가 일반적 정보보다 구체적 정보를 제공할 가능성이 더 높기 때문이다("사람들이 어떤 생각을 할지 걱정돼요." "나는 그녀를 떠올릴 때 항상 우울해져요."). 횡단적 개념화는 현재 내담자의 문제에 대한 정보를 제공하지만, 앞에서 보았듯이 일부는 관련된 과거 정보의 구성 요소들도 포함한다. 그에 비하여, 종단적 공식화는 내담자와 치료사 모두 처음부터 과거와 현재의 관계를 이해하는 것이 도움이 된다는 전제하에 시작한다. 벡(Beck)과 동료들은 인지치료의 혁명을 일으킨 『우울을 위한 인지치료(Cognitive Therapy of Depression)』(1979)에서 이 접근의 모형을 제공한다. 종단적 개념화와 횡단적 개념화는 서로 배타적이지 않으며, 임상에서 서로 보완적일 수 있다. 도나의 사례에서, 책임감 관련 그녀의 신념과 엄격한 부모의 도덕규범에 대한 정보는 침습적 사고와 심상에 반응하는 방식과 같은 강박장애를 야기하는 일부 과정을 이해하는 데 도움이 된다.

종단적 공식화에서, 현재 유지 요인에 대한 정보는 때때로 충분한 세부 사항이나 차별화된 힘이 부족하다. 하지만 『인지행동치료: 기초와 그 이상(Cognitive Behavior Therapy: Basics and Beyond) 제3판』에서 주디스 벡(Judith Beck, 2020)은 보상 전략은 물론, 핵심 신념과 가정—예를 들어, '나는 쓸모 없어.'라는 핵심 신념을 보상하기 위해 극도로 열심히 일하도록 몰아붙이는—과 함께 관련된 아동기 자료를 포함하는 (전통적인) 인지 개념화에 대한 자신의 버전을 설명한다. 현재 유지 사이클은 상황, 자동적 사고, 그리고 감정과 행동에 따라오는 자동적 사고의 의미를 구성하는 분리된 맥락들에 의해 표현된다. 이 개념화 모형은 치료사가 여러 정서를 나타낼 수 있게 하므로 매우 유용하다. 예를 들어, 많은 우울한 사람은 우울에 기여하는 것들과는 분리된 요소들에 의해 유지되는 불안과 동요도 경험하기 때문이다. 또 그것은 내담자가 자신의 고통을 지지하는 의미나 주제를 발견할 수 있도록 같은 기분 상태의 실례들을 대조하는 기회를 제공한다.

종단적 모델은 미래에 재발을 야기할 수 있는 잠재적 취약성 요소들에 대한 일련의 가설을 위한 범위를 제공한다. 그래서 이 작업은 재발의 위험을 줄이는 데 도움이 될 수 있다. 종단적 개념화는 자전적 기억과 자기 발달에 근거를 두고 있다. 그래서 이 관계들을 구체화할 수 있는 심상을 통합할 여지를 많이 준다. 다국적 대기업의 회계 부장인 메리를 대상으로 이것을 설명하고자 한다. 그녀는 여러 번 우울 삽화를 경험했고 우울하지 않을 때도 기분 장애로 어려움을 겪고 있었다. 메리는 공부를 잘했었고 회사에 입사한 후 빨리 승진했다. 그녀는 자신이 일을 잘하고 아주 박식하다는 것을 알고 있지만 실수하거나 일을 잘 못할까 봐 두려워서 자신의 업무를 확인하는 데 과도한 시간을 보내고 있다.

메리는 대부분 남자인 다른 상관들에게 자주 위협감을 느낀다. 그녀는 비판에 과민하고 자신이 비판으로 인식한 의견들에 대해 반추하며 많은 시간을 보낸다. 그녀는 일이 발생하면 어떻게 반응해야 할지 정말 모르겠고 아주 수동적이 되거나 아주 공격적이 된다고 말했다. 두 반응 방법 모두 메리의 자기 비난적 사고를 자극하고, 그녀는 자신이 어리석다거나 '어떻게 행동해야 할지 모르겠어.' 그리고 자신에게 뭔가 '문제가 있어.'라고 자주 스스로에게 말한다. 이는 기분을 나빠지게 하고 우울 삽화를 자극한다.

메리는 지지적인 남편과 결혼했고 그들은 아기를 가지는 것에 대해 고민하고 있다. 그녀는 자신의 부모가 '그녀에게 최선을 원하는' 사람들이었지만 아주 다정한 사람들은 아니었다고 말하였다. 그녀가 학교에서 많은 상을 받았지만 항상 더 잘할 것을 기대받았다. 아버지는 비판적인 사람이었고 절대로 누구에게도 좋게 말하지 않았다. 엄마는 외모와 좋은 인상에 관심이 있었다. 하지만 그녀가 엄마를 기쁘게 하는 것은 어려웠고 메리는 항상 자신이 부족하다고 느꼈다. 1장에 나온 사라와 비슷하게, 메리는 아버지의 목소리로 말해지는 자기 비난의 생각들을 '들었다.' 그녀가 여기에 맞추려고 하면 할수록 '어리석은, 쓸모없는, 일을 잘 못하는' 등으로 이루어진 연속적인 비판이 계속된다는 것을 더 잘 알게 되었다. 메리는 아버지가 그녀에게 했던 특정한 비판들과 세상에 퍼부은 끊임없는 혹평과 독설이 내면화되었다는 것을 깨닫게 되었다.

또 메리는 열여섯 살 때 시험 성적을 받은 후 방에 혼자 앉아 있었던 시각적 심상에 대해 말했다. 모든 과목에서 A를 받았음에도 불구하고 엄마는 칭찬하지 않았고 그녀가 얼마나 잘했는지를 인정해 주지 않았다. 대신에, 메리는 엄마가 머리카락이 엉망진창이라며 외출하기 전에 단정히 하라고 말했던 것을 기억한다. 메리는 눈물을 참으며, 자신은 철저히 혼자이고 엄마에게서 다른 어떤 것을 기대했던 것에 대해 어리석다고 느끼며 방에 혼자 앉아 있던 것을 기억한다. 그녀는 마치 멀미를 한 것처럼, 심지어 구토하지 않았음에도 입에서 느껴진 쓴맛을 기억할 수 있다. 그녀가 직장에서 비난받을 때 그녀는 이 시각적 심상을 재경험하고, 정말 기분이 나쁠 때 그녀는 때때로 입에서 담즙 맛을 느낀다. [그림 3-6]은 메리의 문제에 대한 종단적 개념화를 보여 준다. 이는 표 맨 아래 악순환 두 개를 사용하여, 한 사이클에서는 저조한 기분에 이르는 경로와 다른 사이클에서는 불안과 동요에 이르는, 대비되는 경로를 설명한다는 점에서 앞에서 설명한 표준 인지치료와 다르다.

종단적 개념화는 '실패자'와 '어리석다'라는 신념을 초래하는, 결코 충분치 않다고 느끼는 부모에 대한 메리의 경험을 요약한다. 또한 이 신념들은 시험 결과에 대한 엄마의 반응 후에 방에 혼자 있는 메리가 가지는 심상 안에서 시각적으로 나타난다. 이 심상은 그녀가 무엇을 하든 결코 충분치 않다는 메리의 느낌을 요약하지만, 언젠가는 부모님의 인정과 사랑을 얻으려는 바람에서 더 열심히 일하는 전략을 초래한다. 개념화는 또 두 개의 유지 사이클을 포함하는데, 하나는 메리가 얼마나 불안하고 동요하는지를 설명한다. 이 예시에서, 촉발 자극은 실수를 저지르는 재앙적 심상이다. 메리는 사기 행위를 조사하는 재판소에 있는 자신을 본다. 이 초기의 심상은 재판 결과를 상징하는 더 많은 일련의 재앙적 심상을 초래한다. 따라서 전체 사이클은 그녀가 실패자라는 핵심 신념을 확인시키고 그녀가 자신을 공격하고 비난하는 두 번째 유지 사이클을 반영한다. 두 번째 사이클에서, 메리는 아버지의 목소리로 그녀를 비난하고 공격하는 소리를 듣는다. 다시 말해, 그녀는 자기 비난적 생각을 끊임없이 재생하는 청각적 심상을 경험하고 이는 사회적 · 정서적 철수를 초래하는 우울, 절망, 무기력으로 이어진다.

사례개념화에서 치료 계획까지

앞의 사례는 심상이 고통을 유지하고 자기에 대한 부정적인 역기능적 신념을 확신시키는 데 얼마나 중요한 역할을 하는지 보여 준다. 사고 도전하기와 같은 전통적 인지치료 기법들은 심상과 관련된 의미를 바꿈으로써 심상의 빈도에 변화를 줄 수 있을 것이다. 그러나 언어적 개입이 심상에 의해 구현된 의미에 항상 중대한 영향을 미치는 것은 아니며, 때로는 처음부터 심상과 함께 작업하는 것이 더 효과적이다. 하지만 치료과정은 많은 내담자를 위해 더 잘 알려진 정착된 인지치료 기법들을 다음 장들에서 설명하는 한두 개의 심상 개입과 병행하는 것 같다.

메리의 사례에서, 우울을 위한 증거 기반 인지치료(예: NICE, 2009, 2018)의 활용은 부정적인 자동적 사고에 도전하기 전, 기분을 개선하기 위한 행동 활성화로 치료를 시작할 수 있다. 메리가 자신의 부정적 사고에 성공적으로 도전하였더라도, 그녀는 자신이 '어리석지' 않다는 것을 인지적으로는 알지만 그래도 '어리석다고 느껴지는' 흔히 볼 수 있는 문제를 여전히 경험할 수 있다. 행동 실험은 신념의 정서적 구성 요소를 바꾸는 데 어느 정도 도움이 될 수 있다(Bennett-Levy et al., 2004). 하지만 메리의 자기 관점을 형성하는 심상과 관련된 자전적 기억들의 해결도 필요할 수 있다.

사고 도전하기, 행동 실험과 특정 심상 기법들과 같은 인지 재평가 기법들과의 병행은 자기에 대한 부정적 신념을 해결하는 데 강력한 개입방법이 된다. 부정적 반추는 우울에서 만연하고, 사건 후 처리와 같은 다른 형태의 반복 사고는 모두 고통에 크게 기여한다. 메리의 사례에서, 아버지의 목소리로 자기 비난적 사고가 들린다는 것을 인지하는 것은 치료의 중요한 추가 표적이 된다. 즉, 심상의 형태 바꾸기(예: 볼륨을 낮추거나 아버지를 날카롭게 찍찍거리는 만화 캐릭터로 바꾸기), 또는 그녀의 일부 초기 기억에서 끌어낸 의미를 변경시키기 위해 심상 다시쓰기 활용하기이다. 심상 작업은 심상이 보여 주는 내용(예: 메리가 방에 혼자 있는 것을 보는 것)과 형태에 대해 우리가 숙고하도록 돕는다. 둘 다 사람들이 자신들의 고통을 이해하고 극복하도록 돕는 개입을 위한 잠재적 표적이 된다.

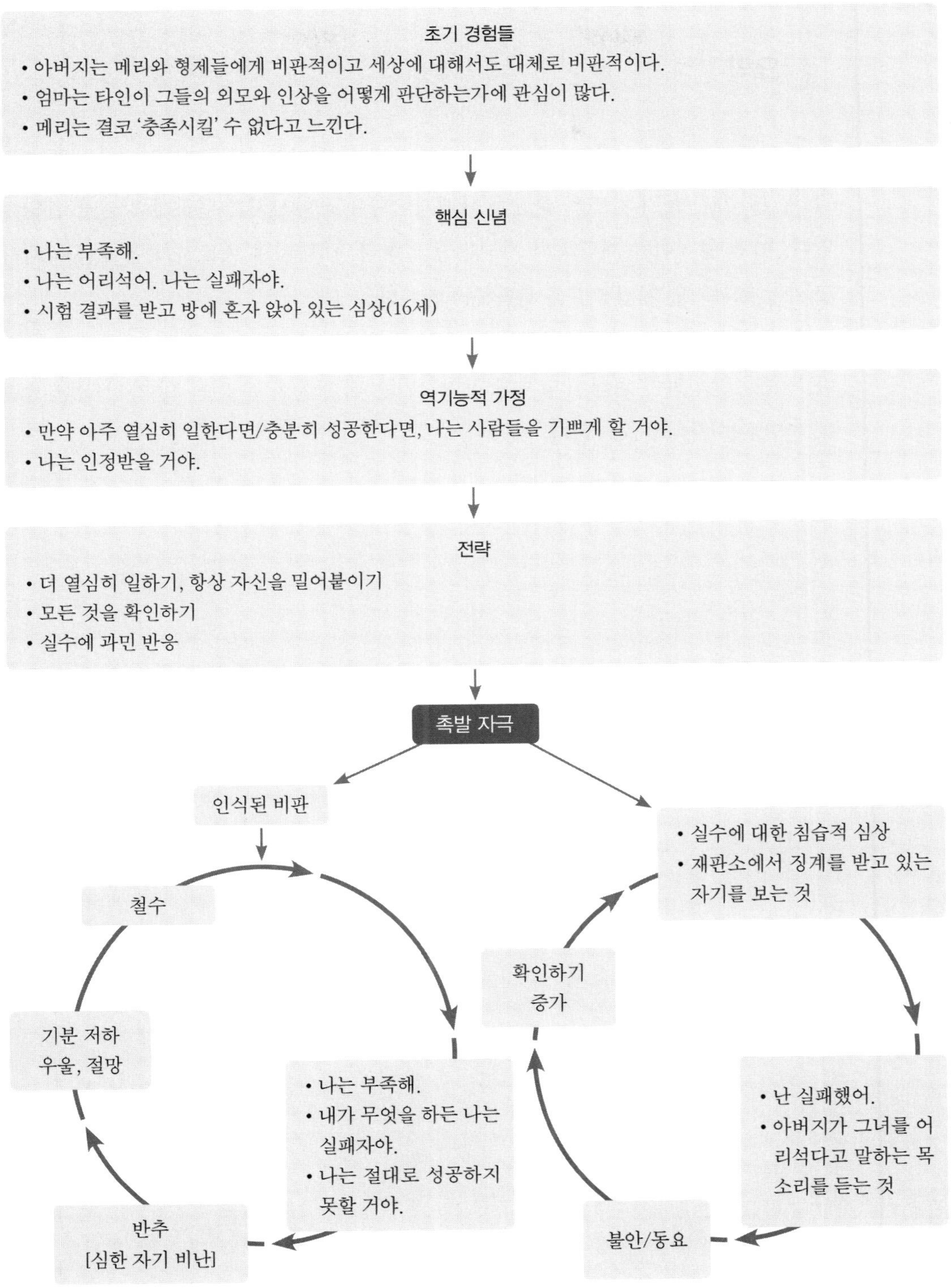

[그림 3-6] 심상을 포함한 종단적 사례개념화

요약

이 장에서는 가장 단순한 기술적 개념화에서 시작해서 횡단적 개념화를 거쳐 종단적 개념화까지 옮겨 가면서 심상을 사례개념화에 포함시키는 다양한 방법을 설명하였다. 어떤 형식이든 개념화의 기능은 동일하다. 내담자와 치료사가 문제를 이해하고 가장 효과적인 개입방법을 계획하는 것이다.

다음 장들은 심상 개입 기법들에 대해 자세히 설명하고, 치료사가 심상을 활용하거나 목표를 달성하기 위해 내담자를 준비시키는 데 활용할 수 있는 몇 가지 심상 훈련을 살펴보는 것에서 시작한다.

제4장

심상 개입을 위한 기초

많은 경우, 당신은 이 장에서 설명된 준비 작업 중 하나를 하지 않고 심상 기법을 사용하기 시작할 수 있다. 그러나 심상의 생소함, 그것의 가치에 대한 의심과 인지적·정서적 회피가 심상 개입의 효과를 잠재적으로 침해할 수 있다. 강한 정서를 야기하는 심상의 특징은 때때로 정서 조절이 어려운 내담자와 위협에 과각성되는 내담자에게 문제가 될 수 있다. 심상 실험과 그것의 특징은 우선 이 문제들을 해결할 수 있고, 내담자를 참여하게 하고, 따라서 심상 재체험이나 심상 다시쓰기와 같은 표적 개입방법의 효과를 증가시킬 수 있다는 것이다. 이 장에서는 차후 심상 개입을 위해 내담자와 함께 준비 작업에서 사용할 수 있는 많은 기법을 설명한다.

심상을 언제 어떻게 사용할지 결정하는 것은 당신의 훈련, 지식과 경험에 따라 달라진다. 2장에서 본 것처럼, 평가하는 동안 심상이 무엇인지 설명하는 것, 레몬 상상하기와 같은 예시를 활용하는 것은 내담자가 심상에 익숙해지기 시작하도록 한다. 당신은 평가와 개입방법 사이에 중간 역할을 하는 것으로서 여기서 설명하는 기법들을 고려해 볼 수 있다. 심상 작업 준비는 심상의 내용이나 형태에서 시작할 수 있다. 나는 대개 심상의 특징을 가지고 '놀기'를 함으로써 시작하는 것이 유용하다는 것을 안다. 만약 당신이 처음에 내용에 초점을 맞춘다면, 이것은 긍정적 심상에 접근하는 것(예: 긍정적인 자전적 기억들) 또는 내담자가 외상 사건 재체험과 같은 더 고통스러운 심상 기법들 후에 자신을 이완시키거나 감정을 조절하기 위해 사용할 수 있도록 '안전한 장소' 심상을 통해 안전감을 형성하는 것을 포함할 수 있다.

이 장에서 설명하는 심상 기법들을 준비 단계로 분류하거나, 차후 심상 개입의 기초가 될 수 있는 기법으로서 개념화하는 것은 심상 기법들이 단 하나의 기능을 한다는 것을 말한다. 그러나 이것은 사실이 아니며 전부는 아니더라도 대부분은 치료에서 언제라도 활용될 수 있다. 당신이 알아야 할 중요한 것은 그것의 기능이고, 그것은 당신이 인지 이론과 모델들을 참조하여 명확하게 설명할 수 있는 것이다. 그래서 예를 들면, 줌과 같은 단순한 시각적 심상 기법은 내담자가 익숙해지도록 심상을 가지고 노는 방법으로서 여기에서 소개한다. 다른 한편으로, 그것은 내담자가 공포 자극에 대한 심상에 가까이 접근하여 머무르는 것을 얼마나 견딜 수 있는지를 실험하는 행동 실험의 일부로서 사용될 수도 있다.

심상과 그 작용 소개

다음 예시는 처음에 어떤 심상이 있는지 불확실한 내담자가 어떻게 건강염려증의 원인이 되는 많은 혼란된 심상을 발견하는지를 설명한다. 이 대화는 내담자에게 레몬을 상상하도록 요구한 2장에서 기술한 단순한 훈련을 포함한다.

치료사: 클라라, 당신은 진료를 기다리는 동안 매우 불안하다고 말했어요. 심장이 두근거리고 열이 나고 떨리기도 했어요. 어떤 때는 아주 메스껍게 느껴지기도 해요. 이 일이 일어날 때 어떤 심상이 떠오른 적이 있나요?

클라라: 음, 잘 모르겠어요. 그런 것 같지 않아요.

치료사: 내가 의미하는 심상은 당신의 머리나 마음의 눈에 떠오르는 그림이나 소리나 냄새로, 실제로는 없는 거예요. 그건 꼭 아주 선명하지는 않아요. 아주 선명한 그림이기보다는 당신의 마음 한구석에 나타나는 흐릿한 그림일 수 있어요.

클라라: 확실하진 않은데, 아마도.

치료사: 찾을 수 있는 훈련을 해 봅시다. 한번 해 보겠어요?

클라라: 좋아요.

치료사: 괜찮다면, 눈을 감아 보세요. 그리고 레몬을 생각해 보세요. (잠시 멈춘다.) 레몬을 머릿속에 그려 보세요. (잠시 멈춘다.) 어떻게 생겼는지 상

상하세요. 무슨 색인가요? (잠시 멈춘다.) 손에 그것을 쥐면 어떤 느낌이 드나요? (잠시 멈춘다.) 표면에 오목한 곳과 레몬의 매끈한 촉감을 느낄 수 있나요? (잠시 멈춘다.)

클라라: 네, 상상할 수 있어요. 이상해요. 손이 무거운 것 같아요.

치료사: 레몬을 반으로 자르는 상상을 할 수 있어요? 무엇이 보이나요? 레몬을 당신의 코에 갖다 대는 상상을 하세요. 어떤 냄새가 나나요?

클라라: 오, 아주 이상해요, 입에 군침이 돌아요. 맛이 느껴지는 것 같아요.

치료사: 몸에서는 어떤 것을 알아차렸나요? 마음속에 그 이미지와 냄새나 맛을 유지하세요. (잠시 멈춘다.) 자, 준비가 되면 눈을 뜨세요. 어떻게 느껴지나요?

클라라: 정말 이상해요. 전혀 예상치 못한 일이에요.

치료사: 무엇을 예상했나요?

클라라: 음, 정말 별거 아니었어요. 그냥 레몬을 보는 정도, 글쎄요. 그 외에 다른 건 없었어요.

치료사: 무엇이 가장 놀라웠나요?

클라라: 음, 그것의 상태인 것 같아요. 입에서 군침이 돌고 냄새를 맡은 것 같은 느낌이요. 그리고 잠시, 부엌에서 레몬이 든 그릇 앞에 있는 내가 보였어요. 그래서 내가 상상하고 동시에 기억하고 있었던 것 같아요.

치료사: 그건 아주 일반적이에요. 부엌에 있는 자신을 보고 있는 것 같았다는 것이지요, 맞나요?

클라라: 네, 그리고 다른 기억이 떠올랐어요. 이탈리아에 휴가 갔을 때 나무 아래 서 있는 내가 보였어요. 레몬이 열려 있었어요. 레몬이 열려 있는 것이 놀라웠어요.

치료사: 그런 심상이 어떠했어요? 부엌에 있는 것과 레몬 나무를 보는 것이 어떻게 느껴졌나요?

클라라: 좋았어요, 좋은 기분이었어요. 그 휴가가 떠올라 행복했어요. 좋은 기억이거든요. 그리고 나는 베이킹을 좋아해요. 그래서 부엌에서의 레몬은 안전한 느낌이 들게 하고 가족을 위해 케이크를 만들었던 일을 떠오르게 하네요.

치료사: 그러니까 당신이 휴가와 가족을 위해 케이크 만든 일을 떠올릴 때 당신 마음에 떠오른 그 심상들이 당신을 행복하고 안전한 느낌이 들게 하네요.

클라라: 네, 그런 것 같아요. 이런 적이 없었어요.

치료사: 진료를 기다리는 것으로 되돌아가 볼까요? 지금 당신이 진료를 기다리며 거기 있는 것을 볼 수 있나요?

클라라: 전에는 이렇게 생각해 본 적이 없었는데, 네, 지금 볼 수 있어요. 거기에 앉아 있는 동안 불안이 느껴져요. 의사가 쳐다보며 "데이비스 씨, 정말 유감입니다."라고 말해요.

치료사: 그래서 진료를 기다리는 동안, 의사가 나쁜 소식을 전하는 심상이 떠오르는군요?

클라라: 네.

치료사: 마음에 떠오르는 다른 심상이나 어떤 특별한 나쁜 소식이 있나요?

클라라: 병원에 입원한 내가 자주 상상이 되는 것 같아요. 또다시, 내 주위에 사람들이 있고 그들 모두 비관적으로 보면서 "나쁜 소식이에요."라고 말하거나 말하려는 것 같아요. 하지만 심상에서 그들이 정확히 뭐가 잘못되었다고 말하는지는 모르겠어요. 내가 알고 싶지 않아서 차단하는 것 같아요.

치료사: 이 심상들로 인해 어떻게 느껴지나요?

클라라: 불안이 올라오는 것 같아요. 머리 위에 칼이 매달려 있는 느낌이에요. 칼이 떨어지길 기다리고 있는데 언제, 어떤 식인지는 몰라요.

치료사: 이 심상들이 당신의 불안에 영향을 끼치는 것 같나요?

클라라: 틀림없어요, 그렇지 않나요? 내 말은 레몬을 상상할 때 그런 강한 반응을 보인다면요. 만약 칼이 떨어지는 것을 계속 상상하고 있다면 그것은 도움이 되지 않겠지요, 그렇죠?

치료사: 네, 당신 말이 맞아요. 이 심상이 우리가 작업해야 할 것들 중 하나인 것 같아요.

먼저, 레몬에 초점을 맞춤으로써, 클라라는 병원에 있을 때 심상에 대한 치료사의 질문에 더 잘 대답할 수 있었다. 레몬에 대한 그녀의 강한 물리적 반응들은 그녀를 놀라게 했지만, 또한 심상이 어떻게, 왜 중요한지를 이해하도록 도왔다. 이와 같은 심상 훈련이 자전적 기억의 단서가 되는 것은 일반적이지만 그 상황에서 그것이 이 훈련의 주요 목적은 아니다. 이 훈련의 목적은 사람들이 심상에 접근하고 그것들이 여러 감각 형태로 일어날 수 있다는 것을 알도록 돕기 위한 것이다. 또 치료사는 내담자가 침 분비와 같은 신체적 반응을 보고한다면 "어떻게 생각하나요?"라고 물어봄으로써 심상의 중요성을 깨달을 수 있도록 도울 수 있다. 강조할 점은 순수하게 상상된 경험이 신체 감각을 낳을 수 있다는 점이다.

클라라의 사례에서, 레몬의 심상은 부엌에서 케이크를 구운 일과 나무에 레몬이 달려 있는 것을 본 이탈리아 휴가에 대한 자전적 기억을 떠올리게 한다. 둘 다 좋은 기억이고 즐거움, 행복, 안전함과 같은 정서를 활성화한다. 다시 말해, 이것은 의사가 나쁜 소식을 말하는 심상과 진료를 기다리는 동안 경험한 불안 사이의 관계를 이해하기 쉽게 만든다. 자전적 기억들은 긍정적 · 부정적 심상에 접근할 수 있는 잠재적으로 강력한 방법이다.

긍정적인 자전적 기억 활성화에 의한 심상 소개

대부분의 사람에게, 심상은 자전적 기억에서 없어서는 안 되는 부분이다. 인지치료는 점점 더 부정적 정서를 줄이는 것뿐만 아니라 긍정적 정서를 활성화하고 유지하는 방법에 초점을 맞추고 있다. 클라라는 두 가지 서로 다른 유형의 자전적 기억을 자연스럽게 떠올렸다. 하나는 레몬이 열린 나무를 보았던 이탈리아에서의 휴가에 대한 특별한 기억이다. 다른 하나는 부엌에서 케이크를 구울 때 레몬을 사용한 일반적 기억이다. "이번 주에 케이크를 구웠나요?"라고 그녀가 케이크를 구웠던 최근 일을 기억하도록 요청함으로써 케이크를 구웠던 특별한 경우를 회상하도록 요청하는 것은 분명히 가능하다. 아니면, 어떤 특별한 경우를 기억해 보라고 요청할 수 있다. "작년, 딸의 여섯 번째 생일을 위해 생일 케이크를 만들었나요?" 특히 우울에서 기억 특이성의 중요성이 다음에 설명되어 있다.

우리는 내담자가 심상에 익숙해지고 긍정적 정서를 활성화하도록 돕기 위해 자전적 기억 회상을 활용할 수 있다. 잠재적으로 기분을 개선시킬 뿐만 아니라, 특별한 긍정적 기억을 떠올리는 것은 동기를 증가시키고 흑백 사고를 완화시킬 수 있다('내 삶은 쓰레기야.' '아무것도 도움이 안 돼.' '난 절대로 행복하지 못할 거야.'). 이것을 가라앉은 기분과 동기 부족으로 최근에 일을 할 수 없었던 우울한 내담자인 애덤을 예로 들어 설명해 보겠다. 치료사는 애덤이 심상을 활용할 수 있는지 알길 원하고, 동시에 그는 기억 관련 심상이 애덤의 동기에 도움이 될 수 있는 더 긍정적 기분을 활성화하는지 평가할 것이다. 성공한다면, 치료사는 인지 재평가로 넘어가기 전에 행동 활성화와 병행하여 심상 작업을 수행할 것이다.

이 계획은 애덤이 우울하기 전, 그를 즐겁게 한 정기적으로 하거나 했었던 활동에 초점을 맞춘다. 특정 사건이나 상황을 기억하는 것은 일어난 일과 관련된 기분과 감각 등 더 자세한 회상내용을 제공할 가능성이 있다. 이는 특히 우울에서 중요한데, 이는 과일반화 기억(Summer, 2012; Williams, 1988)에 의해 특징지어진다. 즉, 사람들은 일반적 경험들을 회상하지만 특별한 사건들을 회상하는 데 어려움을 겪는다. 또 과일반화 기억은 더 높은 우울 반추의 수준과 관련되고 이 둘은 불쾌한 기분과 낮은 자기존중감의 유지에 작용할 수 있다(Raes, Hermans, Williams, Geypen, & Eelen, 2006; Watkins & Teasdale, 2001). 다음은 치료사와 애덤 사이의 대화이다.

치료사: 당신이 정기적으로 했던 즐거운 활동에 대해 생각해 보면 좋겠어요. 뭔가 즐겁거나 행복했던 거요. 우울하게 되면서 멈추었던 것이나 이전처럼 즐겁지 않지만 여전히 하고 있는 것이 될 수도 있어요.

애 덤: 음, 강아지 산책시키는 거요. 매일 해야 하는데, 좋아했었어요. 아침에 일어나서 데리고 나가거나 퇴근하고 왔을 때를 기대했었죠. 강아지는 여전히 산책해야 해요. 하지만 지금은 집안일처럼 느껴져요.

치료사: 어떤 종류의 강아지를 키우나요?

애 덤: 골든 리트리버예요. 착한 애죠. 그에게 정말 죄책감이 느껴져요.

치료사: 무엇이 죄책감을 느끼게 하나요?

애 덤: 음, 더 나은 대우를 받을 자격이 있어요. 그에겐 충분하지 않아요. 왜 단지 내가 항상 쓰레기처럼 느껴진다고 해서 그가 고통을 겪어야만 할까요?

치료사: 그가 어떤 식으로 고통을 겪나요?

애 덤: 내가 여전히 산책은 시켜요. 하지만 그냥 잠깐 하는 거예요. 주로 동

네에서 하고 때때로 공원에 가요. 예전엔 차를 타고 숲으로 가곤 했었어요. 주말에 우리는 2~3시간 걷기도 했어요. 지금은 그가 운 좋으면 20~30분 정도 해요.

치료사: 당신이 강아지를 산책시킬 때 느꼈던 그런 좋은 기분에 접촉할 수 있는지 보기 위해 간단한 훈련을 해 보면 좋을 것 같아요.

애 덤: 네, 해 볼게요.

치료사: 희망적이지는 않네요.

애 덤: 죄책감을 느끼게 할 것 같아요. 덱스에 대해 생각할 때 보통은 그렇게 되죠.

치료사: 강아지를 덱스라 불러요?

애 덤: 네, 덱스터를 줄여서 덱스요.

치료사: 기분이 나빠질 거라고 걱정하는 것은 놀라운 일이 아니에요. 해 보죠. 괜찮아요?

애 덤: 네.

치료사: 애덤, 눈을 감겠어요? 당신이 우울해지기 전에 덱스와 함께했던 특별한 산책에 대해 생각해 보면 좋겠어요. 특별한 기억에 초점을 맞추는 것이 중요해요. 덱스를 산책시켰던 일반적인 느낌 말구요. 아마 어디 특별한 장소에 갔을 때나 직장 또는 집에서 좋은 일이 있었던 이후에 했던 산책이요. 그래서 더 기억에 남는 일이요. 당신이 몇 분 생각하는 동안 저는 조용히 있을게요. (몇 분을 기다린다.)

애 덤: 지난 가을에 그를 데리고 호수에 갔었던 것이 떠올라요. 꽤 먼 곳이어서 겨우 거기에 도착했어요. 하지만 그는 거기를 좋아해요. 호수를 따라 나무들이 줄지어 있고 그는 물에서 수영하는 것도 좋아하기 때문이에요. 그리고 날씨가 여전히 충분히 따뜻해서 그는 좋은 시간을 보냈어요.

치료사: 애덤, 그 기억에 초점을 맞춥시다. 세세한 것을 떠올려 보세요. 무엇이 보이나요? 소리를 들을 수 있나요? 덱스가 짖나요, 아니면 호수에서 물을 튀기나요? (잠시 멈춘다.)

애 덤: 덱스가 차에서 뛰어내리는 것이 보여요. 아주 흥분했어요. 그의 온몸이 떨리고 있었는데 놔주는 것이 안전하다는 것을 확실히 하기 위해 목줄

을 채웠어요. 우리는 숲으로 난 길을 따라 걷기 시작했어요. 몇 분 후, 풀어 주었고 그는 앞으로 달리기 시작해서 나무 사이사이로 돌진했어요.

치료사: 그가 뛰어오르고 얼마나 신이 났는지를 보는 것이 어때요?

애 덤: (자신 없는 소리로 약간 놀라워하며) 정말로 좋아요. 우리가 그날 함께 얼마나 즐겼는지를 기억하니 기분이 좋아요.

치료사: 그가 숲을 뛰어다니는 기억을 하는 동안 다른 어떤 심상이 떠올랐을까요? 어떤 소리를 들었거나, 땅이나 나무의 냄새가 느껴졌을까요?

애 덤: 그가 나무 사이로 뛰어다니며 부딪힐 때 나는 요란한 소리를 들을 수 있었어요. 아주 큰 개여서 소란스러워요. 그리고 공기의 바삭바삭함 같은 것이요. 그러니까 물 근처에 있을 때 냄새나 맛이 뒤섞여서 느껴지는 것 있잖아요?

치료사: 네, 무슨 말을 하는지 알겠어요. 지금도 그 감각이 느껴지나요?

애 덤: 조금이요. 거기에 있는 것 같지는 않은데, 그러니까 그것이 어떤지 약간 느껴지는 것에 더 가까운 것 같아요.

치료사: 그게 어떻게 느껴지나요?

애 덤: 정말로, 약간 혼합적이네요. 오랫동안 그런 걸 하지 않고 있기 때문에 슬프기도 해요. 하지만 그것을 떠올려서 기쁘기도 해요. 다시 그를 데리고 나가고 싶어져요.

치료사: 좋아요. 덱스와 호수에 있었던 심상에 초점을 맞추고 그가 나무 사이를 뛰어다녔던 것, 부딪히며 나는 소리, 약간 바삭바삭한 맛이나 냄새를 떠올려 보세요. 막 설명했던 느낌과 함께 마음에 그 심상을 계속 유지해 보세요. (몇 분을 기다린다.) 그다음, 준비가 되면 천천히 눈을 뜨세요.

애덤과 치료사가 이 훈련에서 이야기할 때, 애덤은 보통 덱스에게 '적절한' 산책이 어떤 것인지에 대해 그가 가졌던 감각을 깨달았다. 이것은 그가 계속 하고 있지 않은 것을 떠올리게 했고, 그가 쓰레기라는 생각을 자극하고 (그의 개를 포함하여) 모두를 실망시키고 그것에 대해 생각하는 것을 회피하게 만들었다. 특별한 산책을 떠올리는 것과 그가 기억에 정말로 접촉하게 하는 것은 다르다. 그것은 분명히 긍정적이지만은 않았는데 슬프기도 하고 행복한 느낌도 재경험했기 때문이다. 하지만 그것은

'나쁜' 기억은 아니고 애덤은 희망적이라고 느꼈다. 또 덱스를 데리고 좀 더 긴 산책을 가야겠다는 동기가 올라왔다. 그들은 이 감정의 변화를 과제를 설정하는 데 활용하기로 했고 애덤은 다음 주에 일련의 산책을 계획했다. 또 그는 산책 시간을 점진적으로 늘리고 갈 곳을 다양하게 하기로 한 목표를 이루기 위해 아침에 일찍 이 심상 훈련을 하려고 노력할 것이다.

애덤의 사례에서 치료사는 애덤이 심상에 접근하는 것이 가능하다면, 그것이 더 긍정적 정서에 접근하는 하나의 방법이 될 수 있는지 알아보기 위해 심상을 활용하여 탐색하길 원하였다. 이 사례는 규칙적으로 했었고, 즐기던 활동에 대한 애덤의 기억을 활성화하였다. 또 내담자에게 중요하고 다양한 긍정적 정서와 관련된 개별적 사건에 초점을 맞출 수 있다. 하지만 기억 심상을 통한 다른 정서 상태에 접근하는 것은 가능한 목표 중 하나일 뿐이다. 긍정적 심상은 '안전'이나 '안정감' 만들기와 같은 다른 목표들을 위해 활용될 수 있다.

심상과 정서 안정

심상은 강한 정서를 생성할 수 있고 이로 인해 일부 치료사들은 그들의 치료에 심상을 포함하는 것을 단념하게 된다. 일부 내담자에게 강한 정서는 해리와 같은 상태를 야기하거나, 감정을 마비시키거나 차단하기 위해 자해와 같은 해로운 행동을 초래할 수도 있다. 정서 처리를 용이하게 하는 데 필요한 기법들(예: 심상 재체험)이 내담자가 더 나은 정서 조절 기술을 익힐 때까지 심상을 사용할 수 없을 정도로 아주 압도적인 고통(그리고 어쩌면 해리)을 야기하는, '닭이 먼저냐, 달걀이 먼저냐' 하는 상황 속에 놓여 있는 당신을 발견하는 것은 흔한 일이다. 그러나 처리될 필요가 있는 외상 기억과 내용들은 정서 조절을 방해하고 치료를 '막히게' 하는 압도적인 정서를 지속적으로 야기한다.

이 상황에서 당신은 아마도 내담자를 위해 몇 가지 심상 훈련을 포함한 다양한 기법을 포함하는 정서 안정과 안전감 만들기를 시작할 것이다. 여기에 변증법적 행동치료(Linehan, 1993)와 자비중심치료(Gilbert, 2005)가 매우 도움이 될 수 있다. 예를 들어, 고통 감내와 정서 조절 기법들, 그리고 자기 이완과 마음챙김과 같은 것들은 모두 정서 안정과 안전감을 위한 방법이 된다. 긍정적 정서와 정서적 안전감을 촉진하기 위해 흔히 사용되는 심상 훈련은 안전한 장소 심상으로, 일부 치료사들이 일상적으로 사용하는 것이다. 임상에서, 나는 내담자가 심상 재체험과 같은 작업 후에 정서 안정을 찾기 어렵다거나 내담자가 위협 시스템의 만성적 활성화를 경험하고 있다고 생각될 때 선택적으로 안전한 장소 심상을 활용한다. 적어도 심상 다시쓰기를 할 때는 안전감 만들기와 감정 담아내기가 프로토콜에 포함되어 있기 때문에 나는 그것을 거의 사용하지 않는다.

심상 활용 안전한 장소 만들기

'안전'의 개념은 자비와 자비중심치료에 대한 길버트(Gilbert, 2005)의 연구의 핵심이고 이는 9장에서 더 자세히 다룬다. 길버트가 구분한 것 중 하나는 '위협'과 '안전' 시스템의 차이이다. 위협 시스템은 유기체에게 싸우거나 도망칠 준비를 시키고 일부 장애에서 만성적으로 활성화되는데, 특히 외상 경험을 한 사람들에게서 그렇다. 이에 비해, 안전 시스템은 친화와 만족 시스템의 일부로 안정 애착, 만족, 웰빙을 지지하며 위협 시스템을 하향 조절하는 데 활용될 수 있다(Richter, Gilbert, & McEwan, 2010).

안전한 장소 심상은 안전 시스템을 활성화하고 안전감을 만드는 한 가지 방법으로 위협 시스템의 만성적 활성화에 대한 해독제 역할을 할 수 있다. 또 안전한 장소 만들기는 이완, 긍정적 정서를 촉진하고 정서 조절에 도움이 될 수 있다. 안전한 장소 심상은 대개 치료사가 심상을 활용하는 첫 번째 경험이 되고, 괜찮은 출발점이 된다. 그것은 하기 쉬운 훈련이고 보통은 내담자에게 긍정적 경험이 되기 때문이다. 소수의 내담자는 안전한 장소에 접근하는 데 어려움을 겪는데, 이들에게는 9장에서 설명하는 온정적(compassionate) 심상이 더 나은 선택지가 될 수 있다.

다음 대화는 내담자를 대상으로 안전한 장소 만드는 방법의 예시를 보여 준다. 그러나 이것은 규정적인 것이 아니다. 이 아이디어는 내담자가 자신의 안전한 장소를 만드는 것과 같은 방식으로 훈련의 틀을 짜는 것이다. 치료사는 안전한 장소 심상을 구체화하고, 가능한 한 많은 풍부한 감각적 세부 사항을 포함하기 위해 개방형 질문을 한다. 안전한 장소를 만들기 위해 안내된 심상 스크립트를 활용하는 것이 가능하지만, 치료사의 안전에 대한 가정이 내담자의 경험과는 근본적으로 다를 수 있기 때문에 내담자 주도적 접근을 활용하는 것을 일반적으로 선호한다. 예를 들어, 많은 사람은 안전한 장소로 아동기 시절의 집을 기억하지만, 학대를 겪은 아동에게는 집이 안전 요소를 포함할 수 있다고 해도 위협의 중요한 근원이 된다. 다음 예시에서 치료사는 안전한 장소에 대한 폭넓은 정의를 제공하고 내담자는 정원을 상상하기 시작한다. 치료사는 일련의 질문을 하고 내담자가 모든 감각적 경험을 하도록 심상을 개발시키기 위해 촉구를 사용한다.

치료사: 후안, 눈을 감으세요. 당신이 완벽하게 안전하고 편안하다고 느끼는 장소를 떠올려 보세요. 당신이 원하는 어디라도 좋아요. 당신이 직접 가 본 실제 장소일 수도 있고 상상의 어떤 곳일 수도 있어요. 당신이 안전하고 보호받고 고요하게 느끼는 곳을 상상하는 시간을 약간 가져 보세요. (잠시 멈춘다.) 준비가 될 때 당신이 있는 장소를 내게 말해 주세요. [치료사의 시작 지시문, Stopa, 2009, p. 70]

후 안: 정원에 있어요. 아주 밝고 푸르러요.

치료사: 무엇을 볼 수 있나요?

후 안: 나무들이요. 나무에서 막 잎이 돋아나고 있는데, 반투명한 초록색이고 늦은 봄이에요. 나무들이 정원 위로 캐노피를 이루고 있어요. 그래서 일부는 그늘지고 일부는 빛이 비쳐요.

치료사: 또 무엇을 볼 수 있나요?

후 안: 늦봄 꽃들과 다른 초록의 그늘이 되는 관목들이요.

치료사: 냄새가 나나요?

후 안: 네, 때때로 아침에 젖은 풀과 잎들의 냄새가 나요.

치료사: 심상 속에서 날씨는 어때요?

후 안: 햇살이 비치고 따뜻해요. 하지만 너무 덥지는 않아요. 매우 상쾌해요. 모든 게 깨끗하고 신선하고 새로운 것 같아요.

치료사: 정원에 있는 자신을 볼 수 있나요? 아니면 나무와 관목, 풀들을 그저 보고만 있나요?

후 안: 내가 보여요. 나무 그늘 아래 벤치에 앉아 있어요.

치료사: 정원을 보고 앉아 있는 동안 무슨 소리가 들리나요?

후 안: 새들이 지저귀고 있어요. 어떤 거는 멀리서 들리고 어떤 건 근처 나무에 있어요. 나한테서 약간 떨어진 잔디 위에 있는 울새가 보여요. 그리고 산들바람이 불어서 그렇게 세지 않으면서 가볍게 살랑거리는 소리가 들려요. 나무 사이로 속삭이는 것 같아요.

치료사: 나무가 보이고, 새 소리가 들리고, 신선하고 젖은 초록 냄새를 맡으며 정원에 앉아 있는데 기분이 어때요?

후 안: 매우 평화롭고 매우 (잠시 멈춘다.) 새로워요. 내가 원하는, 새로 만들어진 세상 같아요. 세상과 단절된 혼자만의 느낌이에요.

치료사: 세상과 단절된 느낌이 어떤 것일까요?

후 안: 좋은 기분이에요. 나쁜 의미로 단절이 아니에요. 나쁜 건 정원 너머 어딘가에 여전히 있어요. 하지만 여기는 내가 나 자신이 될 수 있는, 보호받는 느낌이 드는, 독립된 영토예요.

치료사: 정원에 있고 당신이 보고 듣고 냄새 맡을 수 있는 것들에 대한 심상에 초점을 맞춰 보세요. 당신이 그렇게 할 때, 당신의 영토에서 평화롭고 혼자만의 보호받고 있는 느낌을 알아차려 보세요. 그렇게 하면서 몇 분 동안 고요히 앉아 있읍시다. (몇 분을 기다린다.) 이제 준비가 되면 천천히 눈을 뜨세요.

훈련의 마지막에 치료사는 후안에게 눈을 뜨고 진실로 만든 안전감을 확실히 하기 위해 그의 경험에 대해 논하였다. 훈련에 대한 반영은 내담자가 심상의 영향을 더 이해하고 나아가 그들이 경험하는 부정적인 침습적 심상의 영향을 이해하도록 도울 것이다. 심상을 통해 의식적이고 의도적으로 특정한 감정 상태를 만드는 활동은 부정적 심상을 표적으로 하는 심상 훈련에 내담자가 참여하려는 의지를 증가시킬 수 있다.

심상이나 언어로 힘든 개입을 한 후에 평정을 회복하는 방법으로 안전한 장소 심상을 활용하기 전 내담자가 고통을 느끼지 않을 때 안전한 장소 만들기 훈련을 할 필요가 있다. 안전한 장소 훈련은 주중 과제로 내 줄 수도 있다. 처음에는 내담자가 비교적 고요한 상태일 때 훈련하는 것이, 불안과 싸우기 위해 안전한 장소 심상을 활용하는 것보다 더 낫다는 것을 강조하는 것이 중요하다. 이는 다른 진정과 이완 방법처럼 안전한 장소 심상 활용이 훈련되어 있다면 더 효과적인 기술이 되며, 더 중립적인 상태에서 훈련해 온 경우 위협에 의해 촉발되는 높은 불안과 각성 수준에 대처하는 데 도움이 되기 때문이다. 일부 내담자에게는 당신의 목소리를 들으면서 연습할 수 있도록 훈련을 녹음하는 것이 도움이 될 수 있다. 하지만 어떤 사람들은 그들이 훈련을 하는 시간마다 심상이 다른 방식으로 나타나는 것을 원해서 처음의 '스크립트'가 너무 제한적이라고 여길 수도 있다. 당신은 내담자의 선호에 대해 논의할 수 있고 녹음을 통한 안전한 장소 훈련과 녹음 없는 훈련을 함으로써 실험해 볼 수 있다는 것도 알려 줄 수 있다.

소수의 사람들이 이완 훈련의 모순적인 효과를 경험하고 더 불안해지는 것을 발견하게 되는 것처럼(Heide & Borkovec, 1983), 안전한 장소 심상 훈련을 할 때도 문제가 발생할 수 있다. 예를 들어, 내담자는 안전하고 편안한 심상으로 시작할 수 있지만 일부 심상의 측면들(시야, 소리, 냄새)은 비슷한 장소에서 일어났던 부정적 기억의 회상을 유발할 수 있다. 다른 내담자들에게는 부정적 평가가 방해가 될 수 있다. '이것은 실제가 아니고 그냥 환상이야.'와 같은 사고는 훈련의 영향을 훼손시킬 수 있다. '나는 안전을 느낄 자격이 없어.'와 같은 자기 지시적 사고나 '내가 안전할 수 있는 공간은 없어.' 또는 '다른 사람들은 항상 나를 찾아내서 나에게 해를 끼칠 거야.'와 같은 외상 관련 평가는, 길버트(2005)가 개인의 보안감(sense of security)의 근본이라고 본 절대적으로 요구되는 안전감(sense of safeness)을 형성할 수 있는, 안전한 장소 심상을 활용할 수 있는 내담자의 능력을 차단할 수도 있다. 만약 이런 일이 일어난다면 당신은 9장에서 설명하는 안전감을 이루기 위한 몇몇 대안적 방법을 시도할 수 있다.

심상의 특징 다루기

앞에서 설명한 훈련들은 주로 심상의 내용에 초점을 맞춘다. 이 장의 나머지 부분에서, 우리는 더 도전적이고 고통스러운 심상 작업에 대해 내담자를 준비시킬 수 있는 심상의 특징을 조작하는 방법을 살펴보게 된다. 하지만 심상 작업을 시작할 때 형태와 내용 사이에 절대적이고 엄격한 구분은 없다. 내용에 집중하는 것은 대개 형태의 요소에 영향을 미칠 수 있다. 예를 들어, 심상 재체험은 일반적으로 외상 심상의 생생함을 감소시킨다. 유사하게, 심상의 특징에 대한 작업은 심상의 평가나 의미에서 인지적 변화를 낳을 수 있다. 몇몇 기법은 심상 형태의 조작과 내용의 변화를 포함한다. 이들 중 한 가지는 나중에 시각적 심상의 특징 조작에 대한 절에서 설명한다. 당신은 내담자에게 최고로 효과적인 기법을 발견하기 위해 내담자와 실험할 수 있다.

나는 대개 내담자의 심상 중 하나를 대상으로 몇 가지 훈련을 시도하자고 제안함으로써 심상 작업을 소개한다. 어떨 때는 이것을 치료 초기에 하지만 만약 시작할 다른 표적을 대상으로 작업하거나 개입 중에만 심상이 나타난다면 나중에 할 수도 있다. 심상의 특징에 초점을 맞추는 기법들은 시각적 심상의 줌(zooming in and out), 시각적 또는 청각적 심상의 페이딩(fading), 심상의 초점 변화시키기, 색깔이나 모양과 같은 특징 조절하기와 같은 것들을 포함한다. 위협적이거나 불쾌한 심상을 다른 어떤 것으로 변형시키기를 포함할 수도 있다. 예를 들어, 실제 거미의 심상을 만화 캐릭터로 바꾸기가 있다. 심상 다시쓰기와 후자의 기법이 중복될 가능성이 있지만, 이 단계에서는 심상의 의미를 표적으로 하거나 바꾸려는 의도는 없다.

심상의 줌과 페이딩

심상의 줌은 근접해서 아주 가까이 초점을 맞추고, 그다음 거리를 두어 당신은 심상을 멀리서 보게 된다. '줌' 은유는 보통 내담자에게 쉽게 접근할 수 있고 하기 쉬운 훈련이라는 것을 알게 된다. 페이딩은 청각 심상에 적용할 수 있는 유사한 기법이다(예: 자기를 비판하는 소리 듣기). 두 기법 모두 다른 잠재적 기능을 다양하게 가지고 있다. 첫째, 직접적 심상 조작은 심상과 관련된 감정을 조절하도록 내담자를 도울 수 있다. 예를 들어, 거미나 쥐와 같은 공포 자극의 심상을 축소시키는 것은 고통을 감소시키는 것과 관련될 수 있을 것이다. 둘째, 근접성과 고통의 관계는 내담자의 문제 중 일부를 해결하는 데 있어서 심상의 중요성을 강조한다. 셋째, 심상 조작 활동은 '통제성' 경험을 줄 수 있는데, 종종 개인의 마음에 올라오는 심상을 드러내는 것은 원치 않는 것이고 통제할 수 없다고 느낄 수 있다. 넷째, 줌과 페이딩은 내담자가 거리를 두거나 탈중심화할 수 있는 인지적 변화도 촉진할 수 있다. 인지치료에서 변화의 기제에 관한 일부 근거는 탈중심화의 과정이 치료 효과에서 중요하다고 주장한다(Hoffart, Johnson, Nordahl, & Wells, 2018).

시각적 심상에서 줌

자라는 새 공포증이 있다. 그녀는 어릴 때 작은 마을에서 자랐고 항상 새를 무서워하였다. 새가 근처에 오는 것을 싫어했지만, 두려움 때문에 어떤 식으로든 외출을 피하거나 활동을 줄이려고 하지는 않았다. 20대 초반에 자라는 바다 근처의 큰 도시로 이사를 갔다. 거기엔 갈매기가 아주 많았고, 사람들로부터 음식을 빼앗거나 공격하는 '공격적인 갈매기'에 대한 기사가 신문에 자주 실렸다. 자라는 바다 근처에 가는 것을 피했고, 그것이 도시로 이사 온 이유 중에 하나였다. 어느 날, 주말이 지나고 출근한 동료가 딸과 함께 항구에 앉아 있는데 갈매기가 급강하해서 일곱 살 딸의 아이스크림을 어떻게 낚아채 갔는지에 대한 이야기를 했다. 자라는 새에 대한 불안이 점점 더 커졌고 가능한 한 외출을 회피하기 시작했다.

이는 몇 년 동안 지속되었고 자라는 가능한 한 외출을 삼가고 새와 마주칠 기회를 줄이는 방향으로 생활하였다. 임신했을 때 자라는 그녀의 공포가 삶을 제한해서 아이에게 큰 영향을 미칠 수도 있겠다는 것을 깨달았고 그래서 치료를 받기로 결심했다. 그녀는 실제 노출을 시작하는 것을 꺼려서 치료 계획을 새에 대한 심상 노출부터 시작해서 스틸 사진과 비디오로 나아가기로 했다. 그 다음 단계는 실제 노출이었다. 우선, 통제된 노출은 어떤 식으로든 새들이 통제되는 것으로, 예를 들면 창밖의 새들을 지켜보거나 동물원이나 펫숍에 있는 새들을 보는 것이다. 마지막으로, 그 계획은 외부 세상과 자연환경에서의 새들에 대한 실제 노출로 이동한다. 맨 처음 훈련은 다음에서 설명하는 것과 같이 줌이다.

치료사: 새가 불편하게 만들겠지만 몇 분 동안 생각하는 것을 해 볼 수 있을까요?

자 라: 내가 자라던 곳에 작은 갈색 새가 있었어요. 좀 익숙해서 그렇게 무섭지는 않았어요. 그런데 지금은 심해져서 생각만 해도 약간 떨려요. 하지만 어떻게든 할 수 있을 것 같아요.

치료사: 좋아요. 필요하다면 어떤 지점에서든 멈출 수 있다는 걸 기억하세요.

자 라: 네.

치료사: 눈을 감으세요. 마음의 눈으로 갈색 새를 떠올려 보세요. (잠시 멈춘다.) 무엇이 보이나요?

자 라: 아주 작고 깃을 곤두세우고 있어요. 마치 바람이 불고 있는 것처럼요. 그게 나를 쳐다보고 있어요. 나를 쳐다보는 방식이 정말 싫어요.

치료사: 자라, 카메라 줌 렌즈를 통해 새를 보고 있는 것을 상상해 보면 좋겠어요. 그냥 천천히 축소시켜 보세요. 그래서 점점 더 작아지고, 아주 멀리 있어요. 그렇게 할 수 있나요?

자 라: 네, 축소시켰어요. (한숨을 쉰다.) 휴우, 좀 나은 것 같아요. 멀리 있을 때는 괜찮은 것 같아요.

치료사: 당신이 새에 대해 어떻게 느끼는지를 감안하면 놀라운 일은 아니지요. 잘했어요. 이제 줌 렌즈를 되돌려 보면 좋겠어요. 가능한 한 확대해 보세요. (잠시 멈춘다.) 어떻게 느껴져요?

자 라: 확대하니 확실히 나빠지네요.

치료사: 좋아요. 이제 줌 렌즈를 가지고 놀아 봅시다. 거의 보일랑 말랑할 때까지, 새가 아주 작은 점이 될 때까지 할 수 있는 만큼 멀리 보내 보고 할 수 있는 만큼 가까이 당겨 보세요. (기다린다.) 그런 다음, 서로 다른 크기로 확대, 축소하며 놀아 보세요.

자 라: 좋아요.

치료사: (자라가 실험하도록 시간을 준다.) 지금은 무슨 일이 일어나고 있나요?

자 라: 그냥 확대하고 축소했고 괜찮다고 느낄 때 보려고 노력했어요.

치료사는 자라가 실험하도록 하고 훈련 후에 어떠했는지 나누거나 좀 더 구조화된 접근을 하고 자라에게 확대와 축소를 하게 하고 다른 지점에서 느껴지는 것을 확인할 수 있다. 훈련 끝에, 그들은 심상 훈련이 그녀에게 어떠했는지 무엇을 배웠는지에 대해 나눌 것이다. 물론, 이와 같은 훈련도 두려운 자극에 대한 노출을 포함한다. 그러므로 노출 프로그램의 1단계로서 아마도 도움이 될 것이다. 대개 유도된 통제성에 대한 인식은 더 고통스러운 다음 심상 노출 훈련에 내담자가 더 쉽게 참여하도록 도울 수 있다. 또 줌은 필요하다면 내담자가 정서를 조절하도록 돕기 위한 훈련들 중 하나로 마지막에 활용될 수 있다.

청각적 심상 페이딩

페이딩은 줌과 유사한 기법이고 내용이나 의미에 초점을 맞추기보다 자극의 강도를 변화시키는 데 집중하는 것이다. 3장에서 소개한 메리는 우울과 낮은 자존감 때문에 치료실에 왔다. 메리의 높은 기준, 완벽주의와 지속적 자기 비난은 모두 그녀의 우울 증상과 만성적인 낮은 자존감을 유지하는 데 영향을 미치고 있었다. 개념화에 이어서 개입은 인지적 재평가로 시작하는데 이는 부정적 자기 신념의 근거처럼 보이는 어떤 주요 기억을 다시쓰기 하는 것이다. 메리의 우울은 많이 개선되었고 그녀는 여러 가지 오래된 자기 신념들에 대해 의문을 갖기 시작하였지만 여전히 자기 비난과 씨름하고 있었다. 치료사는 페이딩을 사용한 간단한 개입을 시도하였다.

치료사: 메리, 지속적인 자기 비난적 사고를 돕는 기법으로 실험을 했으면 해요. 심상 활용을 다시 할 거예요. 하지만 다시쓰기라는 다른 방식으로요. 해 보시겠어요?

메　리: 네, 물론이죠.

치료사: 수요일 기획 회의에서 영업 매니저가 당신의 의견에 동의하지 않은 이후 당신이 했던 생각들을 말했어요.

메　리: 그런 생각을 하는 게 나를 미치게 해요. 정책의 경제적 의미에 대해서는 내가 옳은 것을 알거든요.

치료사: 당신에겐 정말 어려울 거예요. 그것을 알고 얼마나 좌절했는지 말했지요. 생각을 멈출 수 없을 때 그 좌절이 저조한 기분으로 급락한다는 것에 대해서도요.

메　리: 정확해요.

치료사: 눈을 감고 지금 그 비판적 생각으로 되돌아가 볼까요?

메　리: (눈을 감고 집중한다.) 어렵지 않네요.

치료사: 잘했어요. 즐겁지 않을 거란 것을 알아요. 생각이 그저 생각이었는지 아니면 그들이 말하는 것을 들었는지 말해 주세요.

메　리: 섞여 있어요.

치료사: 당신이 들은 소리는 당신이 자신에게 말하고 자신을 혼내는 것처럼 당

신의 목소리인가요, 아니면 다른 사람의 목소리인가요?

메 리: 아버지의 목소리예요. 때때로 내가 나 자신에게 말하고, 함께 야단치거나 더 심하게 말해요. 내게 말하는 것은 내가 어리석고 일할 자격이 없고, 책임이 너무 크다는 거예요. 내가 스스로 해낼 수 없을 거라는 거예요. 그것들은 아버지의 목소리예요.

치료사: 아버지의 목소리는 어떤 것 같아요?

메 리: 끔찍해요. 아버지는 심하게 조롱하고 멸시해요. 아버지는 (잠시 멈춘다.) 아버지는 TV에서 어떤 사람이, 아버지가 '남자의 일'이라고 생각하는 일을 하는 것을 볼 때 말했던 식으로 말해요.

치료사: 그런 말을 하는 아버지의 목소리를 조절해 봅시다. 이제 라디오나 핸드폰으로 그 소리가 들리는 것을 상상해 보세요. (잠시 멈춘다.) 그 목소리가 희미하고 더 부드럽고 더 약해지거나, 심지어 소리가 안 나게 볼륨을 조절하는 상상을 해 보세요. 할 수 있겠어요?

메 리: 네, 지금 하고 있어요.

치료사: 지금은 어떻게 되었나요?

메 리: 흐릿하고 아주 멀리서 들리는 것 같아요. 그래서 들리긴 하는데 무슨 소리인지는 잘 안 들려요.

치료사: 그게 어떠세요?

메 리: 좋아요. 편안해요. 항상 그렇게 아버지가 입을 다물길 원했어요.

치료사: 이제 볼륨을 높이고 그다음 다시 낮추는 실험을 해 보았으면 좋겠어요. 다른 높낮이로 놀아 봐요. 그리고 더 소리를 높이고 다시 약하게 만들 때 어떤지 봅시다.

이 훈련 후에, 치료사는 메리가 어떤지 탐색하고 아버지의 자기 비판적 소리에 대해 과제로 볼륨 낮추기를 훈련하도록 지시한다. 이 단순한 개입은 메리에게 효과적이었고 회복의 전환점이 되었다. 나는 이 훈련을 메리와 비슷한 프로파일을 보이는 내담자와 치료 초기에 하였는데 효과가 전혀 없었다. 메리는 초기에 설명한 다시쓰기와 자신에 대한 부정적 신념에 대한 도전을 이미 많이 했었다. 개입의 알맞은 시기는 중요한데, 나는 두 번째 사례에서 페이딩 훈련을 너무 치료 초반에 소개했다고 생각한다. 아니면, 두 번째 내담자에게는 그것이 잘못된 개입이었을지도 모른다. 그러니 언제 그것을 했느냐는 중요한 문제가 아니었을 것이다. 한 사람에게 효과적인 기법이라도 다른 사람에게는 전혀 통하지 않기도 한다. 예를 들면, 외상 중심 CBT에서는 가능한 한 초기에 심상 재체험을 활용하는 것처럼 일부 심상 개입을 소개하는 때가 명백히 있지만, 다른 많은 심상 기법에서 알맞은 시기에 대한 결정은 치료사의 기술과 판단에 달려 있다.

시각적 심상의 특징 조작하기

줌은 시각적 심상을 조작하는 유일한 방법이다. 다른 기법들은 시각적 심상의 다양한 특징들을 조작하는 데 초점을 맞춘다. 이것들은 단독으로 활용되거나 줌과 함께 사용된다. 내담자들은 심상을 스크린에 시각화할 수 있다. 그때 조종 장치들은 밝기, 초점(흐리기에서 매우 선명하기까지), 색과 다른 차원들(예: 특별한 특징이 과장될 수 있다. 그래서 심상에서 사람이나 동물이 아주 길어지고 목이 가늘어질 수 있다.)을 조절하는 데 사용될 수 있다. 이 방법은 심상을 만화 캐릭터처럼 다른 어떤 것으로 변형시키는 것이 될 수 있다. 하지만 변형할 때, 내담자가 중심이 되는 것이 중요하다. 뱀이나 쥐처럼 무서운 동물을 만화 캐릭터로 변형시키는 것은 아주 효과적일 수 있지만 내담자에게 학대하는 부모의 얼굴을 만화 캐릭터로 변화시키도록 지시하는 것은 매우 부적절할 수 있으며, 가장 나쁜 상황은 참여 문제나 치료적 단절을 초래할 수 있다. 쉬라와의 다음 대화는 치료사가 여러 기법을 병합하는 방법을 설명한다.

치료사: 쉬라, 당신이 내게 말했던 심상들 중 하나에 초점을 맞추면 좋겠어요. 가장 혼란스러운 것일 필요는 없어요. 사실, 당신을 괴롭히는 것이지만 가장 혼란스러운 것이 아닌 것을 선택하는 게 좋아요. 왜냐하면 심상의 여러 특징을 가지고 놀아 볼 거거든요.

쉬 라: 좋아요. 음, 그런 경우라면 여동생이 내 새 드레스를 입고 집으로 돌아왔을 때 찢어진 부분이 있었던 그때를 생각해 보면 될 것 같아요.

치료사: 머리에 그것이 분명히 떠오르나요?

쉬 라: 네, 아주 선명해요. 그것을 생각만 해도 긴장이 되는 것 같아요.

치료사: 당신에게는 힘든 기억이군요. 이 훈련을 하는 동안 당신이 느끼는 것을 알아차리는 데 머물러 봅시다. 우선, 당신의 새 드레스를 입은 여동생의 심상을 축소시키는 상상을 해 보면 좋겠어요. 당신에게 떠오르는 그 심상을 점점 더 작게, 더 멀어지게 해 보세요. (잠시 멈춘다.) 할 수 있겠어요?

쉬 라: 네, 저 멀리 여동생이 아주 작은 빨간 점이 되었어요.

치료사: 좋아요, 이제 확대해 보세요. 당신이 볼 수 있는 지점까지 그리고 너무 속상해하지 않고 그것을 볼 수 있을 정도까지 심상을 당겨 와 보세요.

쉬 라: 네.

치료사: 이제 확대하고 그 심상을 가까이 가져와 보세요. (잠시 멈춘다.) 당신이 느끼는 것을 알아차려 보세요. 그런 다음, 천천히 축소시키세요. (잠시 멈춘다.) 이제 확대하고 축소하고, 심상을 바로 가까이 가져와 보고 멀리 보내기 놀이를 해 봅시다. 그냥 어떤 느낌인지 봅시다. (확대와 축소를 연습하는 데 몇 분의 시간을 내담자에게 준다.) 이제 다른 것을 해 보면 좋겠어요. 그것이 스크린에 있는 것처럼 심상을 어떤 틀로 옮겨 볼까요?

쉬 라: 네, TV에서 여동생을 볼 수 있어요. 여동생은 그걸 좋아했어요. 진짜 여배우네요.

치료사: 당신은 TV 조종 장치를 가지고 있어요. 리모컨이 있나요?

쉬 라: 네.

치료사: 초점을 조절하는 컨트롤러 중 하나를 떠올려 보세요. 심상의 초점을 점점 흐리게 만들 수 있나요? 전체 심상이 흐릿해지거나 희미해질 때까지 계속해 보세요. 그런 다음, 초점을 점점 되돌려 보세요. 컨트롤러를 가지고 놀아 보세요. 흐릿하게 했다가 다시 선명하게 하고. 이제 색깔을 조절해 봅시다. 색깔을 바꾸는 다른 컨트롤러를 사용해서 심상에 대해 여러 색깔이나 밝기 수준을 실험해 보세요. (잠시 멈춘다.) 어떻게 보여요?

쉬 라: 음, 우선 여동생 얼굴이, 밝은 분홍색이 되었다가 빨갛게 되었고 드레스는 빨강에서 보라색으로 바뀌었어요. 주변엔 약간 노란색 안개가 깔려 있어요.

치료사: 좋아요. 몇 분 동안 색과 초점을 가지고 놀아 봅시다. (잠시 멈춘다.) 이

제 초점을 되돌리고 그래서 선명하게 하고 색깔이나 다른 것들도 조절해서 원래 심상으로 되돌려 보세요. 약간 다른 것을 시도해 봅시다.

쉬 라: 네, 알겠어요.

치료사: 어떤 방법을 사용해서 심상을 바꿔 보면 좋겠어요. 이번엔 작거나 크게 만들거나 또는 선명도나 색깔을 변화시키기보다 심상을 어떤 것으로 바꾸면 좋겠어요. 뱀이나 동물일 수도 있고 만화 캐릭터처럼 다른 종류의 인물일 수도 있어요. 그것을 바꾸는 여러 가지 방법으로 잠시 실험해 보세요. 할 수 있겠어요?

쉬 라: 네, 좋아요. (잠시 멈춘다.) 그녀를 쪼그라들게 하고 큰 바위로 만들었어요. 아니 그건 효과적이지 않네요. 여동생이 계속 튀어나와요. 알겠어요. 심슨 가족 중 한 사람으로 해 볼래요. 우리는 항상 그걸 봤었거든요. (잠시 조용히 앉아 있다.) 마지, 마지가 좋겠어요.

치료사: 마지 심슨으로 바꾸었어요?

쉬 라: 네. (웃는다.) 여동생은 마지를 싫어했어요.

치료사: 몇 분 동안 그 심상을 유지시켜 보세요. 그런 다음, 준비가 되면 눈을 뜨세요. (쉬라가 눈을 뜰 때까지 기다린다.) 무엇을 알게 되었나요?

쉬 라: 이상해요. 약간 다른 것들보다 쉬웠어요. 모르겠는데 약간 다른 느낌이에요.

치료사: 어떤 게 다르게 느껴졌나요?

쉬 라: 음, 더 통제감이 느껴졌어요. 그녀에게 덜 자비로운 느낌.

치료사: 이 훈련의 어떤 부분이 가장 유용했나요?

그다음, 치료사는 쉬라에게 무엇이 유용한지, 훈련의 여러 부분을 하는 동안 어떻게 느꼈는지, 그리고 그녀가 관찰한 어떤 변화에 대해 어떤 의미가 있는지 탐색한다. 내가 초기에 언급했듯이, 이 훈련들은 여러 기능이 있다. 그것들이 반드시 고통스러운 심상에 대한 노출의 형식으로 의도된 것은 아니지만 노출은 훈련의 필수적 부분이며 유익한 영향을 미친다. 이 기법들을 활용한 노출의 비율이나 범위를 조절하는 내담자의 능력은 자신감을 증가시키고 심상 작업에 더 잘 참여할 수 있게 하므로 이후 치료에서 노출을 촉진시킬 수 있다. 물론, 그 반대도 마찬가지이다. 특히 강력한 기법을 발견한 내담자는 회피의 형태로 사용할 수도 있다. 예를 들어, 침습적 심상이 나타날 때마다 축소시키는 것이다. 이에 대한 포괄적 규칙은 없다. 메리는 자기 비판에 대해 많은 작업을 했고 그녀가 '나쁜 사람'이고 '실패자'라는 신념은 크게 바뀌었다. 하지만 그녀는 비판적인 말을 하는 아버지의 목소리를 지속적으로 듣고 있었다. 청각적 심상의 페이딩 기법은 퍼즐의 마지막 조각이었을지도 모른다. 반면에 거미를 무서워하는 내담자가 마음에 거미 심상이 떠오를 때마다 정신적으로 축소를 하는 것은 문제를 유지시키는 원인이 되는 회피를 단순히 계속하게 할 수 있다. 치료사는 심상을 언제 소개하는 것이 최상일지 알기 위해 그리고 다른 심상 기법을 활용하는 방법에서 잠재적 위험을 발견하기 위해 심상의 역할과 기능을 알아야 한다.

요약

이 장은 치료사가 심상 작업의 가능성을 탐색하기 시작할 때 내담자와 사용할 수 있는 여러 가지 기법을 설명하였다. 심상 작업에서 흥미로운 것 중 하나는 당신이 치료에서 아주 창의적으로 접근할 수 있다는 점이다. 많은 내담자는 심상의 확대와 축소가 쉽다고 생각한다. 나는 카메라를 가지고 하는 활동이 직접적이고 친근하고 사람들이 시도하기 쉬운 기법이기 때문이라고 생각한다. 치료사는 내담자가 심상을 가지고 놀 수 있도록 문화적 매체를 사용할 수 있다. 컴퓨터 게임을 하는 내담자는 그들이 조이스틱이나 휴대용 컨트롤러를 활용하여 조작할 수 있는 게임에서 모니터에 심상을 떠올리도록 격려할 수 있다. 그림을 그리거나 만들거나 다른 미술 표현을 하는 내담자는 심상 훈련에 이것을 포함시킬 수 있다. 모든 이에게 효과적인 하나의 기법은 없다. 때때로 치료사는 내담자에게 가장 '적합한' 것을 발견하기 위해 다양한 방법을 탐색해야만 한다. 다른 경우에, 내담자는 바로 기법을 선택하고 그것을 활용하고 정교화시킬 수 있고, 또는 가장 유익하도록 그것을 바꿀 수도 있다.

제 5 장

심상 노출

노출은 인지치료의 주요 기법이며 행동치료에 근거를 두고 있고, 공포와 불안을 다룰 때 소개된다. 노출치료가 익숙하지 않은 독자들에게 아브라모비츠, 디컨과 화이트사이드(Abramowitz, Deacon, & Whiteside, 2019)의 『불안을 위한 노출치료(2판)(Exposure Therapy for Anxiety)』는 유용한 자료이다. '노출'이라는 용어는 이제 일련의 접근들로 설명되는데, 모두 다 공포 자극에 대한 일반적 직면을 포함한다. 포아(Foa, 2011)는 실제(in vivo) 노출, 심상 노출, 내부감각수용 노출을 구분한다. 실제 또는 '실생활' 노출은 일반적으로 두려운 자극(예: 쥐, 거미, 뇌우)이나 상황(예: 고속도로 운전, 높은 곳, 붐비는 가게)에 대한 행동 노출을 설명한다. 심상 노출은 두려운 자극, 상황이나 실제라기보다 상상 속 시나리오에 대한 노출이다. 내부감각수용 노출은 약간 다른데, 내적 신체 감각에 대한 노출이기 때문이다. 예를 들면, 빠른 심장 박동이나 현기증과 같은 두려운 불안 감각이다. 이 장은 노출에 대한 간단한 이론적 설명부터 시작해서 두려운 자극과 상황에 대한 심상 노출을 설명한다. 그다음으로, 인지적 · 정서적 회피를 해결하기 위한 심상 노출 활용 방법을 고찰하고, 마지막으로, 몇 가지 주요 잠재적 문제와 그것을 극복하는 방법을 설명한다.

현재 인지치료는 대개 노출의 세 가지 유형을 포함하는데, 때로는 실제 노출, 심상 노출, 내부감각수용 노출 사이의 근본적 경계가 다소 모호하게 보인다. 외상 중심 인지행동치료를 알아보자. 예를 들어, 장기적 노출이나 심상 재체험은 상상에서 외상을 '다시 살기'를 포함하는 핵심 기법이다. 내담자는 실제 기억에 노출되고 마치 지금 일어나고 있는 것처럼 기억을 재체험하도록 격려받는다. 강한 정서 및 그와 관련된 생리적 반응을 활성화할 뿐만 아니라 상상 속 외상의 자전적 재창조는 대개 고통이나 냄새(예: 피 냄새, 타는 냄새, 자동차 오일 냄새)와 같은 외상 시 경험했던 감각을 활성화하게 된다. 외상 중심 인지행동치료는 보통 실제 노출을 포함한다. 예를 들어, 다시 운전 시작하기, 외상 장소 재방문하기, 소음이나 냄새와 같은 개별적 자극 노출과 외상 기억 노출 등이다.

일부 장애에서 노출의 적절한 표적에 대한 논쟁이 있다. 예를 들어, 사회불안장애에서 내담자는 전통적으로 두려운 사회적 상황에 노출된다. 하지만 모스코비치(Moscovitch, 2009)는 사회불안장애에서 주요 두려운 자극은 정말로 사회적 상황 그 자체가 아니라 그들이 "인식한 사회적 규범이나 기대에 부족하거나 반한다고 인식되는 자기의 특성"(p. 125)이라고 주장하였다. 이 접근은 일련의 행동 실험을 한 클라크와 동료들(2006)의 프로토콜과 잘 맞는데, 많은 행동 실험이 노출을 포함하고 행동 실험은 개인의 자기에 대한 두려움에 기반한 가정들을 실험한다('나는 지루해.' '사람들은 나를 비웃을 거야.' '내가 얼굴이 빨개지면 사람들은 나를 하찮게 생각할 거야.'). 8장에서는 심상 기법들이 사회불안장애에서 자기의 부정적 심상을 어떻게 바꾸는지 자세히 살펴본다.

노출이 작용하는 방법

일정한 개입 기법의 성공 여부는 그것을 어떻게 활용할지, 언제 활용할지, 그리고 기대만큼 효과적이지 않을 때의 대응 방법 등에 대한 치료사의 지식에 달려 있다. 예를 들어, 이완은 체계적 둔감법이 처음에 소개될 때 필수적 부분이었지만(Wolpe, 1958), 이어진 연구들은 치료의 유일한 필수 요소는 노출이라는 것을 보여 준다. 다시 말해, 노출이 두려움의 감소를 낳는 유효 성분이다. 초보 치료사들은 내담자가 심한 고통을 겪는 것을 막는 것이 중요하다고 생각하여서 내담자를 편안하고 평온하게 유지시킬 목적으로 노출치료에서 이완을 활용한다. 이 접근의 문제는 이완이 내담자가 두려워하는 것이 위험하지 않다는 새로운 학습을 방해한다는 점이다. 또 불안에 대한 인내심을 격려하기보다는 심한 불안을 잠재적으로 위험하고 회피해야 할 것으로 여기는 기저 가정을 강화할 수 있다.

조건화 이론에 따른 노출의 목적은 자극과 개인의 공포 사이의 조건화된 연합과 습관화를 소거하는 것이다(예: 신경계에 의한 생득적 공포 반응의 감소; Abramowitz, 2013). 정서 처리 이론(Emotional Processing Theory: EPT; Foa & Kozak, 1986)은 노출이 공포 자극이나 상황에 대한 반응으로 인지적(사고, 심상), 정서적(불안, 역겨움), 행동적(회피, 도피), 그리고 생리적(증가된 심박률, 땀, 마른 입, 메스꺼움) 요소들로 구성된 **공포 네트워크**를 활성화한다고 말한다. EPT에 따르면, 노출은 공포 자극에 대한 수정 정보를 제공한다. 즉, 그것은 두렵거나 위험하지 않다. 이는 원래의 네트워크를 새로운 비공포 네트워크로 수정한다. 만약 이 설명이 옳다면, 공포 네트워크는 변경되고 비공포 네트워크로 대체되며 이는 공포의 재발을 막을 수 있을 것이다. 하지만 우리는 재발이 흔하다는 것을 안다.

현대 학습 이론

현대 학습 이론에 근거한 노출에 대한 새로운 설명들은 억제 학습의 중요성을 강조하고 공포의 재발에 대해 일관성 있는 설명을 한다. 이 설명에 따르면 노출의 결과로 공포 연합이 없어지거나 학습이 소거되지 않는다. 대신에, 노출은 위협보다는 안전과 연결된 새로운 학습을 발달시킨다. 원래의 공포 자극은 이제 성공적 노출 후에 나타나는 두 가지 갈등하는 일련의 의미들과 연합한다. 원래 공포 기반 의미와 원래 의미에 대한 억제 효과를 가지는 새로운 안전 기반 의미이다. 공포와 불안은 만연된 인간의 경험이고 공포의 재발은 자연스럽게 나타날 수 있으며 특정 조건에 의해 재활성화될 수 있다. 억제 모델의 관점에서 두려움에 대한 인내는 두려움 감소보다 더 중요하고 더 오래 지속되는 효과가 있는 것 같다.

대략적으로 말해서, 현재 인지 모델들과 인지치료들에 의한 설명은 노출의 성공을 설명하는 주요 기저 작용으로서 **인지적 변화**의 중요성을 강조한다. 이는 억제 학습, 그리고 노출이 재앙적 위협 인지의 변화를 초래한다는 생각과 잘 맞는데, 재앙적 위협인지들은 두려운 외적 자극(개는 나를 공격할 거야. 나는 차를 박살 낼 거야.)과 관련되거나 두려운 내적 자극(심장이 뛰는 것은 곧 심장발작이 일어날 것이라는 뜻이야. 현기증은 내가 기절할 것이라는 뜻이야.)과 관련된다.

안전 행동

인지치료는 또한 안전 행동의 역할에 대한 인식을 통해 공포와 불안의 유지에 대한 풍부한 이해를 제공한다. 이는 두렵거나 재앙적 결과를 피하려는 시도로 사용되는 행동(내적, 외적 모두)을 말한다. 예를 들면, 심장의 손상을 피하기 위해 공황 발작이 일어날 때 아스피린을 복용하는 것 또는 사회불안을 감소시키기 위해 회의에서 할 말을 계획하기이다. 안전 행동은 노출이 효과적이도록 하는 새로운 학습을 차단할 수 있다. 내담자는 두려움을 견디고 아무 일도 일어나지 않는다면, 자극이나 상황이 자신이 생각했던 것만큼 위험하거나 위협적이지 않다는 뜻이라는 것을 배우기보다는, 두려운 재앙이 나타나지 않은 것을 안전 행동 때문이라고 여긴다. 게다가 안전 행동은 또한 모순적 효과를 낳을 수 있다(예: 사회불안에서, 안전 행동은 종종 개인이 대화에 초연하고 흥미가 없는 것처럼 보이게 하며 이는 타인에게 흥미가 없고 관심이 없는 것이 될 수 있다.).

인지적 · 정서적 회피

지금까지, 우리는 공포와 불안을 해결하기 위해 노출을 활용하는 것에 초점을 맞추었다. 하지만 정서 처리 모델(Rachman, 1980)의 발달, 심리도식치료(Young, 1999)와 같은 성격장애 치료, 그리고 CBT의 제3의 물결의 출현은 모두 폭넓은 심리적 어려움과 장애에 대한 주요 유지 요소로서 인지적 · 정서적 회피를 강조한다. 인지적, 정서적 그리고 경험적 회피는 모두 고통을 야기하는 부적응적 대처 전략으로 보인다. 즉, 문제와 외상 경험에 대한 정서 처리를 촉진하기보다 차단한다. 또 마약이나 알코올 남용, 해리 등 행동적 회피, 정서를 마비시키는 시도들 및 도피 행동과 같은 다른 문제가 되는 전략들을 시작하거나 야기한다. 사고와 감정의 노출은 모든 제3의 물결의 핵심 요소이고 다양한 치료적 접근의 부분이 되고 있다.

공포 자극에 대한 심상 노출

공포 자극을 해결하는 데 사용될 수 있는 심상 노출에 다양한 방법이 있다. 내담자가 처음에 너무 두려워서 실제 대상에 직면하지 못할 때 심상 노출은 특정 공포증을 극복하도록 돕기 위해 실제 노출보다 선행될 수 있다. 아니면, 폭풍을 두려워하는 사람처럼 실제 두려운 대상이나 상황을 쉽게 이용할 수 없을 때, 또는 자기의 신체적 상해나 코로나 바이러스처럼 병원균에 노출되는 것을 두려워하는 내담자와 같이 실제 노출이 도덕적으로 용납될 수 없을 때 심상 노출이 필요할 수도 있다. 이러한 경우에, 치료사는 실현 가능하다면 실제 노출과 함께 심상 노출, 시각적 · 청각적 자극, 그리고 가능하다면 가상 현실을 포함하는 복합적 노출 방법을 구성할 수 있다.

거미 공포증 치료를 위한 심상 노출

거미 공포증을 겪는 내담자를 대상으로 한 간단한 사례를 탐색해 보자. 앤이 여덟 살 즈음에 거미 공포증이 시작되었다. 그녀는 정원 창고에서 공을 찾고 있었고 양동이를 치우려고 구석으로 손을 뻗었는데 아주 큰 거미가 갑자기 나타나 발 위로 지나갔다. 그녀는 자지러지게 비명을 질렀고 다시는 창고에 발을 들여놓지 않았다고 기억한다. 앤은 공포 때문에 집에 혼자 있지 않는다. 그녀는 어떤 종류의 거미라도, 심지어 아주 작은 거라도 방에 있는 것을 참을 수 없다. 이 때문에, 그녀는 왜 중요한지 앎에도 불구하고 실제 노출 프로그램에 참여하는 것을 아주 꺼려 하였다. 하지만 그녀는 거미 그림을 보는 것으로 시작하는 노출 프로그램을 해 보겠다고 했고 "그림과 상상하는 거미가 나를 해칠 수 없다는 것을 알아요. 그래도 여전히 무서워요."라고 말한 후 심상 작업을 했다.

치료사는 거미 만화 그림으로 노출 프로그램을 시작하여 재빨리 실제 거미 사진으로 옮겨 갔는데, 멀리 보이는 아주 작은 것에서 시작한 다음, 크기를 증가시켰고 초점 거리를 줄여 나갔다. 몇 회기 후에, 앤은 몇 가지 심상 노출을 해 보겠다고는 했는데, 그것이 '그녀의 머릿속에' 있기 때문에 사진보다 더 무섭다고 생각했다. 노출 동안 앤의 정서 반응을 관찰하기 위해 치료사는 **주관적 불쾌감 지수**(Subjective Units of

Discomfort: SUDS)를 사용한다. SUDS는 전통적으로 노출치료에 사용된다. 왜냐하면 거기에는 다른 감정을 포함할 수 있는 '고통'에 대해 전반적 측정을 할 수 있는 이점이 있기 때문이다. 예를 들어, 거미 공포증에서 역겨움은 공포와 함께 중요한 요소이다(Mulkens, de Jong, & Merckelbach, 1996). 치료사는 각 정서 반응을 따로따로 측정할 수 있지만 이는 치료 초기 단계에서는 하기 힘들 수 있는데, SUDS 측정은 전반적 반응을 관찰할 수 있다. 치료 후반, 당신은 여러 정서 반응을 구별하길 원할 수 있고 그것들을 따로따로 측정할 수 있다. 예를 들어, 노출은 불안을 많이 감소시킬 수 있지만 거미에 대한 역겨움은 달라지지 않을 수 있다. 이 경우에, 정서 반응 중 한 가지 특별한 부분을 위한 개입을 구성하기 위해 정서를 분리해서 관찰할 것이다. 앤과 치료사 사이의 다음 대화는 SUDS 측정으로 관찰한 심상 노출을 설명한다.

치료사: (노출 훈련을 시작하기 직전에) 앤, 지금은 SUDS가 얼마나 되나요?

앤: 음, 이걸 한다고 생각하니 아주 불안하지만, 사진을 보지 않고 바로 이렇게 한다면 그렇게 나쁘지는 않아요. 그래서 5점 정도 되는 것 같아요.

치료사: 우리는 유리 케이지 안에 있는 작은 크기부터 중간 크기의 거미를 상상하는 것을 계획했어요. 여전히 괜찮은가요?

앤: 네, 그런 것 같아요.

치료사: 눈을 감으시겠어요? 그리고 준비가 되면 유리 케이지 상상부터 시작할까요?

앤: (잠시 멈춘다.) 네, 알았어요. 그건 방 저 구석에 있고 나는 문 근처에 앉아 있어요.

치료사: 좋아요, 당신이 방에 있는 동안 가능한 한 아주 멀리 있어요.

앤: (웃는다.) 네, 재빨리 도망가려고 자세를 취하고 있어요.

치료사: 이제 그 케이지 안에 있는 거미를 상상해 보겠어요? 완전히 무섭게 느껴지는 크고 털이 많은 것 말고 약간 불편하게 느껴질 정도로 큰 것을 상상해 보세요.

앤: (깊은 호흡을 한다.) 좋아요, 네, 볼 수 있어요. 좋지 않지만 케이지 안에 있어요.

치료사: 앤, 지금은 SUDS는 몇 점이에요?

앤: 오, 7, 8점까지 올라갔어요. 좋지 않지만 눈을 뜨고 있을 수 있어요.

치료사: 내게 거미를 묘사해 줄 수 있겠어요?

앤: 케이지 구석에 앉아 있어요. 거미 다리들이 약간 구부러져 있어요. 다리에 연결부위나 관절이 있어서 항상 비스듬히 있는 것처럼 보여요. 검정색보다는 꽤 어두운 갈색이에요. (떤다.)

치료사: 앤, 지금은 SUDS는 몇 점이에요?

앤: 올라갔어요. 약 9점이요. 자세히 보고 그것에 초점을 맞추어서 그런 것 같아요.

치료사: 앤, 잘하고 있어요. 이대로 계속합시다. 거미에 초점을 맞춰 보세요. 보이는 것을 말해 주세요.

앤: 네, 구석에 그냥 앉아 있어요. 사악한 표정을 짓고 있어요.

치료사: 얼마나 큰가요?

앤: 대략 5센트 동전 크기예요.

치료사: 다리 포함해서요?

앤: 네.

치료사: 앤, 정말 잘하고 있어요. 거미에 대한 마음속 심상에 계속 초점을 맞춰 보세요.

앤: 좋아요.

치료사: 지금은 SUDS는 몇 점이에요?

앤: 음, 7점 정도라고 생각해요. 그냥 보고 있어요. 약간 편해진 것 같아요.

이 절차는 앤의 SUDS가 떨어질 때까지 계속된다. 앤의 SUDS는 5점에서 시작했고, 이것은 노출 훈련에 대한 예상되는 불안을 반영한 것이었다. 9점까지 올라갔고, 그리고 불안이 시작점 아래로, 즉 3, 4점까지 떨어질 때 노출을 멈출 것이다. 일부 내담자는 SUDS가 0점까지 떨어질지 몰라도 이는 자주 일어나는 일은 아니다. 특히 더 도전적인 노출 회기에서는 잘 나타나지 않는다. 중요한 것은 내담자가 불안이 오르고 정점에 다다르고 떨어지는 것을 경험하는 것이다. 여느 노출 훈련과 마찬가지로 치료사는 앤이 언제든 멈출 수 있다는 것을 분명히 하지만, 자극에 대한 초점을 유지하는 것이 도움이 된다는 것을 강조한다. 치료사가 하는 말의 양을 판단하는 것도 중요하다. 이 경우에, 치료사는 앤이 자극에 관여하도록 격려하는 데 초점을 맞추고, 문제와 정서적으로 힘든 과제에 그녀가 머무르도록 돕기 위해 격려한다. 하지만 너무 많은 말은 산만하게 만들 수 있고 자극에 대한 내담자의 초점을 방해할 수 있다. 때때로 이는 치료사의 너무 많은 말 때문이다. 어떤 때는 내담자가 노출 훈련에서 산만해질 때 지속적으로 말을 할 필요가 있다. 매 3~4분마다 규칙적인 SUDS 측정은 내담자가 자극에 얼마나 잘 참여하고 있는지 치료사가 판단하고 노출이 효과적인지 평가하는 척도가 된다.

심상 노출을 활용할 때 당신이 겪을 수 있는 한 가지 잠재적 문제는 자극 통제와 관련된다. 치료사가 자극을 통제하지 못하고 내담자의 자기 보고에 온전히 의존하기 때문에 심상 노출은 실제 노출과 다르다. 물론, 실제 노출을 하는 동안 자극 통제는 하나의 자극을 사용하여 주의 깊게 통제된 환경하에서 회기를 수행할 때만 가능하다. 그렇다 해도, 치료사는 동물이나 곤충이 언제 어떻게 행동할지 지시할 수 없다. 이 자극 통제의 결점이 치료사에게 특별한 일은 아니다. 내담자는 어떤 심상 자극이 무심결에 달라진다는 것을 발견할 수 있다. 이는 SUDS를 떨어뜨리는 걸 더 어렵게 만들 수 있다. 예를 들어, 거미가 갑자기 달리기 시작한다면 이는 앤의 SUDS를 치솟게 할 수 있다. 반대로, 앤은 자극과의 접촉을 피하는 방식으로 거미의 크기를 줄일 수도 있다. 이것이 앤의 SUDS를 줄일 수 있지만 물론 성공적인 노출 회기를 반영한 것은 아니다. 노출 회기를 하는 동안 일어난 일에 관해 주의 깊게 토론하는 것은 내담자가 문제를 정확히 설명하고 문제를 해결하도록 도울 수 있다.

혈액-주사 공포증 치료를 위한 심상 노출

성공적 치료는 공포의 지속적 감소를 확실히 하기 위해 앤이 거미와 직면할 수 있는 여러 다양한 상황에서의 노출이 요구되긴 하지만, 거미 공포증과 같은 특정 공포증은 거미처럼 비교적 단순하고 개별적인 자극과 관련된다. 많은 공포증은 더 복잡하다. 예를 들어, 구토 공포증은 구토 광경, 냄새, 맛에 대한 공포 반응을 포함하는데 많은 경우에 질병이나 감염된 타인과의 접촉에 대한 공포도 포함한다. 혈액-주사 공포증은 또 다른 더 복잡한 공포증으로, 공포 반응들은 피를 보는 것뿐만 아니라 머리가 띵한 것과 기절할 것 같은 신체 감각에 대한 두려움과 함께 주사기, 바늘과 같은 관련 의료장비로 인해 발현될 수 있다. 심상 노출의 한 가지 강점은 더 복합한 일련의 자극을 포함할 수 있고 공포가 일어날 수 있는 상상된 시나리오에 대한 노출을 제공할 수 있다. 예를 들면, 저녁 식사 중 구토를 하는 것이나 주사에 대한 반응으로 기절하는 것이다.

에밀리는 혈액-주사 공포증이 있고 베이거나 상처가 나는 것을 무서워한다. 치료사는 상처, 바늘과 다른 관련 자극에 대한 그림에 초점을 맞춘 몇 회기를 진행했다. 치료사는 기절할 것 같은 느낌이 시작될 때 혈압을 올리기 위해 긴장력[1](설명은 Ost & Sterner, 1987 참조)을 활용하는 방법을 에밀리에게 가르쳤다. 에밀리의 재앙적 신념 중 하나는 만약 (칼 등에) 베인다면, 피가 계속 날 거라는 것이다. 에밀리와 치료사는 상처의 생리학과 혈전과 조직이 스스로 회복되는 법에 대해 살펴보았다. 에밀리는 이 신념이 현실적이지 않다는 것을 수용하지만 신념과 관련된 감정은 바꿀 수 없었다.

이 두려움을 해결하기 위한 심상 노출의 활용은 다양한 접근방법을 많이 쓸 수 있다. 한 가지 가능한 방법은 재앙적 시각을 확인하고 그녀가 이 작업을 할 때 에밀리의 상상 속에서 무슨 일이 일어나는지 보는 것이다. 다른 방법은 에밀리가 상상적으로 발전시킨 현실적 시나리오를 대략 써 보는 것이다. 이는 서로 모순되지 않으며 둘 다를 완벽하게 사용할 수 있다. 다음 시나리오에서 방법들에 대해 논의한 후 에밀리는 어떤 식으로든 상처가 생기고, 미리 그것을 해결하거나 이야기를 만들기보다 상황이 어떻게 전개되는지 보는 상상을 하기로 결정했다. 이 대화에서, 에밀리와 치료사는 제시된 시나리오에 대한 첫 번째 감정이 신체 감각(심박수 증가, 떨림, 메스꺼움, 어지러움, 현기증)을 동반한 두려움과 불안이기 때문에 복합적인 SUDS 측정을 하기보다 불안을 평가하기로 했다.

치료사: 잠시 동안, 눈을 감으시겠어요? 훈련을 시작해 봅시다. 시작하기 전에 당신이 하고자 하는 것을 설명해 보겠어요?

에밀리: 음, 너무 심하지 않고, 피가 약간 날 정도로 상처가 나는 것을 상상하는

---

1) 역자 주: 긴장력 기법(applied tension technique)은 몸의 각 근육을 10~15초간 긴장시킨 다음, 20~30초간 이완시킨다. 이를 5회 반복한다. 이완이 목적이 아니며 혈압을 유지시키기 위한 것이다. 그다음 노출치료를 한다.

것으로 시작할 거예요. 그림으로 했던 것처럼 그것에 노출되기 위해 잠시 그것에 초점을 맞출 건데 그다음엔 그것을 바꾸는 상상을 할 거예요. 상상이 그렇게 진행된다면 어떤 일이 일어날지 알고 싶어요. 그렇지만 그것이 정확하게 어떻게 될지 확실하지는 않아요.

치료사: 네, 맞아요. 여전히 그것을 할 마음이 있나요?

에밀리: 네, 약간 긴장되지만 어떤 일이 일어날지 알고 싶어요.

치료사: 에밀리, 지금은 얼마나 불안해요? 0~10점 중에서, 당신이 느끼기에 0은 전혀 불안하지 않고 10은 가장 불안한 거예요.

에밀리: 음, 6점 정도예요.

치료사: 눈을 감고 준비가 되면 어떤 식으로든 당신에게 상처가 나는 상상을 시작해 보세요.

에밀리: (눈을 감는다.) 좋아요. (잠시 멈춘다.) 좋아요. 할게요. 나무에서 빨랫줄을 풀려고 손을 뻗고 있어요. 팔이 못에 걸렸어요. 피부가 찢어졌어요.

치료사: 에밀리, 지금 어떤 일이 일어났어요?

에밀리: 어, 팔이 찢어졌어요. 피부가 너덜거려요. 피가 나기 시작해요. (몸서리친다.)

치료사: 에밀리, 지금은 얼마나 불안해요?

에밀리: 9점이요. 끔찍해요. 모두 갈기갈기 찢어지고, 더럽고 피가 나고 있어요.

치료사: 에밀리, 정말 잘하고 있어요. 기분이 어때요?

에밀리: 떨리고 약간 아프고 눈물이 날 것 같아요.

치료사: 기억하세요. 어지러우면 근육을 긴장시켰다가 이완시키세요. 불쾌하겠지만, 팔의 심상에 초점을 맞춥시다.

에밀리: 네, 좋아요. 약간 긴장하고 있어요. 오늘은 현기증은 느껴지지 않아요. 그냥 상처 입었다는 게 당황스러워요. 자꾸 눈길을 돌리고 싶어져요.

치료사: 자연스러운 거죠. 하지만 상처를 보는 것을 계속 할 수 있겠어요? 보고 있는 것을 말해 주세요.

에밀리: 약 3센티미터 정도이고 피가 스며 나오고 있지만 아주 빨리 흐르지는 않아요. 아주 분명하게 볼 수 있고 분명히 피가 나고 있어요. 너덜너덜 찢어져서 약간 더러워요. 그래서 가서 씻고 싶어요.

치료사: 에밀리, 지금은 어떤 일이 일어나고 있어요?

에밀리: 집으로 걸어가고 있어요. 약간 떨리지만 견딜 수 있어요. 부엌 쪽 뒷문으로 들어가서 물을 틀어요.

치료사: 지금은 얼마나 불안해요?

에밀리: 7이나 8점이요. 출혈이 심해지지는 않지만 따끔거려요. 그러니까 더러운 것이 약간 걱정이 돼요. 그래서 감염되지 않게 가능한 한 빨리 씻고 싶어요.

치료사: 지금 씻고 있어요?

에밀리: 네, 수도꼭지를 틀었어요. 물이 흘러요. 아아, 따끔거리고 출혈이 심해졌어요. 물과 피가 섞이고 있어요.

치료사: 피와 물을 보니 얼마나 불안해요?

에밀리: 9점까지 올라가요. 피가 흘러요. 정말 싫어요.

치료사: 에밀리, 정말 잘하고 있어요. 집중합시다. 지금은 어떤 일이 일어나고 있나요?

에밀리: 비누를 들고 씻어요. (움찔한다.) 정말 따갑지만 깨끗해 보이고 그렇게 나쁘지 않아요. 물은 여전히 분홍빛이에요. 이제 수도를 잠갔어요.

치료사: 지금은 어떻게 보여요?

에밀리: 깨끗한 종이 타월 한 장으로 토닥이고 있어요. 타월에 분홍점이 생겼어요. 출혈은 느려졌어요.

치료사: 지금은 기분이 어때요?

에밀리: 여전히 떨리지만 좀 안심이 되네요. 생각한 것보다 나쁘지 않아요. 상처가 있고 약간 너덜거리지만 지금은 깨끗해요. 그게 정말 어떤 모습인지 볼 수 있어요. 출혈은 느려졌어요.

치료사: 지금은 불안이 몇 점이에요?

에밀리: 6점 정도, 아마 약간 더 낮은.

치료사: 지금은 어떤 일이 일어나고 있어요?

에밀리: 그냥 보고 있어요. 정말로 아무 일도 일어나지 않아요. 그냥 붉게 보이고 상처 주위에 피가 좀 묻어 있어요.

훈련은 에밀리가 출혈이 멈추는 상상을 할 때까지 계속된다. 이렇게 되었을 때 불안은 2점까지 떨어졌다. 그 후 그들이 훈련에 대해 토론할 때, 에밀리는 아주 작은 상처였지만 자신이 다치고 다루기 힘든 출혈을 보는 상상을 해 보았다고 말한다. 그녀는 이 훈련 후에 그녀가 얼마나 기분이 나아지는지를 보고 놀랐고 만약 상처가 난다면 피가 멈추고 상처가 치유된다는 것을 지금은 더 확신한다고 말했다.

이 예시에서의 접근은 심상 노출에서 다루기 쉬운 사례는 아니다. 하지만 에밀리는 훈련이 진전됨에 따라 그녀가 바꿀 수 있는 열린 시나리오를 상상하였다. 치료사는 촉구하고 제안할 수 있다. 이 예시가 분명히 심상 노출을 포함하고 있지만 심상 연습(imaginal rehearsal)과 심상 다시쓰기가 겹쳐진 것이기도 하다. 심상 연습은 새로운 행동과 반응을 연습하는 데 사용될 수 있는 심상 기법이다. 이것은 체중 감량이나 금연 프로그램을 보완하기 위해 사용되는 것들처럼 특정 스크립트를 따르거나 치료사와 내담자가 더 협력적으로 발전시킬 수도 있다. 심상 다시쓰기는 7장에서 더 자세히 설명하는데 의미나 사건의 결과를 바꾸기 위해 심상을 활용하는 것이다. 앞의 예시에서 에밀리가 상처에서 피가 나고 그다음 지혈되는 상상을 하는 것까지는 심상 다시쓰기와 겹친다. 이는 출혈이 멈추지 않고 계속된다는 그녀의 재앙적 두려움과 다른 것이다. 하지만 치료사가 심상 다시쓰기로 특별히 개입하고자 했다면 치료사는 출혈에 대한 에밀리의 신념과 공포에 대해 더 정확하게 초점을 맞출 수 있었을 것이고, 먼저 에밀리에게 재앙적 시나리오를 상상하게 요구하고 그런 다음 재앙적 심상(통제되지 않는 출혈)을 더 자비로운 것(상처 지혈)으로 바꾸도록 지시할 수 있었을 것이다. 심상 다시쓰기에서 치료사는 불안을 전체적으로 평가하지 않을 것이다. 주요한 결과 측정이 보통은 신념 변화이고 부정적 정서의 감소는 신념의 감소에 따라온다고 추측되기 때문이다.

심상 노출은 개별 자극과 더 복합적인 자극들을 표적으로 할 수 있다. 즉, 직접적 노출 프로그램으로서 사용될 수 있고, 복합 자극을 포함할 수 있고, 개인의 두려움을 나타내는 여러 시나리오를 만들 수 있다. 이것을 넘어서, 심상 노출은 내담자가 인지적·정서적 회피로 특징지어지는 더 섬세한 일련의 행동들을 극복하도록 돕는 데 중요한 역할을 한다.

인지적 · 정서적 회피 해결을 위한 심상 노출 활용

'인지적 · 정서적 회피'는 혼란스러운 사고, 심상, 기억을 차단하고, 부정적 정서(어떤 사람들은 긍정적 정서를 포함한 모든 정서를 힘들어하긴 하지만)를 경험하는 것을 회피하기 위한 지속적 시도를 말한다. 여기서 주목할 것은 우리가 이 목표를 성취하기 위해 활용하는 전략들의 **지속성**에 대해 말하고자 하는 것이다. 이 전략들 중 많은 것이 그 자체가 문제는 아니다. 예를 들어, 당신이 출근하기 전에 파트너와 말싸움하고 그 날 중요한 회의를 한다면 당신은 자신에게 '지금은 그것에 대해 생각하지 않을 거야.' 라고 말하고 다툰 기억을 밀어낼 것이다. 이것은 당신이 기능하는 것에 필요하고 또 일어난 일에 대한 관점을 바꾸고 그날 저녁에 집에 가서 그것을 다루는 것을 도울 수 있기 때문에 유익할 수 있다. 하지만 만약 당신이 그것이 올라올 때마다 갈등에 대한 생각을 밀어내고 활성화되는 정서를 다룰 시도를 하지 않는다면, 그리고 이 다툼의 기저에 깔린 내적 갈등을 해결하려는 노력을 하지 않는다면 문제가 된다.

사고 억압, 분열, 걱정, 반추와 같은 전략들은 인지적 회피의 수단으로 사용될 수 있다. 언뜻 보면 걱정과 반추는 인지적 회피의 반대인 것처럼 보일 수 있는데 그것들이 부정적 사고의 반복적 흐름에 초점을 맞추고 있기 때문이다. 많은 경우에 그것들은 더 고통스러운 인지를 차단하려는 시도에 의해 동기화된다. 예를 들어, 범불안장애에 대한 보르코벡(Borkovec)의 모델은 걱정이 두려움과 두려운 결과에 대한 재앙적 심상을 차단하려는 것이라고 말한다(Borkovec, Alcaine, & Behar, 2004). 사고 억압은 강박장애의 주요 유지 요인이다. 인지적 회피를 극복하는 것에는 일반적으로 회피하고 있는 것이 무엇인지, 왜 회피하고 있는지를 인식하는 것과 그다음 회피보다 접근을 학습하는 것이 포함된다. 이 모든 전략이 극심한 고통을 피하려는 시도로 야기되기 쉽기 때문에 인지적 회피는 정서적 회피와 밀접하게 관련된다. '정서 처리'의 개념은 라흐만(Rachman, 1980)에 의해 소개되었는데, 그는 주관적 고통 감소, 혼란된 행동 감소와 집중 능력과 같은 일상적 행동 회복과 함께 성공적인 정서 처리에 대한 몇 가지 주요 지표를 밝혔다. 그런데 그 개념은 꽤 영향력이 있고 인지치료의 많은 변인 내에서 목표로서 인식되지만, 충분히 구체화되지 않았고 파악하기 어려운 채로 남아 있다. 정서 처리를 이해하기 위해 우리는 정서를 더 일반적으로 연구하는 방향으로 돌아갈 필요가 있고, 특히 정서 조절에 포함된 기저 과정을 이해할 필요가 있다.

그로스의 정서 조절 이론

제임스 그로스(James Gross, 1998)는 수십 년에 걸쳐 정서에 대한 연구를 한 것으로 알려져 있다. 정서 조절 과정 모델에 따르면 4개의 과정이 있다. 1단계는 정서 인식과 정서 조절이 필요한지를 결정하는 것이다. 만약 필요하다면 2단계는 정서 조절 전략을 선택하는 것이다. 전략들은 인지적 재평가, 억제, 그리고 산책하기, 달리기, 다른 사람을 찾기(예: 위로나 안전을 줄 수 있는 애착 인물)처럼 정서를 바꾸는 대안적 활동에 참여하기와 같은 것들이 포함된다. 3단계는 전략을 실행하는 것이고, 마지막 단계는 그 효과를 관찰하는 것이다.

흥미롭게도 그로스는 최근에 그의 정서 처리 모델을 정서 조절 과정에서 신념의 중요성을 강조하는 두 번째 개념적 틀과 통합시켰다(Ford & Gross, 2018). 포드와 그로스(Ford & Gross, 2018)는 정서에 대한 두 종류의 신념을 밝혔다. 상위 신념들은 정서가 좋은지 나쁜지, 그것들이 통제 가능한지 또는 통제 가능하지 않은지에 관여한다. 상위 신념들은 특정 정서(예: 화 대 불안), 전달 수단(예: 화 느끼기 대 화 표현하기), 상황(예: 집, 직장), 그리고 대상(예: 자기, 아는 사람, 대중)과 관련된다. 이는 그 모델을 인지치료에 훨씬 더 가깝게 만들었고, 정서적 회피와 관련된 전략을 이해하기 위한 틀로써 꽤 유용하다. 다음 절은 정서 인식과 건강한 조절을 잠재적으로 도울 수 있는 심상 개입을 알려주기 위해 그 모델을 활용할 수 있는 방법에 대한 두 가지 사례를 제공한다. 이 목적을 위한 심상 활용은 앞에서 한 심상 노출에서의 보다 직접적인 설명에 비해 더 창의적인 접근 방식을 요구한다.

정서 인식과 회피 극복을 위한 심상 활용

이 절에서 설명되는 아이디어들은 사람들이 정서의 인식과 조절에서 직면하는 문제들에 대해 단순한 해결책이 되도록 의도된 것은 아니다. 그것들은 내담자가 회피한 정서에 관여하는 데 도움이 되도록 당신이 심상을 활용할 수 있는 방법들이다. 이는 인지적 재구성과 같이 더 친근한 기존의 인지적 접근방법과 통합될 수 있다. 이는

포드와 그로스(2018)의 통합된 모델과 잘 어울리는데, 그것은 역기능적 조절 전략을 변경하고 정서에 관한 신념을 확인하고 수정하는 것이 성공적인 치료를 위한 적절한 계획일 수 있다는 뜻이다.

정서를 조절하거나 처리하기 위해, 당신이 느끼는 게 어떤 정서인지 알 필요가 있다(모델 1단계). 일부 내담자들, 특히 외상 경험이나 만성적 문제가 있는 이들에게 정서의 회피나 억압의 습관적 시도는 그들이 별개의 정서 상태를 구별하는 데 어려움이 있다는 것을 의미한다. 어떻게 사람들이 여러 정서를 인식하고 구별하도록 도울 수 있을까? 한 가지 방법은 사람들에게 정서와 함께 '머무르고' 그들이 느끼는 것과 나타나는 생리적 반응이 무엇인지를 묘사하도록 요구하는 것이다. 생리적 각성과 유사한 양상을 보이는 특정 정서들을 구별하는 것은 어려울 수 있다(예: 불안과 화). 또 그것은 강한 정서에서 문제가 되는데, 개인이 회피하려고 노력하는 것이 바로 그것이기 때문이다. 비록 목표가 결국에는 사람들이 폭넓은 정서와 강도를 인식하고 수용하도록 돕는 것이라 하더라도 초기에는 그것이 현실적인 목표가 될 수는 없다. 심상을 통한 접근방법 중 하나는 정서를 나타내거나 상징하는 색채, 형태, 질감을 활용하는 것이다. 이것이 다음 대화에서 설명된다.

치료사: 아지즈, 지금은 당신이 느끼는 방식에 많은 어려움을 겪고 있다는 것을 알아요. 무슨 일이 일어나고 있는지 우리가 이해하는 데 도움이 될 만한 것을 하고 싶어요. 눈을 감아 보시겠어요?

아지즈: 좋아요.

치료사: 지금 당신이 느끼는 것을 색으로 생각해 봤으면 해요. 그저 한 가지 색일까요, 아니면 여러 가지 색깔일까요? 잠시 동안 색깔을 떠올릴 수 있는지 보세요.

아지즈: 음, 정말 모르겠어요.

치료사: 아지즈, 여기에 옳거나 틀린 답은 없어요. 일어나는 일을 이해하는 데 더 도움이 되는지 알아보기 위한 실험을 하는 거예요. 효과적이지 않으면 다른 것을 해 볼 거예요. 잠시 동안 뭐가 떠오르는지 보세요.

아지즈: (주저한다.) 무슨 말이라도 해야 한다면, 노랑과 빨강이라고 말하고 싶어요.

치료사: 그 색깔들을 계속 보세요. 그것들에 집중하는 게 어떤지 알아차려 보세요. (잠시 멈춘다.) 노랑에 대해 말해 보세요. 무슨 일이 일어나는가요?

아지즈: 무슨 말인지 모르겠어요.

치료사: 노랑으로 느끼게 하는 것이 무엇이라고 생각하나요?

아지즈: 아픈 느낌, 잠기는 느낌이요. 막 흐릿하고 더러운 노란색으로 나타났어요.

치료사: 빨강은요?

아지즈: 압박 그 이상이요. 머리가 욱신거리고 나를 짓누르고 내게 다가오고 있는 것 같아요.

아지즈는 이 훈련을 시작할 때는 어려움을 겪었지만 노랑과 빨강으로 인식하게 되었고 이는 두 가지 다른 생리적 프로파일과 관련되는 것처럼 보인다. 우리는 두 가지 색으로 나타나는 주관적 감정이 무엇인지 아직 모른다. 하지만 적어도 아지즈와 치료사에게 공통 언어와 힘든 정서에 대해 직접적으로 말하는 한 가지 방식이 생겼다. 색채와 그것의 관련 감각들에 초점을 맞추는 것과 결과적으로 아지즈가 그것들에 붙어 있는 감정에 이름을 붙이도록 돕는 것은 결국 정서 상태에 대한 노출을 포함한다. 심상은 형태와 질감으로 정교화될 수 있다. 만약 처음에 색채가 효과적이지 않으면 당신은 형태나 질감으로 바로 옮겨 갈 수 있다. 일부 내담자들(예: 목수나 요리사처럼 손을 쓰는 일을 하는 사람들)에게는 질감이 더 두드러진 감각일 수 있기 때문에 그것으로 시작하는 것이 더 나을 수 있다.

이제 실제 세상의 자극과 상황을 반영하는 심상에서 벗어나 상징적이고 은유적인 심상으로 옮겨 갔다. 하지만 목표는 대체로 같다. 즉, 두려운 정서를 견디는 법을 배우는 것 그리고 이 사례에서 정서적 회피를 지속하게 하는 정서에 대한 도움이 되지 않는 신념을 바꾸는 것이다. 정서적 회피를 하는 모든 내담자가 정서를 인식하는 데 어려움을 겪는 것은 아니다. 이들에게 정서적 회피는 그로스(1998) 모델의 2, 3단계(즉, 정서 조절 전략의 선택과 수행)에서 나타날 수 있다. 일반적 전략은 억압이고 이는 습관적으로 사용될 때 문제가 되는데, 정서 처리를 막고 새로운 학습을 방해하기 때문이다. 역설적으로, 억압은 대개 부정적 정서를 강화하게 되고 더 회피하려는 시도를 하게 할 것이다.

은유적 심상과 정서 조절

정서의 은유적 표현은 내담자가 문제가 되는 정서를 탐색하고 인내하는 데 도움이 되는 또 다른 방법이 된다. 19세 여성 제니는 규칙적으로 자해하고 알코올을 남용하는데 둘 다 부적응적인 정서 조절 전략의 예이다(모델 2 단계). 제니는 자해 행동의 촉발 자극을 '정말 끔찍한 감정'으로 묘사한다. 다음 대화에서, 그녀는 치료사와 함께 그 감정을 심상으로 탐색한다.

치료사: 제니, 지금 정말 끔찍한 기분이에요?

제 니: 네, 조금은요. 혼자일 때만큼 나쁘지는 않아요.

치료사: 그것에 점수를 준다면 우리가 사용했던 0~10점 척도로 얼마나 강한가요?

제 니: 지금은 4점 정도요.

치료사: 그 감정을 탐색하고 어디에서 왔는지 찾아볼 필요가 있다고 토론했던 것을 기억하나요?

제 니: 네, 내가 감정과 접촉하기 시작하고 그것이 더 심해지는 그때 자해한다고 말했었죠.

치료사: 그래서 당신은 빠져나갈 수 없을 거라고 느끼는 악순환에 빠지게 되죠.

제 니: 완전히요.

치료사: 지금은 기분이 4점 정도이죠. 그것을 묘사하는 심상이나 은유를 생각해 본다면 그것은 어떤 것일까요?

제 니: 음, 어렵네요. 그렇게 생각해 본 적이 없어요.

치료사: 괜찮아요. 천천히 하세요. 그 감정이 어떻게 생겼을지 상상해 보세요. 뭔가 적절한 것을 떠올릴 수 있을 거예요. 아니면 우리가 그것을 살펴보는 동안 당신은 그것을 바꿀 수도 있어요.

제 니: 어두워요, 그건 확실해요. 어둡고 끈적거려요. 먹구름 같은 것인가 봐요. 아니네요. 왜냐하면 그건 무거워요.

치료사: 좋아요, 어둡고 끈적거리고 무겁네요. 그것에 초점을 맞춰 보세요. 무엇이 떠오르나요?

제 니: 이상한 수술을 보여 주는 프로그램에서 가끔 사람들 몸에서 나오는 역

겨운 동그란 덩어리들 있잖아요?

치료사: 낭종 같은 것이요?

제 니: 네, 그런 것이요. 있잖아요, 사람들이 보고 '으, 싫어, 역겨워, 어떻게 몸 속에 저런 것을 가지고 있지?'라고 하는 것이요.

치료사: 그 느낌이 어둡고 무겁고 끈적거리는 커다란 덩어리나 낭종 같은 거예요?

제 니: 네, 정말 역겨워요.

일단 제니와 치료사가 이 심상이 무엇인지 확인하면, 그들은 그것을 탐색하고 그것의 근원을 이해할 수 있는 기회를 얻게 된다. 제니의 사례에서, 그 기분은 10대 초반에 계부의 성폭력으로 인해 나타난 수치심과 역겨움의 복합적인 것이었다. 제니는 그 폭력에 대해 아무에게도 말하지 않았고, 그녀는 그것을 자신의 '내부에서 곪은' 것으로 묘사하였다. 이 사례에서 수치심과 역겨움의 감정에 대한 정서적 회피는 자해 행동으로 이어졌다. 정서를 직면하는 목적은 어떻게 악화되었는지 이해하고, 그다음 그녀의 책임이 아니라는 것을 제니가 이해하도록 돕고, 극심한 자기 역겨움과 수치심을 해결하는 것이다. 나는 수치심과 역겨움의 감정에 대해 장기적 노출을 주장하지는 않지만, 제니는 일어난 일을 처리하고 자기에 대해 더 온정적이고 용서하는 관점을 발달시키기 위해 자해나 알코올 남용을 하지 않고 그 감정들을 견딜 수 있게 되는 것이 필요하다. 이 감정들을 나타내는 심상을 만드는 것은 개입 중에 새로운 가능성을 제시하는데, 심상 다시쓰기 중 심상을 변경하거나, 온정적인 자기나 온정적인 타인과 함께 심상에 접근하거나, 빛이나 온정을 사용하여 어떤 식으로든 심상을 파괴하는 것을 포함한다.

아지즈와 제니는 당신이 인지적 또는 정서적 회피를 극복하도록 내담자를 돕는 데 심상을 활용하는 방법의 두 가지 예시를 보여 준다. 두 사례에서 심상은 힘든 정서를 탐색하고 인내하는 기회를 제공한다. 이 방법은 치료사의 유연하고 창의적인 접근이 요구된다. 가장 효과적인 기법에 대한 분명한 안내서가 없으며, 어쨌든 내담자들 간에 상당한 개인차가 있을 수 있다.

심상 노출 활용의 문제

인지적 · 정서적 회피를 대상으로 하는 작업에서 더 실험적 방법을 활용할 때뿐만 아니라 기존의 심상 노출 방법을 활용할 때 나타날 수 있는 많은 문제가 있다. 어떤 문제들은 심상 노출과 관련된 것이고, 해리 또는 불안에 대한 습관화 실패와 같이 다른 문제들은 모든 노출 방법에서 일반적인 것이다. 이 장의 마지막 절은 상상된 자극에서의 문제(심상을 유지하는 어려움과 방해되는 자발적 변형), SUDS가 오르거나 내리지 않거나 지속적인 회피나 분열, 그리고 해리 때문에 접근하는 것이 어려운 부분을 살펴볼 것이다.

두려운 자극이나 시나리오의 심상을 지속시킬 수 없는 내담자

우리는 이미 2장에서 일반적으로 심상을 떠올리는 데 어려움이 있는 내담자에 대한 접근방법에 대해 살펴보았다. 여기서 문제는 두려운 자극이나 상황에 대한 특정 심상에 접근하는 것과 그것에 초점을 유지하는 것 중의 하나이다. 만약 내담자가 심상을 확인하고 작업할 수 있지만 내담자가 일정 기간 동안 두려운 심상에 접근하거나 유지하는 것이 어렵다는 것을 알게 된다면 당신은 인지적 · 정서적 회피와 맞서야 할 것이다.

만약 그렇게 생각한다면 먼저 해야 할 일은 심상 훈련을 하는 동안 내담자의 경험에 대한 주의 깊은 분석이다. 내담자는 심상을 잠시 떠올리고 그다음 밀어내는가? 내담자는 자극이나 그것을 자세히 상상할 때 일어나는 일의 의미에 대한 특정한 역기능적 신념을 가지고 있는가? 예를 들어, 강박장애에서 사고–행동 연합은 만약 내담자가 아기를 해치는 상상을 한다면 그렇게 할 가능성이 높아질 것이라고 그녀를 믿도록 만들 수도 있다. 어떤 내담자는 짧은 순간 이상 거미의 심상에 초점을 맞추게 된다면 기절할 것이라고 믿는다.

다음 단계는 이 분석의 결과에 달렸다. 내담자가 심상이 자극한 감정에 압도되어서 그것을 밀어내면 당신은 원래 심상과 관련된 위계를 만들고 정서적으로 견딜 수 있는 단계에서 훈련을 시작할 수 있다. 심상 노출이나 그 결과의 의미에 대한 방해되는 신념을 알게 된다면 이 신념들을 다룰 수 있다. 2장과 3장에서 아기를 해치는 침습적 심상을 가진 내담자 도나는 자신이 나쁜 엄마이고 이런 심상이 떠오르기 때문에 나쁜 사람이라고 믿는다. 이 신념들은 고통을 야기하고 자신에 대한 강한 부정적 판단을 활성화하는 심상을 자발적으로 떠올리는 것을 회피하도록 자극한다. 이것이 사고-행동 연합과 연결된다면(사고나 심상을 떠올린다는 것은 실제로 그 행동을 하는 것과 같다는 믿음), 도나는 심상으로부터 회피나 도피를 더 하고 싶을 것이다.

사람들이 일반적으로 경험하는 다양한 침습을 포함하여 일반인에게 나타나는 침습적 사고의 빈도에 대한 심리교육을 통해 이 문제들을 해결할 수 있다. 이어서 타인의 침습적 사고를 조사하는 행동 실험을 하거나 어떤 사람을 해치는 심상이 마음속에 떠오른다면 어떻게 생각하는지 사람들에게 물어볼 수 있다. 사고-행동 연합을 조사하는 행동 실험을 할 수 있다. 한 예로, 회기 내에 할 수 있는 실험이 있는데, 테이블 모서리에 물이 가득 든 컵을 놓고 내담자에게 눈을 감으라고 하고 바닥에 컵을 떨어뜨리고 물이 쏟아지는 것을 상상하게 한다. 이어서 내담자에게 다음 한 주 동안 나쁜 일(예: 팔다리 골절)이 일어나는 것을 상상하도록 지시한다. 이 경우에 내담자는 컵을 떨어뜨릴 가능성이나 팔다리가 부러질 가능성을 예상하고 그런 다음 예상의 결과를 비교할 수 있다.

미치거나 자제력을 잃게 되는 두려운 심상에 대한 장시간 노출을 두려워하는 내담자에게, 미치는 데 시간이 얼마나 걸리는지 생각해 보게 한 다음 정확하게 그 시간 동안 또는 짧은 시간 시작해서 점진적으로 증가시키며 자극을 상상하게 지시할 수 있다. 효과적인 행동 실험 수행 방법에 대한 자세한 정보를 담은 베넷-레비(Bennett-Levy)와 동료들의 책『인지치료에서 행동 실험에 대한 옥스퍼드 가이드(Oxford Guide to Behavioural Experiments in Cognitive Therapy』(2004)는 귀중한 자료이다.

심상의 자발적 변형

심상 노출의 한 가지 문제는 내담자의 심상이 자발적으로 변형되는 것이다. 이것은 꼭 문제가 되는 것은 아니며, 심상 다시쓰기와 같은 기법에서 심상 작업의 강력한 이점 중의 하나이다. 하지만 표적 심상의 자발적 변형은 심상의 장기적 접촉을 회피하는 방법이 되거나 내담자가 압도된다고 느끼는 더 무서운 심상으로 변형된다면 문제가 될 수 있다. 전자의 경우, 계속 심상이 시야에서 사라지거나 줄어들거나 내담자가 상상하자마자 사라진다면 당신은 내담자에게 원래 심상을 다시 만들라고 간단히 지시할 수 있다. 이 반복되는 노출은 내담자가 심상에서 점진적으로 익숙해질 때까지 회피를 극복하는 데 충분할 수 있다. 당신은 또한 심상 훈련과 여러 해결 방법으로 실험한 후에 일어나는 일에 대해 토론할 수 있다. 체계적 둔감법에서 위계를 사용한다면, 당신은 앞 절에서 논의했던 것처럼 내담자가 심상에 초점을 유지할 수 있을 때까지 위계가 더 아래로 내려가길 원할 수도 있다. 심상이 더 무서운 것으로 변형된다면 당신은 위계의 아래 단계로 내려갈 수 있다. 그 대신에, 당신은 심상 노출을 조절하기 위해 줌과 같이 4장에서 논의한 기법들 몇 가지를 소개할 수 있다.

때로, 심상의 자발적 변형은 도움이 될 수 있다. 그것은 신념의 변화와 관련되거나 고통스러운 침습적 심상에 대한 태도나 관계에서 변화의 결과로 일어날 수도 있다. 변형이 첫 심상을 회피하려는 의도인지 분명하지 않다면, 훈련을 멈추거나 원래 심상으로 되돌아가기를 요구하기보다 내담자가 자발적으로 상상을 하도록 함으로써 더 많은 치료적 이익을 얻을 수 있다. 치료사는 무슨 일이 일어난 것인지 판단하고 훈련의 끝에 이것을 확인하거나 심상 노출을 지속하기 전에 일어난 일에 대해 토론하기 위해 심상 노출을 잠시 멈출 필요가 있다.

증가하지 않는 SUDS

행동 노출 프로그램의 일환으로 심상 노출을 사용하고 있다면, 학습이 일어나기 위해서는 SUDS(또는 불안과 같은 특정 정서의 측정)는 자극이 나타날 때 상승하고 자극이 있는 상태에서 감소해야 한다. 당신이 위계의 너무 낮은 지점에서 시작해서 내담자가 불안에서 큰 변화를 경험할 수 없다면 SUDS는 상승하지 않을 것이다. 이 경우에, 시작점을 재협상하고, 두드러지지만 감당할 수 있는 심상을 발견할 때까지 실험하면, 불안이 증가하여 문제를 해결할 수 있다.

그 반대일지도 모른다. 예기 불안이 이미 극에 이르렀기에(10/10) SUDS는 증가하지 않을 것이다. 이 경우에, SUDS는 오를 수 없고, 당신은 위계에서 너무 도전적이고 너무 높은 자극에서 시작했을 수 있다. 이번에도 심상 노출의 시작점을 재평가함으로써 문제를 해결할 수 있다.

내담자가 훈련을 믿지 않거나 자신에게 '이건 실제가 아니야.'라고 말하고 그것을 평가 절하한다면 SUDS는 증가하지 않을 것이다. 이것은 물론 자극에 관여하는 내담자를 보호하는 정서적 회피의 형태가 될 수 있다. 여기서 한 가지 선택은 '레몬' 훈련(2장 참조)과 같이 생리와 정서 면에서 변화를 낳는 훈련과 함께 실험을 하고, 그다음 내담자가 실제 노출보다 심상을 활용하는 이유에 대한 명확한 근거를 알도록 하는 것이다. 물론, 이 경우에 이것이 가능하다면 실제 노출로 전환하는 것이 더 나을 수도 있다.

감소하지 않는 SUDS

심상 훈련 노출 동안, SUDS가 감소하지 않는 여러 가지 가능한 이유가 있다. 자극의 선택이 위계에서 너무 높을 수 있으므로, 내담자는 불안을 덜 일으키는 심상에서 시작할 필요가 있다. 심상은 자발적으로 변형이 일어날 수 있다(예: 거미가 갑자기 기어가기 시작하여 불안이 갑자기 높아지고 습관화에 실패하게 되는 것). 일부 내담자는 만성적으로 높은 각성 상태일 수 있는데 이는 과거 외상의 결과일 수 있다. 해리와 같은 회피 반응을 유발할 수 있고 습관화를 방해하게 된다. 이 내담자들에게는 정서 조절과 해리 관리 방법에 대한 훈련이 노출 프로그램을 시작하기 전에 필수적일 수 있다. 심지어 비외상 내담자들에게서도 온전한 참여를 방해하거나 제한하는 심상 자극에 대한 반응들이 SUDS 감소를 막을 수 있다. 다음에서 더 자세히 논의하게 된다.

SUDS가 감소되지 않는 또 다른 이유는 내담자가 특정 정서를 알아차리거나 확인하기 어려워할 때이거나, 불안과 공포보다 다른 정서가 가장 두드러진 반응일 때이다. 정서를 인식하기 어렵다는 것을 알게 된 내담자의 경우라면 치료사는 다양한 정서 상태와 각성 상태 사이를 구별하도록 돕고 개별 정서에 이름을 붙이는 훈련을 해야 한다. 이 경우에, 더 포괄적인 SUDS 측정을 하기보다 노출 훈련에서 특정 정서를 평가하는 것이 더 바람직하다. 노출 기반 치료는 공포와 불안 치료에서 가장 효과적이다. 하지만 공포와 연합된 정서는 역겨움과 같은 다른 반응을 포함한다. 또 일부 공포증에서 수치심을 볼 수 있다. 예를 들어, 구토 공포증을 가진 어머니는 아이와 외식을 하러 나갈 수가 없고 아이가 아플 때 아이를 위로할 수 없다. 공포와 불안 이외의 정서가 우세하고 노출이 효과가 없다면 치료사는 공포증과 관련된 부정적 신념을 조사하고 도전하는 것이 노출에 대한 향상된 반응을 낳을 수 있는지 볼 수 있다. 또, 심상 다시쓰기와 같은 다른 접근들을 고려하는 것도 가치가 있다(7장 참조).

노출이 성공적으로 진행되는 동안 SUDS나 다른 정서 평가가 오르고 그다음 떨어져야 한다는 가정은 그것이 작용하는 방법에 대한 소거와 습관화 모델에서 나온 것이다. 아브라모비츠(2013)에 의하면, 두려움 감소에 역점을 두는 것은 억제 학습 기반 두려움 감소에 대한 새로운 설명에 어긋난다. 아브라모비츠의 요점은 두려움 감소가 아니라 인내가 목적이라면 불안감에 대한 노출은 두려운 자극에 대한 노출보다 중요하지는 않겠지만 그만큼 중요할 수 있다는 것이다. 왜냐하면 이는 삶의 일상적인 부분으로 개인이 불안을 인내하고 수용하는 것을 배울 수 있도록 하기 때문이다.

훈련을 피하기 위한 지속적인 회피나 분열의 사용

회피는 다양한 모습과 형태로 나타난다. 심상 노출 훈련을 하는 동안 내내 말하는 내담자나 치료사에게 질문하려고 훈련을 계속 멈추는 내담자는 자극에 온전히 참여하지 않는 것일 수 있다. 이 외현적인 회피 행동의 형태는 발견하기 쉽다. 하지만 내담자가 노출의 이점을 얻는 것을 방해하는 더 미묘한 형태의 회피가 많다(이는 모든 형태의 노출에 적용되고 심상에만 해당하는 것은 아니다).

가장 문제가 되는 회피 형태는 인지적 · 정서적 회피인 것 같다. 내담자가 훈련에 동의하지만 혼란스러운 심상에 체계적으로 초점을 맞출 수 없다는 것을 발견한다면 인지적 회피가 원인이 될 수 있다. 앞에서 논의했듯이, 그들은 심상을 유지하는 것이 어렵다는 것을 알게 되고 지속적으로 다른 것을 상상하거나 자신에게 말한다. '이건 현실이 아니야. 이건 진짜로 일어나는 것이 아니야.' 이는 개인이 고통스러울 때마다 야기되는 습관적 회피를 나타내는 자동적 반응일 수 있다. 그 대신에, '잠시 동안만 이것을 생각한다면 난 괜찮을 거야.' 또는 '더 이상 이것을 참을 수가 없어.'와 같은 생각에 의해 야기되는 의도적인 전략이 될 수도 있다.

정서적으로 회피하는 내담자는 그들이 느끼는 것에 주의를 흐리거나 어떤 식으로든 정서적 반응을 차단하는 것과 같이 노출에 의해 야기되는 정서에 실제로 참여하는 것을 막는 전략을 사용할 수 있다. 내담자가 고통스러운 정서로부터 거리를 두기 위해 수년 동안 학습해 온 자동적 전략일 수 있고, 심지어 그것을 사용하고 있는지 모를 수도 있다.

인지적 · 정서적 회피의 경우, 치료사는 실제로 어떤 일이 일어나는지 주의 깊게 분석할 필요가 있다. 첫 단서는 심상 노출 동안 SUDS가 감소되지 않는 것이다. 일어난 일에 대한 가정을 생성하기 위해 치료사는 심상 노출을 들락날락할 수 있고 내담자에게 자극을 처음 상상할 때 "무슨 생각을 하고 있나요?"라고 물을 수 있다. 그런 다음, 몇 분간 간격을 둔다. 치료사는 또한 시작할 때 야기된 정서에 머물도록 요구할 수 있다. "지금 기분이 어때요?" "신체에서는 어떤 것이 느껴지나요? 어떤 감각이 느껴지나요? 두려움이 어디에서 느껴지나요?"라는 질문으로 신체에 초점을 두도록 하는 것도 도움이 될 수 있다. 심상 노출과 그 순간 일어난 일에 대한 자세한 논의 사이를 들락날락함으로써 치료사는 어디서 왜 차단이 일어나는지 더 분명히 알 수 있고, 그런 다음 앞에서 기술한 기법들과 같이 심상 노출에 따라 적절한 개입 전략을 계획할 수 있다.

해리

해리는 극도의 불안과 각성에 야기되는 방어 반응이다(Kennedy, Kennerley, & Pearson, 2013). 해리는 여러 가지 형태를 지닐 수 있고 급성이나 만성일 수 있다. 급성 해리는 강한 불안이나 갑작스러운 외상에 대해 나타날 수 있고 유체이탈 형태의 경험—개인이 외상 장면에서 자기를 보는 것, 아래를 내려다보고 분리되고 비현실적인 느낌—일 수 있다. 비현실감(당신 주변의 것들이 비현실적으로 느껴질 때)과 이인증(자신이 비현실적으로 느껴질 때)은 해리의 두 가지 형태이다. 특정 유형의 기억상실도 해리 반응을 나타낼 수 있다. 만성 해리는 장기적이거나 반복적인 외상 삽화에서 가장 나타나기 쉽다. 외상과 해리의 밀접한 연관성 때문에 그 주제는 외상 기억을 다룬 다음 장에서 더 자세히 다룰 것이고 11장에서 해결책을 다룰 것이다.

요약

심상 노출은 이 책에서 설명하는 모든 심상 작업에 기본이 되는 것이다. 이 장은 한 가지 두려운 자극에 초점을 맞춤으로써 실제 노출을 보충하거나 대신하기 위한 전통적인 심상 노출의 활용에 대한 설명에서 시작하여 변화시키거나 개발 가능한 상상된 시나리오로 넘어갔지만, 그럼에도 불구하고 내담자의 두려움에 관한 많은 양의 직접 노출을 포함하였다. 다음 절은 정서를 나타내고 탐색하기 위해 심상 노출이 어떻게 상징적이고 은유적인 심상을 이끌어 낼 수 있는지를 보여 준다. 이 장의 심상 활용은 이후 장들, 특히 심상 다시쓰기, 자기의 관점을 변형시키는 심상 활용과 온정적인 심상에 관한 장들(각각 7~9장)에서 중간 역할을 한다. 이 모든 방법은 심상의 힘과, '현실 세계'를 모델링할 뿐만 아니라 상징적 세계를 조작할 수 있고 사람들이 어려움에서 벗어날 수 있는 다양한 창의적인 대안을 상상할 수 있게 하는 심상의 능력에 의존한다.

제6장

외상 중심 치료에서 심상 재체험

대다수의 의견은 외상 중심 개입이 PTSD를 위한 첫 단계 치료가 되어야 한다는 것이다. 비록 EMDR에 대한 지지가 있고 정도는 덜하지만 내러티브 노출치료도 있다. 하지만, 노출치료와 인지치료는 PTSD 경험에 기반을 둔 효과적인 치료이다(현행 임상 가이드라인과 기존 치료에 대한 메타 분석에 대한 요약을 위해 Cusack et al., 2016 참조). 장기 노출은 PTSD를 위한 첫 노출 기반 치료 중 하나이고 외상 기억에 대한 반복적인 노출을 포함한다(Foa & Kozak, 1986). 장기 노출의 목적은 고통을 감소시키고, 예를 들면 '나는 지금은 안전해.'와 같은 새로운 정보를 도입함으로써 공포 네트워크를 수정하는 것이다.

PTSD를 위한 치료가 발전됨에 따라, 외상 기억에 대한 노출은 명시적으로 인지 프로토콜에 통합되었고 심상 노출과 함께 내러티브를 포함할 수 있다. 심상 재체험은 내담자가 외상을 '처리'하도록 돕기 위한 외상 중심 인지행동치료에서의 핵심 기법이다. 비록 그것이 외상 기억에 대한 반복적인 노출을 포함한다고 할지라도, 목적은 기억 통합이고, 습관화를 성취하거나 가정적 공포 네트워크를 수정하는 것이기보다 개인의 PTSD 증상을 유지시키는 부정적 평가를 바꾸는 것이다. 엘러스와 클라크(Ehlers & Clark, 2000)의 영향력 있는 모델에 따르면, 외상에 대한 부정적 평가와 후유증은 장애를 유지시키는 핵심인 지속적인 현재의 위협감을 낳는다. 심상 재체험은 이 부정적 평가의 확인과 수정을 도울 수 있다. 예를 들어, 외상 기억 중 가장 나쁜 순간은 대개 주요 평가와 부합한다. 예를 들면, '내 탓이야.' '나는 거의 죽을 뻔 했어.' 또는 '나는 실패했어.' 등이 있다. 그들의 모델은 PTSD에 대한 초기 연구들과 외상 기억의 특징에 대한 현재의 이론적 이해를 통합한 것이다. 이 장의 초점은 엘러스와 클라크의 치료 접근의 일부로서 심상 재체험의 활용에 관한 것이다. 이 방식으로 심상 재체험을 활용하는 이론적 근거를 이해하기 위해, 우선 우리는 외상 기억과 그것이 PTSD에 어떻게 기여하는지에 대한 현행 이론들을 간단히 검토할 것이다.

PTSD에서 외상 기억과 침습

외상 기억은 비외상적인 자전적 기억에서는 일반적으로 나타나지 않는 많은 독특한 특징이 있다. 비자발적 침습, 플래시백, 외상 기억의 자발적 회상에 대한 반응으로 기억 통합의 상대적 부족이 나타나고, 이것으로 인해 연구자들은 PTSD를 기억장애로 개념화하였다(Brewin, 2003; McNally, 2003; van der Kolk, 2007).

이중 표상 이론은 외상 기억에 대한 영향력 있는 이론 중 하나이다(Brewin, Dalgleish, & Joseph, 1996). 이중 표상 이론은 외상 사건이 두 가지 다른 기억 체계에 부호화되고 저장된다고 말한다. 이들 중 하나는 세부적인 하위 수준의 자극(예: 감각 정보)으로 나타나는데, 대개 심상과 감각으로 나타난다. 다른 하나는 감각 정보를 포함할 수는 있지만, 언어적이고 개념적인 것이다. 후자는 우리가 일반적으로 일화기억이라고 생각하는 것과 비슷하다. 일상적 상황에서 세부 감각 수준에 저장되는 정보는 보다 언어적 · 개념적인 기억 체계(일화 기억)로 전송되고 개인적 인생 이야기의 일부가 된다. 이중 표상 이론의 첫 버전에서 브레윈과 동료들(1996)은 두 가지 기억 저장을 상황 접근 기억(Situationally Accessible Memory: SAM)과 언어 접근 기억(Verbally Accessible Memory: VAM)이라고 명명하였고, 심상 재체험의 목적은 외상 내러티브를 응집적 기억으로 만들기 위해 SAM을 VAM에 통합하는 것이라고 주장하였다. 그 이론에 따르면, VAM은 SAM의 억제 효과가 있어서 비자발적이고 혼란스러운 침습을 감소시킨다. 그 후 이론을 전개시켜, 브레윈은 이 두 가지 기억 표상의 개념을 발전시켰고, 감각근접 표상(S-reps)과 맥락적 표상(C-reps)이라고 재명명하였다(자세한 설명은 Brewin, Gregory, Lipton, & Burgess, 2010 참조). 이중 표상 이론은 인지 신경과학에 근거한 것이고 외상 기억에 적용된다. 이것은 복잡하지만, 브레윈(2014)은 C-reps와 S-reps의 관계 및 각 역할에 대해 비교적 간단하게 요약하였다.

> C-reps는 일화 기억과 외상 기억에 대한 언어적 설명을 뒷받침하는 반면, S-reps는 비자발적 플래시백을 뒷받침한다. 이 이론은 외상이 있는 동안 S-reps(지각적 기억)의 부호화가 강화되고 C-reps(맥락적 일화 기억)의 부호화는 약화된다고 말한다(p. 88).

이 이론을 임상 영역에 적용하기 위해, 은행원으로 일하는 준의 은행에서 세 가지 경우에 대한 회상에서 차이를 생각해 보자. 첫 번째 경우에, 준은 직장에 갔고 평범한 날이었고 집에 돌아왔을 때 남편이 "오늘 어땠어?"라고 물었다. 준은 있었던 일에 대한 설명을 할 수 있고 근사한 점심과 같은 두드러진 일을 자세히 기억할 수 있다. 만약 그녀에게 그날을 자세히 검토해 보라고 지시한다면 그녀는 어떤 사람이 입고 있던 옷과 같이 특별한 일을 회상할 수 있을 것이다. 하지만 최상위 자전적 기억(HSAM; 예: LePort et al., 2012)이라 불리는 아주 드문 특별한 형태의 자전적 기억을 가지고 있지 않는 한, 일주일이나 한 달 후면 준은 그날을 상세하게 기억하지 못할 것이다. 대부분의 사람은 일상적인 날들의 일반적 기억을 하지만 그것을 저장할 필요가 없기에 그날의 정보 대부분은 잊어버린다.

이제 준이 자랑스럽고 즐거웠던 것으로 떠올리고 기억하는 하루를 생각해 보자. 그날은 그녀가 승진 소식을 들은 날이다. 준은 편지를 열었을 때 은행에 있었고 그녀가 입고 있던 옷과 동료들이 축하할 때 반응이 어떠했는지 그리고 동료들이 당신은 자격이 있다고 그녀에게 말했던 것을 기억한다. 그 소식을 들은 후 몇 주가 지나고 준은 때때로 무심결에 그날이 떠오르고 성취에 따른 자신감과 즐거움이 같이 느껴진다. 시간이 지남에 따라 그녀는 그날을 자발적으로 떠올릴 수 있지만 특정 촉발 자극(예: 또 다른 동료의 승진 소식을 들음, 그녀의 승진 기념일)이 없다면 자발적으로는 떠오르지 않는다. 이 예는 준의 폭넓은 자전적 기억의 저장고의 일부를 구성하고 있는 일화 기억을 묘사한다. 그녀는 그 사건을 선명하게 회상하고, 그것은 구체적이며, 이 경우 그것은 그녀에게 개인적으로 매우 의미 있는 것이다. 기억은 생생하고 그녀는 그것과 관련된 일부 감각, 즉 그녀가 뿌린 향수, 은행 밖 새 소리, 창문을 통해 들어오는 햇빛을 본 것을 상세히 기억할 수 있다. 왜냐하면 이 세부 사항이 그녀의 행복과 일치하고 그것을 강화시키기 때문이다. 그녀는 분명한 기억을 가지고 있지만 상세한 감각이 독자적으로 떠오르지는 않는다. 대신에, 그것들은 풍부하고 자세한 긍정적 기억과 동시에 떠오른다.

마지막 예시에서, 우리는 두 남자의 미수에 그친 은행 강도 사건을 생각해 보자. 그 중 한 명은 총을 가지고 있었다. 이 날은 매우 정상적이지 않은 날이고 준의 일상적 경험 영역 밖의 일이며 그녀는 모든 시련을 통틀어서 가장 무서웠다. 그녀는 모든 게 비현실적이고 시간이 느려지는 것 같았다. 그녀는 자신이 시키는 대로 하는 자동화가 된 것 같은 기분이 들었고, 죽을까 봐 무서웠는데, 특히 강도 중 한 명이 그녀에게 총을 겨누고 출납기에서 돈을 꺼내라고 말했을 때 그랬다. 극한 두려움이 느껴지는 상황에서 준의 주의는 총과 강도의 가면 쓴 얼굴과 자신의 땀 냄새에 초점이 맞춰졌다. 왜냐하면 두려움과 그녀의 반응(강한 두려움)을 나타나게 하는 매우 두드러진 자극이 있기 때문이다. 동시에, 비록 그녀가 의식적으로 이것을 알지 못하더라도 그녀의 마음은 상황의 복합적인 지각적 · 감각적 세부 사항을 자동적으로 처리하는데, 그녀의 의식적 주의가 총과 강도의 가면 쓴 얼굴이나 동료들의 얼굴에 나타난 두려움과 같이 몇 가지 주요 자극에 머물기 때문이다.

사건은 아주 비정상적이어서 준은 그것을 이해할 수 없고 그녀의 일상적 현실이 무너진다. "시간이 천천히 흘렀어요. 나는 자동화된 것처럼 느껴졌어요." 다시 말해, 그녀가 그 상황을 처리하는 방식은 일상적 사건을 처리하는 방식과는 근본적으로 다르다. 비록 준은 외상에 대한 내러티브—'은행에 강도가 든 날 난 거의 죽을 뻔했어.'(C−rep)—를 말하지만 지각적 기억들—총, 가면 쓴 얼굴, 땀 냄새(S−reps)—은 통합되지 않는다. 왜냐하면 그것이 활성화될 때마다 그녀는 극도의 고통을 느끼고 그것을 억압하려고 하기 때문이다. 이중 표상 이론은 일상에서 자동적으로 일어나는 하위 수준의 지각 처리(S−reps)는 일화 기억의 일부로 전송되는 대신에—준의 승진 날, 새와 햇빛—외상 이후에는 장기 지각 저장소에 기록되고 저장된다고 주장한다. 이 지각 기억은 사건의 일화 기억에 통합되지 않는다. 심상 재체험이나 외상 내러티브 쓰기와 같은 기법들의 주요 기능 중 하나는 이것을 통합시키는 것이다.

외상 기억은 몇 가지 이유로 통합이 더 어려울 수 있다. 첫째, 앞에서 설명한 것처럼, 기억은 강렬하게 생생한 단편과 개인이 무슨 일이 일어났는지 또는 기억이 어떻게 연결되어 있는지 명확하지 않은 틈을 모두 포함할 수 있다. 이것이 외상 희생자가 이해할 수 있는 응집적 내러티브를 형성하기 어렵게 만든다. 둘째, 정의에 의하면, 외상 상황은 자신과/또는 타인에게 위협이 된다. 결과적으로, 자극은 특이하고 일상적 경험의 부분이 아닌 특징들(예: 총)을 포함하는 것 같다. 그러한 자극은 매우 두드러지고, 대등한 촉발 자극에 대해 의지와 상관없이 회상된다. 예를 들어, 총에 맞은 사람은 자동차 역화 소리에 외상을 재경험할 수 있다. 준은 강도 얼굴을 덮은 스키 마스크와 비슷한 모자를 쓴 사람을 볼 때마다 강한 공포 반응을 하게 된다. 회상의 비자발적인 특징은, 일반적으로 내용과 외상을 고려할 때 매우 고통스럽다. 그러면 희생자들은 침습을 통제하기 위해 전략을 사용하기 시작한다. 예를 들어, 사고와 심상을 차단하려는 시도를 하고 해리되거나 외상 기억을 야기하는 그들이 아는 어떤 것을 회피한다. 이 전략의 실패는 '내 마음을 조절할 수조차 없으니 나는 미쳐 가는 게 틀림없어.' 또는 '나는 나약해, 지금쯤이면 다 잊었어야 했는데.' 등과 같은 더 부정적 평가를 초래할 수 있다. 이 전략과 평가들은 고통을 강화하고 저조한 기분과 무망감을 낳음으로써 PTSD를 유지시킨다. 이렇게 함으로써 그것들은 또한 외상 기억의 통합을 막는 것을 촉진하는 역할을 한다.

심상 재체험이 외상 통합을 돕는 방법

심상 재체험은 마치 '지금' 일어나고 있는 것처럼 상상 속에서 상세하게 외상 기억 전체를 경험하는 것이다. 내담자는 상상 속에서 외상 기억에 초점을 맞출 때 과거 시제가 아니라 현재 시제를 사용하고, 치료사에게 그것을 묘사하도록 한다. 현재 시제의 사용은 외상 내용에 참여하는 것을 촉진한다. 외상에 대한 일부 심상 노출 지침은 처음에 외상을 경험할 때는 과거 시제를 사용하고 그런 다음 현재 시제로 옮겨 가도록 제안한다(예: Australian Centre for Posttraumatic Mental Health가 만든 임상 매뉴얼; Creamer, Forbes, Phelps, & Humphreys, 2004 참조).

심상 재체험에서 가정하는 것은 내담자가 외상 그 자체에 대한, 경우에 따라서는 그것을 초래한 사건에 대한 또는 그 직후에 일어나는 사건들에 대한 일관된 내러티브를 형성하도록 돕는 것이다. 일관된 내러티브와 맥락화를 형성하는 것은 개인이 외상을 이해하도록 돕는다. 이는 현행 외상 중심 인지행동치료의 주요 단계인데, 외상 기억을 '일상적인' 자전적 기억에 통합하는 것을 통해 하위 수준 감각 정보가 지속적으로 범람하는 것을 막는 억제 처리가 작동할 수 있기 때문이다.

침습적 외상 심상의 빈도와 생생함은 외상 기억의 통합을 검토하는 한 가지 방법이다. 외상의 상세하고 일관된 내러티브를 형성하고 이것을 전체로 개인의 인생사 안에 맥락화하는 과정은 보통 플래시백을 감소시키고 결국에는 사라지게 하며, 전체적으로 비자발적인 침습적 심상의 생생함과 빈도 모두 일반적으로 감소하게 된다. 이렇게 되면 외상 기억은 과거에 일어났던 고통스럽고 매우 괴로운 기억이 아니라, 더 이상 개인에게 지속적인 위협이 되지 않게 된다. 성공적인 통합은 개인에게 '과거에' 일어났던 사건으로 경험될 수 있는 타임 코드(time code) 안에서 이루어지는 것 같다. 스펙켄스, 엘러스, 해크먼과 클라크(Speckens, Ehlers, Hackmann, & Clark, 2006)는 심상 재체험에 대한 침습적인 기억의 변화를 연구하였다. 그들은 표본인 대부분의 내담자에게서 침습 증상이 악화되지 않았다는 것을 발견하였다. 침습 증상, 생생함, 고통 그리고 침습의 지각된 '현재성' 모두는 재체험에 대한 반응으로, 점진적으로 감소하였다. 변변치 못한 결과는 치료 시작 시기에 더 심한 PTSD 심각성과 증상에 대한 더 부정적인 평가, 더 심한 분노 수준, 침습이 일어나는 동안 현재성에 대한 더 선명한 지각과 관련된다. 그들은 우울, 자기 비난이나 해리와 결과 사이에서 어떠한 관계도 발견하지 못하였다.

유형 1과 유형 2 외상

지금까지 나는 PTSD를 마치 단일 개체처럼 말하였다. 하지만 단일 외상 사건에 따른 PTSD(때로 유형 1 외상으로 불린다.)와 아동기 학대나 전쟁이나 고문 경험, 장기적이거나 반복되는 외상 경험을 한 다른 유형의 외상(때로 유형 2 외상으로 불린다.)과 같이 복합 외상을 겪은 PTSD 사이에는 중요한 차이가 있다. 외상 분야의 주요 인물인 주디스 허먼(Judith Herman, 1992)은 다중적인 외상 경험으로 인한 PTSD를 '복합 PTSD'라고 불렀다. 이 구별에 대한 실증적인 증거가 있으며(예: Hyland et al., 2017), **질병 국제 분류**(WHO, 2018)의 최근 버전은 PTSD와 복합 PTSD, 두 가지 분리된 진단을 한다. 외상 중심 치료의 일부로 심상 재체험을 활용하는 방법은 단일 외상 사건에 따른 PTSD를 가진 사람을 치료하는지 혹은 복합 PTSD를 겪는 사람을 치료하는지에 달려 있다. 우리는 단일 외상 사건을 경험한 개인을 대상으로 심상 재체험 활용 방법을 탐색하는 것으로 시작해서 그다음 반복적으로 외상을 겪은 개인에게 어떻게 적용할 수 있는지 알아보고자 한다.

단일 외상 사건 치료를 위한 심상 재체험 활용

침습적 심상, 외상 기억, 플래시백과 악몽은 불완전한 정서 처리와 자전적 기억에 외상을 통합하지 못한 것에 대한 모든 지표가 된다. 이 특징적인 '침습' 증상은, 예를 들면 사고 억압의 시도, 인지적 · 행동적 · 정서적 회피와 악몽을 피하려고 밤보다 낮에 자는 것과 같은 증상 통제를 위한 역기능적 시도와 같은 다른 유지 과정들을 야기할 수 있다. PTSD에서 침습 증상의 중요한 유지 역할을 감안하면 가능한 한 빨리 심상 재체험을 시작하는 것이 일반적으로 유익하다. 단일 외상 사건을 경험하고 심리적 문제가 없었던 내담자에게 이것은 2회기나 3회기에 쉽게 진행될 수 있다. 복합 사례를 위해서 치료사는 심상 재체험을 하기 전에 안전에 관한 문제들, 즉 정서 조절 기술이나 해리와 같은 반응들에 집중해야 한다. 그 결과, 복합 PTSD를 치료할 때는 치료 시간이 더 걸리기 쉽다. 이 장의 후반에 좀 더 자세히 논의될 것이다.

심상 재체험 준비

심상 재체험을 시작하기 전에, 왜 심하게 고통스러운 기억을 내담자들에게 반복적으로 재경험하도록 요구하는지 그들이 이해하려면 명확한 근거가 필요하다. 분명한 근거가 없다면 내담자는 종종 생각하지 않으려고 최선을 다하고 있는 기억을 재체험하는 것이 얼마나 도움이 될지에 대해 당연히 회의적일 것이다. 이 의심은 어떠한 뚜렷한 이득도 없이 경찰, 변호사나 다른 사람들에게 여러 번 '그것에 대해 말한' 경험과 관련될 수 있다. 사실상, 그것에 대해 말하는 것은 대개 기분이 나빠지게 한다.

심상 재체험에 관한 근거를 전달하는 한 가지 방법은 은유를 통해서이고 이 목적을 위해 사용되는 일반적으로 알려진 많은 은유가 있다. 그중에 '꽉 찬 이불장'이 있는데, 치료사는 내담자에게 담요, 시트와 두꺼운 이불로 채워진 이불장을 상상하게 한다. 물품들이 순서대로 정리되어 있지 않고 두꺼운 이불이 팽창하며 문을 밀고 나오기 때문에 이불장은 자꾸 열린다. 흥미롭게도, 이 은유는 내담자가 즉시 연관시킬 수 있는 꽉 찬 이불장에 대한 생생한 시각적 심상을 만든다. 그런 다음, 치료사는 내담자가 계속 열리는 이불장 문을 닫게 하려면 무엇을 할 수 있는지 물어볼 수 있다.

이 은유가 성공적이면 내담자는 '이불장을 열어서 모든 것을 꺼내고 그것을 개서 깔끔하게 다시 넣는 것'이라고 대답할 것이다. 이는 치료사가 이불장 은유와 내담자의 외상 기억을 비교할 수 있는 기회를 제공하는데, 심상 재체험에 대한 명확한 근거를 제공한다. 치료사는 또한 왜 다른 전문가들에게 말하는 것이 도움이 되지 않았는지 설명하는 데 이 은유를 사용할 수 있다. 타인들에게 이야기하기 위해 사용된 전략들에 대해 신중하게 질문하는 것은 내담자에게 왜 도움이 되지 않았는지를 더 잘 설명할 수 있다. 여기에는 대개 개인을 내러티브로부터 분리시키기, 다른 누군가에게 일어난 일인 것처럼 묘사하기, 외상을 묘사할 때 감정을 차단하기, 무엇보다도 생각이나 감정 없이 전달할 수 있도록 사실적인 내용을 설명하기가 포함된다. 당신은 또한 최대의 효과를 얻기 위해 이 은유를 외상의 영향과 외상 기억의 특징에 대한 몇 가지 간단한 심리교육에 연결시킬 수 있다.

모든 서류가 서랍 속에 마구 들어가 있는 서류 캐비닛과 같은 다른 유사한 은유도 있다. 또 스토트, 맨셀, 살코브스키, 라벤더와 카트라이트-해튼(Stott, Mansell, Salkovskis, Lavander, & Cartwright-Hatton, 2010)의 인지행동치료에서 은유에 관한 저서는 유용한 자료가 된다. 내담자에게 의미 있도록 치료사가 심상 재체험에 대한 근거를 설명하는 방법을 찾는 것은 중요하다. 외상 기억의 특징과 그것이 어떻게 저장되는지에 대해 얼마나 자세히 설명해야 하는지는 사람마다 다르고, 따라서 심상 재체험의 목적과 목표를 설명하기 위해 은유를 사용하는 방법도 마찬가지이다.

당연히 내담자는 외상 '재체험'을 예상할 때 꺼리고 무서워하게 되고, 많은 초보 치료사도 비슷한 두려움을 느낀다. 하지만 임상 경험에서 나는 대개 내담자들이 심상을 재체험하는 동안 매우 혼란스럽긴 하겠지만, 심상 재체험이 현실보다 더 나쁠 것이라고 예상한다는 것을 알게 되었다. 심상 재체험을 시작하기 전에 긴 시간을 기다리는 것은 예기 불안을 높이고, 침습 증상은 내담자가 외상 기억을 완전히 처리하기 시작할 때까지 감소되지 않는 것 같다. 만약 필요하다면 시작하기 전에, 전체 위험도 평가를 하고 위험 관리 프로그램을 수행하는 것은 필수적이다. 내담자가 더 좋아지기 시작하고 이것을 관리하는 전략에 대해 논의하기 전, 재체험의 초반 회기 후에 침습 증상이 일시적으로 더 나빠질 수 있다는 것을 내담자에게 알리는 것이 중요하다. 하지만 이는 대부분의 내담자가 재체험 초기 회기 후 침습 증상이 증가한다고 보고하지 않으며 대다수에게 증상들이 점진적으로 감소한다는 스펙켄스와 동료들(2006)의 결과와 같은 증거에 대해 말해 줌으로써 안정될 수 있다.

심상 재체험 첫 회기

다음 대화에서, 짐은 3회기차인데 심상 재체험에 대한 첫 회기를 막 하려 하고 있다. 직장에서 집으로 오토바이를 타고 퇴근하고 있는 짐을 트럭이 추월하려고 하면서 로터리 끝에서 핸들을 급히 꺾다가 그를 치었다. 그는 오토바이에서 나가떨어졌고 길 건너까지 밀려 나갔다.

치료사: 짐, 잠시 후에 우리는 그 사고의 재체험을 시작할 거예요.

짐: 음, 네, 기대가 되진 않네요.

치료사: 충분히 이해해요, 짐. 우리가 왜 이걸 하려는지 알겠어요?

짐: 네, 이해해요. 그저 가장 좋을 때라도 그것에 대해 생각하고 싶지 않아요.

치료사: 알았어요. 그래도 시도해 봅시다. 어떻게 되는지 봐요. 그후 그것에 대해 이야기해 볼 수 있어요.

짐: 좋아요.

치료사: 잠시 눈을 감으세요. 오토바이 사고로 나를 데려가세요. 사건 바로 직전에서 시작하면 좋겠어요. 현재 시제로 말해 주세요. 그러니까 '나는 오토바이를 타고 집으로 가고 있었어요.'보다 '나는 오토바이를 타고 집으로 가고 있는 중이에요.'라고. 눈을 감고 하는 게 너무 힘들면 눈을 뜨고 할 수 있어요. 하지만 할 수 있다면 눈을 감고 하세요.

짐: 좋아요. 시작할까요?

치료사: 네.

짐: (눈을 감는다.) 집으로 가고 있었어요.

치료사: 집으로 가고 있어요.

짐: 오토바이를 타고 집으로 가는 길이에요. 바쁜 날이고 빨리 집으로 돌아가고

싶어요. 색슨 길을 따라 운전하고 있고 내일 떠날 여행을 위해 무엇을 가져갈까 생각하고 있어요. (오래 멈춰 있다.)

치료사: 잘하고 있어요, 짐. 당신은 색슨 길을 따라 운전하고 있어요…….

짐: 네, 색슨 길을 따라 운전하고 있어요. (신체 자세가 변한다. 경직되고 의자 옆면을 잡는다.) 그리고 이 트럭이 나를 앞지르려고 해요. 정말 가까이 와서 내가 소리를 질러요. "조심해, 멍청아!" 그가 들을 수 없다는 것을 알지만, 그건 정말 바보 같은 짓이에요. 공간이 없고 길이 너무 좁아서 나를 앞지를 수 없는데, 트럭이 너무 가까이 붙어요. 그 후에 로터리에 도착해서 내가 막 돌려는 순간 트럭이 차선을 이탈해서 나를 향해 오고 있는 게 보였지만 너무 빨라서 내가 할 수 있는 게 없어요. (똑바로 앉아 있고, 얼굴은 창백해 보인다.) 그다음 나는 공중으로 떠올라요. 소름 끼치는 긁히는 소리와 갈리는 소리가 나요. (멈추고 심호흡을 몇 번 한다.)

치료사: 짐, 정말 잘하고 있어요. 그다음 무슨 일이 일어나나요?

짐: 나는 바닥에 누워 있고 다리는 꼬여 있어요. 차 소리가 들려요. 아직도 오고 있어요. 왜 멈추지 않는지 모르겠어요. (몸 전체가 긴장하고 오래 멈춰 있다.) 온몸이 다치고 다리는 찢어지게 아파요. 아무도 나를 도와주지 않아요. 그냥 혼자 거기 누워 있어요. 왜 아무도 나를 도와주지 않는지 이해가 안 돼요. (헐떡이며 숨을 들이마시려고 한다.) 숨을 쉴 수가 없고, 공황 증상이 시작돼요. 뭔가 심하게 잘못되었다는 생각이 들어요. 왜 숨을 쉴 수 없는지 모르겠어요……. 그 후에 구급차가 왔고 그들은 내가 누워 있는 동안 나를 검사하고 들것에 나를 실어요. (말을 멈춘다.)

치료사: 짐, 그때 기분이 어땠어요?

짐: 여전히 정말, 정말 무서워요. 들것에 실렸던 것을 기억할 수 없어요. 너무 아파서 아마 한두 번 비명을 질렀을 거예요. 좀 흐릿해요.

치료사: 짐, 집중할 수 있겠어요? 구급차가 도착했을 때부터 계속해 봅시다.

짐: 좋아요. 구급차가 도착하고 누군가의 목소리가 들려요. 하지만 난 그저 아프게 하지 않길 바라는데 (주춤한다.) 아프게 해요.

치료사: 그들이 상처를 입혔나요?

짐: 네, 내가 구급차에 누워 있어요. 정말 아파요. 무슨 일이 일어났는지 정말

모르겠어요. 아마 한두 번 기절하고, 고통이 너무 심해요. 여전히 제대로 숨을 쉴 수가 없어요……. 네, 내가 말해요. "숨 쉬게 도와주세요. 숨을 쉴 수가 없어요." (다시 숨을 삼킨다.) 그리고 그 남자가 내게 말해요. "괜찮아요. 당신은 과호흡 중이에요." 그가 내 뒤쪽에 앉아 있는 게 틀림없어요. 잊고 있었어요. 그 후에 병원에 도착했고 아내가 왔고 여러 검사를 했고 다리 뼈 하나가 산산조각 나서 수술해야 한다고 말했고 아내가 울기 시작했어요. 그다음 수술하고 나올 때까지는 정말 기억이 나지 않아요.

재체험 토론하기

치료사는 이 지점에서 재체험을 멈추고 짐과 함께 그것에 대해 토론한다. 특히 그녀는 어떤 새로운 정보가 떠오르는지 알길 원한다. 즉, 기억 중 어떤 게 가장 나쁜 부분이고 재체험에서 짐은 어떻게 느끼는지—그가 상상하는 것보다 쉬운지 더 어려운지? 오토바이로 운전하고 있고 트럭이 너무 가까이 다가온 지점에서 재체험을 시작했다. 치료사가 평가 회기에 사건에 대해 간략하게 말해 달라고 요구했을 때 그는 이것에 대해 말하지 않았고 "트럭이 차선을 벗어나 나를 치었을 때 로터리를 막 돌려고 하고 있었어요."라는 말로 시작했다. 재체험 이후의 회기에서 짐은 트럭이 아주 가까이 붙었을 때 그가 경험했던 바람과 공기압이 달라지는 느낌이 플래시백을 일으키는 강렬한 자극이 된다는 것을 깨달았다.

짐의 외상 기억은 심하게 생생한 부분과 '흐릿한' 부분이 있다는 점에서 많은 사람에게서 볼 수 있는 전형적인 기억이다. 이것은 외상 사건에 대한 혼란스럽고 때때로 '꿈 같은' 회상의 원인이 된다. 앞에서 언급했듯이, 심상 재체험의 한 가지 목적은 이해할 수 있는 외상 사건에 대한 일관된 내러티브를 형성하는 것이다. 또 다른 것은 재체험이 부정적 평가를 확인하고 이에 도전할 수 있는 기회를 제공한다는 점이다. 이 경우에, 짐은 처음에 구급차에 대해 흐릿하게 회상했지만 그 경험의 이 부분에 대해 초점을 맞추기 시작했을 때 구급대원이 그에게 말을 걸고 그가 과호흡이라고 말한 한 가지 상세한 정보가 떠올랐다. 이는 그가 사고 당시 심각한 흉부 부상으로 여겼던 호흡 곤란을 이해하는 데 도움이 된다. 다음에 나오는 이후 재체험에 대한 인용은 외상 기억이 어떻게 더 정교화되는지를 보여 준다.

외상의 시작, 중간, 끝 확립하기

당신은 내담자가 일관성 있는 외상 내러티브를 형성하도록 도울 때, 무엇이 외상 사건의 시작을 알리는지, 외상 시 무슨 일이 일어났는지, 그리고 무엇이 외상의 종결 신호가 되는지에 대해 내담자가 인식하도록 해야만 한다. 처음에 짐은 구급차가 도착할 때 재체험을 자발적으로 멈춘다. 이것은 짐이 평가 기간 외상을 설명한 방법과 그가 그것에 대해 다른 사람들에게 말할 때와 일치한다. 그는 보통 "로터리에서 내가 트럭에 치여서 오토바이에서 떨어졌어요. 많이 다쳤어요. 그리고 구급차가 왔어요." 라고 묘사한다. 하지만 그가 재체험을 계속했을 때 구급차 탑승이 외상 기억의 중요한 부분이라는 것이 분명해졌다. 왜냐하면 그는 겁을 먹었고 고통스러웠으며, 여전히 숨을 쉴 수 없다고 느끼고 있기 때문이었다. 불행하게도, 내담자들이 외상 사건에서 다쳤을 때 많은 이들이 외상 이후에도 그들에게 일어난 일에 의해 계속 외상을 느끼고, 이것은 회복 기간 중 입원이 장기적으로 연장될 수 있다. 외상의 주관적 경험이 장기화된다면, 재체험을 하기 전에 가능한 한 분명하게 시작과 끝 지점을 확인하고 외상 기억을 다룰 수 있는 부분들로 나누고 한 번에 외상의 한 부분씩 초점을 맞추는 것에 합의하는 것이 유용하다. 이것은 외상을 순서대로 재체험함으로써 또는 최악의 부분에 초점을 맞추기로 합의함으로써 수행할 수 있는데, 때때로 최악의 부분이 PTSD를 유지시키고 있는 비판적 평가를 뒷받침할 가능성이 있기에 치료적 이득을 최대화할 수 있다.

비언어적 단서에 주의하기

내담자가 재체험을 하는 동안, 당신은 외상 내러티브에서 중요한 점을 나타내는 비언어적 단서에 주의할 필요가 있다. 여기에는 신체 자세, 긴장, 웅크리기, 의자의 팔을 잡는 것 또는 안절부절못하고 몸을 떠는 것 등이 포함된다. 일부 내담자는 특정 순간에 울기 시작한다. 호흡의 변화도 관찰될 수 있다. 어떤 이들에게는 비언어적 단서가 더 미묘하다. 예를 들어, 목소리 톤이 더 통제되거나, 꼼짝하지 않고 앉아 있는 것이다. 이 비언어적 단서는 종종 외상에서 변화 지점을 나타낸다. 예를 들어, "당신은 트럭이 당신 앞쪽으로 미끄러지고 당신의 몸이 긴장되는 것을 느꼈을 때 어떤 생각을 했나요?"와 같이 재체험 후 그들에게 질문함으로써 유용한 정보를 얻을 수 있다. 또 당신은 직접적으로 외상의 최악의 부분이 무엇인지 물어볼 수 있다. "사건을 재체험할 때, 최악의 부분은 무엇이었나요?" "그 순간에 무엇이 떠올랐나요?" "그것은 당신에게 무엇을 의미하는 건가요?" 외상 기억에 붙어 있는 모든 의미를 이해하는 것은 무엇이 PTSD를 유지시키는지에 대한 중요한 정보를 얻게 하고, 질문이 외상에 대한 새로운 의미와 해석을 드러낸다면 사례개념화에 추가될 수 있다.

짐의 재체험 경험은 힘들고 당황스러웠지만 예상한 만큼 나쁘지는 않았다. 짐이 다른 사람들에게 그 사고에 대해 말할 때 마음의 전면에 없던 그 기억의 부분들을 발견하는 것은 외상과 방법(재체험)에 대한 호기심을 자극하였고 치료에 대한 참여를 증가시키는 데 도움이 되었다. 짐에게 그 사고의 '최악의' 부분이지만 '위험한 지점'이라 생각되는 두 지점이 있었다. 첫째는 그가 바닥에 누워 있을 때였고 심하게 다쳤기에 두려웠다(사실상, 재체험 후반 회기에서 짐이 죽을 거라고 확신했다는 것이 나타났다. 왜냐하면 그가 생각하기에 또 다른 큰 트럭이 다가오고 있고 그 트럭이 그를 덮치고 짓밟을 것이라고 생각했기 때문이었다). 두 번째 최악의 시간은 숨 쉴 수가 없다고 느꼈던 때였다. 우리가 보았듯이, 숨 쉴 수 없다는 감각은 순간의 경험이 아니었고 어느 시점까지 지속되었기 때문이다. 짐은 구급차에 타고 있는 동안 여전히 호흡에 문제가 있었다. 이 두 부분의 외상과 그것과 관련된 인지적 평가는 이후 재체험의 주요 초점이 된다.

과제

과제는 항상 개별적으로 정해지고 치료 프로토콜의 전체 회기의 목표에 따른다. 하지만 심상 재체험의 회기 후에, 당신의 변화에 대한 기저 이론 모델은 한 가지 과제 전략을 안내할 것이다. 장기 노출과 같은 PTSD에 대한 노출 기반 치료에서, 장기 노출이나 재체험 회기는 두려움 반응 습관화의 목적으로 재체험 녹음을 듣도록 하는 지시를 거의 확실히 한다. 이것은 또한 재체험의 주요 기능 중 하나가 습관화를 촉진하기 위해 내담자를 자신의 두려움에 노출시키는 것이라는 관점에 의해 야기된 인지적 프로토콜에서의 사례이다. 그에 비하여, 엘러스와 클라크(2008)의 치료 프로토콜의 이론적 근거들은 다르고 치료목표는 삼면적이다. (1) 부정적 평가의 확인과 변화시키기, (2) 외상 기억의 정교화와 촉발 자극의 구별에 의해 재경험되는 증상 줄이기, (3) 역기능적 행동과 인지적 전략 감소시키기(예: 회피, 반복적 확인, 사고 억압). 이 이론적 접근에서는 노출을 과제 훈련으로서 연습하는 것이 반드시 적합한 것은 아니다. 왜냐하면 주요 표적이 기억 통합이고 부정적 평가를 바꾸는 것이기 때문이다.

결국, 우리가 엘러스와 클라크(2008)의 접근을 따른다면, 우리는 재체험하는 동안 나타나기 시작하는 놓친 부분들을 더 많이 재발견하고 기억을 더 정교화시키기 위해 과제로 외상에 대해 기록하도록 짐에게 요구할 수 있다. 그 대신에, 우리는 외상에 대한 평가에 초점을 맞출 수도 있을 것이다. 그리고 침습 증상이 있을 때마다 알아차리고 짐이 죽지 않고 지금은 안전하다는 것을 상기하도록 그에게 요구할 수 있다. 우리는 그것을 외상 사건이 일어나는 동안 호흡하기 힘든 것이 과호흡 때문이며 심각한 흉부 부상 때문이 아니라는 인지와 연결시킬 수 있다. 우리는 그에게 짧은 과호흡을 의도적으로 연습하고, 증상을 관찰한 다음, 과호흡으로 유발된 감각에 대해 의식하게 된 지식을 사용하여 플래시백 중에 호흡 곤란의 원인을 생각할 수 있도록 요청할 수 있다. 이것은 단지 가능한 것들 중 일부일 뿐이다. 당신은 내담자에게 알맞은 과제 훈련을 계획하고 앞으로 작업할 치료 목적을 성취하기 위해 창의적으로 접근할 수 있다.

짐에게 재체험 후 일주일 동안 나타나는 새로운 기억들, 감각 또는 사고들을 간단히 기록하고 다음 회기에 가져오도록 지시할 수 있다. 그는 또한 재체험 전에 깨닫지 못했던 침습에 대한 특정한 촉발 자극을 인식하는 데 초점을 맞출 수 있다. 이것들은 경고 신호(외상 사건 초기나 악화될 것 같은 순간을 나타내는 자극)와 위험한 상황(최악의 순간)을 나타내는 것 같다. 재체험이 진전됨에 따라, 그것이 성공적이라면 두 가지가 전형적으로 나타난다. (1) 내담자가 일관성 있는 내러티브를 형성하도록 돕는 추가적인 상세한 내용이 나타나는데 이는 외상에 대해 지속되는 개인의 정서적 반응을 이해하기 시작하게 한다. 그리고 (2) 세부 사항—광경, 소리, 냄새와 감각—에 대한 반복적인 노출은 개인이 기억을 견딜 수 있고, 그 기억은 현재가 아니라 과거의 일이고, 외상과 그 결과에 부여된 의미가 잘못되었을 수 있다는 것을 학습하게 할 수 있다.

외상 내러티브 정교화

심상 재체험 다음 회기에, 짐은 트럭이 그를 덮쳤을 때 일어난 일에 대한 더 많은 세부 사항을 떠올린다. 그가 외상 기억을 정교화하기 시작하고 빈틈을 채워 넣기 시작했을 때, 짐은 당시 외상을 어떻게 처리했는지 그리고 현재 증상에 어떻게 계속해서 영향을 미치는지에 기여하는 주요 평가를 확인하게 된다.

> "직장에서 집으로 오토바이를 타고 오고 있어요. 짐을 싸려고 약간 일찍 나왔죠, 여행 때문에 꽤 신나요. 운전에 100% 집중하고 있지는 않아요. 무얼 가져갈지 생각하고 있는데, 그때 갑자기 밀려드는 공기가 느껴지고 트럭이 내 옆에 있어요. 아주 빨라요. 트럭이 아주 빨리 달려요. 트럭이 바짝 달라붙어요. '조심해, 멍청아!' 난 떨렸고 정말 화가 나요. 트럭은 과하게 속도를 내고 로터리에서 내가 트럭 옆에 있을 때 그에게 소리치려고 했는데 그때 나는 막 출발하고 그 트럭이 로터리를 돌 때 방향을 틀었죠. 트럭이 나를 향해 와요. (목소리가 높아지고 공황 상태처럼 보인다.) 모든 게 너무 빠르게 흘러가요. 트럭이 나를 쳐요. 너무 끔찍한, 금속의 갈리면서 날카로운 소리가 들려요. 올 것이 왔어요. 나는 공중으로 날아올라요. 무슨 일이 일어나는지 모르겠어요. 너무 혼란스럽고 나는 바닥에 누워 있어요. 아파요. 너무 아파요. 내 다리가 완전 꼬여 있는 게 보여요. 헐떡이고 있지만 여전히 살아 있어요. 그게 다이고, 나는 살아남았고 나는 여기 있어요. 그러고 나서 트럭이 오는 소리가 들리고 바퀴 소리와 타이어 펑크 소리가 들리고, 바닥이 다르게 느껴져요. 거의 진동하고 있어요. 견딜 수가 없어요. 나는 죽을 거예요. 이번엔 멈추지 않을 거예요. 나를 덮칠 거예요. 숨을 쉴 수가 없어요. 숨이 막혀요. 누가 좀 도와주세요. 아무도, 아무도 없어요. 완전 혼자예요. 녹은 쇠막대를 밀어 넣은 것처럼, 내 다리는 화상을 입었어요. 멈추게 하고 싶어요."

요란하게 휙휙거리는 소리를 들었고 이것이 그를 덮치려고 다가오는 두 번째 트럭이라고 생각했었다는 것에 대한 인식은 짐이 두려움 반응의 강렬함을 맥락화하도록 도왔다. 또 다른 중요한 정보가 이 회기에 드러났는데, 짐은 직접적 충돌 후 안전하다고 생각했다는 것이다. 하지만 그가 살아남았다고 생각할 때 두 번째 트럭 소리를 듣고 죽을 거라고 생각했고, 이것은 그에게 이중으로 외상이 되었다. 이는 모든 상황에 대해 그의 판단을 의심하는 것이 일반화되게 만들었다. 재체험으로 입수된 새로운 정보는 두 번째 트럭이 다가오는 소리와 대등한 그의 일상 환경에서의 촉발 자극을 인식하도록 도왔다. 예를 들면, 가을에 젖은 나뭇잎의 휙휙거리는 소리는 공포 상태를 일으키고 완전히 얼어붙게 만든다. 한편으로, 짐은 이 반응을 그가 미쳐 가고 있는 게 틀림없다는 증거로 해석했다. 더불어, 그것은 그가 불쌍하고 불행한 남자의 표본이라는 부정적 자기비판을 낳았다. 그가 나뭇잎의 휙휙거리는 소리가 두 번째 트럭이 다가올 때 길 위의 타이어 소리와 닮았다는 것을 인식할 수 있었을 때, 그 반응들이 더 이해되기 시작하였다. 그는 그 소리가 자동적인 두려움 반응에 대한 촉발 자극이 되고 이 반응은 자발적인 것이 아니라는 것을 알게 되었다. 그는 또한 그의 반응이 습관화되도록 유사한 소리에 다양하게 노출하기 시작하였다. 그는 더 이상 그가 미쳐 가고 있다는 것을 믿지 않고 자신을 비난하는 것을 멈추었다.

재체험의 지속과 함께 치료사는 짐에게 과호흡의 영향에 대한 심리교육을 하고 2분 과호흡을 통해 호흡할 수 없다는 그의 느낌에 대해 회기 중에 실험한다(치료사는 이 훈련을 부적절하게 만들 수 있는 천식이나 어떤 심장 문제나 호흡 문제가 짐에게 없다는 것을 먼저 확인한다). 그것들은 일어난 일에 대한 짐의 인지적 평가—"나는 죽을 거야."—와 그의 반응과 증상에 대한 이어지는 평가—"나는 미쳐 가고 있어."—에 적용된다. 이 인지적 재평가는 도움이 되고, 다음 작업은 그가 살아남은 것에 대한 외상 후 지식을 쌓고 외상 기억에 대한 인지적 재평가를 하는 것이다. 다음 인용에서는 첫째, 언어적 정보를 외상 내러티브에 포함하는 방법, 둘째, 새로운 의미를 형성하는 데 심상 자체를 사용하는 방법을 설명한다. 둘 다 아주 값진 기법이고 개별적으로 또는 함께 활용될 수 있다.

외상 내러티브에 새로운 정보를 결합시키기 위해 언어적 기법 활용

일단 외상 내러티브가 상세히 말해지기만 하면 특정 위험 상황에 초점을 맞추는 것이 가장 효과적일 수 있다. 가장 고통스러운 의미는 대개 이 지점에 저장되어 있고 그것들이 해석되는 방식의 변화가 치료적으로 큰 도움이 될 수 있다. 이 접근은 또한 내담자가 힘들고 고통스러운 경험인 전체 외상을 재체험해야만 하는 횟수를 줄일 수 있다. 엘러스와 클라크(2008)는 그들의 치료에서 심상 재체험이 장기 노출과 같은 전통적인 노출치료보다 훨씬 더 적은 횟수로 사용되고 내담자에게 훨씬 더 적합하다고 말한다. 다음 대화에서 치료사는 외상 내러티브에서 짐이 타이어의 휙휙거리는 소리를 듣고 다시 그가 죽을 거라고 생각하는 순간을 다룬다.

치료사: 지난 회기, 과호흡의 영향에 대해 논의한 후, 우리는 오늘 그 외상의 초

반에 초점을 맞추기로 동의했어요. 특히, 트럭이 당신을 덮치려고 한다고 생각했고 그때 과호흡이 시작되었고 숨쉴 수가 없었던 그 부분이요. 우리는 지난 몇 회기 동안 우리가 작업했던 것과 그때는 당신이 몰랐지만 지금은 알고 있는 것을 결합시킬 거예요. 괜찮은 것 같아요? (짐이 끄덕인다.) 준비되었나요?

짐: (슬픈 듯 가볍게 웃으며) 네, 이제 방법을 알아요. 눈을 감고 시작할까요?

치료사: 네.

짐: 좋아요. 나는 바닥에 누워 있어요. 몸 전체가 아파요. 다리에는 불화살이 꽂힌 것 같아요. 하지만 난 거의 환희에 차 있어요. 나는 안전해, 나는 안전해. 믿을 수 없어요. 통증이 문제가 아니에요. 죽을 거라고 생각했는데 나는 여기 있고 살아 있어요. 그때 휙휙거리는 소리가 들리고 땅이, 땅이 흔들려요. 맙소사, 안 돼. (목소리가 더 커지고…… 거의 소리를 지른다.) 나를 향해 오고 있어요. 나는 움직일 수가 없어요. 내 몸을 끌려고 애쓰지만 움직일 수가 없어요. 나를 덮칠 거예요. 난 죽을 거예요. (약간 흐느끼기 시작한다.)

치료사: 짐, 일어날 일에 대해 그때 몰랐다가 지금 알게 된 것은 무엇일까요?

짐: (목소리가 약간 떨린다.) 죽지 않았어요. 트럭은 나를 봤고 멈췄어요.

치료사: 그 기억으로 되돌아가서 트럭이 당신을 향해 올 때 당신이 느낀 것을 자신에게 말할 수 있겠어요?

짐: 나는 바닥에 누워 있어요. 나는 살아남았기 때문에 의기양양해요. 그때 갑자기 땅이 흔들리고 휙휙거리는 소리가 나는 걸 느껴요. 그리고 '난 죽을 거야.'라고 생각해요. 하지만 (느려지고 아주 조심스럽게 말한다.) 나는 죽지 않았어요. 나는 죽을 거라고 생각했지만 트럭이 멈췄어요. 그래서 더 이상 무서워할 필요가 없어요. 괜찮아요. 나는 아직 여기 있어요.

치료사: 여전히 휙휙거리는 소리가 들리거나 땅이 흔들리는 게 느껴져요?

짐: 여전히 소리가 들리고 혼란스럽지만 그전만큼 나쁘지는 않아요. 지금은 흔들리지 않지만 같은 감각이 잠자러 갈 때 종종 느껴지곤 해요.

치료사: 잠시 동안 외상 속에서 지금은 일어나지 않지만 휙휙거리는 소리가 들리고 땅이 흔들린다고 느껴지던 것에 초점을 맞추면 좋겠어요. 마치 지

> 금 일어나고 있는 것처럼 가능한 한 마음속에 그 심상을 유지시키면 좋겠어요. 동시에, 당신이 여기 있고 트럭은 멈췄고 당신을 덮치지 않았다고 자신에게 말하세요.

치료사는 몇 분간 멈추고 짐이 기억의 그 부분에 초점을 맞추도록 했다. 그리고 나서 그들은 짐이 위험한 상황을 재체험하고 그리고 살아남은 것에 대해 그가 가진 지식을 보강하려고 애쓰는 동안 그가 어떻게 느꼈는지에 대해 토론하였다. 짐이 죽을 거라고 얼마나 믿는지, 기억을 재체험하는 동안 그가 살아남은 것에 대한 정보를 떠올렸을 때 얼마나 불안하였는지 평가를 하고 이러한 변화가 정서 처리의 한 가지 지표가 되기에 외상에서 최악의 순간에 대한 초기 평가(신념과 정서)와 어떻게 비교되는지 확인하는 것은 유용하다.

짐은 이제 일부 순간들에 대해 아주 명확하게 인식하게 된다고 보고하였다. 앞에서 언급한 바와 같이, 그에게 가장 힘든 것 중 하나가 첫 번째 트럭에 치였을 때 살아남았다고 믿었고 그가 살아남았다는 생각은 두 번째 트럭이 그를 덮칠 거라는 생각으로 거의 바로 이어졌다는 것이다. 외상의 이 두 번째 순간은 그가 다쳤고 스스로 피할 수 없다는 사실로 인해 악화되었다. 그는 무서울 뿐만 아니라 '무력하고' '불쌍하게' 느껴졌다. 치료사는 이러한 여러 평가를 다루고 짐은 위험한 장면을 여러 번 재체험하면서 일어난 일에 대한 새로운 평가를 결합시키려고 노력하였다. 비록 짐은 덜 고통스러워하였지만 기억에서 이 부분이 매우 괴롭다는 것을 알아차렸는데, 땅이 흔들리는 감각을 경험하였기 때문이고, 특히 밤에 자려고 할 때 그랬다. 과제 훈련으로 짐에게 교통으로 인한 도로 진동을 탐색해 보도록 요구하였다. 그는 트럭이 도로를 진동시키는데, 특히 도로의 표면이 평평하지 않을 때 그렇다는 것을 알게 되었다. 짐과 치료사는 사고가 났던 길을 관찰하러 가서 실제로 꽤 거칠고 평평하지 않다는 것을 알게 되었다. 그가 살아남았다는 인지를 외상 기억에 언어적으로 결합시킨 것은 도움이 되었지만, 특히 짐이 밤에 잠을 자려고 할 때처럼 그가 경험하는 침습이 해결되지 않았기 때문에 치료사는 트럭에 치이지 않았다는 인식을 결합시키기 위해 심상 개입을 하려고 한다.

외상 내러티브에 새로운 정보를 결합시키기 위해 심상 기법 활용

치료사는 짐에게 외상 재체험을 시작하기 전에 트럭이 멈춘 심상을 형성하도록 했고, 그다음 소리와 진동이 시작된 중요한 순간에 치료사는 짐에게 트럭으로 인해 땅의 진동이 느껴지는 동안 트럭이 느려지는 것을 알아차리도록 요구할 것이다.

치료사: 기억에서 가장 힘든 부분 중 하나가 트럭 소리와 진동이에요. 트럭이 어떤 모습인지 머릿속으로 시각적 심상이나 그림을 떠올려 보겠어요?

짐: 음, 내가 구급차에 실린 이후에 트럭을 봤을지도 몰라요. 떠올리면 큰 빨간 트럭이에요. 그걸 정말 봤다고 기억하는 건지 내가 소리에 빨간 트럭 심상을 덧붙이는 건지 확실하지 않아요.

치료사: 재체험을 하는 동안 그것에 대한 이미지가 떠올라요?

짐: 소리와 진동이 있을 때 그 정도는 아니에요. 하지만 밤에 땅이 흔들리는 느낌이 들 때 트럭의 플래시가 보여요. 재체험을 할 때 그것이 정말 보이지는 않아요. 트럭이 다가오는 느낌만 있어요. 정말 위협적이에요. 트럭이 차에 탄 남자를 쫓고 있고 그는 완전 정신병적인 상태인 영화 〈듀얼(Duel)〉을 아세요? 트럭이 나에게 그렇게 하는 것처럼 느껴져요.

치료사: 좋아요, 당신을 향해 빨간 트럭이 도로를 따라 달려오고 있고 속도가 줄어들고 충분한 시간을 갖고 멈추는 것을 상상할 거예요. 괜찮은 것 같아요?

우선, 치료사는 평평하지 않은 도로를 달리고 있고, 짐을 보았고, 충분한 시간을 갖고 속도를 줄이는 빨간 트럭에 대한 분명한 심상을 형성하는 작업을 한다. 모든 감각 인상이 이 심상과 연결되어 있고, 그래서 짐은 트럭을 보고 휙휙거리는 소리를 듣고 또한 도로의 진동을 느낀다. 일단 그가 분명한 심상을 진전시켰다면 그들은 그것을 외상 기억에 결합시키게 된다.

치료사: 당신이 도로에 누워 있고 트럭이 당신을 향해 달려오지만 멈추지 않는다고 생각하는 기억의 부분으로 되돌아갔으면 해요.

짐: (눈을 감는다.) 네, 떠올라요.

치료사: 시작해 보세요.

짐: 나는 도로 위에 누워 있어요. 너무 아파요. 하지만 그게 중요한 게 아니에요. 나는 의기양양해요. 나는 살아남았어요. 매우 아프지만 동시에 행복해요. 갑자기 휙휙거리는 소리가 들리고 땅이 흔들리고 진동해요. 아, 안 돼, 안 돼.

치료사: 네, 짐, 그 심상을 유지시키세요. (멈춘다.) 좋아요, 이제 빨간 트럭이 당신을 보고 속도를 늦추고 충분한 시간을 갖고 멈추는 심상을 떠올려 보세요. 할 수 있어요?

짐: 해 볼게요. 좋아요, 나는 도로에 누워 있고 휙휙거리는 소리가 들리고 땅이 흔들리고 (잠시 멈추고 천천히) 나는 빨간 트럭을 볼 수 있어요. 그건 중간 톤의 빨강이고 울퉁불퉁한 길을 따라오고 있지만 속도가 느려져요. 도로는 여전히 축축해요. 아침에 비가 왔거든요. 타이어는 휙휙거리는 소리를 내요. 타이어가 잔뜩 있고, 내 감각은 매우 예민해요. 사고라고 생각해요. 트럭이 정지 신호에 멈추는데, 내게서 멀리 떨어진 길이에요. 나는 바닥에 누워 있어요. 아파요. 트럭을 볼 수 있고 트럭은 나를 다치게 하지 않아요……. 나는 안전해요.

트럭을 세우는 심상을 활용하는 것은 짐이 단순히 그것에 대해 말하는 것보다 트럭을 멈추게 한 인지를 심는 더 강력한 방법이다. 개념적으로, 그것은 또한 엘러스와 클라크(2008)의 인지치료 프로토콜의 또 다른 부분을 이루는 촉발 자극 구별의 일부로서 이해될 수 있는데, 그 프로토콜에서 내담자는 우선 침습의 촉발 자극을 확인하고 그다음 촉발 자극과 외상 기억의 관계를 끊는다. 이렇게 함으로써 그들은 '그때'와 '지금'을 구별하는 것을 배우게 된다. 이는 짐이 그 소리가 무엇을 의미하는지 믿었던 그때(휙휙 소리는 내가 달려오는 트럭에 치일 것이라는 것을 가리킨다.)와 그가 지금 아는 것(트럭은 나를 보았고 멈추었다.)이다. 이 훈련을 한 후에, 짐의 침습 증상은 현저하게 줄어들었고 그는 다시 일을 하려는 시도와 상황, 사람, 장소에 대한 회피를 극복하고자 하는 의욕이 넘쳤다.

앞의 대화는 단일 외상 사건을 다루는 데 있어서 잠재적 복합성을 설명한다. 수많은 여러 위험한 상황이나 최악의 순간들이 있다. 타이어의 휙휙거리는 소리와 도로 진동에 대한 하위 수준의 지각 처리는 단 몇 분 만에 짐의 두 번째 임박한 죽음의 조짐을 알리는 중요성 때문에 사라지지 않았고, 그리고 지속적으로 의식 안으로 침범하고 긴장과 짐에게 설명할 수 없는 공포 반응을 야기하였다. 짐은 일련의 부정적 자기 평가를 발달시켰는데, 일부는 외상과 직접적으로 관련되고 다른 것들은 증상과 관련되거나 외상 후 증상을 통제할 수 없는 무능력과 관련된다.

다음 절은 복합성이 다양하게 증가할 가능성이 있는 반복 외상에 대해 논의한다.

복합 PTSD: 반복 외상 치료에서 심상 재체험 활용

심상 재체험은 복합 PTSD를 위한 치료 패키지의 유일한 요소이다. 치료에 대한 포괄적인 설명을 제공하는 것은 이 장의 범위를 벗어난 것이지만, 당신이 참고할 수 있는 훈련 지침이 있다. 이것들 중 하나는 2000년 외상 스트레스 연구를 위한 국제단체(International Society for Traumatic Stress Studies: ISTSS)가 복합 외상 대책 본부를 소집하여 마련한 것이다. 이것으로 다운로드 가능한 ISTSS 성인 복합 외상을 위한 전문가 합의 치료 지침(2012)을 출판하게 되었다. 지침은 복합 PTSD에 대한 개관과 함께 단계적 치료 접근을 추천한다. 1단계는 내담자의 안전을 확인하고 증상을 줄이고 중요한 정서적 · 사회적 · 심리적 역량을 증가시키는 것에 초점을 맞추어야 한다. 2단계는 외상 기억을 조사하고 검토와 재평가를 포함한다. 그래서 외상 기억은 자기, 타인, 세상에 대한 적응적 표현에 통합된다. 3단계와 마지막 단계는 관계, 직장, 교육이나 사회생활에 더 나은 참여를 촉진시키기 위해 치료 성과를 통합한다. 이 장은 2단계에만 초점을 맞추고 외상의 복합적 에피소드에 따른 심상 재체험을 살펴본다. 그리고 심상 재체험이 어떻게 효과적으로 작용하도록 적용될 수 있는지 고려한다. 복합 외상에 노출된 모든 개인이 복합 PTSD가 되는 것은 아니다. 그러므로 모든 사람에게 ISTSS 지침에서 추천하는 단계적 접근이 필요한 것은 아니다. 그럼에도 불구하고 외상 사건에 반복 노출된 후 개인이 PTSD를 겪든 복합 PTSD를 겪든, 그것과는 무관하게 실제 재체험은 같거나 유사한 문제를 야기한다. 이 문제들은 다음에서 논의된다.

복합 외상 기억에 대한 심상 재체험은 어떻게 시작할지 어디에 초점을 맞출지 결정하는 것이 도전적일 수 있기 때문에 간단하지 않다. 기억은 재구성적 처리과정이지

(Bartlett, 1932), 사건에 대한 비디오 재생이 아니다. 개인이 반복되는 외상을 겪을 때 복합 기억이 존재하게 된다. 침습적 심상, 기억과 플래시백이 일어난 일에 대해 연대순으로 기록된 것으로서 제시될 가능성이 매우 낮다. 대신에, 침습은 몇 가지 다른 사건들의 부분들이 결합된 복합 기억으로 나타날 수 있다. 이것이 이해를 어렵게 하는데, 개인은 한 사건에서 일어난 것이 다른 사건의 기억과 어울리지 않는다는 것을 알지만, 여전히 그것들은 같은 시간에 일어난 것처럼 의식을 침습하기 때문이다. 또 침습적 외상 기억과 플래시백은 일관성 있는 내러티브가 부족할 수 있는데, 그 대신에 그 개인에게 최악의 순간을 나타내는 스냅사진으로 나타날 수 있다. '최악의 순간'이 항상 반드시 가장 무서운 순간은 아니다. 외상은 모든 정서 반응 스펙트럼, 즉 두려움, 공포, 분노, 죄책감과 수치심을 야기한다. 침습적 외상 기억은 특정한 또는 모든 정서 스펙트럼과 관련될 수 있고, 개인의 정서 반응은 심상 재체험과 같은 치료 개입에 대한 반응을 예측하는 데 중요하다. 예를 들어, 제한적인 증거이지만, 수치심이 외상 후 주된 정서일 때 심상 다시쓰기(7장 참조)가 더 효과적인 개입이 될 수 있다는 것을 시사한다.

복합 PTSD를 대상으로 심상 재체험을 활용하기 위해, 당신은 시작점을 결정해야만 한다(즉, 당신과 내담자는 무엇에 초점을 맞출지, 개인의 외상 이력 중 언제 어디에서 시작할지 합의해야 한다). 한 가지 접근은 외상 기억의 위계를 구성하고 그다음 위계의 가장 아래에서 재체험을 시작하여 올라간다. 다른 방법은 외상 기억이나 가장 고통스러운 의미나 정서와 관련된 기억의 부분들을 확인하고 이것들을 표적으로 하는 것이다. 왜냐하면 기억들이 모두 연결되어 있기 때문에 위계 중 하위 지점에 있는 기억이나 덜 고통스러운 정서를 지닌 기억을 재체험하는 것은 내담자를 압도하는 다른 기억을 활성화할 수 있다. 이렇게 되면 그다음에 치료사와 내담자는 소요될 시간에 합의해야 할 것이다. 예를 들어, "나는 2분 동안 이것을 재체험하는 것을 견딜 수 있을 거예요."라고 말이다. 어떤 접근이 가장 효과적일지 예측하는 것이 항상 가능한 것은 아니다. 때때로 심상 재체험은 외상에 대한 쓰기와 결합되거나 이후에 활용될 수 있다. 치료의 목적은 개인이 일관성 있는 내러티브를 구성하는 것이고, 치료사는 여러 접근을 가지고 실험해야만 할 것이다. 심상 재체험은 이 목적을 성취하는 데 강력한 기법이지만 유일한 기법은 아니다.

'복합' 외상 기억 재체험

심상 재체험을 위한 기법은 앞에서 짐을 대상으로 설명했던 단일 사건 외상에서 사용되는 것과 같다. 다음 대화에서, 치료사와 내담자 매트는 그가 전쟁터에 있었을 때의 여러 경우로 구성된 복합 기억에 초점을 맞추기로 선택하였는데, 이것은 언뜻 보기에 관련 없는 방에 혼자 앉아 있는 기억으로 갑자기 바뀐다. 그들은 이 기억을 선택했는데 매트가 자신은 '훌륭한 군인'이 되지 못했고 그의 동료들을 실망시켰다고 믿는 것에 대한 문제가 되는 평가와 밀접하게 관련되기 때문이다. 이 평가는 깊은 죄책감과 수치심과 관련된다. 이 복합 기억에서 매트의 친구인 팀이 죽었지만, 기억의 일부 측면들은 팀이 사망했을 때의 실제 사건과 일치하지 않는다. 예를 들어, 자파르도 있지만 그는 팀의 사망 후에도 소대에 합류하지 않았고, 그 상황의 세부 사항이 팀이 사망했던 전쟁터와 다르다.

치료사: 매트, 우리는 지금 재체험을 시작할 거예요. 당신이 마을에 있고 탈레반이 사방에서 당신의 소대에 사격을 시작하는, 계속 반복되는 플래시백에 초점을 맞추기로 우리는 합의했어요. 준비되었나요?

매　트: 네, 시작해요.

치료사: 좋아요. 눈을 감으세요. 기억의 초반에서 시작하세요. 현재 시제로 말하세요. '나는 몸을 숙이고 있어요…….'

매　트: 알겠어요. 나는 이 건물의 측면에서 몸을 숙이고 있어요. 내 생각에 곡식 저장고이거나 일종의 동물 사료 가게인 것 같아요. 곡식 냄새를 맡을 수가 있어요. 할아버지 농장에 있는 헛간 같아요. 그 냄새를 맡을 수가 있어요. 그곳이 집을 떠올리게 해서 안전하다고 느껴져요. 하지만 엄청 흥분해 있어요. 내가 열선 같아요. 모든 신경이 따끔거려요. 모든 것이 아주 긴장돼요. 평상시라면 듣거나 보지 못하는 모든 세부 사항을 들을 수 있어요. 우리는 단지 일어날 일을 기다리고 있어요. 우리는 탈레반이 거기 있다는 것을 알아요. (멈추고 몸이 경직된다.)

치료사: 매트, 정말 잘하고 있어요. 당신은 기다리고 있는데 어떤 기분이에요?

매　트: 글쎄요. 이런 순간을 위해 훈련받았고, 우리는 전쟁터로 막 들어갈 참이에요. 절차를 알지만 나와 다른 모든 사람들 사이에 커다란 빈 공간이 열린 것 같아요. 집 뒤쪽에 자파르가 몸을 숙이고 있는 것을 볼 수 있어요. 팀이 바로 내 뒤에 있는 것도 알아요. 우리 모두 다른 지점에서 주둔하고 있어요. 그들이 공격할 거란 걸 우리는 알고 있어요. 갑자기 공격이 시작돼요. 사방에서 엄청난 소음과 총알이 날아와요. 폭발이 아주 커요. 섬광이 번쩍이고 난 그냥 얼어 버렸어요. 잠시 움직일 수가 없어요. 팀이 소리를 질러요. "뛰어, 저쪽으로." 그리고 그는 뛰기 시작하고 난 움직일 수가 없어요. 그 지점에 얼어붙었어요. 팀이 뛰고 그때 적군이 팀에게 총을 쏘기 시작하는 걸 나는 그냥 보고 있어요. 내가 엄호사격을 해야만 하는데, 팀이 쓰러지는 게 보여요. 몸이 덜컥거리며 움직이고 붉은 얼룩들이 나타나요. 그러고 나서 내가 총을 쏘기 시작해요. 난 덜커덕거리며 움직이는 인형 같아요. 나는 사방으로 총을 쏴요. 그런데 나는 팀을 엄호사격을 했어야 했어요. 그는 죽었어요. 너무 늦었어요. 그를 엄호사격 했어야 했어요. (손으로 얼굴을 감싼다.)

치료사: 매트, 거기서 멈추는 거예요?

매 트: 네, 갑자기 모든 것이 그 순간에 바로 멈춰요. 한순간 이 믿을 수 없는 전쟁터 한가운데에 있다가 바로 다음 순간 그냥 공백이에요. 모든 것이 죽은 듯이 조용해요.

치료사: 매트, 모든 게 멈출 때 마음속에 뭐가 보여요? 어떤 이미지가 떠올라요?

매 트: 네, 방에 혼자 딱딱한 의자에 앉아 있는 이미지가 떠올라요.

치료사: 거기에 또 다른 사람이 있어요?

매 트: 아니요. 나 혼자예요. 렌즈를 통해 나를 보고 있는 것 같아요. 그러니까, 그게 나예요. 하지만 아무 일도 일어나지 않아요. 내가 나를 보고 있어요. 속이 텅 빈 것 같아요. 2차원처럼.

치료사: 그러니까, 한순간 강렬한 전쟁터 한가운데에 있다가 다음 순간 이 방에 혼자 앉아 있는 자신을 보고 있군요.

매 트: 네, 맞아요. 그게 다른 장소로 뒤집히는 게 이상해요.

치료사: 방에 혼자 앉아 있는 이미지 속에 있다는 것에 대해 어떤 생각이 드나요?

매 트: (잠시 멈추어 생각한다.) 이것에 대해 전혀 생각해 보지 않았어요. 하지

만 생각해 보고 있어요. 모든 게 엉망진창이고 몇몇 사람들이 죽었고 그 후에 조사가 있었어요. 그건 현실이 아니에요. 내 말은 그런 방에서 재판이 있었던 것은 아니에요. 하지만 그게 내가 생각해야만 하는 것인 것 같아요.

치료사: 매트, 어떻게 생각해요? 당신이 끔찍한 전쟁터 장면의 한가운데에서 그 방에 혼자 의자에 앉아 있는 장면으로 뒤집혀요.

매 트: 죄책감이라는 생각이 들어요. 내가 팀이 죽게 놔두어서 심한 죄책감이 느껴져요. 그 몇 분 동안 내가 얼어붙지만 않았다면 아마 더 일찍 그를 엄호사격 했을 거고 그는 아직 여기 있을 거예요. 팀은 가장 친한 친구 중 한 명이에요.

여기서부터 진행할 수 있는 여러 가지 방법이 있다. 한 가지는 죄책감 및 수치심과 관련된 인지적 평가를 탐색하는 것이다. 이는 얼어붙는 행동에 대한 생물학적이고 진화적인 기반에서 살펴보는 것과 아무리 잘 훈련된 군인이라도 완전히 의식의 통제하에 있지는 않다는 사실을 포함한다. 치료사는 스트레스하에서 인지 처리과정과 결정 그리고 총알이 빗발치는 상황과 같은 극심한 상황에서 그것이 어떻게 영향을 받는지에 대해 살펴볼 수 있다. 매트가 했던 어떤 행동이 실제적으로 팀에게 도움이 될지 탐색해 보는 것이 도움이 될 수 있다. 이것은 둘 다 토론을 통해 다루어질 수 있는 데 이용 가능하다면 돌아가서 조사 기록을 살펴본다. 또 심상을 활용하여 다른 관점에서 기억을 탐색하는 것이다. 매트의 기억에 대한 언어적 설명에서, 그들은 포위되고 총알이 사방에서 날아왔다. 이와 같은 상황에서 팀이 살아남을 수 있는 방법으로 그가 팀을 엄호사격 한다는 것은 문자 그대로 불가능하다. 여러 관점(가능하다면 팀의 관점을 포함해서)에서 그 장면을 재생시키는 것은 매트의 기억에 이 인식을 결합시키는 데 도움이 될 수 있다.

복합 기억의 재체험은 매트가 기억의 다른 부분들 사이를 구별하는 것을 도와서 그가 그것들을 맥락화하기 시작하고 그것들이 왜 혼란스러웠는지 이해하고 그가 기억에 영향을 끼친 다른 상황들과 이유를 인식할 수 있다. 예를 들어, 주제적으로 연결되는 게 있는가? 그는 팀과 마찬가지로 자파르도 실망시켰다고 믿는가? 필요하다면 이 기억들은 각각 따로 재체험할 수 있다. 끝에 그가 바꾼 심상이 조사를 나타내고 이것은 매트가 그의 실패로 인해 '재판 중'이라는 것을 나타낸다는 것을 깨닫는 것은 그가 왜 침습적 심상이 심지어 수년이 지난 후에 그런 강한 수치심을 활성화하는지 이해하는 데 도움이 되었다. 현실에서, 매트는 고소당하지 않았고 조사는 그들에게 허위 정보가 있었기 때문에 비참하게 실패한 임무에 초점이 맞춰졌다.

다발성 외상이나 복합 PTSD를 다루는 것은 오래 걸릴 수 있고 재체험은 심상 다시 쓰기와 함께 사용되어야 할 수도 있다. 이는 다음 장에서 자세히 설명된다. 외상을 다룰 때 한 가지 일반적이고 도전적인 문제는 해리이다. 어떤 유형의 외상을 대상으로 재체험할 때 상당히 문제가 될 수 있지만 해리는 아주 일반적이며, 복합 PTSD를 다룰 때는 까다로울 수 있다. 해리는 개인이 정상적인 의식 상태로부터 멀어지거나 연결되지 않는다고 느끼는 다양한 경험을 말한다. 다음 절에서 우리는 해리가 심상 재체험에 어떻게 영향을 미칠 수 있는지와 치료사가 반응할 수 있는 방법을 살펴본다. 해결책에 대한 11장에서 해리에 대해 좀 더 자세히 살펴보고 해리를 방지하는 데 사용될 수 있거나 내담자들이 해리될 때 현재 순간과 접촉하도록 돕기 위한 다양한 그라운딩 기법을 다룬다.

심상 재체험 활용 시 해리 다루기

해리는 일반적으로 극도의 스트레스, 불안이나 테러 상황에서 보호적인 반응이라 생각된다. 현행 모델들은 해리가 일반적으로 노력 없이 통합되는 여러 인지 처리과정을 분리시키는 것을 포함한다고 말한다(Kennedy et al., 2004; van der Hart, van der Kolk, & Boon, 1998). 외상 사건 동안, 개인은 자동적으로 해리될 수 있다. 예를 들어, 마리카는 그녀를 향해 아주 빨리 다가오는 밴을 보았을 때 신호를 기다리고 있었다. 그녀는 차에 치이는 그 순간 급성 해리 에피소드를 경험했는데, 거기서 그녀는 그 밴이 그녀의 차를 박을 때의 충돌이 있는 그 장면을 위에서 지켜보고 있는 자신을 보았다는 것을 알아차렸다. 그 심상에서 사람들이 그녀의 아래에서 허둥대고 모든 소리들이 멀리서 나직하게 들렸다. 이와 같은 외상 관련 해리는 많은 이유로 문제가 될 수 있다. 우선, 마리카는 자신이 죽었고 몸이 남겨졌다고 믿었는데 이렇게 생각하는 것이 일어난 일을 이해할 수 있는 유일한 방법이기 때문이었다. 이는 그녀가 외상을 이해하기 어렵게 만들었고 그녀는 자신이 '죽은' 후에 어떻게 여전히 살아 있는지 반추하느라 많은 시간을 보냈다. 둘째, 그녀가 플래시백을 볼 때 그것들은 보통 외상의 이 순간들이었고 그녀는 그것들을 아주 두려워한다는 것을 알고 있었다. 셋째, 재체험을 시작하여, 마리카가 외상의 이 부분에 도달했을 때 해리를 재경험하였다. 급성 해리는 얼어붙음, 모든 것이 비현실인 것 같은 느낌(현실감 상실), 자기가 비현실적이고 분리된 느낌(이인증)과 같은 여러 다른 경험을 포함한다.

'해리'라는 용어는 앞에서 설명한 급성 해리와 사람들이 어느 기간 동안이 기억나지 않는다고 호소하는 기억 상실과 같은 더 만성적 상태의 해리를 포함한다. 때때로 이것은 단 몇 분일 수도 있고 어떤 경우에는 내담자가 마지막으로 기억하는 장소와 완전히 다른 곳에 있는 자신을 '발견'할 수 있다. 예를 들어, 내 내담자는 철로 옆에 앉아 있는 자신을 발견하였고 그가 떠올릴 수 있는 마지막 순간은 2시간 전에 커피를 만들려고 부엌에 서 있던 것이다. 장기적 해리 또한 이인증 같은 장애에서 발생하는데, 비현실감의 경험은 일시적이기보다 지속적이다. 이는 또한 정체성 해리 장애에서 일어나는데, 앞에서 설명한 '분리'는 여러 가지 인지 처리 통합의 실패를 넘어서 자의식의 분열로까지 이어지고, 그래서 자기의 여러 측면이 경험되고 종종 타인에 대한 인식이 없거나 제한된 인식을 가진 자율적인 자기들로서 행동한다.

앞에서 언급했듯이, 해리는 외상 중에 종종 일어나고 재체험의 부분으로 경험될 수 있다. 또 외상에서는 해리되지 않았더라도 내담자는 재체험에 대한 반응으로 해리될 수 있다. 마리카의 경우, 해리 경험에 대한 대안적 설명을 제공하기 위해 해리에 대한 심리교육으로 시작했다. 다음은, 재체험하는 동안 그 장면이 땅에서는 어떻게 보이는지를 그려 보려고 하였다. 마리카는 이 장면을 설명하기 위해 필요한 모든 감각 정보를 동원하였는데 그렇지 않으면 앞에서 사건을 '볼' 수 없기 때문이었다. 그녀는 앞에서 장면을 보는 것과 자동차 바퀴 옆에서 그것을 보는 것, 두 관점 사이를 오가는 훈련을 하였다. 그녀는 재체험하는 동안 자신이 죽지 않았고 대신 급성 해리 상태를 경험했을 뿐이라는 것을 상기시켰다.

마리카에게 재체험 시 심상을 사용하는 것은 그녀가 일관성 있는 외상 내러티브를 구성하고 죽지 않았다는 것을 이해하도록 도왔다. 하지만 다른 경우에는, 심상에 머무르는 것이 해리를 지속시킬 수 있으므로, 이 경우에 재체험에서 나와서 11장에서 설명할 그라운딩 기법을 사용하는 것이 더 좋다. 그라운딩은 일반적으로 감각적 세부 사항, 특히 구체적인 신체적 세부 사항에 초점을 맞춘다. 이는 내담자에게 의자의 팔걸이에 접촉하고 그 소재의 재질이나 느낌을 알아차리거나 발이 땅을 디디고 있는 감각 경험에 초점을 맞추도록 함으로써 수행될 수 있다. 일부 치료사들은, 예를 들면 나무 조각, 조개 껍데기나 오닉스 에그와 같은 만질 수 있는 감각적 특징을 지닌 의미 있는 물건을 가져오도록 내담자에게 요청한다. 내담자는 현재의 현실로 재정향하기 위해 그 물건을 쥐고 그것의 감각적 특징에 초점을 맞춘다.

재체험하는 동안 나타나는 지속적 해리에는 전략을 바꾸는 것이 필요할 수 있다. 우선, 치료사는 해리와 무엇이 그것을 야기하는지 이해할 필요가 있다. 촉발 자극을 다루는 것도 가능할 수 있다. 해리는 종종 외상 중 위험한 상황과 관련되기 때문에 그 의미와 관련된 인지 작업을 할 수 있다. 또 개인을 촉발 자극에 노출시키고 촉발 자극을 구성 요소로 분해하고 각각을 따로따로 해결하는 것도 가능하다. 재체험 자체는 위계로서 재개념화될 필요가 있고 위계를 오르는 것은 내담자가 해리 없이 재체험을 견딜 수 있느냐에 달려 있다. 물론, 지속적 해리는 일종의 해리장애와 관련될 수 있는데, 그것이 비록 외상 경험에 의해 야기되었을지라도, 그 자체만으로 치료가 요구된다.

요약

이 장은 외상 중심 인지행동치료의 주요 부분으로 심상 기반 기법인 심상 재체험에 초점을 두고 있다. 심상 재체험이 대개 비교적 간단하고 해리 에피소드들을 다룰 수 있지만, 개인의 외상 역사가 더 복합적일수록, 치료사는 새로운 문제들과 도전들에 직면하게 될 가능성이 더 높다. 이것들 중 일부는 논의되었고 많은 것들이 훌륭한 슈퍼비전과 훈련으로 해결될 수 있다. 하지만 심한 PTSD와 복합 PTSD의 경우에, 내담자는 전문 외상팀에 의뢰될 필요가 있다. 심상 재체험은 외상 기억(기억들)을 정교화하고 개인의 폭넓은 자전적 기억 안에 통합할 목적으로 사용하는 강력한 도구이다. 때때로 심상 재체험으로 충분하지만, 다른 경우에 외상 내러티브 쓰기, 경우에 따라서는 심상 다시쓰기를 포함한 다른 기법들과 병행할 필요가 있다.

다음 장은 심상 다시쓰기를 다루는데, 이는 다양한 문제에 점점 더 많이 활용되고 있고 외상 기억들을 다루는 데 제한이 없는 심상 기법이다.

제 7 장

심상 다시쓰기

심상 다시쓰기는 내담자가 괴롭고 고통스러운 기억이나 꿈을 회상하고, 그러고 나서 실제 사건에서 일어난 일을 상상으로 바꾸는 개입방법이다. 이는 성인 자기가 신체적이거나 성적인 학대와 같은 아동기 외상의 기억 속으로 들어가거나, 아동을 구하거나 보호하기 위해 또는 가해자를 처벌하기 위해 기억 속으로 누군가를 데려가는 것을 포함할 수 있다. 기억하는 사건에 대해 덜 고통스러운 결과를 상상하거나 기억이나 악몽의 특정 구성 요소를 바꿀 수 있다. 예를 들어, 사회불안장애를 겪는 나오미는 따돌림을 당했고 학교 운동장에서 놀림을 받았다. 그녀가 성인 자기의 관점에서 이 사건들 중 하나를 상상할 때 그녀는 자신뿐만 아니라 많은 아이를 따돌렸던 몇 명의 여자애들이 그녀를 선택했다는 것을 알 수 있다. 그녀는 생각하는 것을 그들에게 말할 수 있고 따돌림을 멈추게 하고 아동 자기를 보호하는 것을 상상할 수 있다. 또 그녀는 고등학교에 가고 대학교에 가서 몇몇 좋은 친구들을 사귀었던 미래에 대한 정보를 결합시킬 수 있다.

이 '변화들'이 정말로 일어난 것은 아니지만, 기억을 맥락화하고 다른 관점에서 그것을 재경험하는 것은 그것에서 파생된 원래 의미를 재평가하도록 자극할 수 있다. 성인으로서 기억을 재경험하는 것에 의해 나오미는 자기에 대한 이 신념들이 어떻게 발달되었는지 인식하고 따돌린 애들이 말한 것이 실제로 사실인지 의문을 갖기 시작한다. 그녀에게 자녀가 있다면 심상 다시쓰기는 아동 자기를 보호하려는 강한 감정, 그녀가 얼마나 부당하게 당했는지에 대한 인식 그리고 그 당시에 책임감 있는 성인들이 개입했어야 한다는 깨달음을 유발할 수 있다. 기억과 관련된 의미를 바꾸는 것과 함께 심상 다시쓰기는 대개 그것의 생생함, 그것과 관련된 침습의 빈도 그리고 그것이 야기하는 고통을 줄인다.

이 장의 첫 부분은 다시쓰기, 다시쓰기의 절차, 활용 방법, 효과 그리고 작용의 이론적 설명에 대해 개관한다. 이 장의 마지막 부분은 먼저 힘들고 고통스러운 기억에 대한 심상 다시쓰기를 적용하는 방법을 설명하고, 그다음 꿈과 악몽에 적용하는 방법을 자세히 설명한다.

심상 다시쓰기의 절차

'심상 다시쓰기'라는 용어는 한 가지 접근방법을 말하는 것이 아니라, 일련의 절차나 기법들을 말한다. 안츠와 베르트만(Arntz & Weertman, 1999)의 3단계 프로토콜은 심상 다시쓰기의 연구에서 점점 더 많이 사용되고 있다. 이 장 뒷부분에서 상세히 설명될 그들의 프로토콜에서, 단계 1은 다시쓰기를 할 표적인 원래 기억을 활성화한다. 단계 2에서, 내담자는 성인 자기로서 기억 속으로 들어가서 아동이 선택한 방식으로 아동을 돕는다. 단계 3에서, 아동은 다시 한번 기억 속으로 들어가지만 성인 자기(또는 다른 도움을 줄 사람)와 함께 들어간다. 3단계 프로토콜은 아동기 외상의 성인 생존자를 위한 스머커와 단쿠(Smucker & Dancu, 1999)의 치료에 적용되었다. 이것은 2단계가 전부인데, 아동의 관점에서 기억 재체험을 한 다음, 성인으로서 기억 속으로 들어가는 것이다.

3단계 프로토콜의 발달은 심리도식치료(Young, 1999)의 부분인 심상 다시쓰기 활용에서 나왔다. 그리고 여기에서 '충족되지 않은 욕구'를 충족시키고 부적응적 도식을 수정하기 위한 수단으로 개념화되었다. 안츠와 베르트만(1999)은 많은 내담자가 성인으로서 기억에 들어갈 수 있고 학대를 멈추게 할 수 있지만 아동 자기를 위로하는 것이 더 어렵다는 것을 알게 된다는 것을 관찰하였다. 단계 2는 반드시 아동이 어떤 식으로든 비난받아야 하거나 위로받을 자격이 없다는 믿음을 바꾸지는 않았다. 단계 3은 아동의 관점으로 다시 들어가 내담자는 아동의 욕구를 명확히 말하고 성인은 이 욕구를 충족시키도록 지지받는다. 3단계 프로토콜을 활용한 더 최근 연구들은 개입의 결과로서 신념 변화의 중요성을 강조한다. 심상 다시쓰기의 표적은 종종 자기정의적 기억이고, 그래서 개입은 특히 부정적 자기 관점을 변화시키는 수단으로서 중요하다(Stopa, 2009).

3단계 프로토콜은 구조화되고 체계적인 접근을 제공하기 때문에 심상 다시쓰기 활용을 배우는 치료사들에게 유용한 출발점이 된다. 하지만 이것이 항상 적합한 것은 아니다. 외상이나 고통스러운 기억이 최근일 때, 3단계 프로토콜이 때때로 강제적이고 인공적이거나 그저 혼란스럽다고 느껴질 수 있다. 예를 들어, 6장에서 설명된 매트의 전쟁터에 대한 외상 기억은 적절하지 않을 수 있다. 이와 같은 사례에서는 외상 전 자기와 외상 후 자기와 같은 여러 가지 성인 자기의 관점에서 프로토콜을 적용하거나 다시쓰기를 할 수 있다. 그 대신에, 내담자와 치료사는 더 유동적인 접근방식을 활용하는 것을 선호할 수 있다. 여기서 그들은 개인이 기억 속에서 원하는 것과 그들이 특정 단계에 따르지 않고 그것을 어떻게 바꾸길 원하는지 탐색할 수 있다.

지금까지, 나는 심상 다시쓰기가 기억을 표적으로 어떻게 활용될 수 있는지 설명하였다. 하지만 이 기법의 또 다른 중요한 활용은 악몽이나 반복되는 혼란스러운 꿈을 대상으로 하는 것이다. 여기서 초점은 주로 꿈의 내용을 변화시키는 데 있고, 긍정적 내용과 결과를 포함한 덜 무서운 새로운 꿈 '스크립트'를 만드는 것에 초점을 맞춘다. 심상시연치료(imagery rehearsal therapy)는 온화한 대안으로 발달시키고 연습시킴으로써 꿈의 심상 내용을 바꾸는 것을 포함한 악몽 치료 개입이다(예: Krakow & Zadra, 2006 참조). 물론, 내용 변화에 초점을 맞추는 것은 의미를 조사하는 것을 배제하지 않으며, 다시쓰기는 꿈과 꿈에 내재된 자기인식과 관련된 의미 변화에 특별히 집중해야 하는 경우가 있을 수 있다. 심상 다시쓰기를 위해 당신이 선택하는 절차가 어느 정도는 그것을 활용하는 목적에 따라 결정될 것이다.

심상 다시쓰기 활용 방법

심상 다시쓰기는 단독 치료로서 그리고 통합적 치료의 구성 요소로서 사용되고 있다. 전자의 예로, 스머커와 단쿠(1999)의 성학대 치료에 대한 선구적 연구가 있다. 그들의 프로토콜은 PTSD의 회복(단계 1: 재체험)의 촉진뿐만 아니라 더 적응적인 도식 형성과 내담자의 자기 돌봄 능력 향상으로 계획되었다(단계 2: 성인 자기가 기억으로 들어가 개입하기).

단독 치료로서 활용되는 심상 다시쓰기에서 더 실험적인 예로는 심한 재발성 우울을 대상으로 심상 다시쓰기를 한 브레윈과 동료들(2009)의 예비 연구가 있다. 이 실험에 참여한 10명의 내담자는 모두 인지치료 대기자 명단에 있었다. 그들의 증상이 안정적인지 확인하기 위한 3주 기초선 기간 후 내담자들은 심상 다시쓰기(3~19회기)를 평균 8.1회기 받았다. 심상 다시쓰기 회기들은 행동 활성화나 사고 도전하기와 같은 전통적 인지치료의 요소를 포함하고 있지 않았다. 심상 다시쓰기는 침습 기억과 관련된 반추의 빈도와 고통을 줄이는 데 효과적이었다. 그것은 또한 우울 증상도 개선시켰다(벡의 우울척도에 의해 측정; Beck, Steer, & Brown, 1996). 많은 참가자는 보상 행동에 자발적으로 참여하기 시작했다. 전반적으로, 표본의 약 반 정도가 개입으로 완전히 회복되었다는 것을 보여 주었다.

심상 다시쓰기는 개입의 일부로 더 일반적으로 사용되고 있고, 결과를 개선시키기 위해 또는 내담자가 표준 치료에 반응하지 않을 때 기존의 증거 기반 치료에 추가될 수 있다. 이것이 대개 의료진들이 심상 다시쓰기를 시작하는 방법이다. 연구 문헌 또한 이 방식으로 사용될 때 그 효과성을 조사하고 있다. 예를 들어, 와일드, 해크먼과 클라크(Wild, Hackmann, & Clark, 2007, 2008)는 사회불안장애를 대상으로 한 그들의 프로토콜에 심상 다시쓰기 1회기를 포함시켰고 그것이 심상의 생생함과 고통을 줄인다는 것을 발견하였다. 또 사회적 불안 증상이 개선되고, 다시 쓰게 된 그 기억과 관련된 숨겨져 있던 신념이 감소되는 결과를 얻었다. 다른 연구에서 맬로니, 코흐, 로버츠와 피텐저(Maloney, Koh, Roberts, & Pittenger, 2019)는 노출 및 반응방지법에 반응하지 않던, 강박장애를 겪는 내담자들을 대상으로 시행하였다. 그들은 그 연구에서 (필요에 따라 다르게 한) 1회기에서 6회기의 심상 다시쓰기 후에 내담자들의 강박장애 증상이 35% 감소되었다는 것을 보여 주었다.

도식치료(원래 도식중심치료라 불리는)에서 심상 다시쓰기는 제시된 예들처럼 기존 치료에 추가된 한 구성 요소가 아니라 치료의 핵심적인 부분이다. 안츠와 반 겐더렌(Arntz & van Genderen, 2009)은 경계선 성격장애 내담자를 대상으로 한 도식치료에서 심상 다시쓰기를 활용하는 방법에 대해 상세하게 설명한다. 그들의 관점에서, 심상 다시쓰기의 주요 목표 중 하나는 내담자가 "자신이 '잘못'이라는 생각 대신에 '잘못'자란 상황"(p. 50)을 발견하는 것이다.

안츠(2012)는 성격장애로 진단된 사람들과 작업할 때 심상 다시쓰기의 초점은 축 1 장애를 진단받은 사람들을 대상으로 사용할 때와는 다르다고 강조한다. 이 구분과 그것의 임상적 적용은 브로크만과 캘버트(Brockman & Calvert, 2017)에 의해 상세히 논의된다. 그들은 성격장애를 가진 사람들을 치료하기 위해 도식치료에서 사용한 심상 다시쓰기를, PTSD를 치료하기 위해 개발된 심상 다시쓰기의 근본 원리 및 실제와 비교한다. 프로토콜 단계 2에서 중요한 실제적 차이는 다시 쓰여질 기억을 가진 개인이 성인 자기로서 기억에 들어가 개입하도록 격려되는 것이거나 치료사가 아동 자기를 돕기 위해 기억에 들어가는 것이다.

'소크라테스식 심상'으로 설명되는 접근과 함께 성인 자기의 사용은 스머커와 단쿠(1999)에 의해 지지된다. 소크라테스식 심상은 인지적 기법에 기반한 언어적 소크라테스식 질문에 상응한다. 그것의 근본 원리는 내담자가 문제에 접근하거나 문제를 해결하기 위한 답과 최선의 방법을 알고 있다는 것이다. 치료사의 일은 바라는 결과를 도출하는 것이다. 실제에서, 이것은 내담자에게 말하거나 기억을 바꾸기 위해 무엇을 할지 명백한 제한을 하기보다 당신이 '아이를 돕기 위해 무엇을 하고 싶은가요?' 또는 '당신을 돕기 위해 심상으로 데려가고 싶은 사람이 누가 있을까요?'와 같이 질문한다는 것을 의미한다.

도식치료 단계 2에서 처음에 내담자의 성인 자기가 아닌 치료사가 기억으로 들어가는 근거는 내담자가 아동 자기를 구하고 돌볼 수 있는 건강하게 기능하는 성인 자기를 아직 지니고 있지 않다는 점에 있다. 이는 또한 도식치료의 일부인 한정된 재양육 기능을 지지하고 내담자가 아동 자기를 보호하거나 돌볼 수 없는 경험으로 인한 또 다른 '실패'를 피하고자 하는 것이다. 브로크만과 캘버트(2017)는 프로토콜이 장애에 따라 달라져야 한다는 것에 대해 의문을 제기하고, 대신에 개입의 목적에 따라 심상 다시쓰기가 시행되어야 한다고 주장한다.

임상에서 나는 보통 내담자에게 성인 자기를 데려갈 것인지 물음으로써 시작하고, 성인 자기가 효과적으로 개입할 수 없다면 내담자에게 누구를 부를 것인지 묻는다. 그리고 마지막 단계로 나는 내담자에게 치료사를 데려갈 것을 제안할 뿐이다. 하지만 나는 도식치료를 훈련받지 않았다. 치료사 같은 다른 인물에 비해 성인 자기가 개입하는 것이 자기 스스로 변화시키기 때문에 개입이 더 효과적인지 아니면 내담자에 따라 실제로 그 효율성이 다른지 경험에서 생긴 의문이 남는다.

혐오 기억에 대한 심상 다시쓰기의 효과

심상 다시쓰기는 폭넓은 다양한 장애에서 그 효과에 대한 증거가 증가하고 정말 초진단적 기법이 되고 있다. 모리나, 랜시와 안츠(Morina, Lancee, & Arntz, 2017)는 혐오 기억과 관련된 장애들을 대상으로 19개 심상 다시쓰기 실험을 메타 분석하였다(이들 중 7개 사례는 통제 실험으로 무선배치되었다.). PTSD 8개 사례, 사회불안장애 6개 사례, 신체이형장애 2개 사례, 그리고 주요 우울장애와 신경성 폭식증, 강박장애가 각 1개 사례씩이었다. 심상 다시쓰기의 평균 회기 수는 4.5회기이며, 범위는 1~16회기에 이른다. 실제 기억과 관련된 증상에 대한 심상 다시쓰기를 적용하는 실험에 초점을 맞추기 위해 악몽에 대한 심상 다시쓰기 실험은 배제하였다. 꿈과 악몽에 대한 다시쓰기의 증거는 이 장의 후반에 논의된다.

대부분의 연구에서 주요 결과는 증상 감소로 나타났고 9개 실험은 2차적 결과인 공존하는 우울을 포함하였다. 전체적으로, 메타 분석은 심상 다시쓰기가 특정 장애와 관련된 증상과 2차 우울과 관련된 증상을 감소시켰음을 보여 주었다. 증상 감소뿐만 아니라 실험의 한 부분으로 침습적 심상과 관련된 생생함과 고통 그리고 (대개 '숨겨진 신념'으로 언급되는) 기억과 관련된 신념에 대한 심상 다시쓰기의 영향을 조사하였다. 이 모든 것이 심상 다시쓰기 후에 크게 감소되었다. 혐오스러운 심상은 그 자체로 고통스러울 뿐만 아니라, 모리나와 동료들(2017)이 지적했듯이, 부정적 사건이 일어날 가능성에 대한 부풀린 판단을 뒷받침할 수 있고 상상된 미래 심상의 생생함에 영향을 미칠 수 있다. 심상 다시쓰기에 대한 연구는 계속 증가하고 있는데, 최근의 예로서 건강염려증을 겪는 내담자에게 도움이 될 수 있다는 예비 연구가 있고(Nilsson, Knutsson, Jalamo, & Lundh, 2019), 그리고 심상 다시쓰기가 PTSD 증상, 목소리 빈도와 목소리 청취자의 고통을 감소시켰다는 일련의 사례가 있다(Paulik, Steel, & Arntz, 2019).

모리나와 동료들(2017)의 메타 분석에서 8개 사례는 다시쓰기 전에 '포괄적인 인지적 준비'라고 설명한 것을 포함한다. 그리고 최근 연구들은 언어적 · 인지적 기법들과 심상 다시쓰기의 상대적 효과들을 증명하기 위해 노력하였다(사회불안장애: Norton & Abbott, 2016; 폭식 행동: Dugué, Renner, Austermann, Tuschen-Caffier, & Jacob, 2019; 강박장애: Fink, Pflugradt, Stierle, & Exner, 2018). 대략적으로 말해서, 두 가지 방법에 대한 세 가지 연구 모두 증상을 줄이는 데 효과적이었다. 노턴과 애보트(Norton & Abbott)는 두 가지 방법이 서로 다른 경로를 통해 작용할 수 있다고 말했으며, 또 그들은 비록 직접적으로 실험되지는 않았지만 심상 다시쓰기를 하기 전에 심상 다시쓰기의 효과를 최대화하기 위해 인지적 재구성의 활용을 추천한다.

성격장애 치료로서 심상 다시쓰기에 대한 연구에서, 그것의 효과를 입증한 큰 규모의 도식치료 실험 3개가 있지만 이것들은 심상 다시쓰기의 구체적인 이점에 대한 어떤 설명도 하지 않는다(Bamelis, Evers, Spinhoben, & Arntz, 2014; Farrell, Shaw, & Webber, 2009; Giesen-Bloo et al., 2006). 아마도 심상 다시쓰기에 대한 직접적 조사 중 가장 최근 것은 베르트먼과 안츠(2007)의 해체 연구(dismantling study)일 것이다. 그들은 심상 다시쓰기와 다른 경험적 기법들을 비교하였는데, 모든 참가자가 두 치료에 무선 배치되는 교차 계획에서, 성격장애를 위해 현재에 초점을 맞추는 더 전통적인 CBT 기법과 함께 아동기 기억을 해결하기 위해서였다. 두 개입방법은 효과적이었고, 안츠(2012)는 이것이 성격장애를 겪는 사람들에게 심상 다시쓰기를 활용하는 데 자신감을 줄 것이라고 말하는데, 그것은 과거에 초점을 맞춘 조건에서 가장 자주 사용되었던 경험적 기법이기 때문이다.

심상 다시쓰기의 효과성에 대한 문헌은 희망적이긴 하지만, 통제 조건의 부재, 소수의 참가자들, 단일 항목 측정에 대한 과도한 의존 그리고 일반화 가능성의 부족을 포함하여, 현재의 증거 기반에는 상당한 한계가 있다. 비록 일부 연구가 다른 개입 요소들과는 독립적으로 심상 다시쓰기를 조사하였지만 이 접근은 여전히 초기 단계에 있다. 어떤 개입의 효과성을 이해·평가·개선하기 위해 우리는 그것이 어떻게 작용하는지 알 필요가 있다. 지금 우리에게는 심상 다시쓰기의 효과성을 뒷받침하는 그 작용에 대한 분명하고 결정적인 이론적 설명이 없다. 사실, 안츠(2012)는 그것을 "이론이 필요한 기법"이라고 말한다(p. 200). 다음 절은 그것이 얼마나 효과적인지에 대한 최근의 몇 가지 의견들을 간단히 설명한다.

심상 다시쓰기의 작용에 대한 이해

심상 다시쓰기는 일반적으로 고통스러운 기억의 심상에 초점을 맞추고 이 기억을 탐색하고 어떤 식으로든 그것을 변화시키려는 실험을 통해 변화에 영향을 미치는 것을 목적으로 한다. 예를 들어, 한 내담자는 학대에 개입하고 그것을 멈추게 하고 아동 자기를 보호하기 위해 아동기 학대 사건의 기억 속으로 성인 자기를 데려갈 것이다. 이와 같이, 심상 다시쓰기는 사고에 도전하기, 연속선 활용하기와 긍정적 내용 일지 지속하기와 같이 주로 모두 언어 기반 개입인 더 전통적 인지치료 기법들과는 대조적으로, 근본적으로 경험적 기법이다. 상호작용하는 인지 하위체계(Interacting Cognitive Subsystems: ICS) 모델에서, 티즈데일과 버나드(1993)는 **명제적** 의미와 **함축적** 의미로 부른, 질적으로 다른 두 가지 종류의 의미를 구별하였다. 명제적 의미는 함축적 의미보다 더 구체적이고 우리 자신, 타인과 세상에 대해 이성적으로 말할 수 있다는 신념과 지식을 말한다. 자기에 대한 명제적 지식은, 예를 들어 '나는 남자다.' 또는 '나는 실패자다.'로 진술될 수 있다. 그에 비하여, 함축적 의미는 때때로 '느껴진 감각'으로 설명되는, 의미의 더 일반적인 '전체적' 유형이다. 자기에 대한 함축적 의미는 자기에 대한 경험을 '패배자'로 요약하고 대개 다양한 경험으로부터 걸러진 의미를 포함한다.

티즈데일(1999)은 함축적 의미 수준에서 변화를 낳기 위해 단순히 증거를 모으고 신념을 평가하는 것은 충분하지 않다고 주장한다(예: 사고 도전하기와 언어적 논쟁). 대신에, 의미는 시행된 경험을 통해서만 변화한다. 이 시행은 현실에서 또는 상상에서 일어날 수 있고 심상 다시쓰기는 이 시행을 위한 강력한 수단이 된다. 이것은 사고 도전하기가 도움이 되지 않는다는 것을 의미하지는 않는다. 앞 절에서 설명했듯이, 심상 다시쓰기가 다시쓰기를 할 기억에 붙어 있는 부정적 의미의 확인이 선행될 때 더 효과적인지 또는 심상 다시쓰기가 단독 개입으로서 똑같이 효과적인지에 대해서는 아직 결론이 나지 않았다. 임상에서, 나는 부정적 자기 의미를 확인한 후에 심상 다시쓰기를 더 많이 사용하고, 일반적으로 다시쓰기를 하기 위해 계획할 때 이것을 명확히 한다. 하지만 너무 많은 사전 준비 없이 그것을 자연스럽게 소개할 때도 있다.

함축적 의미와 명제적 의미의 구분은 유용한 틀이 되고 언어 기반 기법과 경험적 기법의 차별적인 영향을 일반적으로 설명하는 데 도움이 되지만, 심상 다시쓰기가 얼마나 효과적인지에 대한 구체적인 설명은 제공하지 않는다. 심상 다시쓰기에 대한 임상 적용의 발달과 그 효과에 대한 평가에서 주요 인물인 안츠(2011)는 현대 학습 이론에 근거를 두고 그것이 얼마나 효과적인지 설명하기 위한 이론적 근거를 제시하였다. 그는 심상 다시쓰기의 효과를 설명할 수 있는 한 가지 메커니즘으로서 무조건 자극(unconditioned stimulus: US) 재평가를 제안한다. 안츠는 다음과 같이 그 제안을 간추려 말한다.

> 현대 학습 이론에 따르면, 조건 자극은 직접적으로 조건 반응을 일으키지 않는다. 하지만 무조건 자극의 표상을 촉발하는데, 그것은 무조건 자극에 대한 기억이거나 조건 반응을 초래하는 무조건 자극이 다시 나타날 것이라는 기대이다(p. 467).

이 이론에서, 두려운 기억은 원래 외상적이거나 두려운 사건을 생각나게 하는 상황 속에서 반복적으로 활성화되는 무조건 자극에 의해 나타난다. 이 활성화는 원래 사건이 반복될 것이라는 예상을 낳고 따라서 두려움과 고통의 원인이 된다. 소거에 기반을 둔 전통적 학습 이론에 반해, 새로운 학습 이론 모델은 예측되는 것—이 경우에는 원래 두려운 사건이나 유사한 사건의 반복—에 대한 무조건 자극 활성화를 설명한다. 안츠(2011)는 심상 다시쓰기는 직접적으로 무조건 자극 표상(두려운 기억)을 재활성화시키고 그것의 의미를 변경할 수 있어서, 그것은 더 이상 위협이나 다른 혐오스러운 결과들을 예측하지 못한다고 주장한다. 그는 무조건 자극에 대한 정보가 어떻게 그것의 위협 가치를 변화시키는지를 입증한 실험을 지적하며, 심상 다시쓰기가 같은 방식으로 작용할 수 있다고 주장한다. 이것은 매력적인 주장이지만 안츠가 지적했듯이, 실증적인 입증을 요한다.

이론적 설명이 다양한 수준에서 존재할 수 있지만 무조건 자극 재평가에 대한 안츠(2011)의 제안의 강점 중 하나는 정의가 명확하고 잘 알려진 연합학습의 기본 메커니즘을 따른다는 점이다. 하지만 그는 그것이 한 가지 가능한 메커니즘이지만, 심상, 기억과 이 책의 주요 주제인 자기 사이의 복잡한 관계에 대해 완전히 설명할 수 있을 것 같지 않다고 말한다. 칠리, 쁘띠와 스토파(Çili, Pettit, & Stopa, 2017)는 이 관계들이 심상 다시쓰기를 뒷받침하는 메커니즘을 이해하는 데 중요하고, 그것들은 콘웨이와 플레이델피어스(Conway & Pleydell-Pearce, 2000)의 자기기억 체계(Self-Memory System: SMS) 모델과 브레윈(2006)의 회복 경쟁 가설에 따른다고 주장한다(1장 참조). SMS 모델은 개인이 자기에 대한 개념적(명제적) 지식과 자기 자신에 대한 기반이 된다고 생각할 수 있는 자전적 기억 속에 부호화된 지식을 구성하는 장기적 자기를 가진다고 제안한다. 자전적 기억은 주로 심상을 기반으로 하는 일화 기억을 포함한다. 장기적 자기뿐만 아니라, 개인은 복합적인 '작용하는 자기들'을 가지는데, 이는 지정된 시간과 장소에 존재하고, 구체적인 단기 목표를 성취하기 위해, 변화하는 환경적 요구들에 적절하게 반응하기 위해 회상되는 일련의 지식, 기억들과 행동 각본인 현재의 능동적 자기를 기술하기 위해 콘웨이와 플레이델피어스가 사용한 용어이다.

브레윈(2006)의 회복 경쟁 가설은 SMS 모델과 매우 잘 어울린다. 왜냐하면 그것이 개인이 복합적인 자기들을 지닌다는 아이디어에 기반을 두고 있거나 브레윈이 그것들—즉, '자기 표상들'—에 대해 언급했기 때문이다. 브레윈은 인지치료가 자기 표상을 변화시킴으로써 유효하게 작용하는 것이 아니라 더 긍정적이고 기능적인 자기 표상에로의 접근을 촉진함으로써 유효하게 작용한다고 주장한다. 이 더 긍정적인 자기 표상은 주로 개인이 장애를 겪을 때 우세한 부정적인 자기 표상에 접근하는 것을 억제한다.

칠리와 동료들(2017)은 심상 다시쓰기가 부정적 기억들의 의미와 유발성을 바꿈으로써 효과가 있고, 이러한 기억들이 관련된 '역기능적'(반드시 개인 전체를 정확하게 반영하는 것이 아닌 자기에 대한 부정적인 의미를 포함하는 의미에서 역기능적인) 작용하는 자기들의 회상에 미치는 영향을 차례로 수정한다고 주장한다. 따라서 브레윈(2006)의 가설에 따르면, 심상 다시쓰기는 더 긍정적인 자기 표상에 접근할 수 있게 하고, (SMS 모델에 따른) 기억의 의미를 바꿈으로써 부정적 기억과 관련된 자기 표상을 회상할 가능성을 줄인다. 안츠(2011)의 생각처럼, 칠리와 동료들에 의해 추정되고 있는 이론적 근거는 여전히 가정적이며, 실증적인 증거가 요구된다.

자기 표상에서 변화의 중요성은 또한 만치니와 만치니(Mancini & Mancini, 2018)에 의해 알려졌는데, 그들은 이 변화가 어떻게 일어나는지에 대한 대안적인 가설을 제안한다. 그들의 제안에 의하면, 심상 다시쓰기는 내담자가 자신의 부정적 정서에 대해 하는 평가를 바꿈으로써 부정적 자기 표상을 바꾼다. 부정적 감정을 문제가 되고 수용할 수 없는 것으로 인식하는 것은 광범위한 정신병리에서 고통을 유지하는 메타 정서적 문제로서 개념화된다. 예를 들어, 공황장애에서 불안 증상이 재앙적 결과를 나타내고(심장이 뛰는 것은 임박한 심장마비를 가리킨다.) 회피와 같은 역기능적 조절 전략을 야기한다. 만치니와 만치니는 심상 다시쓰기에서 활용된 관점의 변화의 경우 내담자가 아동기 자신의 정서를 타당화하고 다양한 부정적 정서의 수용을 촉진함으로써 일반적으로 더 큰 자기 수용을 촉진하도록 돕는다고 제안한다. 이번에도, 이것은 호기심을 끄는 의견이지만 아직 그것을 지지하는 직접적 증거는 없다. 앞으로의 연구는 심상 다시쓰기를 뒷받침하는 메커니즘에 대한 이해를 증진시키기 위해 이러한 여러 가지 가설을 시험하고 그들이 만든 가정들을 구별하기 시작할 수 있다.

이제 심상 다시쓰기의 실제적 적용을 살펴보기로 하자.

다시쓰기를 위한 기억 선택

심상 다시쓰기는 침습적이고 고통을 야기하며 일반적으로 개인이 자기를 어떻게 인식하는지에 크게 영향을 미치는 특정 기억을 표적으로 한다. 때때로 표적으로 하는 기억은 매우 명확하다. 하지만 불확실하다면, 기억의 생생함, 관련 침습의 빈도, 그리고 그것이 야기하는 고통 모두가 적절한 표적 기억을 선택하기 위해 당신이 사용할 수 있는 지표들이 된다. 가장 고통스러운 기억이 압도하는 것 같다면, 그때 당신은 힘든 기억의 위계를 작성할 수 있는지 논의하고 내담자가 참을 수 있는 위계의 지점에서 심상 다시쓰기를 시작할 수 있다. 대개 내담자가 다시쓰기를 하게 된다면, 그들은 위계에서 더 높은 곳에 있는 고통스러운 기억을 해결할 수 있다는 자신감을 더 느끼게 된다. 물론, 당신이 위계의 낮은 지점에 있는 기억을 다루기 시작한다면 그것이 더 또는 가장 혐오스러운 기억을 촉발하게 되는 위험이 있다. 하지만 심상 다시쓰기의 첫 단계는 단지 표적 기억만을 활성화할 필요가 있다는 점에 주목하는 것이 중요하다. 상세하고 늘어지는 재체험이 필요하지는 않다.

자기에 대한 부정적 관점을 해결하기 위해 심상 다시쓰기를 사용할 때, 개인의 자기지각과 관련된 다양한 기억들이 있을 수 있다. 이 경우에, 1장에서 소개한 자기 정의적 기억들에 대한 개념으로 돌아가는 것이 유용하다. 이것들은 사람들이 자신이 누구인지 그리고 어느 부분이 그들의 삶의 이야기에서 중요한 지점인지를 이해하도록 돕는 기억들이다. 이것들은 사람들이 지속적이고 안정적인 자기인식을 유지하도록 돕는다. 혐오스럽고 고통스러운 기억이 많을 때조차도 내담자는 자신이 어떤 사람인지, 자신에 대해 무엇을 믿는지를 결정하는 것처럼 보이는, 두드러진 특정 사건을 식별할 수 있다. 이 자기 정의적 기억을 해결할 수 있다면, 당신은 가장 큰 변화를 이루어 낼 가능성이 있고, 그 결과 관련된 기억은 대개 효력을 잃게 된다.

3단계 프로토콜을 활용한 심상 다시쓰기: 임상 사례

내가 치료사들에게 심상 다시쓰기를 소개할 때, 거의 항상 3단계 프로토콜로 시작한다(Arntz & Weertman, 1999). 심상은 사고 기록지와 같은 기존의 언어적 기법을 활용한 작업보다 일반적으로 더 유연하고 덜 구조적이다. 그래서 초보 치료사들은 종종 그것을 사용하는 방법이나 그것을 진행하는 방법에 대해 확신하지 못하기 때문에 심상을 사용하는 데 있어서 불안해한다. 3단계 프로토콜은 심상 다시쓰기를 위한 틀을 제공하고 각 단계 내에서 창의성과 유연성을 발휘할 수 있기 때문에 유용한 모델이다.

단계 1에서, 내담자는 아동 자기의 관점에서 외상적이거나 혐오스러운 기억을 재체험한다. 이 단계와 심상 다시쓰기 사이의 차이는 내담자가 광범위한 세부 사항을 다룰 필요가 없다는 점이다. 이 단계의 주요 목표는 기억을 활성화하는 것이다. 노출 기반 기법과 달리 기억 활성화가 야기한 고통에 내담자를 습관화시키지는 않는다. 하지만 심상 다시쓰기와 마찬가지로, 내담자가 1인칭 관점을 사용하는 것이 도움이 되는데, 기억에 참여하는 것을 더 촉진하기 쉽기 때문이다.

단계 2에서, 내담자는 성인 자기로서 기억에 들어가서 그 관점에서 사건을 본다. 이 지점에서 당신은 내담자가 성인의 지식과 능력을 활용하여 개입하도록 격려한다. 초반에 지적했듯이, 당신이 도식치료의 일부로서 다시쓰기를 하는 것은 아니지만, 이 지점에서 당신의 역할은 일어난 일을 규정하는 것이 아니라 성인이 개입하도록 촉진하고 격려하는 것이다. 만약 내담자가 어려움을 겪고 있다면, 당신은 개인이 해결책을 찾도록 돕기 위해 촉구를 사용할 수 있다. 그리고 만약 이것이 효과적이지 않다면 당신은 내담자가 '시도해 보도록' 제안하고 격려할 수 있고, '그다음 당신이 [또는 지정된 인물이] 할 수 있는 일이 뭘까요?'와 같은 촉구가 이어질 수 있다.

단계 3에서, 내담자는 아동의 관점에서 그 기억을 다시 재체험한다. 그러나 이번에는 성인 자기의 존재와 함께한다. 당신은 외상이 있는 동안 아동에게 필요한 것을 아동 자기가 성인에게 요구하도록 격려할 수 있다. '당신은 성인 자기가 지금 무엇을 하길 원해요? 기분이 나아지는 데 뭐가 도움이 될까요?' 다음 예는 따돌림 사건을 다시 쓰기 위해 안츠와 베르트만(1999)의 3단계 프로토콜을 사용한다.

따돌림 기억을 표적으로 3단계 프로토콜을 활용한 심상 다시쓰기

조디는 10대 초반부터 사회불안장애를 겪고 있는 32세 여성이다. 그녀는 꽤 최근에 우울증 진단을 받았다. 그녀는 사회불안장애에 대해 CBT를 받았고 제법 진전이 있었다. 그녀는 자신을 보는 방식이 왜곡되었다는 것을 이제 알게 되었고, 타인들이 그녀를 심하게 대하거나 마치 그녀가 어떤 면에서 이상한 것처럼 반응하지 않는다는 것을 증명하기 위한 일련의 행동 실험을 했다. 하지만 자신에게 이상하고 수용할 수 없는 어떤 것이 있다는 느낌을 떨쳐 버릴 수가 없다. 마음속 깊은 곳에서 그녀는 '내가 다른 사람들과 같다는 것을 믿을 수 없어.' 그리고 '그들이 나를 알아보고 내가 약간 특이하다는 것을 알게 되는 것'은 시간문제라고 말한다. 조디는 열두 살 때 학기 중에 전학을 갔다. 친구를 사귀기 어려웠고, 대부분이 함께 입학하여 단단하게 형성된 여러 무리가 있었다.

조디는 쉬는 시간에 나가서 놀 친구가 없었던 힘든 경험을 떠올릴 수 있다. 그녀는 마치 무리에 속한 것처럼 보이기 위해 무리 끝에서 서성거렸다. 몇 주가 지나갔고, 그 후 갑자기 두 여자애가 그녀를 괴롭히고 놀리기 시작했을 때 훨씬 더 나빠졌다. 처음에, 그들은 그녀가 지나갈 때 "괴짜야, 괴짜가 온다."와 같은 말을 속삭였다. 조디는 점점 자의식이 증가하게 되었고 이 두 여자애를 피하려고 하였지만 그들과 계속 부딪혔다. 그녀는 자신이 하는 모든 것을 감찰하기 시작했고 투명 인간이 되려고 애썼다고 말했다. 과거를 돌아보면, 그녀는 주목받지 않으려고 하는 게 너무 힘들었기 때문에 특이한 방식으로 행동하고 어색하게 걷기 시작했다고 생각한다.

학교를 다닌 지 몇 달이 지났을 때, 조디는 그녀를 괴롭혔던 두 여자애가 있는 무리에 속한 크리스탈이라는 애의 생일 파티에 초대되었다. 지금 생각해 보면, 크리스탈의 엄마가 그녀에게 미안하게 느꼈고 그래서 딸이 자기를 초대하게 했던 것이었다. 그녀가 거기에 간 그 순간, 그녀는 그것이 실수라는 것을 알아차렸다. 다른 애들은 그녀에게 거의 말을 걸지 않았고 그녀는 너무 긴장되어서 먹을 수도 없었으며 토할 것 같아 화장실에 가야만 했다. 그녀를 놀린 애들 중 하나가 화장실을 쓰려고 기다리고 있었고 그녀가 토하려고 애쓰는 것을 들었다. 이 여자애는 거실로 돌아와서 "쟤 옆에 앉지 마, 역겨워, 막 토했어, 으~"라고 말했다. 다른 여자애들 몇몇이 웃기 시작했다. "변태, 괴짜."라고 수근거렸고 그들 모두 꽤 의도적으로 그녀를 따돌렸다. 조디는

30분을 버텼고 더 이상 참기 어렵다고 느낄 때쯤 크리스탈의 엄마를 발견했고 기분이 좋지 않다고 말했다. 조디는 엄마가 데리러 오도록 전화해 줄 수 있는지 그녀에게 물었다. 이 기억은 조디의 마음속에 아주 생생하다. 그녀는 아주 수치스럽고 어느 정도는 그녀를 거부하는 그들이 옳았다고 느낀다.

조디에게 이 사건은 자기 정의적 기억을 나타내고, 이것은 그녀가 자신을 보는 방식면에서 중요하다. 조디와 치료사는 일어난 일과 그녀가 '이상하고' '다른 사람들과 다르다'는 그녀의 신념과 어떻게 관련되는지에 대해 토론하였지만, 그녀는 여전히 자신이 이상하다는 것은 10점 만점에 7점 정도로 믿고 타인들과 근본적으로 다르다는 것은 10점 만점에 8점 정도 믿는다. 조디는 심상 다시쓰기를 시도하는 데 동의하였고 다음 대화는 안츠와 베르트만(1999)의 3단계 프로토콜을 사용한 다시쓰기를 나타낸다.

단계 1

치료사: 우리는 생일 파티에 대한 정말 불편한 기억으로 돌아가서, 그것이 당신의 자신에 대한 관점에 어떻게 영향을 미치는지 알아보기 위해 다른 방식으로 그것을 살펴볼 거예요.

조 디: 실제로 일어난 일이 변하지는 않아요. 그렇죠? 그래서 그것이 도움이 되는지 정말 확신하지 못하겠어요.

치료사: 심상 작업이 실제로 일어난 일을 바꾸지 않는다는 것은 맞아요. 하지만 결과적으로, 일어난 일이나 당신이 내린 결론에 대한 감정을 바꾸는 것은 가능해요. 시도해 보겠어요?

조 디: 네, 나는 그것이 어떤 도움이 될 수 있는지 약간은 확신할 수 없어요.

치료사: 그럴 만도 하죠. 그리고 오늘 우리가 하는 것의 일부는 이것이 도움이 되는지 아닌지 알아보기 위해 실험하는 거예요.

조 디: 좋아요. 준비되었어요.

치료사: 조디, 잠시 후, 눈을 감고, 지금 일어나고 있는 것처럼 생일 파티로 들어가 볼게요. 그리고 당신이 과거 시제보다 현재 시제를 사용하길 바라요. '나는 문 앞에서 기다리고 있어요.'처럼요. 그리고 필요하다면 당신이 떠올릴 수 있는 힌트를 줄 거예요. 그다음, 우리는 약간 다른 것을 시도할 거예요. 각 단계마다 당신에게 말해 줄게요. 준비되었나요?

조 디: 네.

치료사: 눈을 감으세요. 당신은 파티가 있던 그날로 돌아가서, 당신이 거기에 있고 지금 일어나고 있는 것처럼 상상해 보세요. 당신이 기억을 경험하는 동안 일어나는 일을 내게 묘사해 주세요. 자, 준비가 되면 처음부터 시작하고 내게 말해 주세요.

조 디: 나는 엄마와 차 안에 앉아 있어요. 긴장되지만 약간은 흥분돼요. 여기 오고 나서 초대받은 것이 처음이에요. 다음 주 학교에서 그것에 대해 말하는 상상을 하기엔 좀 이르지만요. 우리가 거기 도착했는데 속이 울렁거리고 긴장돼요. 하지만 여전히 기대돼요. 드디어, 친구를 사귈 수 있을 거라고 생각해요. 문 앞에 서 있었어요.

치료사: 나는 문 앞에 서 있어요…….

조 디: 아, 네, 미안해요. 나는 문 앞에 서 있어요. 심장이 두근거리고 크리스탈이 문을 열어요. 그녀는 활짝 웃고 있어요. 그녀가 문을 열 때 흥분돼요. 그때 그녀가 나를 보고 말해요. "오, 너구나." 그리고 돌아서 집안으로 걸어 들어가요. 나는 어떻게 해야 할지 모르겠어요. 그래서 그녀를 따라 들어가요. 그때 그 애 엄마가 나타나요. 그녀가 안녕하고 인사를 하는데 정말 좋고 친절해요. 그런데 나는 혼란스러워요. 크리스탈은 내가 여기 온 것에 대해 그렇게 반가워하지 않는 것처럼 보여요. 그래서 잘못 판단한 걸지도 몰라요. 그녀의 엄마가 나를 거실로 데려가서 말해요. "얘들아, 얘는 조디야. 인사해." 그리고 그 애들이 모두 날 쳐다보고 "안녕" 하고 인사해요. 하지만 정말 불친절하게 인사해요, 내가 신경 쓸 가치가 없다는 듯이. 나는 팔을 뻗어 크리스탈에게 선물을 줘요……. 나는 아주 세심하게 그것을 포장했는데 그 애는 그것을 받으려고 팔을 뻗지만 떨어뜨려요. 그 애는 미안하다고 말하지만 전혀 미안하지 않다는 식으로 말해요. 그 애의 절친 마르타가 "멍청이."라고 중얼거리지만 그녀가 말하는 건 크리스탈이 아니라 나라는 것이 분명해요. (말을 멈춘다.)

치료사: 조디, 정말 잘하고 있어요. 다음에 어떻게 되죠?

조 디: (깊이 숨을 쉬고 몸서리친다.) 그때 난 그냥, 그냥 거기 앉아 있어요. 운동장 같았어요. 난 거기 있지만 모두 나를 무시해요. 그들 모두 나를 싫

어해요. 그 애들은 내가 거기에 없길 바라요. 내가 가도록 압력을 주고 있어요. 아주 잘못 판단했다는 것을 깨달아요. 난 결코 어울리지 못해요. 거절했어야 했어요. 그때 크리스탈의 엄마가 음식을 들여오기 시작했고 약간의 미니 피자와 막대 꽂힌 소시지, 칩과 그런 것들이 있었어요. 기름과 조리된 치즈의 냄새 때문에 정말 구역질 날 것 같아서 집중할 수가 없어요. 그래서 계속 침을 삼키는데 토할 것 같아요. (이 말을 하는 동안 목소리가 빨라진다.) 그래서 방을 뛰쳐나가서 화장실을 찾아가 토하기 시작해요. 숨을 들이쉬고 토하려고 해요. 하지만 아무것도 나오지 않아요. 왜냐하면 출발하기 전에 너무 긴장해서 아무것도 먹지 않았거든요. 그리고 찬물로 얼굴을 씻고 욕조 테두리에 앉아서 울어요. 되돌아가야 하는데 되돌아갈 수가 없어요. 그때 문 두드리는 소리가 나요. 밖에서 마르타가 말해요. "어서, 서둘러, 화장실 쓰고 싶어." 그래서 나는 되돌아가야만 해요. 문을 열고 되돌아가요. 처형장으로 끌려가는 것 같은데, 그 애들은 모두 영화를 보기 시작했어요. 나는 그게 뭔지 전혀 몰라요. 난 그냥 사라지고 싶어요. 그래서 소파 끄트머리에 앉아서 가능한 한 나를 작게 만들려고 해요. 누구도 나를 주목하지 않아요. 그래서 좋아요. 마음이 놓이네요. 그때 마르타가 되돌아오는데 걸어오면서 나를 뚫어지게 쳐다보고 말해요. "으, 역겨워. 얘 토했어. 근처에 가지 마. 너희도 걸릴 수 있어." 그리고 티나가 "변태, 변태."라고 노래를 불러요. 그 애들 모두 나를 쳐다보고 있고 애들이 "미치광이, 괴짜, 으, 쟤는 역겨워."라고 말하는 게 들려요. 내가 나를 상자 속에 가둔 것 같아요. 아무 일도 없어요. 그저 거기 앉아 있어요. 그 애들 모두 영화를 보는 동안 나는 얼어붙어 있고 혼자예요. 나는 살금살금 나와서 크리스탈의 엄마를 찾아서 말해요. "정말 죄송해요. 몸이 안 좋아요. 엄마한테 와서 데려가도록 전화해 주실 수 있나요?" (오랫동안 멈춰 있다.)

치료사: (매우 부드럽게) 조디, 그게 끝인가요?

조 디: 네. 엄마가 와서 집에 간 일이 정말 기억이 안 나요. 내가 기다리는 동안 그게 완전히 멈췄어요.

단계 2

치료사: 좋아요. 조디, 눈을 계속 감고, 당신이 파티에 가는 길에 엄마와 차 안에 있던 초반으로 되돌아갔으면 해요. 하지만 이번에는 성인 자기의 눈으로 무슨 일이 일어나는지 보고 나한테 묘사해 주면 좋겠어요. 그래서 성인 조디는 아이 조디가 파티 가는 길에 차 안에 앉아 있는 것을 보게 될 거예요. 그리고 성인 자기는 당신이 원한다면 일어난 일에 대해 의견을 말하거나 개입할 수 있어요. 준비되었나요?

조 디: 네, 그런 것 같아요.

치료사: 좋아요. 계속 눈을 감고 계세요. 차 안에 있는 조디에서 시작해요.

조 디: 좋아요. 엄마와 함께 조디가 거기 앉아 있어요. 이렇게요?

치료사: 네. 잘하고 있어요, 조디. 계속하세요.

조 디: 엄마와 함께 차 타고 가고 있어요. 조디는 약간 긴장하고 흥분되어 있어요. 지난 몇 달 동안 정말 힘든 시간이었어요. 그녀는 이게 돌파구가 될 수 있을지 궁금해하고 있어요. 그녀가 많은 친구를 사귈 수 있을지. 왜냐하면 전 학교에서는 친구들이 있었고 잘 어울리는 것 같았거든요.

치료사: 엄마와 함께 차를 타고 가고 있는데 그녀에게 말하고 싶은 게 있을까요?

조 디: 네, 그녀가 느끼는 것이 정상이라고 말해 주고 싶어요. 많은 사람이 파티 전에 긴장되고, 그녀가 초대받았기 때문에, 크리스탈이 그녀를 좋아하고 친구가 되고 싶어한다는 것을 의미할 수 있다고. 또 전학을 가는 건 힘든 일이고 다른 아이들도 항상 그렇게 편한 것은 아니라고.

치료사: 그걸 그녀에게 말해 주겠어요?

조 디: 그녀를 뭐라고 부르죠?

치료사: 뭐가 좋을까요?

조 디: 글쎄요. 첫 학교에 다닐 때, 모두가 나를 조이라 불렀어요. 하지만 지금은 모두가 조디라고 알고 있어요. 그게 더 어른 이름처럼 보이거든요. 그러니 아마 그녀는 조이겠네요.

치료사: 좋아요. 파티 가는 중 함께 차에 타고 있는 조이에게 뭐라고 말하고 싶어요?

조 디: 좋아요, 시작해요. 조이, 긴장하거나 친구를 사귀겠다고 바라는 건 어리

석은 게 아니야. 둘 다 완전 정상이야. 정말 힘든 시기야. 전 학교에서는 정말 행복했었지. 학교와 동네에 친구도 많았지. 아빠가 실직을 하지 않았다면 우리는 이사할 필요가 없었고 이런 일은 일어나지 않았을 거야.

치료사: 조디, 그다음엔 어떻게 돼요?

조 디: 집에 도착했고, 누군가 대답하길 밖에서 기다리고 있어요. 그녀는 정말 긴장돼 보여요. 쪼그라들고 싶어 하는 것처럼요. 그때 문이 열리고 그녀의 얼굴 표정이 약간 밝아져요. 하지만 그 여자애가 조이를 먼지같이 쳐다보고 인사도 하지 않아요. 정말 화가 나요. 어떤 권리로 그 애가 다른 사람을 그렇게 대할까요? 그때 그 애 엄마가 나타나요. 그녀는 정말 착해요. 그래서 여기서 무슨 일이 일어나고 있는 건지 의아해하고 있어요. 크리스탈의 엄마는 정말 친절하게 맞이해요. 내 생각에, 오, 아마 그녀는 그냥 뭔가를 하는 중이었고 거기로 되돌아가고 싶을지도 몰라요. 그래서 나는 조이 어깨를 토닥여요. 그리고 단지 그녀를 격려하려고 "괜찮아."라고 말해요.

치료사: 조이는 지금 어떻게 보여요?

조 디: 그녀는 불안해 보여요. 저 여자애가 그녀를 맞이한 후라 놀랍지도 않아요. 하지만 그녀는 여전히 괜찮길 바라고 있어요. 그리고 예쁘게 포장한 선물을 들고 있어요. 정말 노력했다는 걸 알 수 있어요. 포장지에 나비가 있고 그녀가 곱슬곱슬하게 만든 반짝이는 리본이 있어요.

치료사: 그래서 다음은 어떻게 돼요?

조 디: 음, 복도를 걸어가요. 정말 좋은 집이에요. 여자애들이 멀리서 떠드는 소리가 들려요. 신나고 행복한 것처럼 들려요. 그때 크리스탈의 엄마가 들어가서 말해요. "조디에게 인사해." 그리고 그 애들 모두가 나를 올려다보고 안녕이라고 말해요. 하지만 전혀 우호적이지 않아요. 난 그 애들을 끊어 내 버리고 싶어요. 그 애들은 아주 심술궂어요. 그 애들이 그녀에게 좀 더 친절하게 대하게 하려면 무엇이 필요할까요?

치료사: 조이는 무엇을 하나요?

조 디: 그녀는 크리스탈에게 선물을 주고 크리스탈은 그것을 떨어뜨려요. 그녀가 의도적으로 그랬다고 확신해요. 정말 비열한 모습이 그녀의 눈 안에

있어요. 그리고 다른 애들도 중얼거리기 시작해요. 솔직히 말하면, 난 이것 때문에 정말 화가 나요. 그 애들은 왜 그러는 걸까요? 그리고 크리스탈의 엄마가 음식을 갖고 들어오고 나는 조이가 점점 더 당황하고 방을 뛰쳐나가는 걸 볼 수 있어요.

치료사: 어떻게 하고 싶나요?

조 디: 그녀를 따라가지만 돌아와서 그 애들에게 그렇게 심술궂은 짓 그만하고 싸가지 없는 사람처럼 굴지 말라고 말하고 싶어요.

치료사: 그다음은 어떻게 되나요?

조 디: 조이는 화장실에서 토해요. 그래서 내가 들어가서 수건을 주고 그녀가 얼굴을 닦는 것을 도와줘요. 그리고 그녀 잘못이 아니고, 그 애들이 정말 심술궂은 애들이고 친구가 될 가치가 없는 것 같다고 말해요.

치료사: 조이는 뭐라고 말하나요?

조 디: 그녀는 여전히 그 애들과 친구가 되고 싶다고 말해요. 그때 한 여자애가 문을 두드리기 시작하고 화장실을 쓰고 싶다고 말해요. 그래서 나가서 나는 그녀에게 너무 초조해하지 말라고 말해요. 우리가 돌아갔을 때 그 애들 모두 영화를 보고 있어요. 조이가 소파 끄트머리에 앉아요. 그녀는 여전히 당황하고 있는 게 보여요. 나는 이제 그 애들이 그녀를 혼자 내버려두고 그냥 영화를 계속 보길 바라요. 하지만 운이 없네요. 화장실에서 온 여자애가 돌아와서 조이가 구토한 것에 대해 말해요. 그녀가 실제로 토하지도 않았는데도 불구하고 말이에요. 그들 중 몇몇이 심술궂게 숨죽여서 중얼거려요.

치료사: 기분이 어때요?

조 디: 그전엔 화가 났었는데 지금은 분노가 치밀어요. 심술궂은 싸가지 없는 어린 것들. 그래서 내가 그들을 향해서 그들에게 그대로 되갚아 줘요. 그들에 대해 내가 생각하는 걸 말해요.

치료사: 그들이 어떻게 반응해요?

조 디: 그들은 정말 충격받아요. 그래도 그게 그 애들의 입을 다물게 해요.

치료사: 그다음 어떻게 돼요?

조 디: 내가 조이 손을 잡고 데리고 나가요. 나는 그 애들에게 너희는 친구가 될

가치가 없고 조이는 친구가 될, 훨씬 더 괜찮은 애들이 많다고 말해요.

치료사: 끝인가요?

조　디: 네, 내가 그녀를 데리고 멀리 가요. 그래서 끝나요.

단계 3

치료사: 잘했어요, 조디. 이게 당신에게 힘든 일이라는 걸 알아요. 이제 내가 하고 싶은 것은 처음으로 되돌아가서 그것을 조이의 관점에서 다시 경험하는 거예요. 처음에 우리가 했던 것처럼요. 하지만 이번에는 성인 조디가 거기에 있길 바라요. 알겠어요?

조　디: 그래서 우리 모두 거기에 있지만 어린 조이가 그것을 다시 경험하는 거네요?

치료사: 네, 맞아요. 그리고 어린 조이가 이 일을 헤쳐 나가는 데 필요한 것을 어른 조디에게 요구하면 좋겠어요.

조　이: 좋아요. 알 것 같아요. 그러니까, 나는 크리스탈의 파티에 가는 길에 엄마와 함께 차 안에 앉아 있어요. 그리고 무릎 위에 크리스탈에게 줄 선물을 가지고 있어요. 나는 정말, 정말 긴장하고 있어요. 차에서 토할 것 같아요. 위가 너무 경직되어 있어서 점심에 아무것도 먹지 않았어요. 하지만 좀 흥분해 있어요. 옛날 친구들이 너무 그립고 이사 온 이후 여기서 너무 외로웠기 때문에 친구를 사귀고 싶어요.

치료사: 어른 조디가 어떤 걸 도와줄 수 있을까요?

조　이: 그녀는 일어난 일에 대해 내게 말해 줄 수 있어요.

치료사: 무슨 뜻이에요?

조　이: 음, 일이 어떻게 되는지.

치료사: 조디, 그렇게 할 수 있어요?

조　디: 조이, 네가 정말 힘든 시간을 보내고 있다는 걸 알아. 학교에는 정말 비열한 여자애들이 있고, 다시 일어서는 데 시간이 좀 걸린단다. 하지만 이 파티 이후에, 엄마가 직장에 널 데려갔을 때 샬럿을 만나 그녀도 네가 좋아하는 것을 좋아해. 비록 샬럿은 다른 학교에 다니지만, 주말에 함께 지내고 더 행복해지기 시작해. 그다음 해에 너는 샬럿의 학교로 전학을 가서 좋은 친구들을 사귀게 돼. 그러니까 지금이 네 인생에서 정말 힘든 시간이야. 바로 고칠 수는 없지만 그게 영원하지는 않아.

치료사: 파티에 도착했을 때 무슨 일이 일어나나요?

조 이: 나는 문 앞에 서 있고 문이 열리고 크리스탈이 나를 보고는 바로 돌아서서 아무 말도 안 해요. 나는 조디의 손길이 느껴지고 도움이 되지만, 좀 혼란스러워요. 그때 그 애 엄마가 나오는데 그녀는 정말 좋고 친절해요. 내가 복도를 따라 걸어갈 때 다른 아이들이 웃고 떠드는 소리가 들려요. 하지만 내가 거실에 들어갔는데, 그 애들은 내가 거기 있길 원하지 않아요.

치료사: 기분이 어때요?

조 이: 끔찍해요. 나는 큰 구멍이 열려서 나를 삼켜 주길 원하는 것 같아요. 그냥 사라지고 싶어요. 내가 크리스탈에게 선물을 건네요. 그 애가 뭘 좋아할지 오래 생각했고 그것을 사기 위해 돈을 모았어요. 그리고 정말 예쁘게 그것을 포장했어요. 그런데 그 애는 그걸 그냥 떨어뜨려요. 내가 준 어떤 것도 아무런 가치가 없는 것처럼.

치료사: 어른 조디가 당신 옆에 있나요? 당신이 기분이 좋아지도록 그녀가 할 수 있는 게 있을까요?

조 이: 내 손을 잡을 수 있어요. 그래도 약간 혼란스러워요. 왜 나를 초대했는지 이해가 안 돼요.

치료사: 조디에게 이유를 물어보세요.

조 이: 조디, 왜 그 애들이 나를 초대했을까?

조 디: 글쎄, 크리스탈의 엄마는 네가 이 지역에 온 지 얼마 안 되었다는 걸 알고 네가 운동장에서 좀 소외된 것처럼 보이는 걸 봤나 봐. 그래서 파티에 초대하는 게 좋은 생각일 거라고 생각했나 봐.

조 이: (아주 작은 목소리로) 크리스탈은 어때?

조 디: 그 애 엄마가 너를 초대하라고 말했지만 그 애들은 파티를 오랫동안 계획했고 오랫동안 서로 알고 지내고 있으니 모르는 애들이 오는 걸 원치 않아 해. 그녀는 어느 누구도 낯선 사람이 생일 파티에 오는 것을 원치 않는다고 말했고 걔 엄마가 너를 초대하는 것에 화가 났어.

조 이: 나는 그 애들 모두 나를 정말 싫어한다고 생각했어.

조　디: 왜 그 애들이 모두 너에게 비열하게 구는지 물어봤는데, 그 애들은 정말 몰랐어. 그 애들이 말하길, 마르타는 종종 그렇게 행동한다고 말했어. 그 애가 한 명을 고르고, 그다음에 가담하는 건 쉽지. 그 애들이 너를 싫어한다고 생각하지 않아. 그 애들은 너를 몰라. 무리 동물처럼 행동한다고 생각해. 너는 외부 사람이었어.

치료사: 조이, 조디가 뭘 해 주면 좋을까요?

조　이: 조디가 가서 샬럿을 데려오면 좋겠어요. 나는 친구가 필요해요. 얘네는 누구도 내 친구가 아니에요.

조　디: 좋아. 내가 가서 샬럿을 데려올게.

치료사: 조이, 샬럿이 오면 어떻게 되나요?

조　이: 그녀가 걸어와서 크리스탈과 다른 애들을 봐요. 그리고 말해요. "패배자들." 그리고 그녀는 내 손을 잡고 말해요. "여기서 나가자." 그리고 우리는 똑바로 서서 함께 걸어 나가요. 그 애들은 우리를 쳐다봐요. 그 애들은 아무 말도 할 수 없어요. 샬럿이 그 애들을 바보로 만들었고, 어떤 것이 떨어져 나간 것처럼 나는 가벼움을 느껴요. 아마 다시 행복해질 거예요.

크리스탈의 생일 파티는 그녀가 잘못된 존재이고 수용될 수 없고 어떤 식으로든 이상하다는 조디의 신념에 대한 증거를 제공한다. 아빠가 직장을 잃었기 때문에 가족이 새로운 지역으로 이사한 후 그 파티가 있었다. 조디는 오랜 친구들을 잃은 것 때문에 힘들고 학교에서 새 친구를 사귀기 어렵다는 것을 알게 되었다. 새 지역에 적응했고 새 친구를 사귀었고 사회적으로 그리고 학습적으로 잘하고 있다는 사실에도 불구하고 이 사건은 그 위력을 잃지 않았다. 조디는 화장실에서 토하려고 한 것에 대한 여자 애들의 반응과 합쳐져서 거절당하는 것에 대해 강한 수치심을 느꼈다.

심상 다시쓰기는 조디가 사건을 맥락화할 수 있고 비록 힘든 시기였지만 얼마 되지 않아 바로 친구를 사귀기 시작했다는 것을 알 수 있도록 하였다. 또 다른 여자애들의 행동이 한 개인인 그녀에 대한 직접적 반응이 아니라는 것을 아는 데 도움이 되었다. 그들은 그녀에게 내재적으로 '잘못'이 있어서가 아니라 그녀가 '낯선 소녀'였기 때문에 그녀를 선택하였다. 파티에서, 그들은 크리스탈의 엄마가 그녀를 그들에게 들이 밀었다고 느꼈다. 좋은 의도였음에도 불구하고, 조디를 초대한 것은 크리스탈의 엄마의 실수였다. 또한 조디는 마르타가 대개 심술궂고 여러 번 놀리기 시작한 것이 단지 그녀를 향한 것이 아니라는 것을 기억하는 데 도움을 받았다. 성인 조디는 왜 어린 자기가 초대받았는지 반드시 알 필요는 없지만 그녀는 성인 세계에서 지식을 끌어올 수 있고 그럴듯한 설명을 제공할 수 있다. 그렇게 함으로써, 그녀는 그 당시 일어났던 일에 대해 조이의 해석과 아주 달랐던 것을 조이에게 설명해 주었다.

이 심상 다시쓰기에서, 치료사는 성인 조디가 파티에 들어가도록 요구함으로써 그녀가 개입할 수 있었다. 그렇지만 그 후 치료사가 조디와 다시쓰기에 대해 토론할 때, 그녀는 진정한 차이를 만든 것은 샬럿이 거기에 있어야 한다는 것을 깨달은 것이라고 말했다. 샬럿은 청소년기 내내 절친이었고 지금도 여전히 서로 가까운 사이이다. 조디는 어쨌든 샬럿이 거기에 있는 것이 그 파티가 중요하지 않다는 것을 깨닫게 해 준 것이라고 말했다. 그녀는 샬럿이 그 애들을 노려보며 조디에게서 그들 모두를 사라지게 만든 특유의 목소리 톤으로 "패배자"라고 말하는 것을 볼 수 있었다고 말했다. 다시쓰기 안에서 샬럿의 존재는 몇 가지 다른 기능을 했다. 샬럿은 조디에게 친구가 없는 게 아니고 조디가 크게 가치를 둔 다른 사람에 의해 깊이 수용되고 있다는 체화된 깨달음을 주었다. 그것은 또한 그 파티에서 그녀가 느꼈던 고립은 한정적인 시간이었다는 것을 알게 하였다. 비록 조디가 성인 자기의 존재가 도움이 되었다는 것을 알았지만 어릴 때 친구, '그녀 편인' 또래 누군가의 도입은 그녀가 정말 '이해받고' 있다고 느끼게 해 주었다. 조이는 성인 조디가 도움이 되었고 약간의 지지와 편안함을 느꼈지만, 그녀는 조이의 내면이 어떤지는 몰랐던 반면에 샬럿은 알았다는 것을 느꼈다. 또 다시쓰기의 세 번째 단계에서 샬럿이 오고 나서 조이가 그 기억을 다시 겪을 필요가 있다고 느껴지지 않는다는 것이 주목할 가치가 있다. 샬럿을 데려오는 것으로 그것은 끝이 났다. 다시쓰기를 한 후, 자신이 이상하고 수용될 수 없다는 조디의 신념은 제로로 떨어졌고 파티의 침습적 심상은 사라졌다.

조디 사례에서, 안츠와 베르트만(1999)의 3단계 프로토콜은 아주 효과적이었는데 다시 쓰인 기억은 분명히 과거이고, 조디는 성인 자기와 어린 아동 자기 사이를 쉽게 구별할 수 있기 때문이다. 하지만 프로토콜이 항상 적용 가능하고, 반드시 적절한 것은 아니다. 특히, 더 최근의 기억일 경우에 그렇다.

최근 고통스러운 기억에 대한 심상 다시쓰기

이 절에서, 우리는 최근 사건의 고통스러운 기억을 해결하기 위해 심상 다시쓰기의 덜 구조화된 접근을 살펴본다. 라몽은 그의 고용주에게 사기로 고소당한 34세 남자이다. 그 사례를 조사하던 경찰이 그를 심하게 비난하였고 라몽은 여러 차례 심문당하였다. 더 많은 증거가 밝혀짐에 따라 라몽은 수년 동안 회삿돈을 횡령한 고위 임원에 의해 죄를 뒤집어쓰게 되었다는 것이 밝혀졌다. 라몽은 그의 부하직원이었고 의미를 충분히 이해하지 못한 채 어떤 일을 지시받았다. 왜냐하면 그는 그 상관이 무엇을 하고 있는지 밝혀 줄 정보에는 접근하지 못했기 때문이었다.

라몽의 혐의는 완전히 벗겨졌지만, 그는 우울해졌고 정기적인 공황발작을 겪게 되었다. 그는 스트레스로 인해 쉬어야 했지만 돌아가야 한다는 압박감을 느꼈다. 비록 그가 잘못한 것은 아니지만, 회사는 그를 내보내려 한다고 확신하였다. 라몽은 여러 번 반복되는 침습적 기억이 있고 가장 고통스러운 것은 경찰의 첫 번째 심문에 대한 기억이었다. 이 일이 일어났을 때 그는 여전히 혐의에 대한 극심한 충격을 받았는데, 자신이 결백하다고 생각했지만 혹시라도 우연히 잘못한 일이 있는지 살피기 위해 계속 머리를 쥐어짰다. 그는 변호사를 부르지 않았는데, 그게 그가 숨기는 어떤 것이 있는 것처럼 보인다고 생각했기 때문이었다. 그는 지금은 그게 실수였고 어리석고 순진했다고 자신을 비난하고 있다.

라몽의 첫 심문에 대한 기억과 관련된 고통은 부분적으로는 그가 '인생의 패배자 중 한 명'이라는 훨씬 오래된 신념에 의해 야기되었는데, 최근에 그는 약 90~100% 믿는다고 평가한다. 그는 이 신념에 대한 수많은 증거를 떠올릴 수 있다. 아이일 때, 라몽에게 아주 성공한 형이 있었는데 계속 더 형처럼 되라고 훈계를 들었다. 라몽에게 화가 났을 때 형은, 라몽이 현재 이 신념을 반추할 때 여전히 들리는, 독특한 톤으로 '패배자'라고 불렀다. 현재 상황에서 라몽은 자신이 '패배자가 아닌' 사람이라면 그의 상관이 했던 것을 보았을 것이고, 이런 식으로 이용당하지 않을 거라고 생각한다. 그는 '승리자' 또는 '패배자'라는 이분법적 용어로 사람을 보는 경향이 있다. 그의 상관이 지금은 재판을 기다리고 있는데도 라몽은 "틀림없이, 그는 요리조리 빠져나갈 거예요. 그는 인생의 승리자 중 한 명이에요."라고 말한다. 라몽에 의하면, 그가 하지 않은 일로 범죄에 고소되고 공격적인 경찰의 심문을 당한 것은 마지막 결정타가 되었다. 이는 성공적인 삶을 살기 위한 모든 노력에도 불구하고 그는 항상 밑바닥에 있을 것이고 그 심문은 그가 그렇다는 것을 입증하는 최종 확인이라고 생각되었다.

라몽은 치료에서 이 신념을 평가하였고 그것에 도전하기 시작했다. 비록 그가 이것이 도움이 되지 않고 단지 부분적으로 사실이라는 것을 머리로는 알았지만, 그 심문에 대한 침습적 기억은 그의 고통을 야기하는 신념에 대한 정서적 '진실'을 확인하는 것처럼 보인다. 이는 명제적 수준에서의 작업으로 인해 함축적 수준에서의 의미가 자동적으로 변하지 않는다는 티즈데일(1999)의 핵심을 설명한다. 처음에, 라몽은 기억에 대해 작업하는 것에 회의적이었는데 그는 일어난 일을 바꿀 수는 없기 때문이라고 말했다. 다음 대화에서 치료사는 라몽의 생각에 동의하면서 시작하지만 다시쓰기를 시도하는 근거를 제공한다.

심상 다시쓰기의 근거 제공

치료사: 라몽, 당신이 전적으로 옳아요. 억울하게 고소당했고, 그건 아주 부당하고 무서운 경찰의 심문으로 이어졌죠. 그 사실이 변하지는 않아요. 우리는 사실을 바꿀 수는 없어요. 하지만 그 경험과 관련된 의미를 살펴볼 수 있어요.

라 몽: 좋아요, 알겠어요. 하지만 그것을 상상으로 경험하는 것이 어떻게 그렇게 할 수 있다는 건지 잘 모르겠어요.

치료사: 이해해요. 우리가 실제로 하게 되는 것을 설명할게요. 지금 일어나는 것처럼 그 기억을 경험하고 그다음 우리는 다른 관점에서 그것을 보기 위해 실험을 할 거예요. 그것은 지금 당신의 관점에서 그것을 상상하거나 타인의 관점에서 그것을 보는 것을 말해요. 당신이 그것을 기억할 때 기억이 덜 당황스럽다는 것을 발견할 수 있도록 당신이 할 수 있는 것을 실험할 수 있어요. 때때로 이처럼 매우 혼란스러운 기억을 다른 관점에서 보는 것은 그 의미를 변화시키도록 도울 수 있어요.

라몽은 다시쓰기를 시도하는 것에 동의하지만 여전히 확신하지 못하고 그들은 다시쓰기의 첫 번째 부분, 즉 마치 그것을 재체험하듯이 기억을 경험하는 것을 한다. 하지만 앞에서 언급했듯이, 심상 재체험과 다르게, 첫 장면에서 광범위하게 상세히 물어볼 필요는 없다. 더 최근 기억에 대해 안츠와 베르트만(1999)의 3단계 프로토콜을 사용하는 것은 더 어려울 수 있다. 왜냐하면 내담자들이 다른 '자기들'에 대해 혼란스러워하기 때문이다. 아동기 기억을 대상으로 작업할 때는 보통 '아동' 자기와 '성인' 자기 사이의 분명한 구별이 있다. 하지만 라몽이 그의 '현재' 관점에서 그것을 재체험하도록 하는 것은 여전히 유용할 수 있다. 왜냐하면 원래 사건이 있던 때에 활용할 수 없었던 이어서 일어났던 일에 대한 정보(그는 무죄 방면되었다.)를 가져오기 때문이다.

라몽의 현재 자기를 기억 속으로 데려가기

치료사: 라몽, 잘했어요. 처음으로 되돌아가면 좋겠어요. 하지만 이번에는 현재 자기의 관점에서 그 기억을 경험하길 원해요. 그래서 당신은 현재 자기를 '나'라 하고 기억 속 라몽을 '그'라 부르면 좋을 것 같아요. 좋아요, 거기 앉아서 경찰이 들어와서 심문을 시작하기 전 초반에 기다리고 있는 자신을 볼 수 있는 거기로 되돌아가세요.

라 몽: 좋아요, 그는 거기 앉아 있고 그는 두려워해요. 무슨 일이 일어날지 몰라요. 마음은 혼란스럽고 그가 생각할 수 있는 전부는 '이제 끝이야. 마침내, 모든 게 무너지고 있어.'예요.

치료사: 당신이 그가 거기 앉아 있는 것을 보고 있는데 당신이 하고 싶은 말이나 행동이 있나요?

라 몽: 네. 좋아, 친구. 보이는 것처럼 나쁘지 않아. 지금 너는 모르지만 이건 오해야. 아무도 네 잘못을 못 찾아. 왜냐하면 찾을 게 없으니까.

치료사: 그때 거기 앉아 있는 라몽이 당신에게 원하는 게 있을까요?

다시쓰기의 이 부분은 현재 자기의 개입과 일어난 일과 맥락에 대한 인식을 제공하는 것으로 발전될 수 있고, 그때 기억을 경험하는 라몽이 상호작용하고 대화하고 질문하고 안심시켜 달라고 부탁하는 것 등을 할 수 있다. 라몽은 보통 매우 자기 비판적이므로 그의 현재 관점은 일어난 일에 대한 정보를 늘릴 수 있고 그를 안심시킬 수 있고 기억 속에서 심문의 실제적 결과에 대한 정보를 줄 수 있다. 하지만 그는 여전히 무슨 일이 일어나고 있었는지 알지 못한 것에 대해 자신을 비난할 수 있다. 이 일이 일어나면, 치료사는 라몽에게 다시쓰기 속으로 온정적 인물을 데려가서 이해심을 보이도록 요구할 수 있다. 예를 들어, 라몽의 아내는 매우 이해심이 깊고 지지적이다. 이 사람은 그의 삶에서 온정적인 사람일 것이다. 따뜻하고 친절한 사람을 다시쓰기 속으로 데려가는 것은 라몽이 '패배자'가 아니라는 것을 느끼도록 돕는다. 또는 치료사가 자비중심치료(예: Gilbert, 2005)에서 개발된 방법을 활용할 수 있다.

두 자기들 사이의 대화를 수행하는 것—심문받을 때 라몽과 현재 라몽—은 혼란스러울 수 있고 다시쓰기의 효과성을 제한할 수 있다. 일부 치료사는 훨씬 덜 구조화된 방식으로 라몽의 첫 심문 기억에 접근하는데, 다음 대화에 설명된다.

라몽의 첫 경찰 심문 다시쓰기의 대안

치료사: 좋아요, 라몽, 첫 심문으로 돌아가 봅시다. 눈을 감으세요. 그리고 일어난 일을 묘사하세요.

라 몽: 조사실에 앉아 있어요. 나를 혼자 남겨 두었고 구석에 카메라가 있어요. 그들이 나를 지켜보는지 아니면 나를 기다리게 하는 건지 궁금해요. 그때 내가 자백할 가능성이 더 높을 거예요. 숨을 쉴 수가 없어요. 공황이 올 것 같아요. 내 인생이 곤두박질치고 있고, 문자 그대로 내가 할 수 있는 게 없어요. 나는 그저 여기 앉아 있어요. 그때 그들이 들어오고 남자와 여자가 자신들을 소개하고 질문을 할 거라고 말해요.

치료사: 라몽이 거기 앉아 있는 동안 그를 돕기 위해 당신이 하고 싶은 게 있을까요?

라 몽: 미친 짓인 거 아는데, 내 개가 거기 있으면 좋겠어요.

치료사: 개를 기억 속으로 데려가세요. 그것이 이상해 보여도 걱정하지 마세요. 당신 기분을 좋게 만들 수 있는 게 떠오르면 어떤 것이든 그냥 하세요.

라 몽: (망설인다.) 좋아요. 그가 여기 있어요.

치료사: 나에게 그를 묘사해 주세요.

라 몽: 그는 골든 래브라도 리트리버 종이고, 이름은 주바예요. 그는 일어나 앉아 내 다리를 누르고 있어요. 그의 온기를 느낄 수 있고 내가 손을 내려서 그를 쓰다듬어요.

치료사: 좋아요, 라몽. 계속하세요. 그 밖에 첫 심문에서 당신을 돕기 위해 당신이 하고 싶은 게 뭘까요?

라 몽: 그들이 천천히 말하면 좋겠어요. 그들이 내게 질문들을 퍼붓고 있고 나는 제대로 생각을 할 수가 없어요.

치료사: 그들에게 요구해 보세요.

라 몽: 뭐, 소리 내서요?

치료사: 네.

라 몽: 천천히 말해 주겠어요? 내가 제대로 생각할 수가 없어요. 내가 말하고 있는 것을 생각할 시간이 필요해요.

치료사: 어떻게 되었나요?

라 몽: 모르겠어요. 주바가 옆에 있고 내가 그들을 중단시켜서인지 기분이 좀 나아요.

치료사: 그들에게 하고 싶은 말이 있을까요?

라 몽: 네, 나는 결백해요. 나쁜 짓을 한 게 없어요.

치료사: 계속하세요. 그때 그들이 알았으면 하는 것을 그들에게 말하세요.

라 몽: 난 결백해요. 어디 한번 봅시다. 당신들이 이런 식으로 나를 대해서는 안 돼요. 잘못을 저지른 건 내가 아니기 때문이에요.

치료사: 그들에게 말하고 싶은 게 있을까요?

라 몽: 네, 그들에게 사과하라고 하고 싶어요. 내가 아닌데 그들이 나를 범죄자처럼 대해선 안 돼요.

치료사: 계속하세요. 그들이 당신에게 사과하는 것을 상상하세요. (잠시 멈춘다.) 그들이 뭐라고 말하나요?

라 몽: 미안하다고, 그리고 결백한 사람들이 종종 사기 조사에 잡혀 오고 그들은 단지 그들의 일을 하는 거라고 말해요.

치료사: 충분해요? 아니면 그들이 그 밖에 어떤 말을 하길 원해요?

라 몽: 그들이 내가 결백하고 나는 잘못이 없다고 말하길 원해요.

치료사: 그들에게 그걸 하도록 하세요.

라 몽: 좋아요.

다시쓰기는 이 지점에서 끝나고 그들은 일어난 일에 대해 토론한다. 라몽은 주바가 거기 있어서 덜 외롭게 느껴지고 신체적 편안함이 좀 더 분명하게 생각하는 데 도움이 되었다고 말하였다. 그는 전 과정이 아주 부당하다고 느꼈고 아무도 그에게 사과하거나 그가 억울한 누명을 쓰는 것이 어떤 기분이었는지 인정하지 않았다는 것을 깨달았다. 이것은 기억을 덜 고통스럽게 만들고 그의 침습적 심상이 감소하는 데 도움이 되었다. 자신이 인생의 패배자 중 한 사람이라는 그의 신념 또한 감소하였지만 사라지지는 않았다. 이것은 놀랍지 않은데 이 신념은 사기 고소에 앞서 발생한 일이고, 아동기에 가족 내에서의 경험의 결과로 형성된 것이기 때문이다. 라몽과 치료사는 언어적 방법과 심상 다시쓰기를 활용하여 이 신념에 대한 작업을 계속하였다.

첫 경찰 심문에 대한 라몽의 기억을 대상으로 한 심상 다시쓰기는 여러 다양한 방향으로 나아갈 수 있는데, 앞의 예는 두 가지 가능한 경로를 설명하였다. (1) 현재 자기를 기억 속으로 데려가기, (2) 라몽을 돕기 위해 완전히 비구조화된 접근을 취하기와 심문 중에 원하는 것을 그에게 묻기.

이 장의 마지막에서, 우리는 기억 다시쓰기에서 불쾌한 꿈과 악몽에 대해 심상 다시쓰기가 어떻게 사용될 수 있는지 탐색하는 쪽으로 옮겨 간다.

고통스러운 꿈과 악몽에 대한 심상 다시쓰기

이 장 초반에 악몽에 대한 심상 시연 치료에 대해 언급했고 이것이 긍정적 장면을 상상하는 훈련을 포함하여 많은 요소를 포괄하는 전체 치료 패키지를 말하는 것이지만, 핵심적 부분은 어떻게 해서든 꿈을 변화시키기 위해 심상 다시쓰기 프로토콜을 사용하는 것이다. 악몽은 PTSD와 같은 다양한 임상 진단에서 나타나고 또 다른 정신병리의 형태 없이 분리된 문제로도 나타난다. 예를 들면, 대학생의 유병률은 한 달에 한 번이라고 보고하는 8~25%에서부터 일주일에 한 번 이상 악몽을 규칙적으로 경험한다고 보고하는 2~6%까지 나타난다(개관을 위해 Krakow & Zadra, 2006 참조).

심상 시연 치료 프로토콜의 다양한 변형이 있다. 한 가지 중요한 차이는 프로토콜이 악몽 자체에 대한 노출을 포함하는지 아니면 내담자에게 수정되거나 다시 쓰는 몇 가지 심상에 초점을 맞추도록 지시하는지 여부이다. 악몽 치료에 대한 몇 가지 초기 문헌은 재체험하는 요소를 포함하는 반면, 더 최근 방법에 대한 설명은 심상 시연 치료에서 악몽에 대한 반복적인 노출을 포함하지는 않는다는 것을 강조한다. 대신에, 내담자는 악몽에 나타나는 심상을 대신할 몇 가지 다른 심상을 포함하는 스크립트(쓰기, 말하기 또는 상상에서)를 만드는 것에 집중한다(Krakow, Kellner, Pathak, & Lambert, 1996). 이 새로운 몇 가지 심상을 연습한다. 크라코우와 자드라(Krakow & Zadra, 2006)의 주장에 의하면, 가장 효과적인 지시는 개인이 필요한 변화의 특성과 범위를 선택하도록 여지를 남기는 것이다. 이는 소크라테스식 심상이 안내된 심상과 같은 '방향이 정해진' 심상 기법보다 더 강력하고 더 효과적이라는 스머커와 단쿠(1999)의 주장과 일치한다. 비록 이 두 주장들 모두 경험적으로 입증될 필요가 있긴 하지만 말이다. 또 그들은 최악의, 가장 무서운 이야기보다 중간 정도로 무서운 악몽을 대상으로 기법을 훈련하는 것으로 시작하는 것을 추천하지만, 이 지시에도 불구하고 많은 내담자가 가장 무서운 꿈으로 시작하는 것에 초점을 맞춘다는 것을 인정한다. 그들은 이 내담자들이 대개 심한 PTSD와 복합적인 여러 문제를 가진 사람들이라고 말한다. 일단 내담자가 악몽 속에 포함된 무서운 것을 대신하는 대안적 심상 스크립트를 만들면 내담자에게 그것을 훈련하라고 지시한다. 만약 훈련 중에 불쾌한 꿈 심상이 나타나면 내담자에게 치료 초기에 만들고 훈련한 긍정적 심상을 이용하도록 지시한다.

한편, 노출 요소를 포함한 심상 시연 방법의 다양한 변형들도 있다. 예를 들어, 데이비스와 라이트(Davis & Wright, 2006, 2007)는 악몽 다시쓰기를 병행한 노출 기법의 효과성을 활용한 노출, 이완과 다시쓰기 치료(Exposure, Relaxation, & Rescripting Therapy: ERRT)를 개발하였다. 그 프로토콜은 참가자들의 가장 무서운 악몽에 대한 글쓰기와 소리 내어 읽기, 악몽 속에 나타나는 외상 주제 확인하기, 그리고 외상 주제를 포함한 수정된 버전 만들기와 다시 쓴 버전을 큰 소리로 읽기를 포함한다.

다양하게 나타나는 심상 시연 치료는 지금은 아동과 성인 모두를 대상으로 성공적으로 활용되고 있고 주로 집단 형태로 제공되기는 하지만 개인 치료에서도 활용될 수 있다. 현재 증거에 의하면, 심상 시연 치료는 악몽의 빈도와 고통을 감소시키고 이 효과는 추후에도 유지된다(Krakow & Zadra, 2006). 현재의 증거로는 심상 시연 방법의 어떠한 특정 변형이 가장 효과적인지 알 수 없고, 프로토콜 내에서 변화의 특정 메커니즘을 확인할 수 없다. 우리는 심상 다시쓰기만 단독으로 하는 게 최선인지, 노출만 단독으로 하는 게 최선인지, 아니면 이 두 가지를 결합하는 게 최선의 개입인지 역시 알지 못한다.

최근 연구(Kunze, Lancee, Morina, Kindt, & Arntz, 2019)는 두 가지 개입에 대한 변화의 잠재적 매개 요소를 조사하기 위해 104명을 포함한 무작위 대기자 명단 대조군 실험으로 악몽에 대한 심상 다시쓰기와 심상 노출이 비교되었다. 두 기법 모두 유사한 치료 효과를 보였지만 서로 다른 메커니즘으로 작용하는 것으로 나타났다. 통제감의 증가는 심상 다시쓰기 이후 악몽 빈도와 관련된 고통에서 변화를 매개하였지만, 심상 노출의 효과는 참가자의 부정적 정서를 견디는 능력의 증가에 의해 매개되었다. 그들은 병합된 조건을 조사하지 않았으므로 두 가지 매개 요소가 병합 조건에서 똑같이 중요한지, 아니면 이 경우에 다르거나 추가적인 매개 요소가 있는 것인지 우리는 모른다.

악몽 치료에 어떤 방법을 사용할지 결정하는 것은 내담자의 특성, 치료사의 기술 그리고 최소 '침습적' 방법에 대한 고려에 달려 있다. 예를 들어, 다른 심각한 정신병리가 없는 건강한 성인이나 아동이 아니면 원래의 악몽에 대한 노출 없이 다시쓰기로 하는 것이 좋을 것이다. 하지만 이것이 효과적이지 않으면, 다시쓰기와 더불어 악몽의 심상에 대한 노출을 포함해야만 한다. 만약 당신이 이미 외상에 대한 심상 재체험을 한 PTSD를 겪는 내담자를 치료한다면, 당신은 다시쓰기로 옮겨 가기 전에 꿈 내용의 심상 재체험이 더 효과적일지 결정해야만 한다. 다시쓰기를 하기 위해 꿈을 선택하는 관점에서, 치료사는 위계를 만드는 것 그리고 중간 정도의 악몽으로 시작하는 것 대비 처음부터 가장 악몽을 해결하는 것의 장단점을 내담자와 토론해야만 한다. 물론, 일부 개인은 재발되는 악몽이 딱 한 가지만 있을 수도 있다.

반복되는 악몽에 대한 심상 다시쓰기

다음 대화는 엄마로부터 신체적 · 정서적 학대를 경험한 내담자가 반복적으로 꾸게 되는 악몽에 대해 치료사가 어떻게 다시쓰기를 할 수 있도록 돕는지를 설명한다.

엠마는 10대 후반부터 재발성 우울증을 겪고 있다. 지금 그녀는 30대 초반이고 약과 치료를 병행하고 있으며, 더 잘 대처하고 있고 자신의 가정을 꾸릴 계획이었다. 엠마는 반복되는 꿈에 갇혀 있다. 꿈의 형식은 다양하였다. 어떤 때 그녀는 바닷속 상자 안에 있는데 공기가 부족해지고 있었다. 또 어떤 때는 작은 방에 갇혀 있는데 아무리 방문을 두들기고 소리를 질러도 아무도 그녀를 도와주러 오지 않았다. 가장 나쁜 꿈은 산 채로 묻힌 관 속에 있는 자신을 보았을 때였다. 흙이 그녀 위로 던져지고 있을 때 그녀는 쿵쿵 소리를 들을 수 있었고, 꿈이 계속됨에 따라 그녀가 묻힌 곳에 흙이 떨어져 점점 빛이 차단된다고 상상되었을 때 점점 더 어두워졌다. 비명을 지르려고 했지만 입 밖으로 아무 소리도 나오지 않았고, 그녀는 공황 상태가 되어 공기를 들이마시려고 하였다. 모든 꿈에서 그녀는 소리를 지르며 깨고, 심장이 빨리 뛰고 숨을 몰아쉬고 아주 무서웠다. 그녀의 남편은 그녀가 깨기 전에 울기 시작한다고 말했다.

엠마는 이 꿈들을 다양한 빈도로 경험하였다. 때때로 일주일에 한두 번, 어떤 때는 한 달에 한 번 꾸었다. 그녀는 항상 극심한 고통을 느끼고 꿈을 꾼 후에는 다시 잠드는 게 꺼려졌다. 그것들이 더 자주 나타났을 때 그녀는 때때로 잠드는 것도 피하려고 하였고, TV 보다가 소파에서 잠이 들거나 낮잠을 잠시 자서 밤잠을 피하곤 하였다.

치료 중, 엠마는 기분이 저조할 때 자기에 대한 부정적 관점을 보였다. 그녀는 자신을 '쓸모없는 인간'이라 부르고 아무것도 제대로 할 수 없다고 말한다. 인지치료는 이 신념이 어떻게 발달했는지 그녀가 이해하도록 도왔는데, 그녀의 엄마는 심하게 가혹하고 처벌적이며, 엠마에게 좋은 말을 하면 그녀를 망칠 거라고 믿었고, 비판적인 말을 계속 퍼부어서 그녀를 복종시켰다. 때때로 그녀의 엄마는 화를 내며 엠마에게 신체적으로 학대를 가하였다. 만약 그녀가 '정말 버릇 없이' 굴면, 그녀의 엄마는 엠마를 침실 옷장에 가뒀다. 엠마가 말하길, 때때로 그녀는 오랫동안 거기 갇혀 있었고 화장실에 가고 싶은데 나갈 수가 없어서 한두 번 오줌을 싼 적도 있었다. 이 일이 일어났을 때 엄마는 그녀를 옷장에서 거칠게 끌어내어 욕조에 앉히고 머리 위에 찬물을 부으며 말했다. "혼나 봐야 해. 이 작은 오물 덩어리야." 한번은 엠마가 숨을 쉴 수 없을 정도로 많이 울었는데, 그 눈물 때문에 마치 그녀가 물에 빠졌거나 숨이 막히는 것처럼 느꼈다는 것을 기억한다.

엠마는 좋아졌지만 여전히 재발되는 악몽으로 기분이 나빴다. 치료사와 엠마는 이미 수면을 안정화하고 자신을 이완시키고 악몽을 꾼 후 침대로 돌아가는 방법에 대해 작업을 하였고 악몽이 심했을 때 수면을 회피하는 것을 해결하였다. 이제 그들은 악몽을 직접적으로 다루기로 결정하였다.

치료사: 엠마, 우리는 오늘 악몽을 직접적으로 다루기로 했어요. 할 수 있겠어요?

엠　마: 네, 정말 이것을 알고 싶어요. 그것은 내 삶에 큰 영향을 미치고 있어요. 어쨌든 낮 동안에는 진정시킬 수 있는데 잠잘 때 조절되지 않고 그냥 무서워요. 최악의 꿈에서는, 내가 정말 죽은 것 같아요.

치료사: 네, 당신이 악몽에 대해 이야기하고 일어난 일을 묘사하는 방식에서 그것들이 얼마나 힘든지 알 수 있어요. 지난 회기에, 오늘 무엇을 할지 얘기했고, 처음에 어떤 꿈을 다루고 싶은지 생각해 오라고 했어요. 무엇을 생각해 왔어요?

엠　마: 음, 이상적으로는 관에 대한 꿈을 알고 싶지만 바로 직면할 수 있을지 확신이 서지 않아요. 그래서 내 생각에, 바닷속 상자 안에 갇혀 있던 것에서 시작할 수 있을 것 같아요.

치료사: 좋은 생각이에요. 우리가 할 것을 훑어보고 그다음 시작할게요. 그러니까, 잠시 당신이 눈을 감도록 할 거고 상상 속에서 꿈을 재생시키도록 할 거예요. 심상이 펼쳐지기 시작할 때 덜 무서운 심상으로 바꾸기 위해 당신이 필요한 무엇이든지 하길 바라요. 당신이 마음속에 떠오른 심상이나 소리나 냄새나 신체 감각을 바꿀 수 있어요. 깨어 있는 동안 꿈을 경험하는 것은 당신이 일어난 일을 조절하고 변화시킬 수 있다는 것을 의미한다는 걸 기억하세요. 때때로 내가 당신에게 촉진을 위한 질문을 할 수 있지만 뭐가 효과 있는지 당신이 실험해 보세요. 몇 가지 다른 것을 시도하는 것에 대해 두려워하지 마세요. 우리가 하기로 계획한 것을 이해하나요?

엠　마: 네.

치료사: 좋아요. 눈을 감고 시작해요. 바닷속 상자에 갇혀 있는 꿈의 시작에 초점을 맞춰 보세요. 그것을 느끼기 위해 잠시 시간을 가지세요. 마음속에 떠오르는 심상, 그림, 소리, 냄새, 느낌, 그리고 신체 감각에 초점을 맞춰 보세요. 그다음 준비되면 무슨 일이 일어나는지 말해 주세요.

엠 마: (눈을 감고 꿈을 기억하는 데 집중한다.) 누워 있는 내가 보여요. 어디 위에 누워 있는지…… 안에 누워 있는지는 분명하지 않아요. 실제로 정말 이상해요. 왜냐하면 이 부분, 꿈의 시작이 너무 나쁘지는 않네요. (잠시 멈춘다.) 이완에 가까워요. 희미하게 흔들리는 느낌이 들고 파도 소리가 들려요.

치료사: 지금은 기분이 어때요?

엠 마: 좋아요. 아주 끔찍한 부분이라 생각했는데, 괜찮아요. 하지만 지금은 위가 경직되는 느낌이 드는데, 내 생각에 모든 게 곧 바뀔 거라는 것을 알기 때문인 것 같아요.

치료사: 엠마, 잘하고 있어요. 그냥 꿈과 일어난 일에 집중하세요.

엠 마: 네, 이거예요. (몸 전체가 경직되고 두 손을 꽉 잡는다.) 내가 갇혀 있다는 것을 갑자기 깨달아서 좋은 기분이 변해요. 전에는 무엇 위에 누워 있었는지 알 수 없었는데 지금은 알 수 있어요. 그건 낡은 담요이고 내 주변이 상자의 널빤지로 둘러싸여 있어요. (숨을 헐떡거린다.)

치료사: 좋아요, 엠마, 그것을 어떻게 바꾸고 싶어요? 상자를 어떻게 하고 싶어요?

엠 마: 음, 그것을 크게 만드는 것부터 시작할게요. 네, 그것을 넓힐 거예요. 상자 옆면들이 움직이는 게 보이고 나는 더 쉽게 숨을 쉴 수 있고 갇힌 느낌이 나지 않아요.

치료사: 엠마, 그 밖에 상자에 대해 하고 싶은 게 있나요?

엠 마: (오래 멈춘다.) 그것을 방으로 만들 수 있다는 것을 알아요. 그 속에 침대를 놓고, 의자도 놓고. 아, 꽃 몇 송이도요.

치료사: 좋은 생각이에요. 그 방을 머물기 좋은 곳으로 만들기 위해 어떤 것을 하고 싶나요?

엠 마: 벽을 바꾸고 지금은 음, 진짜 방이 아니에요. 공기가 공급되는 바닷속에 있는 캡슐이어서 내가 숨을 쉴 수 있어요. 그 속에서 공기를 느낄 수가 있어요. 상자와 달라요. 냄새가 나지 않고 꽉 끼지도 않고. 여전히 작지만 아담해요. 그리고 그 속에서 나는 떠다녀요. 해저에 갇힌 게 아니에요.

치료사: 캡슐 속에 있는 게 어떤 느낌이에요?

엠 마: 가벼워요.

치료사: 엠마, 그것에 대해 좀 더 이야기해 주시겠어요? 당신이 캡슐 안에 있을 때 마음속에 뭐가 보이나요?

엠 마: 음, 밖과 안을 볼 수가 있어요. 그건 어두운 파란색이고 해저를 떠다니고 있고 바다는 청록색인데 아주 밝아요. 바다 생물들을 볼 수가 있어요. 불가사리, 물고기, 또 바다풀들이 흔들거리고 있어요. 그리고 캡슐 속에 있는 내가 보이고 캡슐에 작은 둥근 창이 있어서 밖을 내다보며 서 있어요.

치료사: 엠마, 좋아요. 다음엔 어떻게 되길 원해요? 캡슐 속에 머물고 꿈을 끝내길 원해요, 아니면 다르게 끝내길 원해요?

엠 마: 나는 캡슐 안에 있는 게 좋고 해저를 따라 달리는 게 좋아요. 자유가 느껴지고 숨을 쉴 수 있고 무섭지 않아요. 하지만 꿈을 끝내기 위해 캡슐을 수면으로 가지고 가고 싶어요.

치료사: 좋은 계획이에요. 그것을 올라가게 하려면 어떻게 해야 하나요?

엠 마: 음, 캡슐 안에 레버와 컨트롤러가 있어서 이것을 당겨요. 아주 부드럽게 위로 올라가기 시작해요. 빛이 변하고 더 밝아지는 게 보여요. 그다음 표면으로 쏙 올라와요.

치료사: 어때요?

엠 마: 좋아요. 열 수 있는 작은 출입구가 있어서 나가고 싶을 때 나갈 수 있거나, 떠다니며 공기 냄새를 맡고 바닷소리를 들을 수 있어요.

치료사: 꿈을 깨기 위해 그중 어떤 것을 하고 싶어요?

엠 마: 그냥 떠다니려구요.

치료사: 좋아요, 잠시 동안 당신이 떠다니는 심상에 초점을 맞추세요. 그리고 기분이 어떤지, 광경과 소리, 냄새는 어떤지 알아차리세요. (몇 분 동안 멈춘다.) 엠마, 준비가 되면 눈을 뜨면 좋겠어요.

엠 마: (눈을 뜬다.) 정말 이상했어요.

치료사: 어떤 면에서요?

엠 마: 음, 우리가 무얼 할 건지 이야기를 나눴다는 걸 알아요. 그런데 나는 정말로 그것을 바꿀 수 있을 거라고 믿지 않았어요. 그러니 그것을 그렇게 강력한 좋은 심상으로 바꿀 수 있을 거라고는 정말 생각지 못했어요.

치료사: 이런 좋은 심상이 무서운 것들을 대신할 수 있을까 의구심을 가졌던 것

을 당신이 해냈는데, 지금은 어떤 생각이 들어요?

엠　마: 어느 정도는 처음에 당신이 한 말과 같아요. 깨어 있을 때 나는 그것들을 조절하지만, 여전히 밤에 어떤 일이 일어날지 확신이 서지 않아요.

치료사: 좋은 지적이에요, 엠마. 두어 번 더 꿈에 대한 새로운 버전을 검토할 거예요. 당신이 한 것을 녹음하고, 그다음 과제로 당신이 그것을 훈련했으면 좋겠어요. 자동적으로 무서운 꿈을 겪는 대신 당신은 심지어 잠잘 때도 이 버전에 접근할 수 있도록 이런 방식으로 그것을 다시 쓰는 거예요. 어때요?

엠　마: 꼭 해 보고 싶어요.

회기가 진행되는 동안 엠마와 치료사는 꿈의 새로운 버전을 경험하고 엠마는 과제로 다시 쓴 꿈을 시연한다. 비록 그 꿈을 한 번에 해결하지는 못하였지만 그녀는 꿈을 꾸었을 때 더 통제감을 느꼈는데, 그녀가 일어났을 때 다시 쓴 꿈으로 심상을 재창조할 수 있기 때문이었다. 이 꿈 작업은 엠마가 산 채로 관에 묻힌 가장 무서운 꿈을 해결할 수 있다는 자신감을 심어 주었다. 그녀는 꿈속 심상 변형시키기를 여러 가지 다른 방식으로 해야만 했지만 결국 이야기를 창조할 수 있었다. 이야기 속에서 그녀는 숲 속 풀밭 위에 누워 있는데 잎사귀는 차양을 이루어 그녀를 보호하고 그녀 위로 흙이 던져지는 대신 꽃비가 내렸다.

악몽의 내용을 변화시키는 데 초점을 맞춘 직접적 심상 작업뿐만 아니라 그 처리 과정에 대한 토론도 엠마가 몇 가지 아동기 경험들—옷장에 갇힌 것, 오줌을 싼 후 엄마가 머리에 찬물을 붓는 동안 숨이 막힌 일—사이의 관계를 이해하고, 꿈 내용이 이러한 경험들에 어떻게 대응되는지를 경험적 수준에서 이해하도록 도왔다. 쿤제와 동료들(Kunze et al., 2019)은 반복되는 꿈에 대한 현재 인지이론에 의하면, 이 꿈들이 개인의 자전적 기억에 통합되지 않은 아주 고통스러운 기억에 기반한 것이라고 말한다. 엠마의 설명은 이 이론에 아주 잘 맞는다. 엠마의 악몽을 다루는 다른 접근방법은 이 초기 기억들 몇 가지에 대해 직접적으로 다시쓰기를 하는 것이다. 이는 또한 악몽에 대한 다시쓰기가 효과적이지 않다면 추가적 방법이 될 수 있다.

요약

심상 다시쓰기는 변화를 위한 강력한 도구일 수 있다. 비록 심상 다시쓰기에 근거한 현재 증거가 적기는 하지만 증가하고 있고, 여러 장애에 걸쳐서 결과가 일관성이 있다는 점이 지지되고 있다. 주요 과업은 이 개입방법의 효과를 지지하는 메커니즘을 이해하는 것이다. 변화 메커니즘에 대한 이해는 우리가 큰 효과를 내기 위해 심상 다시쓰기를 언제 사용할지 정확히 알려 주고 특정한 변형 방법이 다른 것들보다 더 효과적인지 확인할 수 있도록 할 것이다. 이 장에서 심상 다시쓰기를 활용할 수 있는 여러 가지 방법에 대한 사례를 제공하였다. 두 사례에서 예시들은 부정적 자기 신념에 도전하는 데 심상 다시쓰기가 어떻게 도움이 되는지에 구체적으로 초점을 맞추었다.

다음 장에서 우리는 고통을 유지시키고 있는 부정적 자기 표상을 명확하게 표적으로 하기 위해 심상 다시쓰기를 보완하거나 대안적 방법으로 사용될 수 있는 다른 심상 기반 방법들을 고찰한다.

제 8 장

자기 심상의 변형

이 책에서 반복되는 주제는 심상, 자전적 기억과 자기 그리고 특히 자기를 나타낼 수 있는 심상 사이의 중요한 관계가 존재한다는 점이다. 이 관계들은 심리적인 문제들의 발생과 유지를 이해하도록 돕고 새로운 개입방법의 발달에 정보를 제공한다. 1장과 7장에서 우리는, 예를 들면 SMS(Conway & Pleydell-Pearce, 2000)와 같은 다양한 자기에 대한 모델들을 살펴보았는데, 이는 하나의 고정된 자기가 아니라 실제적 자기와 가정적 자기를 포함할 수 있는 다양한 자기 표상들이 존재한다는 것이다. 우리가 그것들을 자기개념(예: Markus & Wurf, 1987), 자기 표상(Brewin, 2006), 또는 작용하는 자기(Conway & Pleydell-Pearce, 2000)로 언급하긴 했지만, 중요한 점은 이 자기들이 심상에 의해 나타날 수 있다는 것이다.

심리적인 문제를 겪고 있는 내담자에게 이 심상들은 보통 부정적이고 대개 왜곡되어 있는데 그것들이 고통을 야기하고 문제되는 정서적 패턴과 행동적 패턴을 유지하는 부정적 자기 표상과 관련되기 때문이다. 많은 경우에, 그것들은 자전적 기억들과 관련되는데, 기억들 중 일부는 자신이 누구인지에 대한 개인의 개념을 형성하는 데 있어서 비판적인 자기 정의적 기억들이다. 내적 심상은 왜곡된 거울이 되고, 사건이나 사건들이 일어난 그때 추출된 의미들—'나는 더러워.' '나는 사람들보다 가치가 없어.' '나는 역겨워.'—은 개인의 감정에 영향을 미치고 행동을 야기하는 논의의 여지가 없는 진실을 나타낸다. 심상의 힘 중 일부는 그것이 의미들을 더 믿을 수 있게 만들고, 학대와 같은 이 강력한 자기 정의적 기억들에 연결된 자기 심상들은 오랜 세월 동안 반박되지 않은 채 남아 있게 된다. 개인은 이 자기 심상에 의해 나타나는 의미들을 불리한 상황과 경험을 통해 습득된 신념으로 보기보다 명백한 사실로 본다. 한 가지 가능한 결과는 부정적으로 작용하는 자기의 반복적인 활성화이다.

SMS 모델에서, 장기적 자기는 자기에 대한 전체 지식의 보고를 포함하는 반면, 작용하는 자기는 상황적으로 그리고 어떤 목표를 충족시키기 위해 활성화되는 일부의 지식, 정보와 기억이다. 하지만 임상 상황에서는 고정되고 안정된 부정적인 장기적 자기를 대상으로 작업한다고 추측되기 쉬운데, 대개 내담자가 자신을 이런 방식으로 기술하기 때문이다. 긍정 심리학과 회복탄력성과 같은 접근에 대한 증가된 관심은 부정적 관점에 균형을 잡기 위해 사람들의 강점에 의존하고, 심하게 장애가 되는 문제들과 학대나 방치의 복잡한 개인사와 사투하는 개인은 단지 한 가지 고정된 자기 표상보다는 그 이상을 지닌다는 생각과 일맥상통한다. 현재로서 우리는 부정적인 작용하는 자기의 반복적인 활성화가 장기적 자기에 미치는 영향과, 부정적인 작용하는 자기(예: 사회불안장애에서)를 나타내는 심상이 장기적 자기에 내재된 더 영구적인 자기인식에 혼합될 수 있는지 여부를 모른다. 이는 앞으로의 연구에 대한 중요한 질문이 되고 효과적 치료의 발달에 의미가 있다.

자기, 심상, 기억 사이의 관계들과 자기를 표적으로 하는 개입은 부정적 자기 표상의 변화를 향한 중요한 방법을 제공한다. 앞 장은 심상 다시쓰기에 집중하여 자기 정의적 기억에서 도출된 결론을 어떻게 수정하여 더 긍정적이고 적응적인 자기인식을 이끌어 내는지를 보여 주었다. 우리가 보았듯이, 근본적으로 다른 관점에서 초기 기억을 심상적으로 재체험하는 활동(예: 성인이 아동기 기억을 재체험하는 것)은 내담자가 원래 자기에 대해 도출된 결론에 크게 도전하고 수정할 수 있는, 최초의 사건에 대한 새로운 지식과 경험을 얻을 수 있도록 한다. 심상 다시쓰기의 단계 2에서 성인을 상상하는 것은 아동에게 일어난 일을 맥락화할 뿐만 아니라 아동기 기억에 의해 활성화되는 자기 표상과 경쟁하는 자기 표상이나 작용하는 자기를 활성화한다고 가정하는 것은 합리적이다.

심상 다시쓰기는 자기와 기억에 대해 작업하는 방법인데 자기 심상을 직접적으로 수정하는 방법이 있을까? 이는 가능성 높은 성과를 지닌 새로운 영역이다. 나는 현재 사용하고 있는 세 가지 기법을 소개하고자 한다. 첫 번째는 비디오 피드백으로 지금은 사회불안장애를 가진 사람을 돕기 위해 사용되는 정착된 치료 기법이며, 관찰 가능한 현실적인 자기 심상을 발달시키는 것이다. 두 번째는 실험 연구에서 나온 것으로, 긍정적 자기 심상에 접근하기 위해 자전적 기억을 활용하는 것이다. 이 접근은 자전적 처리를 표적으로 하는 새로운 개입방법들 내에 광범위하게 자리 잡고 있다. 세 번째는 미술치료에서 나온 것으로 내적 심상을 수정하고 갱신하기 위해 외부에서 생성된 자기 심상을 활용한다.

자기 관점을 바꾸기 위한 비디오 피드백

비디오 피드백은 클라크와 웰스(Clark & Wells, 1995)의 모델에 기반하여 사회불안장애를 위한 치료의 일부로서 발달된 기술이다. 그들 모델의 핵심 특징은 사회불안장애를 가진 개인들은 왜곡된 자기 심상이나 '느껴진 감각'의 필터를 통해 그들이 타인에게 어떤 인상을 주는지, 타인들이 그들을 어떻게 보는지를 추측한다. 당신 자신에 대한 최악의 두려움을 나타내는 당신 자신의 모습이나 영상을 마음의 눈으로 보는 상상을 해 보라. 그런 다음, 이 이미지나 영상을 계속 검토하는 것과 그것이 타인들이 당신과 상호작용할 때마다 그들이 보는 것의 실제적 표상이라고 추측하는 것이 미치는 영향을 생각해 보라. 당신이 내적 심상을 '실제'라고 믿는다면, 그때 당신은 그것을 감시하는 데 집착하게 될 것이고(자의식을 증폭시키는 내적 집중), 타인들이 그것을 보지 못하게 많은 노력을 기울이고(자기 보호를 목적으로 한 안전 행동) 높은 수준의 두려움과 고통을 경험하며 당신이 할 수 있을 때마다 상황을 회피하게 될 것이다.

비디오 피드백은 실제적인 자기 관점을 발달시키도록 내담자를 돕는 개입방법이다. 그들은 일종의 사회적 상호작용 속에서 자신에 대한 비디오를 시청하고 비디오에서 제공하는 자기에 대한 '객관적' 심상과 그들의 주관적인 내적 심상을 비교한다. 이 기법은 비디오에서 자기의 심상과 비교될 부정적이고 왜곡된 내적 심상의 주요 특징을 확인하기 위해 비디오를 시청하기 전 인지적인 준비 단계를 포함한다. 비디오를 시청하기 전에 '마치 다른 사람을 보듯이' 그것을 보라고, 가능한 한 객관적이도록 노력하라고 내담자에게 지시한다. 인지적인 준비 단계의 근거는 내적 심상에 의해 비디오에서의 자기 심상이 오염되는 것을 줄이기 위한 것이다. 또한 내담자가 자기에 대한 내적 심상과 외적 심상의 불일치를 이해하도록 돕기 위해 그리고 비디오에 내재된 객관적 현실에 기반한 새로운 자기 심상을 개발하기 위해 비디오 시청 후에 인지적 반영 단계가 있다. 워녹파크스와 동료들(Warnock-Parkes et al., 2017)은 현재의 증거 대부분은 비디오 피드백이 인지적 준비와 검토가 병행될 때 효과가 있다는 것을 지지한다고 말한다.

비디오 피드백을 시행하는 방법에 대해 자세히 살펴보기 전에, 나는 안전 행동 실험이라 불리는 사회불안장애의 치료에서 활용되는 다른 중요한 개입 방법을 설명하고자 한다. 클라크와 웰스(1995)의 인지 모델에 따르면, 안전 행동은 자기초점식 주의를 강화하고 사회적 수행을 방해하고, 개인이 어떤 성공(또는 두려운 재앙의 회피)이든 그것을 안전 행동의 탓으로 돌리기 때문에 새로운 학습을 차단함으로써 사회불안장애를 유지시킨다. 안전 행동 실험은 보통 치료의 첫 단계가 되는데, 왜냐하면 그 자체로 중요할 뿐만 아니라, 비디오 피드백 실험을 위한 자료를 제공하기 때문이다. 안전 행동은 관찰할 수 있는 자기에게 잠재적으로 영향을 미치고 개인의 내적 자기인식에도 영향을 미칠 수 있다.

안전 행동의 영향 조사

안전 행동은 사회불안장애에서만 나타나는 독특한 것이 아니다. 그것은 모든 종류의 장애에 걸쳐 나타난다. 안전 행동의 본질적 특징은 두려운 재앙을 막기 위해 수행된다는 점이다. 예를 들어, 공황 발작 시에 기절할까 봐 두려워하는 공황장애를 겪는 남성이 있다면 그는 어지럽거나 현기증이 나기 시작할 때마다 항상 앉는다. 특히 사회불안장애에서, 많은 안전 행동은 자기를 보호하기 위해 만들어진다. 모스코비치(2009)는 사회불안장애의 핵심 불안은 자기 노출에 대한 두려움이라고 주장하고, 모든 현재 인지 모델들은 왜곡된 자기에 대한 관점이 사회불안을 유지하는 중심에 있다는 것에 동의한다(Clark & Wells, 1995; Hofmann, 2007; Rapee & Heimberg, 1997). 사회불안장애를 겪는 사람은 자기를 보호하기 위해 계획된 모든 행동들을 적용한다.

두 가지 다른 항목, 즉 (잠재적으로) 관찰 가능한 행동들 그리고 숨겨진 내적 처리과정 및 행동들에서 안전 행동을 고려해 보는 것은 유익하다. 어지러울 때마다 앉는 남자의 안전 행동은 첫 번째 항목에 해당한다. 사회불안에서, 첫 번째 항목에 속하는 많은 안전 행동은 불안 증상을 숨기기 위해 계획된, 눈에 보이는 것이다. 여기에는 그 사람이 얼굴이 붉어지는 것을 두려워하면 얼굴을 감추기, 땀이 나는 것을 숨기기 위해 어두운 옷 입기, 떨리는 것이 두렵다면 컵을 잡고 있기 그리고 눈 맞춤 피하기가 있다. 비록 얼핏 보기에 이것들은 자기 보호와는 덜 직접적으로 관련된 것처럼 보이지만, 불안을 보이는 것의 의미에 대한 개인의 관점은 거의 항상 자기와 직접적으로 관련된다. '타인들은 내가 약하고, 불쌍하고, 일을 제대로 못하고, 존중받을 가치가 없다고 생각할 것이다.'

두 번째 항목에는 광범위한 행동들이 있다. 이 은밀한 내적 처리과정은 다양한 자기 감시의 형태를 포함하는데, 수행을 개선하고 좋은 인상을 주기 위해 사용하는 전략들과, 진실한 자기를 숨기기 위해 계획된 행동들이 포함된다. 이 목적들을 이루기 위한 특정한 안전 행동들로는 미리 할 말들을 계획하는 것, 대화 중에 멈추지 않는 것, 그리고 너무 드러나기 때문에 자기 노출을 피하는 것 등이 있다. 〈표 8-1〉은 안전 행동의 예시이다.

표 8-1 사회불안장애와 관련된 안전 행동의 예시

관찰 가능한 안전 행동	내적 안전 행동
• 눈 맞춤 피하기 • 말하는 것 피하기(또는 최소한도로 계속 말하기) • 떨리는 것을 피하려고 잔, 유리컵 또는 식기를 아주 꽉 잡기 • 얼굴 가리기(예: 머리카락이나 손으로 가리기) • 말하는 동안 손으로 입을 가리기 • 항상 집단의 구석에 앉기 • 땀 흘리는 것을 숨기기 위해 어두운 옷이나 느슨한 옷 입기 • 꼼짝 하지 않고 있기 • 많은 질문하기 • 아주 빨리 말하기 • 자기 연설이나 대화 중에 어떤 멈춤도 피하기 • 자신에 대한 어떤 정보라도 노출되는 것 피하기 • 다른 사람들이 받아들일 수 있다고 생각하는 좁고 제한된 범위의 주제를 고수하기 • 할 말을 계획하고 천천히 말하기	• 당신이 어떤 인상을 주는지 확인하기 위해 자신을 감시하기 • 마음속으로 할 말 연습하기 • 대화를 위해 미리 각본을 계획하고 그것을 고수하기 • 정상적으로 행동하기 위해 노력하기 • 타인들에게 어떻게 보이는지 상상해 보기 • 할 말 검열하기 • 좋은 인상을 주기 위해 노력하기 • 무시하거나 잊어버리려고 애쓰기 • 다른 것들을 생각하려고 애쓰기 • 자기 행동을 확인하고 엄격하게 통제하려고 노력하기 • 눈에 띄지 않고 주의를 끌지 않으려고 노력하기 • 자기에 대해 말하는 것 피하기 • 논쟁적인 것에 대해 말하는 것 피하기

안전 행동을 하는 것과 관련된 몇 가지 문제점이 있다. 첫째, 개인은 두려운 재앙이 나타나지 않는 것이 안전 행동 때문이라고 생각할 것이다. 그래서 공황 발작이 와서 어지러움을 느낄 때마다 앉는 남자는 이 경우에 어지러움과 현기증이 불안의 증상이지, 그가 곧 기절할 거라는 신호는 아니라는 것을 결코 배우지 못하게 된다. 둘째, 많은 경우에 안전 행동이 일을 더 나아지게 하기보다 나쁘게 만들기 때문에 전적으로 역효과를 낳게 된다. 이것은 특히 사회불안장애에서 그렇다. 눈 맞춤을 피하거나 얼굴을 감추는 것과 같은 관찰 가능한 행동들은 그 개인을 어색하게 또는 이상하게 보이게 할 수 있다. 떨리는 것을 막기 위해 잔이나 컵을 꽉 쥐고 있는 것은 사실상 그것을 악화시킬 수 있다. 두 번째 항목인 내적 처리과정에서의 안전 행동은 심한 문제가 되는데, 그것들은 모두 처리 능력을 고갈시키고 자연스러운 자발적인 행동을 크게 방해하기 때문이다. 예를 들어, 괜찮게 들리도록 확실히 하기 위해 미리 할 말을 계획하거나 할 말을 연습하려는 노력은 개인이 내적으로 몰두하고, 타인이 실제로 무슨 말을 하는지 주의를 기울이지 못하고, 따로 떨어져 있는 것처럼 보일 수 있고, 흥미가 없고, 다소 으스대는 것 같은 인상을 줄 수 있다.

내적으로 야기된 많은 안전 행동은 사회적 상황에서 수줍거나 불안하다고 느낄 때 사람들이 하는 일반적 전략의 과장된 표현이다. 하지만 극심한 사회불안이나 사회불안장애를 겪는 사람들에게 이 전략들은 매우 자동화되어 있고, 사람들은 대개 자신이 이것들을 사용하고 있는지도 모른다. 안전 행동 실험의 목적은 안전 행동이 그들이 생각하는 것을 하고 있는지(예: 불안 관리와 행동의 개선을 돕는 것), 또는 그 모델에서 예측하는 바와 같이, 실제로는 반대 효과를 내고 불안이 증가하고 수행이 손상되는지 사람들이 검토할 수 있도록 하는 것이다.

이 장의 끝에 있는 〈부록 8-1〉에 안전 행동 실험을 계획하는 방법에 대한 자세한 설명이 나와 있다. 간단히 말하면, 당신은 내담자의 두려움과 관련되어 있고 상담실이나 비슷한 곳(예: 참여하는 사람이 한 사람 이상이면 집단치료실에서)에서 쉽게 만들어질 수 있는 적당히 힘든 사회적 상황이나 상호작용에 합의한다. 예를 들면, 어떤 참여자를 처음 만나고 대화를 진행하는 것, 내담자가 소규모 청중이나 카메라 앞에서 간단한 연설을 하는 것과 같이 당신은 실제 사회적 상황을 활용할 수 있다. 또는 역할극 상황을 계획할 수 있다. 예를 들면, 나의 내담자 중 한 명은 주치의 앞에서 환자를 소개할 때 불안한 의대생이었고 우리는 이 활동을 역할극으로 하였다.

이 실험의 목적은 안전 행동이 미치는 영향을 검토하는 것이다. 사전 준비 단계를 포함해서 두 단계가 있다. 실험을 위한 인지적 준비는 내담자가 두려워하는 결과가 무엇이라고 생각하는지 파악하고 그 상황에서 사용할 안전 행동을 지정하는 것이다. 당신은 또한 관찰 가능한 결과를 확인할 필요가 있다. 예를 들면, '나는 떨릴 거야. 타인은 나를 보고 웃을 거야. 나는 아무 말도 못 할 거야.' 등이다. 당신은 여기에 안전 행동 실험의 각 단계 후에 즉시 사용하기 위해 개인이 얼마나 불안하게 느끼거나 자기 의식적이라고 보고 느끼는지를 측정하는 평가지를 추가할 수 있다. 〈부록 8-1〉에 당신이 사용할 수 있는 공란의 복사 가능한 평가지가 있다. 안전 행동 실험, 비디오 피드백에 대한 시연과 다운로드 가능한 양식들이 불안장애와 트라우마를 위한 옥스퍼드 센터에서 임상 자료로 제공된다(OxCADAT; http://oxcadatresources.com).

첫 번째 단계

안전 행동 실험 중 첫 번째 부분에서, 당신은 내담자가 안전 행동들을 평소대로 사용하길 원할 것이다. 개인이 이 상황에서 사용하기 쉬운 안전 행동을 확인한 후에 당신은 내담자에게 "유사한 상황에서 당신은 평소에 하는 것을 하세요. 당신의 안전 행동을 덜 사용하려고 애쓰거나 어떤 식으로든 바꾸지 않도록 하세요."라고 지시한다. 대화를 하는 데 참여자를 활용한다면, 그때는 그 사람에게 미리 정보를 주는 것이 중요하다. 그 사람에게 친절하기는 하지만 지나치게 친절하지는 않게, 사회적으로 불안한 개인을 '구제하기' 위해 너무 빨리 뛰어들지 않도록 지시한다. 즉, 대화 중에 멈춤이 있어도 바로 끼어들지 않는다. 하지만 멈춤이 지속되면, 그때 대화가 지속되도록 할 말을 생각해 보도록 하는 게 좋다. 반면에 상호작용을 너무 어렵게 만들지 않는 것은 중요하다. 상황에 따라 다양하지만 실험에 소요되는 시간은 길지 않아도 된다. 예를 들어, 참여자와의 대화는 일반적으로 7~8분 걸린다. 짧은 연설은 5분 정도가 될 수 있다. 당신이 내담자에게 참여자를 소개하고 카메라를 켜면 그때 당신은 보통 그 방을 나갔다가 할당된 시간 끝에 돌아온다.

안전 행동 실험의 첫 단계 끝에, 당신은 두 번째 단계에서 할 것에 대해 내담자와 잠시 논의하기를 원할 것이다. 그래서 당신은 참여자가 나가도록 지시하거나, 집단이 참여하는 상황이라면 내담자를 몇 분간 데리고 나간다. 당신은 이 단계에서 일어난 일을 자세히 분석하는 것을 원치 않을 것이다. 그래서 내담자가 어려운 일에 참여한 것을 잘 해냈다는 것을 확인시킨 후에 내담자에게 평가지를 작성하도록 요구한다. 나는 보통 내담자에게 평가지를 주기보다 이것을 말로 하게 하고 내가 종이에 내담자의 대답을 쓴다. 나는 국면 1에서 이렇게 하는 이유를 설명한다.

두 번째 단계

실험의 두 번째 단계에서 당신은 내담자에게 안전 행동을 하지 말라고 요청하고 훈련을 반복한다. 이를 효과적으로 하기 위해, 당신은 어떤 안전 행동이 사용되고 있는지 내담자가 어떻게 그것을 그만둘지에 대해 확실히 해야 한다. 일반적으로 내담자가 관찰 가능한 안전 행동(예: 눈 맞춤 피하기, 머리카락으로 얼굴 가리기)을 어떻게 그만둘지 생각하는 것은 쉽지만, 여기서도 당신은 적절하거나 '정상적인' 행동의 모델을 만들 필요가 있다. 어떤 내담자는 떨리는 것을 피하기 위해 앉아 있는 의자의 팔걸이를 꽉 잡고 있곤 하였다. 내가 그녀에게 이 안전 행동을 어떻게 그만둘지 물어보자 그녀는 팔짱을 끼고 의자에 꼿꼿하게 앉았다. 이 자세는 방어적으로 보였기에 우리는 그녀가 손을 놓을 수 있는 다른 곳들을 실험해 보았고 마침내 그녀는 무릎 위에 손을 얹는 것이 편안하다고 결론을 내렸다. 그리고 그것은 더 개방된 자세를 취하게 하고 그녀가 더 수용적인 것처럼 보이게 하는 이점이 있었다.

내적 안전 행동은 관찰 가능한 안전 행동보다 그만두기가 더 어렵다. 부분적으로 그것은 습관화되어 있고 심지어 내담자들은 그것을 사용하고 있는지 모를 수도 있기 때문이다. 나는 일반적으로 우리가 내적 안전 행동을 그만두는 방법에 대해 토론하는 데 약간의 시간을 할애할 필요가 있다는 것을 알게 되었고, 이는 대안에 대해 명백하게 말하는 것을 포함한다. 예를 들어, 만약 개인이 어떤 인상을 주는지 확인하기 위해 자신을 감시한다면, 그것은 그들의 주의가 주로 자기에게 초점이 맞춰져 있다는 것을 의미한다. (우리는 그들이 감시하고 있는 것이 그들이 어떻게 보이는지에 대한 더 객관적 측정이라기보다 내적 심상이 되기 쉽다는 것도 알고 있다.) 이 경우에, 그들은 주의를 밖으로 돌리고(치료의 또 다른 목표), 주의를 내적으로 초점을 맞추는 것보다 타인이 말하거나 행동하는 것에 더 주의를 두는 것이 필요하다. 만약 그들의 안전 행동 중 하나가 말하기 전에 할 말을 계획하는 것이라면, 질문에 답하기 위해 타인의 질문에서

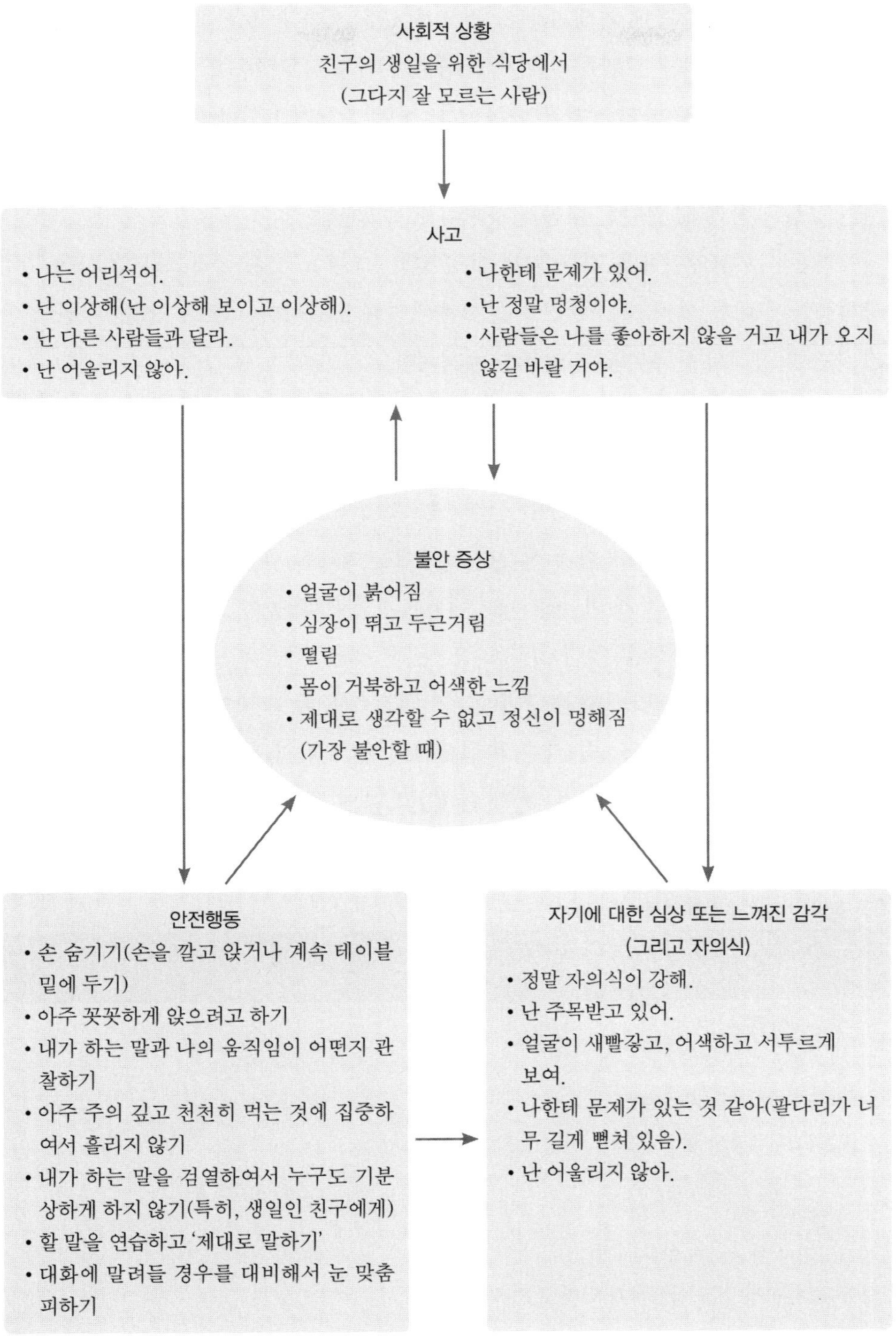

[그림 8-1] 클라크와 웰스(1995)에 기반한 수잔의 사례개념화

단서를 이용하는 방법에 대해 토론할 필요가 있을 것이다. 토론을 했다면 당신은 내담자에게 안전 행동을 그만두기 위해 노력하면서 그 상호작용을 반복하도록 요구할 수 있다. 이것을 마쳤다면 평가를 반복하라. 실험이 효과가 있다면 두 평가 사이에 차이가 나타날 것인데, 내담자는 보통 두 번째 단계에서 당신이 확인한 개인 행동 면에서의 향상과 함께 덜 불안한 행동과 자의식을 보고한다.

수잔은 사회불안장애를 겪는 32세 여성이다. [그림 8-1]은 클라크와 웰스(1995)의 사회불안에 대한 인지 모델에 근거한 사례개념화 도표이다. 〈표 8-2〉는 수잔의 안전 행동 실험에서 한 완성된 평가표의 예시이다.

실험의 두 가지 단계 사이의 불일치—안전 행동을 하는 것과 안전 행동을 하지 않는 것—는 그것의 영향에 대한 토론으로 이어질 수 있다. 하지만 대부분의 안전 행동이 과장된 정상적 행동이라는 것을 인식하는 것이 중요하다. 이것을 설명하고, 내담자들이 그들이 그것을 사용하기 시작한 당시에는 이해할 만했다고 인정하는 것이 유용하다. 이는 심하게 자기 비난을 하는 내담자가 안전 행동이 도움이 되지 않는다는 것을 알지 못하고 자신을 '어리석다'고 결론짓는 것을 막는 데 도움이 될 수 있다. 일부 안전 행동은 멈추기가 어렵고, 내담자가 파트 2(특히, 내적 안전 행동)에서 완전히 그것을 멈추는 것을 기대하는 것은 비현실적이다. 실험의 두 번째 단계에서 그들이 안전 행동을 얼마나 줄였는지를, 특히 단계 1과 단계 2 사이의 평가가 같거나 비슷하

표 8-2 수잔의 안전 행동 실험 평가

	안전 행동 포함 (0~10)	안전 행동 미포함 (0~10)
얼마나 불안했나요?	8	5
얼마나 불안하게 보였나요?	10	6
얼마나 자의식이 강했나요?	9	6
전체적으로 얼마나 좋았나요?	2	5
얼굴이 붉어지는 것	7	4
손이 떨리는 것	4	3
어리석거나 창피하게 말하는 것	5	2
할 말을 잃어서 길고 어색하게 멈춰 있는 것	5	2
서투른 것	8	4
물건을 넘어뜨리거나 부딪히는 것	2	0

다면 이것은 실험이 왜 효과가 없는지 그 이유가 되기 때문에, 내담자에게 물어보는 것이 유용하다. 이 경우에, 실험을 반복하기 전에 회기 내에서 문제 행동을 감소시키기 위해 광범위한 훈련을 할 필요가 있다.

단계 1과 단계 2 사이에 약간의 변화가 있었다면, 다음 단계는 내담자가 현실에서 안전 행동을 감소시키기 위해 훈련을 하고 그들이 그렇게 할 때 일어나는 일을 탐색하는 것이다. 과제나 행동 실험으로서 이것을 계획할 수 있는데 여기서 내담자들은 일상적인 안전 행동을 사용하는 것과 여러 상황에 걸쳐서 그것을 그만두는 것의 효과를 대조한다. 안전 행동은 그들이 막으려는 두려워하는 결과에 기여함으로써 사회적 상호작용에 악영향을 미칠 수 있다. 관찰 가능한 안전 행동은 개인이 이상하고 불편하게 보이게 할 수 있으며, 자발성을 방해하는 경향이 있는 내적 안전 행동은 개인이 거리를 두고 흥미가 없는 것처럼 보이게 만들고, 대응 능력을 악화시킬 수 있다. 이와 같이 그것은 거의 분명히 개인의 자기인식에 영향을 미친다. 하지만 현재는 안전 행동을 그만두는 것이 부정적 자기 관점을 어떻게 개선시킬 수 있는지에 대해, 또는 자기에 대해 안전 행동이 미치는 영향을 보여 주는 증거는 없다. 대조적으로, 비디오 피드백은 사회불안을 유지시키는 데 주요 역할을 하는 부정적 자기 심상을 직접적인 표적으로 하기 위해 발달되었다.

부정적 자기 관점의 변화를 위한 비디오 피드백 활용

비디오 피드백의 목적은 내담자가 실제로 타인에게 어떻게 보이고 어떻게 들리는지에 대한 객관적 관점을 제공하는 것이며, 이는 내적 자기 심상과 비교될 수 있는 것이다. 일단 이것이 이루어지면, 당신은 내담자에게 습관적인 부정적 심상을 자신이 어떻게 보이고 들리는지에 대한 새롭고 더 현실적인 심상으로 대체하는 것을 훈련하도록 요청할 수 있다. 비디오 피드백의 효과를 극대화하기 위해, 인지적 준비는 내담자가 보길 기대하는 것을 명료하게 표현하도록 돕는 데 초점을 맞춘다. 클라크와 웰스(1995)의 모델에 의하면, 당신은 핵심을 '푸는' 것으로, 이는 내담자의 심상과 자기인식을 파악하는 것이다. 수잔을 예로 들면, 그녀는 부정적 자기 관점과 관련된 여러 가지 관찰 가능한 특징과 행동을 확인하였다. 이는 〈표 8-3〉에 정리되어 있는데, 수

표 8-3 비디오 피드백 실험에 대한 수잔의 평가

특징적인 결과	안전 행동 포함		안전 행동 미포함	
	예상 (0~10)	실제 (0~10)	예상 (0~10)	실제 (0~10)
어색하게 보이는 것	9	6	5	2
서툴게 행동하는 것	7	5	4	1
물건을 떨어뜨리는 것	4	0	0	0
얼굴이 붉어지는 것	8	5	5	2
바보 같이 말하는 것	8	5	5	2
무례하거나 난처하게 말을 해서 타인의 기분을 상하게 하는 것	5	2	3	1
몸이 거북한 것	8	5	6	2
할 말이 생각나지 않아 긴 침묵이 이어지는 것	6	2	4	3
이상하고 바보 같이 움직이는 것	8	2	6	1
비정상적인 긴 팔다리	9	3	4	1

잔이 비디오를 보기 전에 그녀가 어떻게 보일지 예측하고, 그다음 그녀가 그것을 볼 때 실제로 본 것을 기록하는 방법을 보여 준다.

인지적 준비는 내적 심상이 모니터나 TV 스크린상의 객관적 영상에 대한 개인의 지각을 편향시키는 정도를 감소시키는 방법이다. 준비의 일부로 관찰 가능한 특징을 쉽게 수치화하는 것이 있다. 예를 들어, 수잔이 얼굴이 붉어질 때 얼마나 붉게 보이는지 확인하기 위해 색 차트를 사용하는 것이다. 내담자가 자신이 떨릴 거라고 말한다면 당신은 얼마나 그럴지 보여 달라고 요청할 수 있다. 다른 것들도 토론이 더 필요하다. 수잔이 자신은 '어리석어 보인다.'고 말할 때 이게 무슨 뜻인가? 자신이 어리석게 보일 때 그녀는 다른 사람을 어떻게 보는가? '이상한'과 '어리석은'과 같은 개념들을 구체화할 수 있도록 하는 것이 중요하다. 다음 대화는 이것을 위한 한 가지 방법을 보여 준다.

치료사: 사회적 상황에서 불안을 느낄 때 당신 자신에 대해 갖는 내적 심상에 초점을 맞추면, 당신은 얼굴이 붉어지고 움직임이 바보스럽게 보인다고 말했어요. 또 물건을 넘어뜨린다고 말해서, 그 일이 일어나는지 보기 위해 우리가 당신 주변에 몇 가지 물건들을 놓았어요.

수 잔: 그런 일이 일어난 적이 없기 때문에 당신이 그렇게 말하는 걸 들으니 정말 어리석게 느껴져요.

치료사: 음, 우리가 당신이 걱정하는 것들을 확인했어요. 그래서 그것을 포함하는 것이 합리적이었어요. 불안할 때 나타나는 자신에 대한 심상을 관찰할 때 또 뭐가 보이나요?

수 잔: 어리석어 보여요.

치료사: 그것에 대해 좀 더 말해 줄래요? 내가 보는 무엇이, 마야(참여자)가 보는 무엇이 당신이 어리석다고 말하나요?

수 잔: 설명하기 어려운데요. 내가 서툴고 어색하고, 일반적으로 나 자신을 바보로 만들거나 어리석은 말을 하는 것이 모두 같은 일의 일부예요.

치료사: 좋아요, 그 부분을 조금 풀어 보도록 해요. 그래서 행동이 어색하고 서툰 것이 그것의 한 부분이죠?

수 잔: 네. 하지만 그것보다 조금 더 그런 것 같아요. 내가 크고 못생긴 거미나 사마귀 같은 것처럼 보여요. 긴 팔다리 모두가 잘못 구부러져 있는 것 같아요.

치료사: 그건 전에 말한 적이 없는 새로운 것이네요. 심상 속에서 자신을 그렇게 보고 있는가요?

수 잔: 네, 골룸이나 이상한 생물 같은. 그것을 제대로 설명하지 못하겠어요. 정말 미친 것처럼 들리는데, 그 심상에 집중하면 할수록 더 그렇게 보인다는 것을 깨닫게 돼요.

치료사: 그게 당신이 이상하고 다른 사람들과 다르다는 느낌과 관련된다고 생각해요?

수 잔: 그런 뜻이겠죠?

치료사: 그렇다면 당신의 마음의 눈에 보이는 것을 포착해서 비디오에 나오는 것과 비교하여 평가해 봅시다. 우리가 이미 어색하고 서툰 것은 알았어요. 그리고 당신의 팔다리가 비정상적으로 길게 보이고 그것들이 이상한 각도로 돌출되어 있다는 것도 추가해 봅시다. 전체적으로 거미나 사마귀처럼 보이는 심상에 대해 추가하고 싶은 게 있나요?

수 잔: 아니요, 내가 정말 그렇게 보이지는 않는다는 걸 알아요. 그러니 그냥

팔다리가 비정상적으로 길고 너무 각지다거나 그런 걸 넣으면 될 것 같아요.

수잔과 치료사는 그녀의 내적 자기 심상과 직접적으로 관련된 다양한 행동과 신체 외모에 관한 면들을 확인하였으므로, 수잔은 안전 행동을 할 때 첫 번째 비디오에서 이것들이 얼마나 많이 보일지 예상할 수 있다. 이 첫 번째 일련의 평가들은 내담자가 자신의 마음의 눈에 보이는 것을 확인하게 하고, 그래서 그녀의 타인에 대한 수용성과 사회적 상황 속에서 자신의 행동을 판단하는 데 사용하는 그녀가 가진 자기 심상을 알게 한다. 인지적 준비의 마지막 단계는 두 가지 정보, 즉 '당신이 느끼는 것에 기반한 정보와 실제로 보이는 것에 기반한 정보'를 구별하는 것이다. 내담자에게 '마치 당신이 낯선 사람을 보듯이' 비디오를 봄으로써 이 구별을 하고 '당신이 느끼는 것보다 보고 들을 수 있는 것'에 집중하라고 요청하라.

국면 1

내담자는 이제 첫 번째 비디오 녹화(안전 행동 포함)를 볼 수 있고, 직후에 평가를 할 수 있는데 이번에는 비디오에 실제로 나타나는 것에 초점을 맞춘다(수잔의 평가에 대한 〈표 8-3〉 참조). 안전 행동 실험처럼 나는 각 항목을 읽어 주고, 내담자가 평가하면 내가 받아 적는다. 이렇게 하는 이유는 내담자가 평가를 예상하고 그것에 근거하여 조정하기를 원치 않기 때문이다. 물론, 내담자는 평가한 것을 일부 기억하겠지만 만약 그들이 예상된 것을 참고하지 않고 관찰된 평가를 한다면 당신은 그들이 본 것에 대해 더 정확한 판단을 얻을 가능성이 있다. 실험이 성공적일 때, 두 가지 평가 사이에 차이가 있을 것이고 당신은 내담자에게 이것을 보여 주고 "어떻게 생각해요?"라고 물을 수 있다.

국면 2

두 가지 평가 사이의 차이에 대한 간단한 토론 후에 당신은 비디오 피드백의 두 번째 국면으로 옮겨 갈 수 있고, 이는 평가될 항목을 이미 확인한 후라는 것을 제외하면 같은 구성을 따른다. 두 번째 비디오에 대한 예상된 평가(안전 행동 미포함)는 일반적으로 더 양호하게 나오는데, 내담자가 첫 번째 사회적 상호작용(안전 행동 포함)에서 한 예상된 평가와 관찰된 평가 사이의 차이와 비교하여 그것을 조정하기 때문이다. 안전 행동 실험이 효과적이면 두 번째 사회적 상호작용이 첫 번째보다 낫고, 내담자는 이것을 반영하여 예상된 평가를 조절한다. 흥미롭게도, 두 번째 상호작용에 대한 예상된 평가가 그대로 반영되거나 첫 번째 실험에서 관찰된 평가와 가까운 내담자는 아직까지는 없었다. 평가는 일반적으로 상향 측정되긴 하지만, 여전히 자신의 부정적 심상에 의해 나타나는 왜곡된 내적 자기 표상을 반영한다. 두 번째 비디오를 보고 평가를 한 후 당신은 평가 사이의 차이를 검토하고, 두 번째 사회적 상호작용에서 안전 행동을 하지 않은 것의 영향과 함께 두 가지 평가를 비교한다. 이 토론은 내담자의 부정적 심상에 의해 나타나는 자기 관점이, 타인이 보는 것의 현실적인 표상인지 아니면 그들의 판단에 기반한 것인지를 생각해 보는 기회가 된다. 심상과 자전적 기억 사이에 관계가 있는지 발견하는 동안, 이 습관적 자기 관점의 원천을 생각해 보는 쪽으로 토론을 확대할 수 있다. 예를 들면, 사회적 상황 속에서의 굴욕적인 기억이나 반복적인 따돌림이 있다. 비디오 피드백의 결과와 개념화를 명확하게 관련짓고, 왜곡된 자기 관점이 사회불안의 유지에 기여하는지를 여러 방식으로 조사하고, 안전 행동이 직접적 역할을 할 뿐만 아니라 이러한 부정적 관점과 어떻게 상호작용하는지를 탐색하는 것이 유용하다.

비디오 피드백은 잠재적으로 강력한 개입방법이고 내담자는 그 효과를 최대화하기 위해 습관적인 부정적 심상을 비디오에 나타난 실제적 자기 심상으로 대체하는 훈련을 할 수 있다. 몇 가지 연구들은, 사회불안을 가진 많은 사람에게 자신의 목소리를 듣는 것은 불안과 당황스러움을 야기하기 때문에 중요한 영역인 청각 피드백의 이점을 조사하였다(예: Hirsch & Clark, 2007). 최초의 증거에 의하면, 인지적 준비와 함께 청각 피드백은, 특히 여기에 감소된 자기 초점이 포함된다면, 불안을 감소시키고 목소리 수행에 대한 평가를 개선한다(Nilsson & Lundh, 2016; Nilsson, Lundh, Faghihi, & Roth-Andersson, 2011).

비디오 피드백의 문제점

다른 개입방법과 마찬가지로, 비디오(또는 오디오) 피드백을 사용할 때 그 효과가 떨어지고 자기지각의 변화를 가져오지 못하는 문제에 직면할 수 있다. 이 문제는 기술적 문제에서부터 자기의 특성에 관한 개념적 문제까지 다양할 수 있다. 내가 얼굴이 붉어지는 것을 걱정하는 내담자와 비디오 피드백 실험을 했을 때 전자에 해당하는 일이 나타났다. 나는 내가 일하는 병원에서 TV 모니터를 사용하였고 회기 전에 그것을 확인하지 못하였다. TV를 켰을 때, 색깔이 훼손되어 내담자의 얼굴이 다소 이상한 적보라색으로 나타났다. 말할 필요도 없이, 피드백은 이 경우에 도움이 되지 않았고 시작하기 전에 설비를 항상 확인해야 한다는 것을 배우게 되었다.

소리가 아주 좋은 품질이 아니거나 카메라 각도의 문제로 확인된 특정 행동이나 외모를 보기 어려운 각도라면 다른 기술적 문제가 나타날 수 있다. 때때로 줌은 경련이나 떨림과 같은 미세한 행동을 포착하는 데 도움이 될 수 있지만, 내담자가 상호작용의 성공을 평가하는 데 있어서 참여자의 반응이 중요한 것을 감안하면 그 영상 속의 내담자를 그대로 두는 것이 바람직할 수 있다. 물론, 비디오를 한 번 이상 관찰하고 필요하다면 다른 표적을 확인할 수 있다. 일단 기술적인 문제를 해결해도, 비디오 피드백이 효과가 없거나 부분적으로만 효과가 있는 이유는 많이 있다.

예상과 실제 평가 간의 차이 없음

예상한 평가와 실제 평가 사이에 차이가 없거나 미미할 때 비디오 피드백이 효과가 없다고 판단할 수 있다. 첫 번째 사회적 상호작용에서 이렇게 되면 당신은 두 번째 상호작용으로 나아갈지, 실험을 그만둘지를 고려해야 하고 내담자가 어떻게 판단하는지 탐색해야 한다. 두 번째 사회적 상호작용(안전 행동 미포함)이 (안전 행동 실험에서 한 평가를 살펴봄으로써) 처음보다 훨씬 더 낫다는 것을 안다면, 진행할 가치가 있다. 왜냐하면 여기서 왜곡된 자기 관점이 하는 역할에 대한 증거뿐만 아니라 안전 행동의 영향에 대한 강력한 증거를 제공할 수 있는 차이가 있을 수 있기 때문이다.

비디오 피드백 실험의 실패에 대한 또 다른 가능한 설명은 부적절한 인지적 준비이다. 하지만 최선의 준비를 했더라도 일부 내담자는 그들이 마치 다른 사람을 보는 것처럼 비디오를 보기 위해 충분히 뒤로 물러서기 어렵다. 그들의 내적 심상은 그들이 보는 것에 영향을 미치고 내적 관점과 외적 관점의 차이를 살펴보는 것을 방해할 수 있다. 치료사가 그 예상들을 하고 비디오를 보기 때문에 치료사는 관찰 가능한 자기의 평가가 정확한지 아닌지에 대해 판단할 수 있다. 그것이 그렇지 않다면 여러 선택지가 있다. 치료사가 비디오를 평가할 수 있고 비디오에 대한 내담자의 평가와 치료사의 평가의 차이점들을 토론할 수 있다. 내담자는 치료사가 지나치게 친절하거나 공감적이라고 봄으로써 이 차이점을 무시하려고 할 수 있다. 만약 이 경우라면, 치료사는 비디오를 관찰할 여러 독립적인 평가자들을 요청하도록 제안하고 객관적인 증거를 모을 수 있다. 안전 행동 실험에 참여할 참여자가 있다면 치료사는 참여자에게 내담자로부터 받은 인상에 대한 피드백을 요청할 수 있다. 최근 몇 가지 유력한 연구 결과에 의하면, 비디오 피드백의 일부로 청중 피드백을 포함하는 것이 도움이 되었다는 것이 발견되었다(Chen, Mak, & Fujita, 2015).

비디오 피드백의 효과를 해치는 편견 다루기

비디오를 보는 동안 뒤로 물러나는 능력과 객관적이거나 메타인지적 자세를 취하는 것은 성공에 필수적이다. 방해할 수 있는 몇 가지 요소를 살펴보았다. 워녹파크스와 동료들(2017)은 이 요소들을 '처리 편향'이라 표현하고 5개 그룹으로 분류하였다. (1) 상호작용하는 동안 나타나는 감정 재경험, (2) 부정적으로 해석될 수 있는 행동 찾기, (3) 비디오에 나오는 심상의 정확성을 깎아내리기, (4) 안전 행동을 사회적 결핍으로 오해, (5) 비디오를 보는 동안 활성화되는 습관적 자기 비판. 워녹파크스와 동료들은 이 처리 편향을 없애는 방법으로, 비디오 피드백을 하는 동안 자의식을 감소시키기 위해 비디오 녹화를 일상적으로 활용하는 것, 비디오 피드백을 하는 동안 부당성 입증을 위해 중요한 순간에 멈추는 기술을 사용하는 것, 일상 회기 작업과 치료실 밖에서 행동 실험을 하는 동안 녹음을 활용하는 것, 그리고 자기 비판에 대해 온정적 태도 취하기를 제안한다. 다른 잠재적 중재 요소들이 있다. 오르와 모스코비치(Orr & Moscovitch, 2010)에 의하면, 사람들이 높은 외적 불안을 지닐 때 그들은 향상된 비디오 피드백(인지적 준비와 인지적 검토)이나 표준적 비디오 피드백(인지적 준비만)의 도움을 받지 못하였지만, 반면 낮은 외적 불안을 지닌 사람들에게는 둘 다 도움이 되었다.

자기의 특성

사람들이 자신이 타인에게 어떻게 보여지는지에 대해 걱정할 때 비디오 피드백은 강력한 개입방법이다. 1장에서 자기에 대한 이론적 모델을 살펴보았는데, 사람들은 복합적 자기 표상을 지닌다. 자기 표상의 한 가지 범주는 '대인관계적 자기' 또는 다른 말로 보이는 그대로의 자기라고 기술되고, 타인의 관점, 행동과 반응, 또는 적어도 그러한 것들에 대한 우리의 지각을 통해 여과된다(Alden & Taylor, 2004; Luke & Stopa, 2009). 클라크와 웰스(1995)의 모델에서 강조하는 것은 대인관계적 자기에 대한 개념에 뿌리를 둔 현실적 자기 심상에 대해 작업하는 것이다. 내담자가 불안의 징조를 보이거나 그들이 사회적으로 부적절하거나 수용될 수 없다고 여기는 방식으로 행동한다면, 보통은 내담자의 부정적 판단에 대한 두려움에 관해 토론한다. 그러나 어떤 사람들에게 결점과 결함이 있다는 자기인식이 단지 관찰 가능한 징후이거나 타인과의 관계에서만 국한되지 않으며, 더 깊은 의미에서 어떤 방식으로든 '결점'이나 '결함'이 있는 경험을 포함한다. 이 경우에, 비디오 피드백은 덜 효과적인 것 같고, 치료사는 부정적 자기 관점의 원천을 탐색하는 데 시간을 더 많이 쓸 필요가 있다. 특히 부정적 자기 관점의 발달과 관련된 특정 기억이나 경험이 있다면 심상 다시쓰기가 도움이 될지 고려해 봐야 한다(7장 참조). 다음 절에서 우리는 긍정적 자기 표상에 접근하기 위해 기억에 접근하는 여러 가지 방식을 살펴본다.

자전적 기억을 통해 긍정적 자기 관점에 접근하기

지금까지 우리는 주로 자전적 기억이 부정적 자기 표상을 어떻게 지지하고 있는지 살펴보았지만, 기억은 또한 더 긍정적 자기 관점에 접근하는 데에도 사용될 수 있다. 여기에 기술된 접근은 주로 경험적 연구로부터 파생된 것이지만, 흥미로운 임상 개입방법의 가능성을 제공하고 기존의 치료에 대한 보조로 사용될 수 있다. 그것은 넓게는 이 절의 끝에 간단히 논의될 자전적 일화 기억 기반 훈련 패러다임이라고 일괄적으로 표현되는, 발전 중인 개입방법들 중 하나에 속한다(Hitchcock, Werner-Seidler, Blackwell, & Dalgleish, 2017).

기억을 통한 긍정적 자기 심상에 접근하는 연구의 일부는 사회불안에 대한 클라크와 웰스(1995)의 모델을 통해 가정들을 조사하는 데에서 시작되었다. 그 모델의 핵심은 주로 부정적 심상에서 나타나는 부정적 자기 관점이 불안을 유지시키고, 안전 행동과 같은 그 모델들의 다른 요소들과의 상호작용을 통해 직간접적으로 수행에 손상을 입힌다는 생각이다. 17개의 심상 연구에 대한 체계적 검토에서 엔지, 애보트와 헌트(Ng, Abbott, & Hunt, 2014)는 부정적 자기 심상이 모든 개인에게 유해한 영향을 미치는데, 당연히 사회불안이 높은 사람들에게 더 큰 영향을 미친다. 이 연구에 의하면, 처음에 부정적 자기 심상은 더 높은 불안, 그리고 자기와 관찰자에 의해 더 나쁘게 평가된 수행을 초래하였다. 하지만 부정적 자기 심상은 긍정적 추론 차단(Hirsch, Mathews, Clark, Williams, & Morrison, 2003)과 긍정적인 자전적 기억의 회상 감소(Stopa & Jenkins, 2007)를 포함한 다른 영역에도 부정적 영향을 미친다.

엔지와 동료들(2014)의 검토에 관한 많은 연구는 긍정적 · 부정적 자기 심상이 다양한 구성 요소들에 미치는 영향을 비교한다. 13개의 연구는 자전적 기억의 첫 회상을 통해 심상에 접근하는 것을 포함하는 절차를 사용하였다. 가장 일반적인 방법은 해크먼과 동료들(Hackmann et al., 2000)에 의해 개발된 프로토콜에서 온 반구조화된 면접을 사용하는 것이다. 이 프로토콜에서 참가자들은 기억을 회상하고, 연구자들은 기억과 관련된 자기 심상이 있는지 물어보고 심상의 다양한 감각적 특징을 포함해서 세부 사항들을 이끌어 내기 위한 일련의 질문들을 한다. 워털루 심상 기억 면접(Waterloo Images & Memories Interview: WIMI; Moscovitch et al., 2011)과 같은 심상에 접근하는 다른 방법들 또한 도움이 되지만, 그것들은 심상과 기억에 대한 더 일반적 평가를 제공하며, 하나의 특정 기억을 상세하게 표적으로 하는 해크먼과 동료들의 프로토콜과 대조된다.

자기에 대한 긍정적 심상과 부정적 심상의 비교 연구는 우리가 부정적 자기 심상의 해로운 영향과 긍정적 자기 심상의 잠재적 이익을 고려할 수 있도록 한다. 흥미롭게도, 사회불안 모델에서 일반적으로 자기가 중추적인 중요성을 띰에도 불구하고, 초기에는 감정과 수행에 미치는 심상의 영향을 지지하는 바람에 자기에 미치는 심상의 직접적인 영향이 간과되었다. 내 실험실에서 수행된 연구는 이 문제에 몰두하였고, 긍정적 자기 심상은 높은 자기존중감과 높은 자기개념 명료성과 관련되며(Stopa, Brown, & Hirsch, 2012), 온라인 구기 게임에서 사회적 배제에 의해 야기된 자기존중감 위협으로부터 보호적일 수 있다는 것을(Hulme, Hirsch, & Stopa, 2012) 증명하였다. 픽텟(Pictet, 2014)은 긍정적 자기 심상이 감정 개선과 사회적 수행 향상 및 더 긍정적 해석 편향의 촉진을 포함하여 복합적 이점을 지닌다고 말한다. 긍정적 자기 심상의 이점에 관한 연구는 사회불안을 넘어서 확장되고 있고, 긍정적 자기 심상을 지니는 것은 신체 불만족 그리고 실제 자기와 이상적 자기의 불일치를 줄이고 긍정적 정서와 상태 자기존중감을 증가시킨다는 것을 보여 준다(Farrar, Stopa, & Turner, 2015; Harlowe, Stopa, & Turner, 2018). 높은 특성 편집증을 겪는 참가자 중 비임상 집단에서 긍정적 자기 심상은 상태 편집증과 부정적 정서를 감소시키고 자기존중감, 자기자비와 긍정적 감정을 증가시켰다(Bullock, Newman-Taylor, & Stopa, 2016).

종합하면, 지금까지 실험 연구는 부정적 자기 심상의 보유로 인해 미치는 해로운 영향과 비교하여 긍정적 자기 심상에 접근하고 보유하는 것의 이점에 대해 상당히 일관된 설명을 한다. 하지만 대부분의 경험적 문헌이 유사 표본에 근거를 두고 있다(즉, 사회불안, 신체 불만족, 편집증과 같은 관련된 영역에서 심한 참가자들). 비록 유사한 집단과 임상군들 사이에 증상들이 분명히 연속선상에 있지만 내담자들이 진단 가능한 정신장애를 지닌다면 대개 여러 반응을 나타내는 많은 부가적인 장애와 문제들을 동반한다. 임상군을 대상으로 조사한 후 다음에 설명된 자전적 기억을 활용하는 몇몇 대안적 방법이 있고 그것은 장래성이 있지만, 경쟁 기억 훈련을 제외하고는 대개 자기를 다루지 않는다.

대부분의 실험 연구는 자전적 기억에 대한 첫 회상을 통해 긍정적 자기 심상에 접근한다. 이 접근에서는 실제 경험에 근거를 둔 심상(과 동반된 자기 표상)을 확실히 하는 일련의 상세하고 체계적인 질문을 한다. 이것이 왜 중요한가? 첫째, 자기가 어떠 '해야만 하는지'에 대한 이상화되거나 완벽주의에서 야기된 관점들은 대개 많은 장애의 중요한 유지 요인들이다(예: 섭식장애에서 '이상적' 신체를 갖고자 하는 욕구, 또는 사회불안에서 항상 '완벽하게 유창하고 재미있으려는' 욕구). 그러므로 누군가에게 긍정적 자기 심상을 상상하라는 단순한 요청을 하면, 성취할 수 없는 비현실적이고 이상적인 심상을 초래할 수 있다. 이상화된 자기 심상은 또한 자기 불일치를 악화시킬 가능성이 있다(Higgins, 1987). 둘째, 더 일반적인 기억(유원지에서의 점심시간과 같은)보다 특정한 일화 기억(반에서 1등 한 날)의 회상은 자신감 있는(사회불안), 자신의 신체에 만족스러운(섭식장애), 그리고 타인을 신뢰하는(편집증) 체험과 관련된 자기 심상을 활성화하기 쉽다. 체험에 기반을 둔 심상은 추상적인 이상화된 심상보다 거의 확실히 더 현실적이고 성취 가능하다고 느낀다. 셋째, 심상이 작용하는 자기(현재 접속된 버전의 자기)를 나타낼 수 있다는 추측에서 우리가 옳다면, 그때 특정 자전적 기억과 관련된 심상은 습관적인 부정적 심상과 관련된 작용하는 자기와 대조되는 다차원적인 자기를 활성화할 것이고, 이 부정적인 작용하는 자기를 억제하는 부가적인 이익을 얻을 수 있다.

치료에서 이 방법을 활용하는 이점에 대한 특별한 증거가 아직 없고 긍정적 자기 심상이 유익한 영향을 미칠 수 있다는 것을 보여 주는 실험적 증거에 의존해야 한다는 것을 감안하여, 나는 이 기법이 도움이 될지 알아보는 '실험'으로 내담자에게 소개하는 것을 추천한다. 이는 내담자가 긍정적 심상을 지니는 것이 미치는 영향을 조사하고 긍정적 심상을 지니는 것과 부정적 심상을 지니는 것을 명백하게 비교하는 행동 실험으로서 공식적으로 개념화될 수 있거나 이점이 있는지 시도하고 탐색하도록 내담자를 격려하는 더 비공식적 접근일 수도 있다. 그 기법에 대한 다음 설명은 후자의 접근을 적용한 것이다.

긍정적 자기에 접근하기 위한 자전적 기억 활용의 예시

이 장의 초반에 소개한 수잔은 사회불안장애를 겪고 있는 32세 여성이다. 그녀는 아동기에 수줍음이 많았고 반에서 질문을 받거나 서서 말해야 할 때 높은 자의식과 강한 불안을 느꼈다는 것을 기억한다. 그녀는 그것을 '주목받는' 것으로 기술하였고 학교에서 잘했다는 것을 인지하고 있음에도 불구하고 모든 사람이 자신을 어리석다고 생각하는 것처럼 느끼고 있다고 말했다.

이 반복적 불안에도 불구하고 수잔은 친한 친구들과 있거나 관찰된다고 느끼지 않으면 느긋하고 자신감이 넘쳤다. 그녀는 서로 다른 두 사람처럼 느껴진다고 말했다. 사회적 상황에서 불안할 때 그녀는 서툴고 어색하다고 느낀다. 손이 너무 크고 몸 전체가 통합되지 않은 느낌이다. 잘 아는 사람들과 있어서 느긋할 때 그녀는 재미있고 좋은 친구일 수 있고 사람들이 좋아한다는 것을 안다고 말했다.

대학에 갔을 때 수잔의 사회불안이 심각하게 나빠졌다. 여자친구 몇 명을 사귀었지만 특별히 가깝다고 느끼지 않았다. 몇 달 후 남자친구가 생기면서 여자친구들과 시간을 보내지 않았다. 처음에 그녀는 행복하고 남자친구와 가깝다고 느꼈지만, 그 후 관계는 악화되기 시작했다. 그는 그녀를 놀리고 괴롭혔으며 점점 비판적으로 변하였다. 그는 그녀의 외모, 능력과 행동에 초점을 맞추었고 특히 그들이 그의 친구나 가족과 있을 때 그랬다. 그가 말하길, 그녀는 '어리석고' 그녀가 너무 말이 없기에 모든 사람이 그녀를 '이상'하게 생각하고, 그녀가 어떤 말을 했다면 그것은 보통 '정말 이상한' 것이었다. 2년 후 수잔이 상담을 받으러 왔을 때 그 관계는 끝이 났지만 그녀는 거의 모든 사회적 상호작용에서 심하게 불안했고 가능하다면 피했다. 이는 그녀의 삶의 모든 면에 영향을 미쳤다. 결국 수잔은 매우 고립되고 우울하고 무망감을 느꼈다. 다음 대화는 안전 행동과 비디오 피드백 실험을 하고 나서 타인이 그녀에게 어떻게 반응하는지에 대한 그녀의 신념을 검토하기 위해 몇 가지 행동 실험을 한 치료 이후 회기를 기술한다.

수 잔: 서로 다른 사람이라는 느낌이 여전히 있어요. 그래서 상황이 훨씬 나아지고, 브래드와 그의 모든 비난이 얼마나 큰 피해를 입혔는지 알 수 있지만, 나는 아직도 이 작은 바보 자기가 자리를 차지하기 위해 기다리고 있다고 느껴져요. 내 말은, 다른 사람들이 나를 내가 보듯이 보지 않는다는 것을 알지만, 나는 여전히 내가 좀 한심하고 나 자신에게 기댈 수 없는 것처럼 느껴져요.

치료사: 정말 힘들 거예요. 당신이 겪고 있는 문제를 이해하기 위해 우리가 사용해 온 모델과 그것이 어떻게 맞아떨어지는지 생각해 보는 게 어때요?

수 잔: 좋아요.

치료사: (수잔과 [그림 8-1]에 나오는 도표를 살펴본다.) 당신은 자신에 대한 두 가지 매우 다른 실험을 했어요. 불안할 때 당신은 바보 같고 한심한 사람으로 느껴요. 그것은 당신이 이상하게 보이고 통합되지 않고, 커다란 손과 얼굴이 붉어진다는 것에 대해 모델에서 우리가 파악한 그 심상과 관련이 있나요?

수 잔: 네, 정확해요. 나는 우리가 실험을 했을 때 그 비디오의 심상을 떠올리는 훈련을 하고 있어요. 다른 사람들에게 내가 실제로 그렇게 보이지 않는다는 것을 이성적으로는 알아요. 하지만 그게 내가 나 자신에 대해 느끼는 것을 상징적으로 나타내는 것인지는 모르겠어요. 이제는 내가 실제로 나를 다르게 보고 있다는 것을 알기 때문에 혼란스러운데, 내면에서는 여전히 똑같이 느껴지고 그래서 비디오 심상으로 대체하려고 노력할 때 마치 내가 나를 비웃는 것 같아요. 때때로 효과적이지만 다른 때에는 약간 억지로 만드는 것처럼 느껴져서 약간 비참해요. 마치 내가 그것을 믿어야만 하는 것처럼, 그런데…….

치료사: 정말 이해되는 것 같아요. 오랫동안 그렇게 느껴 왔고 자신에 대해 가지는 심상(공식화 표를 가리킨다.)은 오랫동안 존재해 왔고, 자기에 대해 괜찮다고 느끼는 다른 자기인식과 충돌하는 이러한 방식으로 자신을 보는 것을 확신시키고 있죠.

수 잔: 네, 그게 사실인 것 같아요.

치료사: 우리가 시도해 볼 수 있는 아이디어가 있어요. 당신이 비디오 심상을 보유하고 그것에 초점 맞추기를 아주 잘하고 있다고 생각해요. 우리가 하려는 것은 자신에 대해 당신이 가진 두 가지 아주 다른 경험들을 서로 연결하도록 돕는 거예요.

수 잔: 그래요, 좋은 생각이에요.

치료사: 좋아요. 사회적 상황을 한 가지 생각하면 좋겠어요. 되도록 당신이 자신감이 있고 안정되고 자신에 대해 확신을 느꼈던 최근 걸로요. 아마 친구들이나 가족들과 있었던 일일 거예요. 그냥 어떤 한 사람과 있었거나 여러 사람일 수도 있고요. 시간을 들여서 그것을 떠올려 보세요. 무엇이 떠오르는지 봅시다. (몇 분간 멈춘다.) 생각나는 게 있나요?

수 잔: 네, 몇 주 전에 친구 비브를 만났어요. 우리는 내 아파트에서 만났고 오랫동안 이야기를 나눴어요. 그리고 저녁 먹으러 나갔어요. 몇 달 동안 못 만났고 그냥 좋았어요. 그녀는 내가 좋아 보인다고 말했고 그녀와 정말 유쾌하게 보냈어요. 함께 있는 동안 불안하거나 걱정하는 것을 잊고 있었어요.

치료사: 좋아요. 잠시, 눈을 감고 그 상황을 떠올려 보면 좋겠어요. 그다음 그것에 대해 몇 가지 질문을 할게요. 준비되었나요? (수잔이 고개를 끄덕인다.) 좋아요. 눈을 감고 비브와 있던 때를 떠올려 보세요. (잠시 멈춘다.) 그것에 대해 명확하게 기억하나요?

수 잔: 네.

치료사: 무슨 일이 있었는지 말해 주세요.

수 잔: 식당에 앉아 있는 나와 비브가 보여요. 아주 번잡하고 사람들이 많았지만 우리는 그냥 이야기하고 웃고 있어요. 우리는 서로에게 아주 많은 이야기를 해요. 주변 사람들이 있다는 건 알지만 전혀 신경 쓰지 않아요. 그냥 사람들이 거기 있는 거죠.

치료사: 그래서 식당에 당신과 비브가 있는 게 마음에 떠오르나요?

수 잔: 네.

치료사: 단지 시각적 심상인가요? 아니면 소리도 들을 수 있나요? 말하는 것이나 주변 사람들 소리?

수 잔: 섞여 있어요. 테이블에 있는 나와 비브가 보이고 그녀가 웃는 소리가 들려요. 그녀는 기분 좋게 만드는 정말 독특한 웃음소리를 내거든요. 그리고 내 주변에서 콧노래, 배경 소음, 사람들이 말하는 소리, 그리고 접시와 물건 달그락거리는 소리가 약간 약하게 들려요.

치료사: 좋아요. 식당에 있는 당신의 심상에 집중해 보면 좋겠어요. 당신이 어떻게 보이는지 묘사해 보세요.

수 잔: 벽에 등을 기대고 있고 테이블 위에는 비브가 한쪽으로 옮겨 놓은 꽃이 있고 그래서 제대로 이야기할 수 있어요. 나는 초록색 드레스를 입고 있어요. 마치 내가 거기에 속해 있는 것처럼 보여요.

치료사: 그곳에 속해 있다는 것은 어떻게 보이는 건가요?

수 잔: 음, 초록색 드레스를 입고 있는데 꽤 우아하지만 지나치게 형식적이지는 않아요. 비브와 편하게 이야기하고 있어요. 내가 즐기는 것처럼 보여요. 웃고 있고 비브 말을 듣고 있어요. 그냥 내가 거기에 잘 어울리는 것 같아요. 누구도 '저 여자가 여기서 뭐 하지?'라는 생각을 하지는 않아요.

치료사: 심상 속에서 비브가 말하는 것이 들려요?

수 잔: 그녀는 일 이야기를 하고 있어요. 실제로 말이 들리지는 않아요. 그녀가 말하는 것을 알아차리고 있고 나는 듣는 것을 즐기고 있어요.

치료사: 그 밖에 알아차린 게 있나요? 소리나 냄새?

수 잔: 음식 냄새가 나고 내가 뿌린 향수 냄새가 나요.

치료사: 자신에 대해 가지는 심상에 집중하면 좋겠어요. 당신은 벽에 기댄 채 식당에 앉아 있는 자신을 볼 수 있고 초록색 드레스를 입고 있어요. 비브는 일 이야기를 하고 있고 당신은 그것을 즐겁게 듣고 있어요. 당신은 식당에서 당신 주변, 사람들 웅얼거리는 소리, 음식 냄새, 당신이 뿌린 향수 냄새를 인식하고 있어요. 당신은 거기에 잘 어울리고 속한다고 느끼고 있어요. 당신이 이 심상에 집중하고 보고 듣고 냄새 맡는 것에 집중하면 좋겠어요. (잠시 멈춘다.) 당신이 이 심상에 집중하는 지금 기분이 어때요?

수 잔: (천천히 말한다.) 좋아요. 행복하고 나인 게 좋아요.

치료사: 마음속에 그 심상을 지니고 몇 분 동안 느낌을 알아차리세요. (몇 분간 멈춘다.) 그리고 천천히 눈을 뜨세요.

수잔과 치료사는 심상을 보유하는 것의 영향과 비디오 피드백에 따라 자신에 대해 가지는 심상뿐만 아니라, 그녀가 이 심상에 접근하려고 노력할 수 있는 방법에 대해 토론한다. 치료사는 여러 가능성 있는 방법을 탐색할 수 있다. 이는 자기의 특성과 우리 모두 복합적 자기 표상을 가지고 있다는 사실에 대한 논의, 그리고 왜 수잔의 더 자신감 있는 자기보다 바보 같고 한심한 자기가 더 현실적으로 느껴지는지에 대한 탐색을 포함한다. 치료사는 또한 약한 자기에 대한 신념들이 어디에서 왔는지, 그리고 만약 적절하다면 따돌림이나 사회적 배제와 같은 괴로운 경험의 결과로 생긴 초기 자기 신념을 변화시키기 위해, 또는 수잔의 전 남자친구의 비난에 대한 기억을 표적으로 심상 다시쓰기를 사용할 수 있다. 또 부정적 자기와 연결된 특정 신념을 확인하는 것이 도움이 될 수 있고 이 신념을 검토하기 위해 사고 도전하기와 같은 더 전통적인 인지치료 기법을 사용하는 것도 도움이 될 수 있다.

앞에서 언급했듯이, 행동 실험을 활용하여 부정적 · 긍정적 자기 심상 보유의 영향을 공식적으로 조사하는 것이 유용할 수 있다. 이 경우에, 가정들은 치료사와 내담자가 조사하기 위해 설정하는 것에 달려 있다. 설정할 수 있는 가장 단순한 실험은 특정 상황에서 부정적 · 긍정적 심상을 보유하는 것의 영향을 비교하는 것이다. 이는 회기 중에 치료사가 설정할 수 있는 실험이다. 이것은 내담자가 긍정적이고 부정적인 자기 심상이 불안이나 사회적 수행과 같은 구성 요소에 미치는 영향을 탐구할 수 있도록 해 주며, 치료사는 자기와 관련된 측정을 포함할 수 있다. 자기 측정은 특정한 자기 신념과 같은 특이한 변인들과 자기존중감과 같은 기존의 구조를 포함한다. 수잔의 사례에서, 치료사는 '약하고 한심한 나'가 '실제 나'라는 신념을 조사하기 위해 실험을 계획하고, 이 신념에 강력한 도전으로서 작용할 수 있는 긍정적 심상에 접근함으로써 자기의 경험을 변경하기 위해 노력할 수 있다. 일반적으로 긍정적 심상을 대체하거나 보유하는 경험을 한 번 하는 것은 정서나 행동 면에서 쉽게 지속적인 변화로 이어지지 않는다. 내담자가 긍정적 자기 심상에 접근하는 훈련이 촉진되어야 하는데, 먼저 두려운 사회적 상황에 있거나 상호작용을 하는 동안 긍정적 심상으로 부정적 심상을 대체하기 전에 그 사람이 비교적 이완된 상태에서 과제로 할 수 있다면 더 효과적일 수 있다.

자전적 일화 기억 기반 훈련

앞에서 설명한 기법은 실험 문헌에서 직접적으로 인용한 것이지만, 심리 장애의 유지에 기여하고 재발을 일으키는 기억 편향을 완화시키기 위해 자전적 기억 처리를 표적으로 하는 새로운 개입방법들이 생겨나고 있다. 체계적인 검토에서, 히치콕과 동료들(Hitchcock et al., 2017)은 심리적 증상들을 개선하기 위해 자전적 기억 훈련을 활용한 15개 연구를 검토하였다. 이 연구들의 대부분은 우울에 초점을 맞추고 있고, 그 외 공황장애 1개, PTSD 1개, 강박장애 1개의 연구가 있다.

이 개입방법은 부적응적 기억 처리와 심리 증상의 관계에 근거하는데, 특히 과일반화 기억(Overgeneral Memory: OGM; 특정 일화 기억보다 일반적 기억 회상), 감소된 긍정성(예: 감소된 긍정적 기억 접근, 긍정적 기억 회상에 대한 긍정적 감정 감소)이다. 히치콕과 동료들(2017)은 반복적인 긍정적 기억 접근하기를 포함한 다양한 기억 개입방법을 검토하고, 자전적 일화 기억 훈련이 우울에 대한 가능성 높은 치료 개입이며 다른 장애에 대해서도 더 많은 조사가 필요하다고 결론을 내린다.

아마도 우리의 목적과 가장 관련된 것은 경쟁 기억 훈련(Competive Memory Training: COMET; 예: Ekkers et al., 2011; Staring et al., 2016)인데, 이는 반복적 활성화를 통해 긍정적 자기 표상의 회복력을 향상시키는 것이 목적이다. 이 접근은 브레윈(2016)의 회복 경쟁 가설에 기반을 둔 것이다. COMET는 부정적 자기 신념의 부당성을 입증하거나 보상하는 개인의 자전적 기억 내에서 긍정적 자기 표상을 확인하는 것을 포함한다. 내담자는 긍정적 기억 표상이 더 현저해지고 부정적 기억 표상이 억제된다는 생각과 함께 이 기억들을 심상적으로 재체험하는 훈련을 한다. 스타링과 동료들(Staring et al., 2016)은 COMET와 EMDR(Shapiro, 2011)을 비교했고 COMET 6 회기가 EMDR 6 회기보다 자기존중감 개선에 더 효과적이라는 것을 알아냈다. EMDR은 긍정적 표상 활성화(COMET)보다 부정적 기억 표상 비활성화로서 개념화된 것이다.

특정 기억에 대한 회상을 통해 긍정적 자기 표상에 접근하는 것은 전망 있는 새로운 접근방법이고, 히치콕과 동료들(2017)의 논문에서 설명된 다른 기억 개입방법과 같이 그것들은 모두 기초 과학에서 임상 세계로 전환된 개입방법이며, 건전한 프로토콜과 증거를 조사하고 확립하고 있다는 점에서 탐색 단계에 있다.

자기의 내적 심상 대 외적 심상

이 장은 긍정적 자기 관점에 접근하는 것에 초점을 맞추고 현재 이용 가능한 두 가지 방법을 설명하는데, 둘 다 내적 자기 심상에 초점을 맞춘다. 첫째, 인지적 준비 및 검토를 포함하는 비디오 피드백은 기존의 치료 프로토콜의 효과적인 구성 요소로 만들어진 것이다(Warnock-Parkes et al., 2017). 둘째, 긍정적 자기 표상에 접근하기 위해 자전적 기억을 활용하는 것은 더 실험적이지만 여러 장애에 걸쳐 중요한 유지 요인이 되는 습관적인 부정적 자기 관점에 대항하도록 돕는 전망 있는 방법이다. 비록 내가 두 기법을 설명하기 위해 사회불안에서 나온 예들을 사용하였지만 그 기법들을 사회불안에만 제한적으로 사용해야 하는 것은 아니다.

비디오 피드백 및 사진 피드백과 같은 관련 방법들은 신체이형장애 치료에 추천되고(Ritter & Stangier, 2013; Veale, 2009), 한 연구는 비디오 피드백의 사용을 포함한 사회불안 치료가 신체이형장애의 증상을 개선하였다는 것을 보여 주었다(Fang, Sawyer, Aderka, & Hofmann, 2013). 특히, 외모나 체중 걱정 관련 섭식장애 치료의 부분으로서 이 기법을 활용하는 것이 가능하다. 샤프란, 패럴, 리와 페어번(Shafran, Farrell, Lee, & Fairburn, 2009)은 개입의 일부로 인지적 준비와 비디오 피드백을 포함한 CBT가 응용된 이완 기법보다 외모 걱정을 변화시키는 데 더 효과적이라는 것을 알아냈다. 여러 조건에 걸쳐서 그것의 활용을 평가하기 위해 더 체계적인 연구와 통제된 시도들이 요구되지만, 비디오 피드백은 개인의 내적 자기 심상과 관찰 가능한 현실 사이의 분명한 왜곡이 있을 때 가능성 있는 개입방법이다. 게다가 긍정적 자기 심상 접근에 관한 실험 연구는 사회불안, 신체 불만족, 섭식 문제와 높은 특성 편집증을 겪는 사람들에게 효과가 있다는 것이 증명되었고, 이는 그 기법을 발달시키고 임상 개입방법으로서 그것을 조사할 수 있는 유력한 영역이라는 것을 뜻한다. 사실상, COMET와 같은 개입방법은 유사한 접근방법을 활용한다. 이 방법들 모두 내재화된 자기 심상을 대상으로 작업한다. 비디오 피드백은 이 내적 심상과 비디오에서 보여진 외적 심상을 명백하게 비교한다.

나는 다양한 형식을 통해 심상을 창조함으로써 그것들을 외재화하는 것을 포함하는 심상 작업의 또 다른 방법을 간단히 소개하면서 이 장을 맺을 것이다.

자기 심상의 외재화

자기는 그리기, 색칠하기, 재료를 사용한 만들기(점토, 나무, 천, 또는 여러 재료)와 콜라주를 포함한 다양한 매체를 통해 외적으로 표현될 수 있다. 외적 심상은 표상적이거나 추상적, 현실적, 상징적 또는 은유적일 수 있다. 그것들은 과거 및 미래 자기와, 있는 그대로의 자기를 나타낼 수 있다. 외적 심상은 또한 변화에 증거자료가 될 수 있고, 타인과 분리된 또는 관련된 자기를 나타낼 수 있다.

앞에서 다룬 내적 자기 심상과 마찬가지로, 외적 심상이 반드시 직접적인 것은 아닐지라도 복합적이고 심지어 모순된 의미를 포함할 수 있다. 외적 표상 작업은 내담자가 심상과 관련된 고통스러운 정서로부터 물러날 수 있도록 하는 안정을 위한 수단이 될 수 있고 심상의 원천과 의미를 재평가할 수 있다. 성적인 학대를 겪고 자신을

'역겹게' 여기는 내담자는 자기 심상을 그리는 과정이 다른 관점을 가질 수 있게 한다는 것을 발견할 수 있다. 그녀는 이 심상이 어떻게, 왜 발달하였는지 이해하기 시작할 수 있다. 초기 경험과 자기인식 사이의 내재된 융합이 그 과정에서 약화될 수 있다.

여기서 설명한 것과 미술치료 사이에 일치되는 부분이 있다. 영국 미술치료사 협회는 미술치료를 "혼란스럽고 고통스러울 수 있는 정서적 문제를 해결하기 위한 매개로서…… 표현과 의사소통의 주요 양식으로서 미술 매체를 사용하는 심리치료의 형태"(www.baat.org/About-Art-Therpy)라고 설명한다. 이 정의는 일반적 접근을 설명한다. 여기서 내가 지지하는 것은 자기와 그것의 고통 유지 역할을 구체적으로 탐색한 후에 나온 명확한 인지적 개념화 안에서 그림이나 다른 창조적 매체를 통해 외적 심상을 활용하는 것이다. 미술치료 기법을 설명하는 웹사이트들은 당신이 사용할 수 있는 자기를 표현하는 여러 가지 훈련들에 대한 훌륭한 아이디어들을 보여 준다. 예를 들어, 과거, 현재, 미래 자기상 만들기, '나는' 콜라주 만들기, 강점과 긍정적 자질을 나타내기 위해 그리고 변화를 원하는 것을 확인하기 위해 동물이나 나무로 당신 자신을 그리기, 시각적 자서전 만들기, 당신의 대인관계적 자기와 타인과의 관계를 나타내기 위해 가족 조각(또는 당신이 가장 가까운 사람들의 조각) 만들기 등이 있다. 더 전통적인 미술 형식뿐만 아니라, 전자 매체 또한 탐색을 위한 다양한 가능성을 제공한다.

인지치료 내에 미술치료 기법을 포함하는 것의 잠재적 이점은 서서히 인식되고 있고 특히 성격장애를 겪는 내담자들에게 유익하다. 부틀러와 홈즈(Butler & Holmes, 2009)는 아동기 외상, 특히 아동기 성학대의 일반적인 결과로 나타나는 자기의 부재—'나는 없어.'—또는 실제 정체성 혼란—'나는 내가 누구인지 몰라.'—을 확인하였다. 그들이 말하길, 미술치료는 내담자가 자기인식을 발달시키고 조각난 것처럼 보이는 다른 부분들을 통합하도록 돕는 다리가 될 수 있다. 그들은 내담자들이 팬지 그림을 활용하여 세 가지 다른 연결되지 않은 자기의 부분들을 연결하는 방법을 설명한다. 이 상징적이고 외재화된 심상은 내담자가 정체성의 부분들을 화난 아동, 고통스럽고 혼란스러운 청소년기, 성숙한 성인으로 이름 붙이고 마침내 그것들을 통합할 수 있도록 하였다. 헤이옌(Haeyen, 2019)은 건강한 성인 자기를 강화하기 위해 미술치료와 도식치료 결합의 잠재적 이점에 초점을 맞추고, 이 방식으로 자기 심상을 활용하는 것은 정서적 경험을 개선시키고, 회복을 촉진하기 위한 기쁨과 놀이를 장려하도록 도울 수 있다고 주장한다.

요약

이 장은 내적·외적 심상을 활용하여 부정적 자기 관점을 직접적으로 해결하는 방법에 초점을 맞추었다. 비디오 피드백은 부정적 내적 심상의 정확성을 평가하기 위해 내적 자기 심상을 카메라로 찍은 외적 심상과 비교한다. 자전적 기억의 회상을 통한 긍정적 자기 심상에의 접근은 습관적인 부정적 자기 표상에 대항하기 위해 다른 작용하는 자기를 활성화시키는 기회가 된다. 자기에 대한 현실적 반영을 하는 기회를 제공할 뿐만 아니라 외재화된 심상은 의미를 탐색하고 변화를 촉진하기 위해 상징적이고 은유적인 자기 표상의 영역으로 들어갈 수 있도록 한다. 이 접근들은 치료에서 자기에게 직접적으로 접근하는 풍부하고 다양한 방법을 제공하기 위해 서로를 보완한다. 다음 장은 긍정적 심상의 주제를 계속 다룬다. 자기 심상을 직접적으로 표적으로 하는 방법을 탐색하는 대신에 안정과 안전감을 낳기 위해 심상을 활용하는 방법과 자기에 대한 온정적 태도를 개발하는 방법을 탐색한다.

부록 안전 행동과 비디오 피드백 실험

다음은 클라크와 웰스(1995)의 모델에서 다른 부분들을 조사하는 두 가지 실험이다. 안전 행동 실험은 안전 행동이 도움이 되는지 또는 그것이 방해가 되고 더 많은 불안을 야기하는지 조사하는 것이다. 비디오 피드백 실험은 타인이 자기를 어떻게 본다고 생각하는지에 대해 왜곡된 내적 관점(심상이나 인식)을 가지고 있는지 조사한다.

두 실험은 종종 혼돈을 일으킨다. 치료사들이 일반적으로 안전 행동 실험을 먼저 하고 그것을 녹화하기 때문이다. 다음 회기에 비디오 피드백을 실시한다. 이런 식으로 하는 이유는 안전 행동 실험이 비디오 피드백 실험을 위한 자료를 제공하기 때문이다. 비디오 피드백 실험은 또한 안전 행동에 대한 정보를 제공하는데, 내담자들이 어떻게 보이고 어떤 인상을 주는지에 대한 그들의 가정이 안전 행동을 사용하고 있을 때 대개 더 나쁘기 때문이다.

안전 행동 실험 설계 방법

당신이 사례개념화를 하고 내담자와 공유했다면, 그다음 단계는 불안을 지속시키는 처리과정을 변화시키는 것이다. 안전 행동은 사회적 맥락에서 기능하는 개인의 능력을 심하게 방해할 수 있기에 좋은 표적이 된다. 치료 초반에 안전 행동 실험을 하는 것은 좋은 생각이다. 두 번째나 세 번째 회기가 이상적이다.

안전 행동 실험의 목적은 안전 행동이 개인에게 도움이 되는지 아니면 일을 더 어렵게 만드는지 조사하는 것이다. 안전 행동이 도움이 되지 않고 그것을 멈추어야만 한다고 말하기보다 이 접근 방식으로 실험을 설계하는 것이 좋은 생각이다. 따라서 당신은 "우선, 당신이 사람들에게 말하거나 사람들을 만나는 것에 대처하기 위해 당신이 하는 그것들이 도움이 되는지 한번 살펴봅시다. 우리는 그것들이 도움이 되는지 또는 일을 더 어렵게 만드는지 알아볼 필요가 있어요. 그것들이 도움이 된다면 좋은 거죠. 하지만 그것들 중 일부는 당신을 더 힘들게 만들 거예요. 그다음 우리는 당신의 불안을 다룰 수 있는 다른 방법을 찾아봅시다."와 같은 말을 할 수 있다.

안전 행동 실험을 하기 위해, 당신은 치료실에서 수행할 수 있는 내담자에게 적당히 어려운 사회적 상호작용을 확인할 필요가 있다. 가장 쉬운 것 중 하나는 내담자에게 어떤 이와 대화하도록 요청하는 것이다. 이 실험의 목적은 이것을 두 번 수행하는 것이다. 한 번은 안전 행동을 사용하고 한 번은 사용하지 않는 것이다. 이것은 역할극—예를 들어, 술집이나 파티에서 누군가를 만나기—이나 누군가를 알아 가기 위한 대화로 설계될 수 있다. 유일하게 제한하는 것은 내담자가 그의 불안 문제나 정신건강 시설에 대해 말하지 않아야 하는 것이다. 가능한 한 먼 곳에서 자연스러운 환경을 조성하는 것을 목표로 하는데, 일부 내담자는 그들의 문제에 대해 말할 수 있으며, 특히 조연이 그 시설에서 일한다면 그 자체로 안전 행동의 형태가 된다.

각 역할극 후에 내담자는 얼굴이 붉어지는 것, 말 더듬는 것, 떨리는 것, 지겨운 것, 눈맞춤을 피하는 것 등과 같은 개인적 행동과 함께 불안, 자의식과 수행을 평가한다. 이는 당신이 실험을 시작하기 전에, 할 말을 생각할 수 없다거나 지겨운 것, (어느 쪽이든) 불안한 기색을 보이는 것과 같이 두려운 결과가 무엇인지 확인해야만 한다는 것을 뜻한다.

안전 행동 실험 실행 단계

1. 사례개념화를 참조로 실험의 근거를 설명하라.
2. 예를 들어, 바보 같이 말하기, 얼굴 붉어짐과 같이 보이는 것에 대해 불안한 내담자의 구체적인 행동을 확인하라. 두려운 결과를 적으라. 예를 들면, "할 말이 생각 안 날 거예요." "정말 이상하게 보일 거예요." 등이다.
3. 그 상황과 관련된 안전 행동을 확인하고 적으라.
4. 그 상황이 어떻게 되는지 검토하고 얼마나 오래 할지 결정하라(보통 5~7분이 충분하다). 그리고 내담자는 일반적으로 하는 안전 행동을 사용해야만 하고 다른 것을 시도해서는 안된다는 것을 강조하라.
5. 조연을 소개하고 비디오 카메라가 작동하는지 확인하라. 그리고 방을 나가라.
6. 방으로 돌아와 비디오 카메라를 끄고 조연에게 나가 달라고 요청하라. 평가하라(243쪽 평가지 견본 참조). 치료사가 평가에 대해 질문하고 직접 쓰는 것이 가장 좋다. 결과에 대해 토론하지 마라. 내담자가 그것에 대해 말하길 원한다면 실험

이 끝난 후에 토론할 것이라고 말하라.

7. 내담자가 안전 행동을 안 하는 방법에 대해 토론하라. 당신은 이것을 실행할 필요가 있다. 예를 들면, 안전 행동이 '자신에 대한 개인적인 것을 말하는 것을 피하기'라면, 그렇다면 당신은 그 사람이 기꺼이 공개할 수 있는 종류의 정보에 대해 말할 수 있다. 만약 '눈 맞춤 피하기'라면 당신은 적절한 눈 맞춤의 모델이 될 수 있다. 가능한 한 안전 행동을 그만두는 것이 중요하다고 강조하되, 설령 내담자가 그것을 완전히 그만두지 못하더라도 걱정하지 마라.
8. 실험의 두 번째 단계를 실시하라. 다시 방을 나가라.
9. 두 번째 역할극 후에 조연에게 방을 나가 달라고 부탁하고 두 번째 평가를 하라.
10. 평가에 대해 토론하라.

안전 행동 실험은 보통 두 가지 중요한 점이 있다. (1) 안전 행동 수행이 내담자를 더 불안하게 하고 자기를 의식하게 만든다는 점과 (2) 내담자가 불안하게 느끼는 것과 그들이 어떤 인상을 주는지에 대한 신념 사이에 관련이 있다는 점이다. 안전 행동을 사용할 때, 내담자는 보통 더 불안하게 느끼고 안전 행동을 안 할 때보다 더 나쁘게 행동한다. 이 모델의 주요점은 다음과 같다. 내담자는 그들이 타인에게 어떻게 보이는지를 추론하기 위해 자신의 감정을 사용하고 있다. 즉, '난 불안하고 이상하게 느껴져. 그러니 나는 불안하고 이상하게 보임에 틀림없어.' 등이다.

이것은 (1) 외부에서 안전 행동을 줄이는 과제 훈련과 (2) 내담자가 자신이 어떻게 보이는지를 느끼는 것과 객관적으로 어떻게 보이는지를 비교하는 비디오 피드백 실험을 위한 준비로 이어진다.

■ 안전 행동 조사하기

이름: ______________________________ 날짜: ______________________________

1. 안전 행동의 영향을 조사하기 위해 어떤 상황을 활용할 것인가?

2. 내가 두려워하는 것(예: 할 말이 없는 것, 나를 바보로 만드는 것, 정말 어색하고 불안해 보이는 것)은 무엇인가?

3. 실험에서 사용할 것 같은 안전 행동은 무엇일까? (위 1번에 설명된 상황에서 활성화될 것들을 나열하라.)

■ 안전 행동의 영향 조사하기

	안전 행동 사용(0~10)	안전 행동 미사용(0~10)
최악의 경우, 나의 불안은 얼마나 심했나?		
다른 사람이 나의 불안을 어떻게 판단하리라 생각하는가?		
최악의 경우, 나는 얼마나 자의식적으로 느꼈나?		
전체적으로 나의 행동을 어떻게 생각하는가? (0 = 매우 초라한부터 10 = 매우 좋은까지)		

주: 빈칸은 얼굴 붉어짐, 떨림, 지루함 등 다른 사람들이 알아차릴 것에 대해 당신이 일반적으로 걱정하는 것을 추가하기 위한 것이다.

클라크 등(2006)의 사회공포증을 위한 치료에 근거한 것이다.

비디오 피드백 실험 설계 방법

비디오 피드백 실험의 목적은 내담자가 생각하기에 자신이 어떻게 보이는지에 대한 내적 심상이 그들이 실제로 어떻게 보이는지와 반드시 같지는 않다는 것을 내담자에게 보여 주는 것이다. 하지만 객관적 관점이 내적 관점에 의해 오염되어 있을 수 있기에 주의 깊은 준비가 필요하다. 내담자는 또한 충분히 민감하지 않았다거나 주요 행동들을 하지 않았다고 논쟁함으로써 비디오에 나온 것을 무시할 수 있다.

이 문제들을 피하기 위해, 치료사는 내담자로 하여금 자신이 어떤 인상을 주었다고 생각하는지 자세히 묘사하라고 요청함으로써 시작한다. 당신은 이것을 과제로 할 수도 있고 실험 전에 바로 할 수도 있다. 반드시 지루하다거나 바보 같이 보이는 것과 같은 행동을 조작하여 구체적이고 측정 가능한 요소들로 정하라. 예를 들어, 지루한 것은 한 단어 대답을 하는 것, 다른 사람에게 질문을 하지 않는 것, 다른 사람을 짜증 나게 만드는 것 등이다. 그다음, 관찰 가능한 행동을 정하라. 예를 들면, 얼굴 붉어짐에 대해서는 색깔을 나타내는 것 찾기, 떨림에 대해서는 떨림의 정도를 보여 주도록 요청하기이다.

안전 행동 실험에서 확인된 두려운 결과와 관련된 구체적인 행동을 확인했다면, 그다음 내담자가 첫 번째 역할극을 평가하도록 요청하라(243쪽 참조).

비디오를 시작하기 전에 "두 가지 다른 정보가 있어요. 당신이 느끼는 것과 당신이 보는 것이에요. 비디오를 볼 때 낯선 사람을 보듯이 보려고 노력하세요. 당신이 느끼는 것보다 당신이 볼 수 있는 것, 당신이 들을 수 있는 것에 집중하세요."라고 강조하는 것이 매우 중요하다.

첫 번째 역할극을 본 후에 내담자에게 실제로 본 것에 대해 평가하도록 요청하라. 그다음 두 가지 평가 사이의 차이를 토론하라.

다음, 두 번째 역할극에 대한 예상을 평가하고, 그다음 비디오를 보라. 느껴지는 것이 아니라 보고 들은 것에 집중하는 것이 중요하다는 것을 다시 한번 강조하라. 마지막에 실제 평가를 하도록 요청하고 토론하라.

두 평가를 완료하면, 당신은 안전 행동을 하거나 하지 않을 때 어느 쪽의 평가가 더 나은지 더 나쁜지 확인하기 위해 그것들을 검토할 수 있다. 당신이 발견한 것을 그 모델(비디오에 나오는 내담자)과—특히 내담자가 자신의 내적 심상(또는 인상)을 어떻게 구성하는지 보여 주는—그다음 타인에게 자신이 어떤 인상을 주는지 해석하는 데 사용되는 그 모델의 부분과 관련지으라. 치료의 다음 단계는 이것을 바탕으로 그 사람이 타인에게 어떻게 보이는지에 대한 더 정확한 심상을 만들려는 것이다.

■ 타인에게 어떻게 보이는지 발견하기

이름: ______________________ 날짜: ______________________

	사회적 상황/ 안전 행동 포함 상호작용		사회적 상황/ 안전 행동 미포함 상호작용	
사람들이 보는 것에 대해 당신이 걱정하는 행동 확인하기	예상 (0~10)	비디오 평가 (0~10)	예상 (0~10)	비디오 평가 (0~10)

클라크 등(2006)의 사회공포증을 위한 치료에 근거한 것이다.

제 9 장

안전, 온정, 긍정 정서를 위한 심상

인지치료에서 심상 개입은 부정적 심상의 힘을 줄이고 그 의미를 변화시키고 그것을 변형시키기 위해 그것을 대상으로 작업하는 것에 주로 초점을 맞춘다. 이 장은 안전감을 형성하고 수치심과 자기 비난을 해결하고, 웰빙을 증가시키기 위해 온정적 심상을 포함하여 긍정적 심상을 활용하는 방법에 초점을 맞춘다. 8장은 많은 장애에 영향을 미치는 습관적인 부정적 자기 관점에 도전하고 억제하기 위해, 자전적 기억에서 나온 긍정적 자기 심상에 접근하도록 도울 수 있는 방법을 설명하였다. 이 장은 긍정적 심상에 대한 초점을 보다 일반적으로 넓히고, 심상이 어떻게 자기를 진정시키고, 특히 자기 비난에 대해 온정(compassion)[1)]을 활성화하고 긍정적 정서를 자극하도록 내담자를 도울 수 있는지를 탐색한다. 폴 길버트(Paul Gilbert, 2005)의 온정에 대한 영향력 있는 연구의 관점을 통해 많은 심상 기법을 유용하게 이해할 수 있을 것이다.

안전과 온정 기반 심상 이해하기

길버트(2005)는 인간 행동의 다른 영역들을 이해하기 위해 위협–방어 체계와 '안전' 체계를 구별할 필요가 있다고 말한다. 위협–방어 체계는 사회적 환경과 비사회

1) 역자 주: compassion은 온정으로, compassion-focused therapy는 자비중심치료로 번역하였다.

적 환경에 대응하고 여러 다른 자극에 의해 활성화된다. 길버트는 이 체계가 어떻게 여러 다양한 감정을 낳는지 설명한다. 예를 들어, 상해에 대한 위협은 잠재적으로 두려움을 활성화하는 반면, 가치 있는 목표에 대한 위협은 좌절감과 아마도 화를 활성화할 것이다. 위협-방어 체계는 다양한 능동 반응과 억제 반응을 포함한다. 능동 반응은 투쟁 또는 도피를 포함하고 공격 반응(예: 공격, 싸움)뿐만 아니라 회피(예: 도피, 도망)와 같은 행동을 지지할 것이다. 억제 반응은 얼어붙음, 철수, 숨기와 수동적 회피로 특징지어진다. 흥미롭게도, 길버트는 위협-방어 체계의 활성화가 그 자체로 자신에게 위협이 되는 결과를 낳을 수 있다고 말한다. 불안 민감성이 높은 내담자에게 불안과 관련된 감각들은 위협이 될 수 있고, 불안이 그 자체로 위협이 되는 악순환을 초래한다(불안 민감성 검토를 위해 Taylor, 2020 참조). 위협-방어 체계에 의해 활성화된 억제 행동은, 사회적 철수와 감소된 활동이 우울 상태에 영향을 미친다는 것을 지지할 수 있다.

안전의 개념

길버트(2005)는 위협에 대한 대안을 '안전함(safety)'보다 '안전(safeness)'으로 규정한다. 이 구별은 안전함과 '안전'의 상태 사이의 차이를 강조하려는 의도인데, 여기서 개인은 안전하다고 느끼고 환경과 경험에 대해 개방적이고, 쾌활하고 창조적이고 친화적이거나, 아니면 진정되고 고요하고 차분할 수 있다. 길버트는 심리치료의 영역에서, 안전함의 추구가 반드시 '안전'을 얻는 것과 일치하지는 않는데, 안전함을 찾는 것과 안전 행동은 대개 사람들이 어떤 것으로부터 도피나 회피를 하려 할 때 위협에 대한 반응으로 나타나는 것이기 때문이다. 안전은 인간의 기본 욕구를 충족시킬 뿐만 아니라 돌봄과 온정적 행동에 대한 중요한 필수조건이다. 사실, 안전은 대개 따뜻하고 돌봐 주는 관계를 통해 얻어진다. 초기 애착 관계는 개인이 안전의 느낌에 접근할 수 있거나 위협에 대한 민감성을 증가시킬 수 있는지를 설명한다(안정과 불안정 애착의 발달에 대한 초기 경험의 영향에 대한 검토를 위해 Bowlby, 1969 참조; Fletcher & Gallichan, 2016).

안전의 개념은 온정과 자비중심치료에 대한 길버트(2005) 연구의 핵심이다. 위협과 안전은 뇌 회로와 관련되고, 행동적 · 정서적 · 호르몬의 반응과 관련되는 기본적인 생물 행동적 구성 요소이다. 편도체는 특히 공포 조건에서 중요한 역할을 하고(Le Doux, 2000), 전체적으로 변연계는 두려움과 불안에서 복합적인 역할을 하고 불안 증상들에 대한 생물학적 토대를 제공하는 아드레날린과 다른 스트레스 호르몬들을 활성화한다(Shin & Liberzon, 2010). 뇌에서 공포 회로는 유기체가 투쟁하거나 도피하도록 준비시키고, 일부 장애에서 만성적으로 활성화된다. 그에 비해서, 안전 체계는 안정 애착, 만족과 안녕을 지지하는 친밀과 만족 체계의 일부이다. 이 체계는 위협 체계를 하향 조절하는 데 사용될 수 있는 오피에이트 체계(opiate system)와 옥시토신 체계를 통해 작동한다(Gilbert, 2009). 길버트(2005)는 보호와 온화함은 애착 체계를 구성하고 긍정적 정서와 관련된 온화함은 특히 위협-방어 체계가 활성화된 이후에 안전과 진정된 느낌을 낳는 데 필수적이다.

앞의 설명은 복잡한 연구 내용을 간단하게 요약한 것이다. 흥미 있는 독자들은 특히 『자비(Compassion)』(2005)와 『자비로운 마음(The Compassionate Mind)』(2009)을 포함한 길버트의 많은 책에서 그의 모델과 자비중심치료에 대해 읽어 볼 수 있다. 여기에 주어진 요약은 이 모델이 긍정적 심상의 몇 가지 형식과 방법을 어떻게 뒷받침하는지를 설명한다.

자기 진정과 심상

자기 진정은 안녕의 기초가 된다. 유아기부터 전 생애에 걸쳐 우리는 미미한 짜증에서 엄청난 외상까지 스트레스에 직면하게 된다. 문제에 직면해서 다룰 수 있는 우리의 능력은, 적어도 부분적으로는 자기를 편안하게 하고 진정시키는 능력에 의존한다. 인생 초기에, 이 과업은 부모나 양육자에게 달려 있다. 온정적이고 자애로운 양육자와 맺어진 안정 애착은 이후 삶에서 자기를 위로할 수 있는 최고의 기반이 된다(애착의 보호적 기능과 온정/양육적 기능 사이의 구분을 위해 Gilber, 2005 참조). 치료에서 우리는 압도적인 스트레스나 외상에 직면하여 자기 진정 능력을 잃은 사람들이나 고통스러운 아동기 개인사 때문에 자기를 돌보는 적응적인 방법을 전혀 배우지 못한 사람들을 만나게 된다.

안전과 연합된 부교감 신경계를 활성화하는 능력을 통해, 안전한 장소 심상(4장 참조)은 고난과 역경의 시기에 자기를 진정시킬 수 있는 것을 배우도록 내담자를 돕는 한 가지 방법을 제공한다. 외적 대상의 사용이나 활동에 따른 여러 가지 이완 방법들이 있다. 예를 들면, 접촉할 수 있는 기분 좋은 것이나 의미 있는 물건을 잡고 있기(부드러운 돌이나 나무 조각), 따뜻한 목욕, 아로마 테라피, 향초, 이완과 명상 테이프, 시골이나 해변 산책하기 등이다. 그러한 여러 활동이 해리되기 쉬운 내담자를 '그라운딩(grounding)하도록' 돕기 위한 개입방법으로 활용되고 있다(그라운딩 대상과 해리에 대한 더 많은 논의를 위해 11장 참조). 심상은 활동에 기반한 더 실용적인 것들에 대한 대안으로서 또는 보충하는 데 활용될 수 있다.

고통스러울 때 내담자들이 그들 자신을 진정시키기 위해 사용할 수 있는 심상 찾기는 이 심상들을 내담자가 언제, 어떻게 사용할지 탐색하는 것을 포함할 수 있다. 이 심상은 사람이나 동물과 같이 사랑하는 이들을 포함하거나 개인에게 중요한 장소들(안전한 장소 심상과 유사한)을 묘사할 수 있다. 일부 사람들에게는 구체적인 기억과 관련된 심상이 진정이 되고 편안할 수 있는 반면, 어떤 이들에게는 상징적이거나 은유적인 심상이 이 목표를 이룰 수 있는 더 강력한 수단이 될 수 있다. 심상은 단독으로 활용되거나 이완 훈련과 함께 사용될 수 있고, 그 훈련을 하는 내내 사용되거나 끝에 소개될 수도 있다. 다음 사례에서 치료사는 로지가 그녀의 고양이를 아주 편안해한다는 것을 알게 되었고, 그다음 그녀가 집에서 멀리 떨어져 있을 때나 무섭거나 안절부절못할 때 접근할 수 있도록 그녀의 고양이 심상을 형성할 수 있는 방법을 탐색한다.

치료사: 로지, 당신이 불안하거나 두려울 때 자신을 편안하게 만들 수 있는 방법과 당신의 삶을 심하게 제한하는 회피를 해결하도록 돕기 위해 이것을 사용할 수 있는 방법을 탐색해 보면 좋겠어요. 어때요?

로 지: 정말 도움이 될 거예요.

치료사: 당신의 삶에서 당신이 안전하고 사랑받는다고 느끼도록 돕는 것에 대해 생각해 보았으면 좋겠어요.

로 지: 내 아이들 같은 걸 의미하나요?

치료사: 네, 당신의 아이들일 수 있지요. 하지만 당신은 많은 시간 그들에 대해 걱정하고 있고 당신이 생각하기에 당신의 불안을 부추긴다고 말했어요.

그러니 지금 당신의 삶에서 더 고요하고 안전하지만 불안을 야기하지 않는 어떤 사람이나 어떤 것이 있을까요?

로 지: 음, 내 고양이, 토비요. 그는 정말 편안해요.

치료사: 토비에 대해 좀 더 말해 주세요. 당신이 몇 번 얘기하긴 했지만 내가 그에 대해 잘 모르니까요.

로 지: 음, 그는 크고, 검정색 부드러운 털을 가진 고양이예요. 아주 게을러서 잠을 많이 자요. 하지만 그는 나를 보면 항상 아주 기뻐하는 것 같고, 내가 들어 올릴 때 그르렁거리는 소리를 내요. 특히 나랑 있을 때 그렇게 해요.

치료사: 사랑스럽군요. 그에 대해 말하는 동안에 그에 대해 상상할 수 있나요?

로 지: 네.

치료사: 무엇을 상상하고 있나요?

로 지: 음, 아주 선명하게 그를 볼 수 있고 또 그를 들어 올려서 안고 있는 나를 볼 수 있어요.

치료사: 그것에 대해 말해 주세요. 그를 안고 있는 상상을 할 때 어때요?

로 지: 음, 그의 무게를 느낄 수 있어요. 그는 큰 고양이예요. 그래서 아주 무겁지만 나쁜 의미는 아니에요. 아주 편안하게 내 팔로 그의 무게를 느껴요. 그리고 그의 몸이 어떻게 느끼는지 느낄 수 있는데, 그가 내려가길 원하면 그는 나에게 말하기 위해 특별한 꿈틀거리는 동작을 해요.

치료사: 지금 그를 안고 있는 것을 상상하고 있나요?

로 지: (미소를 지으며) 네.

치료사: 무엇이 느껴지나요? 그의 털이 어때요?

로 지: 그는 긴 솜털로 뒤덮여 있는데, 때때로 덤불에서 나온 나뭇조각이 그의 털에 엉켜 있어서 내가 빼내야 해요. 정말 안기고 싶을 때 그는 나를 코로 밀어요. 그리고 나는 비참한 기분이 들 때 가끔 실컷 우는데, 그는 그냥 거기 앉아 있어요. 마치 아는 것처럼요. 그리고 그는 꿈틀거리며 달아나지 않고 그저 기다려요. 그런 다음, 내가 기분이 나아졌을 때 그는 몸을 흔들고 깡충깡충 뛰어요.

치료사: 토비를 안고 있는 것을 상상하는 지금 기분이 어때요?

로 지: (미소 지으며) 좋아요. 약간 진정이 돼요. 그가 아주 기쁜 것 같아요. 나는 그를 아주 잘 알거든요.

치료사: 당신이 집에서 멀리 떨어져 있을 때 불안하거나 기분이 나쁘다면, 그때 토비의 심상을 떠올리려고 한다면 당신 생각에 어떤 일이 일어날 것 같아요?

로 지: 모르겠어요. 이든이 불안해하는 나를 얼마나 질려하는지에 대한 이야기를 한 후에 약간 혼란스러웠지만, 내가 비교적 평온해지고 집중할 수 있었기 때문에 여기서는 그것이 꽤 쉬웠어요. 내가 정말 무섭다고 느끼기 시작한다면 밖에서 어떤 일이 일어날지 모르겠어요. 충분히 집중할 수 없을 것 같다는 생각이 들어요.

치료사: 좋은 지적이에요. 불안은 심하게 주의를 끌죠. 그러니 어떤 것에 집중하기 어려울 수 있어요. 그로부터 멀리 떨어져 있을 때 그런 토비 심상 떠올리는 것을 훈련한다면 우선은 도움이 될 거라고 생각하세요?

로 지: 음, 시도해 볼게요. 그를 생각하면 항상 따뜻한 느낌이 들어요. 그가 한 재미있거나 엉뚱한 일들이 하루 중에 문득 떠오르곤 해서 항상 생각만 해도 기분이 좋아요.

심상 훈련을 마친 후에 그들은 로지가 토비의 심상을 떠올리는 훈련을 어떻게 언제 할 것인지 토론할 것이다. 다음 회기에 치료실 밖에서 그것을 시도하기 전에 자신을 진정시키기 위해 그들은 불안한 사고, 감정 또는 더 일반적으로 부정적 정서를 활성화하고 그런 다음 토비의 심상에 접근하는 작업을 할 수 있다. 안전한 장소와 자기 진정을 위한 심상 활용하기와 같은 심상 작업에서의 한 가지 가능한 문제점은 그것이 안전 행동으로 사용될 수 있거나 내담자를 산만하게 할 수 있다는 점이다. 적응적이고 도움이 되는 이러한 심상 유형과 그것이 무심코 또 다른 잠재적 유지 요인이 되는 것 사이의 근본적인 차이는 내담자를 위해 심상이 사용되는 방식과 그 기능에 있다.

안전한 장소와 자기 진정 심상 활용의 목적은 내담자가 자신의 두려움과 마주하고 힘든 정서적 경험을 직면하고 처리하도록 돕는 것에 있다. 이 접근에서 안전한 장소와 자기 진정 심상의 기능은 내담자가 위협에 직면한 후에 안전한 느낌으로 되돌아가는 적응적 방법을 제공한다. 이를 성공적으로 수행함으로써, 내담자는 위협적이고 불안하게 하는 내용(기억들, 상황들)을 더 쉽게 직면하는 것을 배울 수 있다. 자신을 진정시키기 법을 배우는 동안에, 우리는 그들이 외상과 같이 압도적인 경험을 견딜 수 있고 그것으로부터 회복될 수 있다는 것을 배우기를 바란다. 안전한 느낌을 만드는 것과 매우 꺼려지는 정서로부터 회복할 수 있는 것은 상황 회피를 극복하는 것과 같은 행동 변화의 기초를 제공할 뿐만 아니라 접근 행동을 시작하기 위한 기반이 된다. 이 접근 행동들은 개인이 온정, 안전, 돌봄의 느낌을 지지하는 오피에이트 체계뿐만 아니라 기쁨, 즐거움과 성취에 관한 보상을 얻을 수 있도록 하는 도파민 보상체계의 활성화의 기초가 된다. 그러나 일부 내담자에게 수치심과 자기 비난은 매우 만연해서 안전한 느낌을 활성화하거나 앞에서 설명한 심상 기법을 활용하여 자기를 진정시키는 것을 어렵게 한다. 여기서 온정적 심상은 앞으로 나아갈 수 있는 방법을 제공한다.

온정적 심상

온정적 심상은 자비중심치료에서 필수적인 부분이다. 길버트(2014)는 자비중심치료의 발달과 적용에 대해 간략하게 개관한다. 자비중심치료의 핵심 목적은 고통에 참여하고, 고통을 감소시키거나 방지하는 것이다. 흥미롭게도, 이 책에서 심상과 자기 사이의 관계에 대해 강조한다면, 길버트는 '온정적 자기'를 형성하는 것에 전념하는 자비중심치료에서 최근 발전한 것 중 하나를 강조한다. 자비중심치료에 대해 자세히 설명을 하는 것은 이 장의 범위를 넘어선 것이다. 하지만 다음 절에서 온정적 심상을 전통적인 인지치료 실제에 통합할 수 있는 방법에 대해 설명한다. 자비중심치료에 대한 더 자세한 설명에 관심 있는 독자는 자비로운 마음 협회의 웹사이트(www.compassionatemind.co.uk)를 참고할 수 있는데, 폭넓은 자료와 더 많은 참고문헌이 연결되어 있다.

온정적 심상은 원래 높은 수치심을 경험하는 내담자와 높은 자기 비난(높은 수치심과 관련된 자기 공격 과정)을 하는 사람을 돕기 위해 치료 과정에서 개발된 것이다. 하지만 길버트(2014)가 지적했듯이, 온정적 심상은 훨씬 더 오래된 전통에 뿌리를 두고 있고, 불교와 기독교는 명상과 심상을 통해 온정을 성취할 수 있는 여러 방법을 개발하였다. 온정은 인간의 경험에 대한 보편적 부분으로서, 고통의 수용을 통해 자기와 타인을 더 잘 돌보도록 촉진할 수 있다.

내담자들은 대개 타인—그들과 가까운 사람들, 그리고 때로는 더 멀거나, 심지어 모르는 사람—에게 온정적이고 타인을 돌볼 수도 있지만, 자신들에게는 특정한 비난을 할 준비가 되어 있다. 자기를 향한 태도와 타인을 향한 태도의 분리는 인지치료에서 오랫동안 인정되어 왔다. 내담자에게 타인에게 말하고 싶은 것을 질문하는 것과 같은 기법들은 다른 관점에 접근하게 하고 탈중심화를 촉진한다. 성공적이라면, 그것은 개인이 자기에게 초점을 맞출 때 내담자가 더 유연하고 덜 판단적인 인식의 체계와 일련의 행동 반응에 접근할 수 있게 한다. 그러한 변화는 행동이나 사건의 의미에 대해 다른 더 자상한 결론을 내릴 수 있다. 하지만 많은 언어 기반 기법과 마찬가지로, 사람들은 그들이 때때로 이중 기준—자신을 더 높은 기준에 두는 것—을 사용하고 있다는 것을 이성적으로 알 수 있지만 이 지식을 정서적 수준에 적용하는 것이 어렵다는 것을 알게 된다. 자기에 대한 정서와 태도 면에서의 변화 없이 내담자들은 대개 자기 비난, 수치심과 자신에 대한 부정적 감정의 사이클에 갇혀 있다.

온정적 훈련은 보통 자기 비난과 자기 공격이 고통을 유지시키는 방법에 대한 심리교육과 온정 기반 개념화가 선행된다. 온정적 마음 기법들은 경험에 기반하고, 온정을 향해 곧장 나아가도록 계획된 것이다[길버트(2014)의 이론에 의하면, 온정적 접근의 특정 목표는 과활성화되는 위협 체계에 반하는 안전 체계를 활성화하는 것이다].

온정을 촉진하는 방법

온정을 기르는 다양한 여러 접근방법이 있지만 많은 경우 내담자가 자신에 대해 온정적 관점을 갖도록 하기 전에, 온정(온화함, 친절, 돌봄)과 관련된 감정의 '경험'을 활성화하기 위해 자기 외의 어떤 사람이나 사물에 초점을 맞추는 것에서 시작한다. 한 가지 접근방법은 내담자에게 자신이 깊이 사랑하고 돌보는 사람에 대해 생각해 보도록 하고 온정과 연결되는 모든 감정을 활성화하기 위해 이 사람에게 초점을 맞추도록 하는 것이다.

다음 예시에서 케일라는 수년 동안 우울증이 왔다 갔다 하는 것을 경험하고 있는 내담자이다. 그녀는 성취도가 높은 사람으로, 시험을 항상 잘 봤고 지금은 법률회사의 선임 파트너이다. 성취에도 불구하고 그녀는 낮은 자존감과 자신이 부족하다는 지속적인 느낌 때문에 어려움을 겪고 있다. 그녀가 '알려지는 것'은 단지 시간 문제라고 생각한다. 케일라에게는 오빠가 두 명 있고, 가족 분위기가 매우 경쟁적이었다고 기억한다. 큰오빠는 자신의 부서에서 고문으로 임명된 최연소 소아과의사였다. 그녀의 부모님은 항상 케일라에게 잘하도록 격려했다. 그러나 그녀는 그들의 애정이 성취에 따른 조건적인 사랑이라고 느꼈다. 다음 예시에서 케일라는 이미 그들의 기준에 못 미침으로써 '부모님을 실망시켰다.'라고 느꼈던 경우들을 나타내는 두 가지 자기 정의적 기억들에 대해 작업하였다. 케일라는 항상 '더 열심히 해야' 하고 '더 잘 해야' 한다는 압박감을 느꼈다고 말했다. 그녀는 부모님의 기준에 이르는 목표를 향해 자신의 행동을 몰아가기 위해 자신을 비난하고 괴롭히는 것을 배웠다. 예를 들어, 그녀는 목표를 성취하기 위해 더 오래 공부하면서 늦게까지 깨어 있거나 운동에서 더 열심히 훈련하도록 자신을 밀어붙이곤 하였다.

케일라는 기대했던 것보다 법률회사에서 파트너가 되는 데 오래 걸렸기 때문에 자신에게 실망하였다. 사실, 그녀는 입사한 후 5년 안에 파트너가 되겠다는 내적 목표를 세웠는데, 7년이 걸렸다. 부모는 늘 그녀에게 "파트너십에 대한 새로운 소식은 아직 없니?"라고 말하면서 안부를 묻곤 하였다. 결국, 케일라가 파트너가 되었을 때 그녀는 자신이 생각했던 만큼 그 성취를 즐길 수 없었다. 왜냐하면 그녀가 충분히 빨리 '기준을 충족'하지 못했고 이것은 다른 파트너들이 그녀를 '차선'으로 여겼기 때문일 거라는 느낌에 사로잡혔기 때문이다. 대부분의 파트너는 나이 많은 남자이고 케일라는 회의에서 주장하고 관점에 대해 논쟁하는 것이 아주 어렵다는 것을 발견하였다. 파트너들 회의는 보통 그녀에게 있어서 주중 가장 최저 상태가 될 때이다. 회의가 그녀의 자기존중감을 극단적으로 떨어뜨리게 된다. 그 후 그녀는 자신의 기능을 방해하는 정도까지 심한 자기혐오를 느끼는 지점까지 자신을 꾸짖고 공격하곤 하였다. 그녀는 파트너들 회의를 피하기 위해 변명을 하기 시작했지만 이는 다른 여러 가지 문제를 낳았다. 그래서 그녀는 자신이 '약하고' 두려움에 직면하지 않는다고 자신을 공격하였다. 그녀는 또한 회사에서의 자신의 태도에 따른 결과를 걱정하였다.

온정을 낳는 심상 활용 예시

지금까지 케일라는 가족의 역동이 문제의 발달과 현재 유지 요인에 기여한 방식에 대해 잘 이해했다. 하지만 그녀는 거의 일상적으로 경험하는 수치심, 자기 증오감, 그리고 자기 혐오감을 바꾸는 데 이 (인지적) 이해를 활용하는 것이 불가능하다는 것을 알았다. 그녀는 자기 온정에 대한 작업이 한 걸음 더 나아가고 자기 문제에 대한 정서적 이해와 인지적 이해를 연결 짓고, 자기를 진정시키고, 결과적으로 현재 가능한 것 이상으로 자기를 수용하는 데 도움이 될 수 있다는 데 동의하였다.

단계 1: 온정 활성화

치료사: 우리가 지난주에 이야기했던 몇 가지 훈련을 시도해 보고 당신이 자신에 대해 덜 적대적이고 비판적이도록 이것을 활용할 수 있는지 볼 거예요. 어때요?

케일라: 네, 그게 효과적이라면 도움이 되겠죠.

치료사: (미소지으며) 의심스럽군요.

케일라: 자신에 대해 다르게 느낄 수 있다는 것을 믿는 게 어려워요. 우리가 한 작업으로 내가 왜 이런 식으로 느끼는지는 이제 훨씬 분명해졌어요. 그게 도움이 되지만…….

치료사: 기분이 나아지는 데 도움이 되지 않는다면 충분하지 않다는 건가요?

케일라: 네, 그런 것 같아요.

치료사: 매일 이런 고통스러운 감정들과 씨름해야 한다는 것은 정말 힘들 것 같아요. 그래서 한 번에 한 걸음씩 나아가고 어떻게 되는지 봅시다.

케일라: 네, 좋은 생각이에요.

치료사: 눈을 감아 보시겠어요?

케일라: 네. (눈을 감는다.)

치료사: 당신이 사랑하고 온정이 느껴지는 사람을 확인하는 것에서 시작해 봅시다. 당신이 무척 좋아하고, 따뜻한 마음이 느껴지는 사람을 떠올려 봅

시다. 당신은 그나 그녀를 염려하고 그나 그녀가 어떻게 느끼는지를 생각해요. 그 사람에게 문제가 있다면 당신은 그나 그녀를 돕기를 원해요. 당신이 친절하게 대하는 사람이요. 그게 누구일까 생각하는 데 잠시 시간을 가지세요.

케일라: 조카 사울이요. 그 애는 겨우 일곱 살이지만 힘든 시간을 보냈어요. 더 어릴 때 여러 차례 수술을 해야 했고 학교를 많이 못 갔어요. 그래서 그에게 힘든 시간이었죠. 내가 알기로 몇몇 애들이 약간 따돌리기도 했죠.

치료사: 마음속에 사울을 떠올릴 수 있겠어요?

케일라: 네.

치료사: 그가 어떻게 보여요?

케일라: 사실, 이상해요. 두 가지 다른 심상이 떠오르고 그것들이 서로 겹쳐 보여요. 하나는 사는 집 근처 공원 놀이터에 있는 그 애가 보여요. 그때는 여섯 일곱 살쯤이고요. 다른 하나는 몇 년 더 어릴 때인데, 내가 어린이 병동에 있는 그 애를 방문한 거예요. 두 번째 수술 후이고 내가 도착했을 때 그는 자고 있어요. 그 애는 아주 약해 보이고 튜브가 여러 개 꽂혀 있어요. 그 애는 아주 작아 보여요.

치료사: 마음에 나타나는 두 가지 심상이 떠오르게 둡시다. 그에 대한 두 가지 심상을 보면서 사울에게 어떤 감정을 느끼고 있나요?

케일라: 음, 복합적이에요. 놀이터에 있는 그를 볼 때는 정말 즐겁고 행복해요. 뛰어다니고 즐거워하는 것을 보는 것은 정말 좋아요. 그러나 병원에 있는 그를 볼 때는 힘들어요. 정말 내 심장이 아픈 것 같아요.

치료사: 한동안 그 감정에 집중해 봅시다. 어때요?

케일라: 음, 그를 들어 올려 껴안고 나쁜 일이 일어나지 않게 막고 싶어요.

치료사: 그를 안아 주고 보호하고 싶은 건 어떻게 느껴지나요?

케일라: 정말 강한 보호적인 감정이에요. 부모가 그들의 아이를 보호하기 위해 뭐든 한다고 말할 때 느끼는 것과 비슷한 거라 생각해요. 그게 내 가슴에 가득해요.

치료사: 보호하고픈 마음과 함께 다른 신체 감각이 있나요?

케일라: (잠시 멈춘다.) 내 배에서 따뜻한 느낌 그리고 뭔가 가득 찬 느낌이 있는

데 설명하기 어려워요.

치료사: 그렇게 느끼는 게 어때요?

케일라: 이처럼 그것에 집중하는 게 낯설어요. 이 감정이 친숙하지 않은 건 아니에요. 왜냐하면 사울이 태어난 이래 거기 있었고 내가 고모이면서 대모이기 때문이죠. 나는 항상 강하게 책임감을 느끼고 있었지만, 이 감정에 대해 생각해 본 적이 없어요.

치료사: 그래서 당신은 사울에게 아주 강한 보호감을 느끼고 있고 그래서 당신이 원하는 게……?

케일라: 그를 안전하게 지키고 고통을 받지 않게 하는 거요.

치료사: 그를 안전하게 지키고 고통을 받지 않게 하려는 바람이 당신에게 어떻게 느껴지나요?

케일라: 격렬해요. 타오르는 기분이 들어요. 좋은 쪽으로요. 만약 내가 해야 한다면, 타오르는 석탄 위라도 걸을 거예요.

치료사: 또 다른 심상에서 사울을 볼 때 그런 격렬한 감정과 함께 느껴지는 다른 감정이 있을까요?

케일라: 사랑이요. 그가 행복하길 바라요. 그는 나에게 아주 소중해요.

치료사: 이제 거기서 멈추고 우리가 한 것에 대해 이야기해 봅시다.

치료사는 케일라와 이 훈련에 대해 토론하고 사울에게 그녀가 느끼는 감정과 온정의 개념을 연결한다. 온정은 많은 요소들을 가지고 있다. 길버트와 아이언스(Gilbert & Irons, 2005)는 다른 요소들과 관련된 감정과 사고에 대해 구체적으로 초점을 맞추는 것이 도움이 될 수 있다고 말한다. 케일라는 그전에 조카에 대한 감정을 온정의 관점에서 전혀 생각해 본 적이 없고, 어린 소년을 향한 자신의 정서적 반응에서 온정의 여러 요소—온화함, 돌봄, 친절함, 안전, 공감과 강한 보호감—를 생각해 본 것이 흥미롭다는 것을 알게 되었다. 당신은 길버트와 아이언스의 제안에 따라 훈련을 반복함으로써 이 훈련을 더 발전시킬 수 있지만, 케일라가 느끼는 온정에 대한 한 가지 구체적인 측면에 의도적으로 초점을 맞추어야 한다.

자비중심 훈련을 하는 동안 신체를 변화시키는 것을 통해 온화함을 촉진하는 방법도 있다. 길버트와 아이언스(2005)는 불교도들이 온정적 감정을 촉진하기 위해 은은

한 미소 짓기를 활용하는 것을 강조한다. 그들은 얼굴 근육과 중앙 처리 시스템 사이의 관계를 통해 은은한 미소 짓기의 영향에 대한 신경생물학적 근거를 말한다. 이 훈련의 다음 단계는 케일라가 타인에게 온정적 감정에 집중하는 방법을 배우고 그런 다음 마지막으로 자신에게 하는 것을 배우는 것이다.

단계 2: 타인에게 온정 향하기

치료사: 지난주에 그 훈련은 어땠어요?

케일라: 좋았어요. 아주 맘에 들었어요, 정말로. 사울은 아주 멋진 애이고 그에 대해 생각하는 시간을 보낸 게 그를 더 가깝게 느끼게 했어요.

치료사: 한 주 동안 훈련했을 때 새롭게 알게 된 것이 있나요?

케일라: 내 생각에 변화가 있었어요. 우리가 그 훈련을 처음 했을 때 나는 정말 강한 보호감에 녹초가 되었어요. 그런데 강한 감정은 여전하였지만, 온정의 여러 요소에 대해 이야기한 후, 나는 다른 것들을 알아차리기 시작했어요. 특히 온화함이요.

치료사: 어땠어요?

케일라: 좋았어요. 이 훈련을 반복적으로 하면서 나는 더 최근 심상에 대해 더 집중하기 시작했고 비록 그가 겨우 일곱 살이어서 보호가 필요하긴 하지만, 그건 그가 필요로 하는 것의 일부분이고 내가 그에게 느끼는 것의 일부분일 뿐이라는 것을 깨달았어요. 그리고 일단 그 보호감의 강렬함에서 벗어나게 되면 좀 더 고요한 감정들이 느껴졌어요. 그것들도 정말 강할 수 있어요.

치료사: 그것에 대해 어떻게 느껴지나요?

케일라: 좋아요. 정말 좋아요. 전체적으로 좀 더 고요해진 느낌이 들었어요. 그냥 그런 감정을 느끼는 일상의 시간을 보내는 게 정말 흥미로워요. 그리고 그게 우리의 작업과 내가 항상 경계하고 위협에 대비하고 있다고 당신이 한 말에 대해 생각하게 했어요.

치료사: 도움이 되는군요. 훈련의 다음 단계로 넘어갈 준비가 되었나요?

케일라: 네, 해 볼게요. (웃는다.) 하지만 알다시피 이게 효과가 있을 거라는 낙

천적인 생각은 하지 않아요.

치료사: 괜찮아요, 케일라. 당신이 그래야만 하는 이유는 없어요. 이것을 '효과적이지 않다'고 생각할 때, 그게 자신을 어떻게 느끼게 하나요?

케일라: 다시 실패했다는 것을 뜻한다고 생각해요.

치료사: 그것이 지금까지 우리가 하고 있는 작업과 어떻게 관련되는 걸까요?

케일라: 그냥, 넌 항상 뛰어나야 해. 그리고 첫 시도에서 그렇게 되어야 해라는 내가 가진 전체 믿음 그 이상이죠.

치료사: 그래서 이 훈련이 효과적이지 않다면 실패했다고 느낀다는 게 이해할 만하네요.

케일라: 네, 그런 것 같아요.

치료사: 지금까지 우리가 한 작업에 기초해서 우리가 할 일을 나타낼 수 있는 다른 표현이 있을까요?

케일라: (약간 주저한다.) 그것을 시행착오로 볼 수 있을 거라고 생각해요.

치료사: 당신이 그것에 대해 완전히 확신하지 못한다고 생각되지만 그렇게 접근할 가치가 있다는 것에 동의해요. 첫 시도가 효과적이거나 효과적이지 않은 어떤 것이라기보다는 실험으로서 그것을 시도하고 다루어 봅시다.

케일라: 좋아요. 해 볼게요.

치료사: 눈을 감고 사울에 대한 두 가지 심상을 떠올리고 그를 보았을 때 기분을 느끼는 것부터 시작해 볼까요?

케일라: (눈을 감고 집중한다.) 네, 그 애를 볼 수 있어요.

치료사: 그 심상과 그 기분에 접촉하기 위해 잠시 시간을 가지세요. (몇 분 기다린다.) 지금 기분이 어떤지 묘사해 볼 수 있겠어요?

케일라: 음, 여러 가지가 뒤섞여 있어요. 아주 사랑스러운 감정이고…… 사울을 향한 정말 따뜻하고 보호적인 느낌이에요.

치료사: 사울을 향한 사랑스럽고 따뜻하며 보호적인 느낌이 느껴지는 지금 신체에서는 어떤 게 경험되나요?

케일라: 그 느낌이…… 표현하기 어려운데…… 사울에게 그리고 내 안에 충만하고 따뜻한 느낌이 들어요.

치료사: 가장 따뜻한 느낌이 신체 어디에서 느껴지나요?

케일라: 네, 내 배와 그 주변에서요. 몸의 중심부요. (눈을 감고 배를 가리킨다.) 좋은 쪽으로 충만하고 따뜻한 느낌이에요. 대개 그곳이 텅 비고 불안한 느낌인데, 이건 달라요. 충만하고 다소 안전한 느낌이에요.

치료사: 케일라, 잠시 동안 당신이 묘사한 느낌과 충만하고 따뜻하고 안전한 느낌에 집중해 보면 좋겠어요……. 힘든 시간을 겪고 있고 여러 가지 어려움을 겪고 있는 누군가를 떠올려 보면 좋겠어요. 누구든 될 수 있어요. 당신이 아는 사람인데 반드시 가까울 필요는 없어요.

케일라: 음, 직장에 한 여성이 있어요. 관리 부서에서 일하고 있고 항상 아주 친절하지만 최근까지 그녀에 대해 아는 게 없었어요. 하루는 그녀가 아주 혼란스러워하는 걸 봤어요. 뭐가 잘못됐냐고 물었어요. 남편이 암 진단을 받았고 언니가 가을에 결혼할 예정이었는데 약혼자와 헤어졌대요. 그래서 그녀는 할 일이 너무 많대요.

치료사: 이름이 뭐예요?

케일라: 루시.

치료사: 좋아요, 케일라. 사울을 생각할 때 당신이 느끼는 따뜻함, 다정함과 온정에 집중할 수 있을까요? 그리고 루시에게로 돌려서 그 감정을 그녀에게 향하게 하는 걸 상상할 수 있는지 볼까요?

케일라: 그녀를 떠올려 볼까요?

치료사: 그게 쉽다면요. 그렇지 않다면 그녀를 향한 당신의 생각과 감정으로 향해 보겠어요? 당신이 할 수 있는 가장 자연스러워 보이는 것이면 무엇이든 좋아요.

케일라: 내 생각에 심상을 떠올리는 게 도움이 되는 것 같아요. 그게 그녀를 더 실제로 보이게 하는 것 같아요. 진짜는 아니지만 더 현재 같은.

치료사: 좋아요. 계속해 보세요.

케일라는 루시에게 초점을 맞추고 그녀에게 온정을 향할 수 있었다. 그녀가 이렇게 할 때 루시를 향한 긍정적 감정이 생기고 어떤 식으로든 그녀를 돕고 싶은 마음이 생긴다는 것을 알게 되었다. 그녀는 이 훈련을 하기 전에는 루시를 안타깝게 느꼈고 또 루시와 비교해서 자신에게 해결해야 할 '진짜' 문제가 없을 때 기분이 아주 나빠진 것에 대해 무력감과 죄책감을 느꼈다고 말했다. 케일라는 자신이 루시에게 온정적인 태도를 가졌다는 것을 알고 놀랐고, 루시의 고통에 대해 더 이해할 수 있고 그녀를 돕고 지원하길 원한다는 걸 느꼈다. 케일라는 루시에 대한 초기의 갈등 감정이 때때로 그녀를 지원하기보다 회피를 초래했다는 것을 알게 했다.

당신의 인생에서 특히 가까운 사람이 아닌 어떤 이에게 온정을 향하는 것은 중간 단계가 된다. 이 훈련의 첫 번째 부분은 내담자가 안전과 자기 진정 시스템을 활성화하고 온정을 경험할 수 있다는 것을 보여 주는 면에서 중요하였다. 일상적 훈련은 위협 시스템에 반하여 이 시스템을 활성화하는 능력을 강화한다. 이 훈련의 두 번째 부분의 목적은 자기 온정을 타인에게 '향하는 것'이고 이는 자기 공격과 자기 증오의 긴 역사를 가진 케일라 같은 사람에게 자기를 향하라고 하는 것보다 쉽다. 그것은 세 번째 부분, 즉 자기에게 온정 향하기의 기초가 된다.

이 훈련의 세 번째이자 마지막 부분으로 옮겨 가기 전에 치료사는 케일라가 두 번째 부분에서 무엇을 배웠는지 토론한다. 우선, 그들은 그것이 얼마나 어려웠는지 탐색한다. 케일라는 루시에게 온정을 향하는 것이 아주 쉬웠다는 것을 알게 되었다. 치료사가 왜 그렇다고 생각하는지 물었을 때 그녀는 이미 루시를 안타깝다고 느끼고 있었기 때문에 그런 감정을 형성하는 것이 어렵지 않았다고 말했다. 케일라는 루시를 향한 온정이 그녀를 돕고 지지하고자 하는 자신의 바람에 큰 효과가 있을 거라고 기대하지 않았었다. 그녀는 자신의 갈등이 되는 감정들이 어떻게 루시를 피하고 싶어 하고, 더 죄책감을 느끼게 만드는지 완전히 이해하지 못했었다고 말했다. 그녀는 루시에 대해 느끼는 온정적 감정이 더 많았지만, 자신이 느꼈던 것이 덜하다고 생각했기에, 그 작업은 그녀가 자신에 대해 더 좋게 느끼게 만들었다.

단계 3: 자기에게 온정 향하기

케일라는 자신에게 온정적일 수 있는지에 대해 아직 확신하지 못했지만 훈련과 토론으로 가능성에 대해 마음을 열었고, 이것을 할 수 있을지도 모른다는 더 큰 호기심이 생겼다. 초기에 그녀는 그게 불가능하다고 단언하였다. 케일라와 치료사는 '자기'나 자기의 측면이 온정을 위한 최상의 표적이 될 거라는 데 합의하였다. 케일라는 현재 성인 자기와 비교해서 그녀의 아동 자기를 향한 온정이 쉬울 것이라고 생각하였다. 그녀는 더 거리를 둘 수 있고, 치료 작업을 통해 아동기가 힘들었고 부모의 태도와 행동이 그녀의 많은 고통의 원인이었다는 것을 볼 수 있었다고 생각하였다. 그녀는 또한 사울과의 관계가 자신의 아동 자기에게 더 다정하도록 도울 수 있다고 생각했다. 반면에 성인으로서 그녀는 '지금쯤이면 이것들을 정리했어야' 했다고 느꼈다. 치료사는 케일라에게 사울을 향한 감정을 상상하여 온정을 활성화하도록 요구함으로써 단계 2에서와 같은 방식으로 훈련을 시작하였다.

치료사: 좋아요, 이제 온정에 집중하기 위해 잠시 시간을 가져 보세요. 온화함, 충만함과 안전감을…… 신체에서 감각을 알아차려 보세요. 이제 아동으로서 자신에 대해 생각해 보면 좋겠어요. 아동으로서 자신에 대한 심상을 떠올려 볼 수 있는지 봅시다.

케일라: 네, 좋아요. 내가 사울보다 약간 더 나이가 많은 것 같아요. 여덟 살이나 아홉 살이요.

치료사: 그때 자신에 대해 떠오르는 특별한 심상이 있나요?

케일라: 네, 여름 방학 끄트머리에 강아지와 함께 정원에서 찍은 사진이요. 행복해야 하는데 그렇지 않아요. 길을 잃은 것처럼 보여요. 방학이 끝났고 곧 학교에 가야만 하고, 그건 두려웠어요. 내 어린 시절 전체가 그 사진에 요약되어 있어요.

치료사: 이제 당신의 마음에 그 심상을 유지하고 당신이 설명한 온정을 사진 속 어린 소녀에게 향하게 할 수 있는지 봅시다. 부정적 생각이 떠오르는 것을 걱정하지는 마세요. 그냥 그것들이 거기 있다는 것을 알아차리고, 당신이 그것들을 길을 잃고 두려워하는 것으로 보이는 어린 소녀를 향해 온정과 다정함과 보살핌의 느낌으로 바꿀 수 있는지 봅시다.

케일라: 좋아요. 해 볼게요.

치료사: (말하기 전에 잠시 기다린다.) 케일라, 지금 어때요?

케일라: (조용히 말한다.) 모르겠어요. 그냥 슬퍼요.

치료사: 당신에 대해 슬픈 건가요, 아니면 그 어린 소녀에 대해 슬픈 건가요?

케일라: 둘 다인 것 같아요.

치료사: 슬픔과 동시에 당신을 향해 다정하게 느낄 수 있나요?

케일라: 네, 놀라워요. 정말 그녀를 보살피는 마음이 느껴져요. 그녀를 돕고 싶지만 너무 늦었어요.

치료사: 좋아요, 케일라. 어린 소녀를 향해 보살피는 마음을 유지해 보세요. 슬픔이 거기 있게 두고 그렇게 할 때 무슨 일이 일어나는지 알아차려 보세요. 보살피는 마음을 느낄 때 몸에서 느껴지는 것을 알아차리세요. 너무 늦었다는 것이나 그 밖에 어떤 것이 떠오르는지 생각을 알아차리세요. 검열하지 마세요. 그리고 생각하거나 느끼는 것에 대해 어떠한 판단을 하지 않도록 하세요. 그냥 두세요.

케일라: 좋아요.

치료사: 케일라, 나는 당신이 친절과 온정의 감정을 어린 자신에게 집중할 수 있도록 잠시 동안 조용히 있을게요. 무슨 일이 일어나는지에 대해 말하고 싶다면, 그것도 좋아요. 하지만 그냥 감정에 대해 집중하길 원한다면 우리는 나중에 이야기할 수 있어요. (잠시 기다린다.) 케일라, 그리고 준비가 되면 천천히 눈을 뜨세요.

케일라가 눈을 뜬 후에, 그들은 훈련에 대해 토론한다. 케일라는 그녀가 얼마나 슬픈지 알고 당황했고 일어난 일을 다룰 시간이 필요하다고 말했다. 그녀는 어린 자기를 향해 온정적인 태도를 가질 수 있다는 것을 기뻐했고, 그녀가 어렸을 때 얼마나 나쁜 일이 일어났었는지 그리고 다 그녀의 잘못은 아니라는 것을 알게 된 것이 도움이 되었다고 말했다. 이 훈련을 돌아보고 어린 시절의 자기를 향한 온정 훈련은 케일라가 앞에서 설명한 자기 지각의 합리적인 변화를 믿도록 정서적으로 전환하는 데 도움이 되었다. 결국, 케일라는 치료 회기 동안 성인 자기에 대한 온정에 초점을 맞출 수 있었고 그녀는 일상의 삶에서 자신에게 더 온정적인 태도를 보이기 시작하였다.

자비중심치료에서 온정적인 자기를 발달시키도록 연습하는 여러 가지 다른 방법들이 있다. 거기에는 진정시키는 리듬 호흡, 자기 확장 상상하기와 더 고요하고 현명해지기, 당신에게 다정하고 온정적인 사랑하는 사람의 특징 상상하기 그리고 온화함, 친절함 및 온정과 관련된 감정에 초점 맞추기가 있다. 내담자가 온정을 자기에게 향하거나 다른 사람에게 향하도록 요청하는 훈련은 다음과 같은 말로 마칠 수 있다. '건강하기를, 행복하기를, 고통으로부터 자유롭기를.' 이러한 많은 요소가 온정적인 자기를 육성하고 유지하도록 케일라를 돕기 위해 여기에서 설명된 사례에 포함되어 있을 수 있다. 온정적인 자기를 발달시키는 방법을 제공하는 것뿐만 아니라, '완벽한 양육자'에 대한 리(Lee, 2005)의 연구를 통해 온정적인 타인을 발달시키는 방법도 있다.

완벽한 양육자

완벽한 양육자는 안전과 자기 진정의 감정을 활성화하기 위해 가까운 양육 관계의 경험을 이끌어 내는 심상을 활용한다(Lee, 2005). 그것은 '머리-가슴' 사이의 간격을 메우고 수치심과 자기 비난을 해결하기 위한 또 다른 방법이 된다. 리에 의하면, 완벽한 양육자 심상은 여러 가지 기능을 한다. 한 가지는 자기 진정과 자기 조절을 위해 완벽한 양육자의 심상을 활용함으로써 자기와의 관계에서 정서적 변화가 가능하다는 것이다. 완벽한 양육자 심상의 효과를 뒷받침하는 메커니즘에 대한 증거가 현재는 없지만, 하나의 가능성은 그것이 안정 애착을 촉진하는 역할을 한다는 점이다(유익한 효과를 내는 기억 속의 내적 표상을 활성화하는 것)(Gillath & Karantzas, 2019).

다른 기능은 전통적인 인지치료 틀 안에서 '온정적인 재구성'을 촉진하는 것이다. 이는, 예를 들어 보다 전통적인 합리적 접근의 이점을 활용하는 동안, 자기 공격으로부터 멀어지도록 정서 변화를 촉진하기 위해 사고 도전하기와 같은 개입을 하는 중에 완벽한 양육자, 온정적인 목소리의 요소들을 포함할 수 있다. 리(2005)는 또한 완벽한 양육자 심상은 새롭고 분명한 기억을 만들기 때문에 중요하다고 한다. 브레윈(2006)의 회복 경쟁 가설(1장과 7장 참조) 면에서 이 심상에 대한 반복적인 접근은 그것에 더 쉽게 접근할 수 있게 하고, 일부 부정적인 자기 비난 및 자기 공격 기억들과 관련된 자기 표상을 억제하도록 한다. 완벽한 양육자의 마지막 기능은 이것이 개인의 정서적 욕구를 충족시키고 마음을 위하도록 계획된 것이라는 점이다.

완벽한 양육자 심상 창조하기

완벽한 양육자의 심상을 발달시키기 위해, 그러한 인물에 내재된 특징과 속성을 확인하는 것에서 시작한다. 심상이 어떻게 생겼는지, 어떤 시각적 특징을 가지고 있는지를 살펴보는 것에서 시작할 수 있다. 완벽한 양육자가 내담자를 돌본 실제 인물일 필요는 없지만, 리(2005)는 심상이 인식 가능한 인간적인 특성을 가졌다면 가장 효과적일 수 있다고 말한다. 그런 다음, 당신은 완벽한 양육자의 목소리, 즉 특징과 목소리 톤이 어떤지를 살펴보는 쪽으로 옮겨 갈 수 있다. 당신은 다른 감각 특성들, 즉 향기가 나는가, 그건 어떤 것인가, 촉감은 어떤가 등을 탐색할 수 있다. 인물의 감각적 특징에 대해 초점을 맞춘 후, 당신은 내담자가 완벽한 양육자와 어떤 관계를 맺고 싶어 하는지, 그 반대의 경우도 마찬가지로 살펴봄으로써 온정적인 관계의 본질을 탐색할 수 있다. 이 질문들은 앞에서 개괄한 토론을 하기 전이나 후에 생각을 구체화하기 위해 워크시트에 포함시킬 수 있고 과제 훈련으로 사용될 수 있다.

일부 사람들에게 심상은 토론하는 동안 자발적으로 나타나며, 당신은 내담자에게 눈을 감게 하고 그런 다음 그것을 좀 더 자세히 탐색한다. 완벽한 양육자 심상의 감각적 특성들에 초점을 맞추고 당신은 완벽한 양육자의 다른 차원들을 탐색하기 위해 앞에서 확인한 관점으로 옮겨 갈 수 있다. 완벽한 양육자 심상에 초점을 맞추고 정교화함으로써 내담자는 안전하면서 소중히 여겨지며 돌봄을 받는 느낌을 직접적으로 경험할 수 있다. 그것은 또한 어떤 문제가 나타난다면 당신이 중재할 수 있다는 것을 의미한다. 심상이 자연적으로 나타나지 않는다면 당신은 내담자가 심상을 창조하도록 도울 수 있다. 다음 대화는 케일라가 자신의 '완벽한 양육자'의 심상을 만드는 방법을 보여 준다.

치료사: 케일라, 눈을 감고 어떤 완벽한 양육자가 좋을지에 대해 생각해 보는 시간을 가지세요. 그리고 우리가 논의했던 모든 자질들을 대표하는 심상이 떠오르는지 살펴볼까요?

케일라: (눈을 감고 몇 분간 조용히 앉아 있다.) 목소리가 떠올라요.

치료사: 어떤 목소리인가요?

케일라: 낮고 부드러워요. 정확하게 뭐라고 말하는지는 안 들려요. 개울가에서 중얼거리는 소리에 가까운 것 같아요. 그리고 때때로 아주 맑고 순수하게 노래 부르는 소리를 들을 수 있어요.

치료사: 남자인지 여자인지 말해 줄 수 있어요?

케일라: 오, 분명히 여자예요.

치료사: 그 목소리를 들을 때 어때요?

케일라: 숨이 멎을 것 같아요. 더 듣고 싶어요.

치료사: 그냥 그 목소리에 부드럽게 주의를 기울이세요. 그리고 무슨 일이 일어나는지 봅시다. 아무것도 강요하지 마세요.

케일라: 개울이 있어요. 그게 졸졸 소리 내며 흐르고 있는 것 같아요. 나를 향해 목소리가 오고 있어요. 마치 누군가 강을 건너는 것처럼.

치료사: 그게 누군지 아시겠어요?

케일라: 〈반지의 제왕〉에 나오는 요정들, 여자? 음, 그녀는 그들 중 한 명과 닮았어요. 영화 속에서 나온 요정들 중 한 명은 아니에요. 그녀는 약간 달라요. 하지만 그녀는 그들이 가진 고요함의 특징을 가졌어요. 그녀는 아주 크고 꽃으로 장식된 길고 짙은 머리카락을 가졌어요. 그리고 그녀는 나를 보고 있어요. 마치 나에 대해 모든 것을 알고 있는 것처럼 관대한 표정을 짓고 있어요. 좋아요.

치료사: 그녀는 무엇을 하고 있어요?

케일라: 개울가 옆에 서 있어요. 그녀는 나를 보고 있고 나를 향해 손을 내밀고 있어요. 나를 안으려고 하는 것 같지는 않아요. 축복하는 것에 더 가까워요. 목사님이 하는 것처럼 하지만 그녀는 전혀 종교적이지는 않아요.

치료사: 그녀가 당신을 보는 동안 말을 하고 있나요?

케일라: 아니요. 음, 네. 그녀는 입을 열지 않고 실제 말을 하지는 않아요. 나와 대화를 하고 있어요. 그녀가 실제로 말을 하는 것은 아니지만 나는 내 머릿속에서 그녀의 목소리를 들을 수 있어요.

치료사: 어떤 기분이에요?

케일라: 아주 진정되고 편안해요. 그녀가 나를 속속들이 알고 있다는 느낌을 더해 주는 것 같아요. 어떻게 말해야 할지 모르겠는데 그녀는 나를 그대로 수용해요.

치료사: 그리고 그게 어때요?

케일라: 놀라워요. 아주 안전하게 느껴져요. 우리가 이번 주 내내 온정에 대해 얘기하고 있다는 거 알아요. 하지만 전에는 그것을 정말로 온전히 이해하지는 못했던 것 같아요. 나는 그녀가 온정을 구현한다고 말하고 싶어요.

아니면 그녀가 온정의 본질을 대표한다고 할 수도 있겠네요. 어느 쪽인지는 확신하지 못하겠지만 그녀가 무한한 지혜와 친절의 감정을 발산하는 것 같아요.

치료사: 그녀와 좀 더 시간을 보내고 당신이 느끼는 감정에 온전히 집중하세요. 그리고 준비가 될 때 눈을 뜨세요.

케일라가 눈을 뜨고, 그들은 완벽한 양육자의 심상을 떠올리는 것이 어떠했는지 토론하고, 계속해서 일상에서 자신을 진정시키고 편안하게 만들기 위해 그것을 이용할 수 있는지 생각해 본다. 목소리(청각적 심상)의 힘을 활용하는 것뿐만 아니라, 완벽한 양육자를 사고기록지에 포함시켜서 완벽한 양육자가 자기 공격이나 자기 비난적 사고에 어떻게 반응하는지에 초점을 맞추는 칸을 완성하도록 요청할 수 있다. 이것은 온정적 재구성의 일부가 되고, 머리-가슴 사이의 간격을 메우도록 한다. 왜냐하면 완벽한 양육자 심상에 접근하는 경험은 온화함과 수용을 나타내는 얼굴 표정과 목소리의 음조에 동반되는 온정적이고 자기 진정의 느낌을 활성화하기 때문이다. 이 모든 것들은 결합하여 온정과 친절의 정서적 경험을 제공하는데, 이는 그 사람이 심각하게 결함이 있는 것이 아니라 전적으로 이성적인 이해로부터 이 새로운 지식을 정서적으로 수용하게 되는 쪽으로 전환을 이끌어 낸다. 일부 내담자에게는 비판적인 자기 부분의 심상을 만들고, 이 부분과 완벽한 양육자가 대화를 나누는 것이 또 다른 유익한 개입방법이다.

앞의 설명에서 알 수 있듯이 자비중심치료는 폭넓은 심상 훈련을 활용한다. 일부 훈련은 특히 자기를 향한 온정을 발달시키는 데 초점을 맞추는 반면, 자애 명상(잘 알려진 불교 명상 훈련)과 같이 다른 것들은 타인을 향한 온정에 초점을 맞춘다. 온정을 위한 다양한 방법들이 있지만, 중요한 점은 온정이 학습될 수 있고 개발될 수 있고, 훈련이 필요하다는 것이다.

심상을 통한 긍정적 정서 활성화

이 장의 마지막 절은 긍정적 정서를 활성화하기 위한 심상의 활용을 살펴본다. 최근, 긍정적 정서와 부정적 정서를 같은 차원의 반대 극으로 보는 쪽에서, 그것들을 분리된 차원으로 개념화하는 쪽으로 변화하고 있다(Boumparis, Karyotaki, Kleiboer, Hofmann, & Cuijpers, 2016; Watson & Tellegen, 1985). 이와 관련하여 부정적 신념 감소시키기와 고통 경감하기가 긍정적 정서의 증가와 삶의 질 개선을 자동적으로 보장하지는 않는다는 것이 점점 더 인정받고 있다. 이 분야의 많은 연구가 실험적이고 주로 비임상적 참가자들에 초점을 맞추고 있음에도 불구하고, 임상 분야에서도 긍정적 심상 활용을 촉진하는 발전이 있어 왔다. 예를 들어, 타리어(Tarrier, 2010)는 프레드릭슨(Fredrickson, 2001)의 확장-구축 긍정 정서 모델을 기반으로 확장된 정서적 대처(Broadminded Affective Coping: BMAC)라 불리는 새로운 모델의 개요를 설명하였다.

앞에서 설명한 길버트(2005)의 의견에 따라서, 타리어(2010)는 부정적 정서가 주로 위협 기반이고 주의를 좁게 하는 반면, 긍정적 정서는 주의를 확대하고 다양한 심리적 자원에의 접근을 증가시킨다고 말한다. 파나지오티, 구딩과 타리어(Panagioti, Gooding, & Tarrier, 2012)는 BMAC 모델을 적용하였고, PTSD를 겪는 사람들에게 긍정적 정서를 활성화시키는 것이 긍정적 정서를 증가시키고 부정적 정서를 감소시켰는데, 단시간의 작업 후 2일 동안 유지되었다는 것을 발견하였다. 흥미롭게도 긍정적인 자전적 기억에 접근하고 정교화시키는 것을 포함한 긍정적 정서를 활성화시키는 BMAC 방법은 8장에서 설명한 절차와 유사하다. 인지치료에서 긍정적 정서를 육성하는 방법이 더 나은 결과를 낳는 것 같다는 것을 발견하는 것은 어렵지 않은 일이고, 갈런드와 동료들(Garland et al., 2010)의 검토에 따르면 긍정적 정서가 인지와 행동의 폭을 확대하고 더 나은 웰빙과 정신적 건강을 돕는다는 것이 확인되었다. 그들은 도움이 되는 긍정적 정서에 접근하는 수단으로 마음챙김과 자애 명상을 강조하지만, 훨씬 많은 심상에 관한 실험 연구는 심상 또한 긍정적 개입방법을 발달시키기 위한 주요 표적이 되어야 한다고 시사한다.

긍정적 특징의 중요성을 강조한 또 다른 최근 모델은 파데스키와 무니(Padesky & Mooney, 2012)의 강점 기반 인지치료인데 이는 내담자가 회복탄력성을 위한 개인적 모델(Personal Model of Resilience: PMR)을 형성하도록 돕는 것이다. 그들은 회복탄력성을 특징이 아닌 과정으로 개념화하고 그것을 "스트레스가 압도할 때 긍정적 기능으로 돌아가고 회복하기 위해 고통에 직면하여 대처하고 적응하는 능력"(p. 283)이라고 정의한다. 파데스키와 무니는 존재하는 강점과 대처 전략을 이끌어 냄으로써 파생되는 의미 있는 PMR을 내담자가 형성하도록 돕기 위해 은유와 긍정적 심상 활용의 중요성을 주장한다.

현재 유일하게 하나 있는 대학생을 대상으로 한 PMR에 대한 예비 평가는 기대할 만한 결과를 보여 주었다(Victor, Teismann, & Willutzki, 2017). 최근 긍정 심리학적 개입에 대한 체계적인 검토와 메타 분석은 연구의 질을 낮은 수준에서 중간 수준 정도로 평가하였지만 긍정 심리학 개입들은 일반적으로 훨씬 더 많은 증거에 기반을 두고 있다(Chakhssi, Kraiss, Sommers-Spijkerman, & Bohlmeijer, 2018). 그럼에도 불구하고 착씨와 동료들(Chakhssi et al., 2018)은 긍정적 정서, 인지와 행동을 이끌어 내는 데 초점을 맞추는 것이 임상군에서 작거나 중간 정도의 효과와 함께 웰빙을 개선시키고 고통을 줄일 가능성이 있다고 결론을 내렸다. 주디스 벡(2020)의 책 『인지행동치료: 기초를 넘어서(Cognitive Behavior Therapy: Basics and Beyond)』 3판은 내담자의 기대와 가치에 초점을 맞춘 회복 지향과, 역경에도 불구하고 자신에 대한 긍정적 결론에 도달할 수 있는 방법을 통합한다.

긍정적 정서를 강화하는 많은 최근 문헌은 다양한 방법을 사용하는데, 그중 하나가 긍정적 심상이다. 감정과 웰빙을 향상시키기 위해 긍정적 심상 인지치료를 사용하는 구체적인 증거에 기반한 최선의 방법은 여전히 개발 중에 있다. 그러나 우리는 심상이 언어적 처리과정보다 더 강한 정서적 반응과 관련된다는 것을 안다(Holmes & Mathews, 2005). 또 연구 영역이 넓어짐에 따라 최근 흥미로운 결과들이 있다. 예를 들어, 린케와 웨싸(Linke & Wessa, 2017)는 긍정적 심상 훈련이 참가자의 우울한 기분 증상을 감소시킬 뿐만 아니라 보상에 대한 기대와 보상 민감성을 증가시켰다는 것을 발견하였다. 우울에서의 동기 부족이나 기쁨과 보상 경험의 감소를 감안하면, 이 도파민 작용 체계 내에서 최고로 증가시킬 수 있는 개입이 분명히 도움이 될 것이다. 또 다른 연구에 의하면 개인적 · 관계적 · 직업적 영역에서의 자기에 초점을 맞춰서 '최선의 자기'를 2주에 걸쳐 상상하는 것은, 심지어 특성 낙관주의를 통제한 후에도 낙관주의를 증가시킬 수 있었다(Meevissen, Peters, & Alberts, 2011).

지금 우리는 긍정적 기분을 향상시키고 웰빙을 개선시키는 최고의 전략들이나 치료에서 그것을 사용할 최적의 시기에 대한 분명한 지침을 가지고 있지 않다. 결과적으로, 치료사들은 긍정적 심상을 그들의 임상에 적용하는 방법 면에서 창의적이어야만 한다. 이 장에 주어진 예시는 물론이고 추가적 기법들은 긍정적인 자전적 기억에 접근하는 것과 (8장에서 논의되었듯이 자기에 대한 것보다) 경험된 폭넓은 감정들에 초점을 맞추는 것을 포함할 수 있다. 즉, 그것이 정서를 격렬해지게 하거나 누그러지게 하는지를 알아보기 위해 기억들에서 관점을 바꾸도록 요청하기, 그리고 긍정적 심상을 음악 듣기나 (감정 유발 문학에 기반한) 긍정적 표현들이나 각본 읽기와 같은 다른 절차들과 결합하기 등이다. 특정 심상 개입이 내담자에게 도움이 되는지 검토하기 위해 행동 실험으로서 이 훈련들을 설정하는 것은 좋은 생각일 수 있다. 이 접근은 진정으로 협력적이게 할 뿐만 아니라 처음에 성공하지 못하더라도 치료 후반에 그 훈련을 반복하거나 다른 긍정적 심상 기법들을 시도하는 것을 더 쉽게 만든다.

요약

이 장의 목적은 긍정적 심상 영역하에 폭넓게 고려될 수 있는 개입방법들의 예시를 다루는 것이다. 이 분야의 일부 영역은 다른 것들보다 더 발달되어 있다. 안전과 자기 진정을 목적으로 하는 심상은 폭넓은 치료 양식에 걸쳐서 넓게 활용되고 항상 특정 이론적 근거에만 속해 있는 것은 아니다. 온정적 심상은 분명하게 설명된 모델에 의해 지지되고, 두려움을 해결하고 안전감을 생성하도록 돕기 위해 당신이 온정 심상 훈련을 어떻게 더 전통적인 인지치료에 포함시킬 수 있는지 살펴봐야만 한다. 이 장의 마지막 절에서는 긍정적 심상 기법들의 잠재적 이점, 그리고 부정적이고 고통스러운 정서를 줄이기 위해 현재 사용하고 있는 기법들은 별개로 긍정적 정서를 활성화하는 데 집중할 필요가 있다는 점에 대한 인식이 높아지고 있음을 논의하였다. 이 분야의 향후 발전은 우리가 내담자들과 함께 더 풍부하고 만족스러운 삶의 구축을 위해 창의적이고 효율적으로 작업하도록 도울 것이다. 이는 장기적으로 현재 접근법보다 재발 방지 면에서 더 효과적일 것이다.

제10장

사례에서 심상 통합

이전 장들은 개별 기법들에 대해 설명하지만, 임상에서 당신은 여러 심상 기법을 사용할 것이고 심상 기법들을 이미 정착된 인지치료 개입방법들과 통합할 수도 있다. PTSD와 같은 일부 문제들의 경우, 심상(심상 재체험)은 개입에서 실질적인 부분이다. 다른 문제들의 경우, 증거 기반 개입은 위협 평가와 같은 특정한 처리과정을 변화시킬 필요성을 강조할지도 모르지만 방법을 구체화하지는 않는다. 여기에서 사고 도전하기와 같은 전통적인 인지치료 기법을 선택하거나, 위협을 탐색하고 재평가하는 심상 기반 방법을 고려할 수 있다. 때때로 두 가지의 통합은 여러 접근이 경쟁적이지 않고 보완적일 때 가장 바람직할 수 있다.

이 장은 단일 사례를 자세히 설명하면서 치료과정에서 더 전통적인 인지치료와 함께 여러 심상 기법을 활용하는 방법을 설명한다. 로저는 처음에 공황 발작을 호소하였지만, 곧 성공적인 결과를 위해 해결해야 할 여러 문제가 있다는 것이 드러났다. 로저를 대상으로 한 치료 접근과 개입 기법들에 대한 설명뿐만 아니라 나는 임상에서 다양한 시점에서의 의사결정에 대해 설명하고 대안적 접근방법을 검토한다.

배경과 초기 진술

로저는 루시와 결혼한 34세 남성이다. 그들은 결혼한 지 5년 되었고 최근에 첫아이 레이첼을 낳았는데 8개월 되었다. 로저는 IT 회사에서 정직원으로 일하고 있다. 루시는 교사인데 레이첼을 낳은 후 파트 타임으로 다시 일하게 되었다.

로저의 형 마크는 그의 아내 도나, 5세 톰과 3세 미셸과 지금은 호주에서 살고 있다. 마크는 로저보다 네 살 위이고 18세에서 28세 사이 10년을 군에서 보냈다.

로저의 부모인 프랭크(74세)와 앨리스(64세)는 지방에 살고 있다. 프랭크는 엔지니어이고 65세에 은퇴했다. 앨리스는 아들들이 어릴 때 파트 타임으로 법률 비서로 일하였고 아이들이 성장했을 때 교사로 재교육받았다. 그녀는 내년에 은퇴하게 된다.

로저는 하이킹과 산악 자전거를 즐기곤 하였지만, 레이첼이 태어난 후 이 활동들을 그만두었다. 그는 공황 발작을 겪고 있고 여러 상황과 활동을 점점 더 회피하고 있었기 때문에 인지치료에 의뢰되었다. 그가 출근할 수 없어서 2주 동안 병가를 내야 했을 때 이러한 변화는 극에 달했다.

로저의 공황 발작은 첫아이가 태어난 후 약 6개월 전에 시작되었다. 그의 아내 루시는 34시간 동안 진통을 하면서 심한 통증을 겪었다. 로저는 무력감을 느꼈고 자신이 '그녀를 실망시켰다.'고 생각했다. 아기는 스트레스 증상을 보이기 시작했고 의료진은 점차 걱정하였다. 30분 후 그들은 응급 제왕절개를 하기로 결정했고 로저는 급히 방을 나왔고 그들은 수술을 진행할 수 있었다. 그때 그는 '여분의 부품처럼' 느껴졌고 수술이 진행되는 동안 정말 두려웠다고 말했다. 그는 가벼운 현기증이 나고 숨이 찼고 기절할 것 같다고 생각했었던 것을 기억했다. 그는 '그녀를 실망시킬 수 없어. 침착해야 해.'라고 계속 생각했다. 제왕절개는 수월했다. 아기는 괜찮았고 루시는 수술 후 빠르게 회복되었지만 로저는 계속 불안했다.

로저는 레이첼이 태어난 후 두어 달 되었을 때 첫 공황 발작을 겪었다. 루시가 출산 후 처음으로 장모와 외출을 했고 로저가 레이첼을 봐야 했다. 그는 전에 혼자서 아기를 본 적이 없었다. 약간 불안했지만 처음에는 일은 잘 풀려서 한 시간 후쯤 그는 아기를 낮잠 재우고 아래층으로 내려갔다. 로저는 부엌을 정리하러 갔는데 갑자기 열이 나고 약간 메스꺼웠다. 현기증과 어지러움을 느꼈고, '누가 아기를 돌보게 되지?' 하는 생각 때문에 기절하는 것이 두려웠다. 로저는 앉아서 머리를 다리 사이에 끼웠다. 좀 나아지기 시작했을 때 그는 얼음물과 두통약을 먹었다. 그는 독감에 걸렸는지 의심했고, 레이첼에게 옮길까 봐 걱정되기 시작했다. 그는 루시가 집에 올 때까지 불안했고 루시가 오고 나서야 안심할 수 있었다. 그 후 로저는 일주일에 두세 번 공황 발작을 겪었다.

로저는 레이첼 출산을 장기적인 진통과 응급 제왕절개 때문에 외상으로 경험했다. 치료사는 초기 치료목표를 정하기 위해 그를 PTSD로 진단하였다(즉, 외상 처리과정에 초점을 두기 대 공황 발작을 직접적으로 다루기). 비록 로저는 레이첼이 태어난 후 한 달 정도 침습적 심상과 기억을 겪고 몇 가지 악몽을 꾸었지만 이것들은 치료를 시작하고 완전히 회복되었다. 그는 다른 외상 증상을 보고하지 않았지만 DSM-5(American Psychiatric Assoication, 2013)의 공황장애 진단기준을 충족시켰다.

평가

평가는 로저의 공황 발작에 초점을 맞추어 시작되었다. 많은 요인이 그가 공황 발작일 가능성을 높였다. 외적 촉발 자극은 일반적으로 로저가 충족시킬 수 없다고 느끼는 요구와 관련이 있었다. 예를 들면, 그는 첫 공황 발작 이후 레이첼을 혼자서 돌볼 수 없었고, 아기를 봐 달라고 부탁받을 때 즉시 불안해졌고, 아기와 혼자 있는 것을 피하기 위해 변명을 시작했다. 직장에서 압박을 느끼는 상황들은 공황 발작의 가능성을 증가시켰다. 마감일까지 보고서를 완성하길 기대하는 것, 대표와 회의하는 것 그리고 주간 팀 회의에서 간단히 브리핑하는 것 등이었다. 그의 공황이 시작되는 구체적인 신체적 촉발은 현기증과 어지러움이다. 로저가 이 증상들을 알아차릴 때 그의 불안은 빠르게 증가하고 열과 땀이 나고 메스꺼워지기 시작했다. 현기증과 어지러움은 심해졌고 그는 숨을 고르기가 어려웠다. 이게 나빠지면서 그는 가슴에 통증을 느꼈고 손가락이 찌릿찌릿했다. 그는 기절할 거라고 확신했다. 만약 그가 피할 수도 없고 앉아서 머리를 다리 사이에 끼울 수도 없는 상황이 되면 불안은 심해졌고, 그것은 보통 빠르게 공황 발작을 일으켰다.

추가적인 질문에서, 로저가 자신이 기절하고 입에 거품을 물고 경련을 일으키고 다른 사람들이 몰려들어 그를 가리키며 비웃고 있는 자신에 대한 심상을 가지고 있다는 것이 분명해졌다. 공황 발작의 통제 불가능성은 로저의 저조한 기분에 직접적으로 영향을 미쳤는데, 그는 자신의 불안을 통제할 수 없기에 '약하고 불쌍하다'고 판단하였다. 그는 또한 루시를 돕지 못하는 것에 대해 죄책감을 느꼈고 그의 불안이 레이첼과의 관계에 영향을 미치고 있다고 생각하였다. 이 모든 것이 그가 '무용한 아빠이

자 한심한 남편'이라는 심한 자기 비난과 수치심을 일으키고 있었다. 그는 마음을 가다듬고 '그것을 극복해야만 한다.'고 믿었다.

몇 주 전에, 그는 병가를 내고 며칠 쉬었다. 이때는 로저에게 '완전 최악의 상태'였다. 그는 이전에 아픈 척한 적이 없었지만(그는 정신건강 문제를 합법적인 질병으로 생각하지 않았다), 단지 출근할 수 없었기에 이것을 심각한 실패로 지각하였다. 루시는 지지적이었지만 그는 그녀가 자신에게 점점 짜증을 내고 있다고 느끼고 있었다. 그는 그녀가 때때로 레이첼 육아에서 휴식이 필요하다는 것을 알고 있었다. 그는 이 일에 대해 그의 부모에게 말할 용기가 없었고 그래서 모든 게 괜찮은 척해야만 했다. 그는 부모에게 가는 것을 피했지만 그들이 손녀와 지내고 싶어 하였기 때문에 점점 더 힘들어졌다. 로저가 말하길, 루시의 어머니는 아주 친절하고 지지적이며 그녀가 규칙적으로 아기를 데려가겠다고 제안하였다. 그는 장모에게 그의 불안에 대해 직접적으로 언급하지 않았지만, 그녀가 불안을 겪은 적이 있었기 때문에 무슨 일이 일어나고 있는지 잘 알고 있다고 생각하였다. 로저는 그가 겪는 문제로 인해 우울했음에도 불구하고 불안과 공황 발작을 이해할 수 있다면 기분이 회복될 거라고 확신하였다. 위험한 문제는 없었다. 로저가 어떤 식으로든 자기 자신을 해쳐서 루시와 레이첼에게 결코 나쁜 영향을 주지는 않을 거라는 것은 분명했다. 그는 '그들은 내가 없는 게 더 나을 거야.'와 같은 생각을 했고, '삶에서 감사한 일이 얼마나 많은지.'라고 생각하면 자괴감에 빠졌다.

첫 평가 동안, 치료사는 로저가 가벼운 불안을 겪은 적이 있었고 그때는 안심할 수 있는 것 찾기, 자신을 불안하게 하거나 그에게 큰 도전이 되는 상황들을 회피하기, 피곤할 때 다루기 어렵다는 것을 알기 때문에 충분한 수면을 확보하기와 같은 전략을 사용하여 대처하였다는 것을 알게 되었다. 그의 어머니는 '신경과민'을 겪었고 로저에 대해 과보호적이었다. 그의 아버지는 '아들을 너무 약하게' 키운다고 어머니를 자주 비난했다. 로저의 형 마크는 로저보다 많이 터프했고 쉽게 아버지의 인정을 받았다. 로저는 자주 자신이 '차선책'이라고 느꼈고 마크의 그림자 밑에서 살았다. 물론 이 과거 정보가 중요하고 로저의 자기 비난과 저조한 기분에 크게 영향을 끼쳤겠지만, 치료사와 로저는 먼저 공황 발작에 초점을 맞추는 데 동의했다. 왜냐하면 공황 발작이 가장 장애가 되었기 때문이었다. 일단 공황 발작 치료가 진전되기 시작하면, 그들은 필요할 경우 몇 가지 장기적 행동패턴을 살펴보기로 계획하였다.

초기 사례개념화

초기 사례개념화는 [그림 10-1]과 같고 웰스(1997)의 적응 버전에 따른 안전 행동을 포함하여 클라크(1986)의 공황에 대한 최초 모델에 근거하였다. 개념화는 내적 자극과 외적 자극을 구별하였고 이 자극들이 어떻게 불안과 동반된 신체 감각, 공황 사이클을 야기하는 증상들에 대한 재앙적 오해석을 활성화하는지를 보여 준다.

로저가 느끼는 기절하거나 쓰러지는 것에 대한 두려움은 사람들이 자기를 보고 놀리거나 비웃는 심상에 수반된 비판적 오해석이기 때문에 치료사는 그가 기절한 적이 있는지 탐색하였다. 로저가 기절했던 유일한 때는 13세 때 학교에서였다. 그는 체육 시간에 기절했었다. 그는 독감에 걸려 있었는데 그때는 몰랐었다. 로저의 반에 뇌전증이 있는 아이가 있었고 가끔 발작을 했다. 로저가 학교로 돌아갔을 때 반 아이들은 그를 놀렸고 그가 발작을 했던 것처럼 가장했다. 그들은 그가 경련이 일고 입에 거품이 나는 흉내를 내면서 비웃었다.

공황 발작 치료의 시작

첫 몇 회기 동안 치료사는 공황 발작을 해결하기 위한 다양한 개입방법을 활용하였다(Clark, 1986; Wells, 1997). 이는 공황 발작이 있는 동안 일어나는 일(혈압 상승)과 기절할 때(갑자기 혈압 하강)가 어떻게 다른지에 관한 심리교육과 함께 시작되었다. 이는 로저에게 그의 증상과 기절에 대한 두려움에 맞춰 제작된 증상-재앙 카드의 단어들을 소리 내어 읽도록 요청하는 것으로 이어졌다(증상-재앙 카드의 예시는 〈표 10-1〉 참조). 로저는 카드를 읽었을 때 열과 땀이 나고 가벼운 현기증이 느껴지는 것을 발견하고 아주 놀랐다. 그것들은 불안 증상과 두려운 재앙(예: 현기증-기절) 사이의 관계를 설명하기 위한 사례개념화에 따른 그의 반응과 관련되었다. 로저는 그 다음 주 동안 증상과 공황 발작을 기록하기 위해 공황 일지를 쓰기로 동의하였다. 일지 쓰기([그림 10-2] 참조)는 그가 얼마나 신체적 경험의 변화에 초점을 맞추고 있는지, 체온의 작은 변화와 현기증이 일어나는 때가 얼마나 불안을 높이는지를 알아차리는 데 도움이

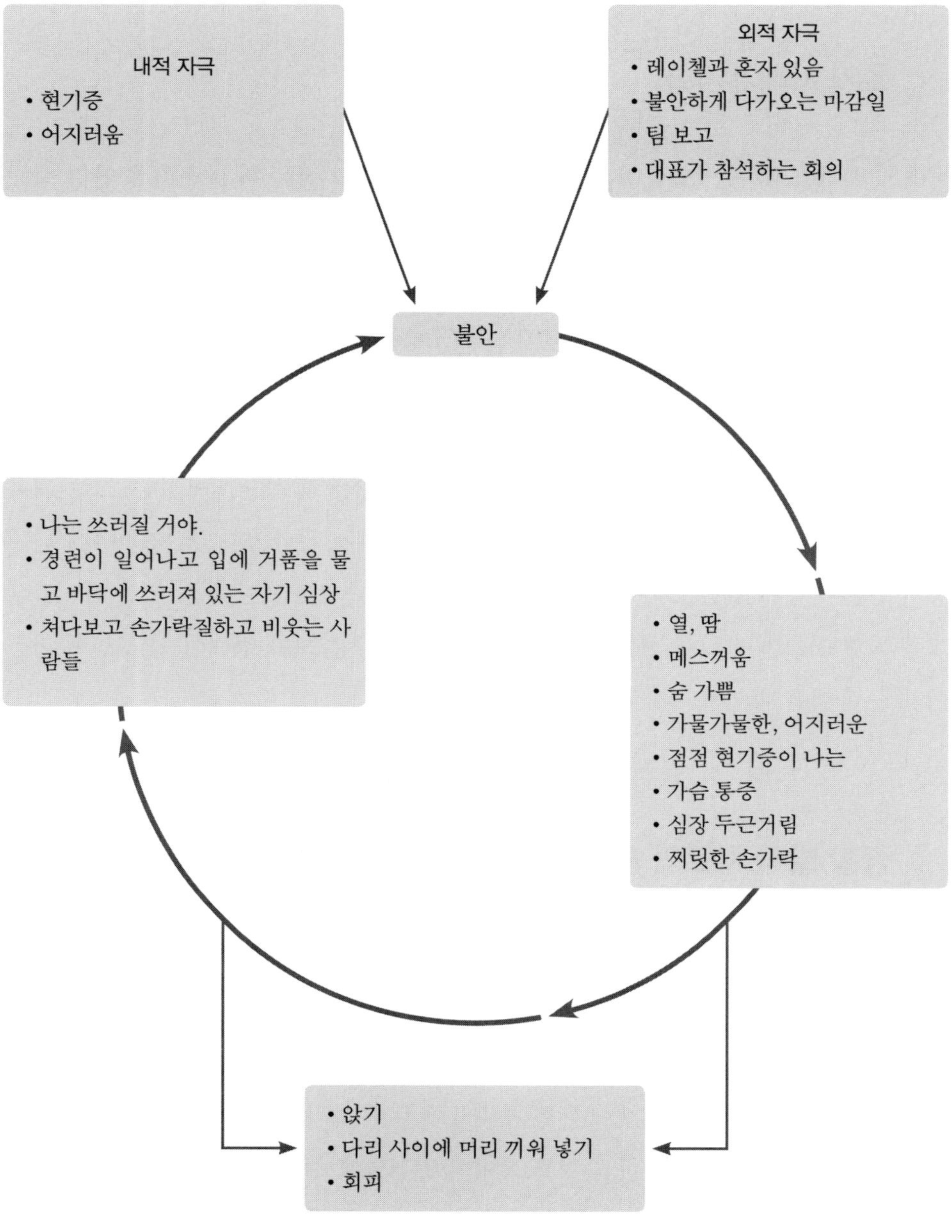

[그림 10-1] 클라크(1986)와 웰스(1997)에 기반을 둔 로저의 공황 사이클

표 10-1 공황 증상의 재앙적 오해석에 대한 영향을 검토하기 위한 증상-재앙 쌍

호흡 곤란-질식사	현기증-기절
가슴 통증-심장마비	심계항진-죽음
띵한-졸도	비현실감-정신이상
현기증-기절	가슴 통증-심장마비
심계항진-죽음	띵한-졸도
호흡 곤란-질식사	가슴 통증-심장마비
마비-뇌졸중	현기증-기절
심계항진-죽음	비현실감-정신이상
가슴 통증-심장마비	호흡 곤란-질식사
심계항진-죽음	현기증-기절
현기증-기절	마비-뇌졸중
비현실감-정신이상	열-기절
현기증-기절	호흡 곤란-질식사
가슴 통증-심장마비	띵한-졸도
현기증-기절	비현실감-정신이상
비현실감-정신이상	현기증-기절
심계항진-죽음	호흡 곤란-질식사
가슴 통증-심장마비	비현실감-정신이상

주: 클라크(1986)에 근거.

되었다. 그는 또한 마음에 떠오르는 심상을 더 쉽게 알아차리기 시작하였다. 그가 도전해야 하는 어떤 일에 직면해야만 할 때 아버지 앞에서 고개를 숙이고 서 있는 수치스러운 모습의 심상이 떠오른다는 것을 알게 되었다.

신체 증상과 재앙적 오해석 사이의 관계 끊기

다음 회기에, 로저는 과호흡 유도 실험을 하는 데 동의하였는데, 과호흡은 공황 발작에서 경험되는 몇 가지 증상을 생기게 하는 데 활용된다. 안전 행동을 멈추게 하고, 필요하다면 증상을 심화시키는 것은, 내담자로 하여금 신체 감각들이 불쾌하기는 하나 두려운 재앙(로저의 경우 기절)을 낳는 것이 아니라는 것을 깨닫게 하는 데 도움을

날짜	상황	증상/감각 (예: 띵한, 메스꺼운)	일어난 내 생각-증상에 대한 나의 해석	내가 한 행동들	공황 발작의 횟수
2월 28일, 월요일	직장에서, 마틴이 내가 가장 최신 베타 테스팅을 승인해 줄 수 있는지 물음	열, 땀, 심하게 어지러움, 숨쉴 수 없다고 느낌, 메스꺼움	이제 끝이다. 더 이상 지탱할 수 없어서 쓰러질 거다. 그들은 내가 일을 할 수 없다는 것을 알게 될 것이다. 바닥에 쓰러져 있는 나를 보고 그들이 비웃고 있는 심상	화장실로 감. 얼굴에 찬물을 끼얹었다. 30분 동안 밖으로 나가서 주변을 걸음	1.5
	점심시간 후, 진한 푸딩을 먹음	메스꺼움-심하게 불안해지기 시작	다시는 안 돼. 그것을 견딜 수 없을 거야.	다시 밖으로 나감. 그것에 대해 생각하지 않으려고 애씀. 공황이 엄습했지만 본격적인 공황이 되지는 않음	
3월 1일, 화요일	(병가, 하루 종일 침대에 머묾, 독감에 걸린 것 같다고 말함)				0
3월 2일, 수요일	회의 전	열, 땀, 띵한	또 시작, 할 수 있을지 확신이 안 섬, 어린아이가 된 느낌, 결코 많은 일을 해내지 못할 거라고 내게 말하는 아빠가 보임	루시에게 전화해서 나를 안심시켜 줄 수 있는지 물어봄으로써 가까스로 조절함(내가 불쌍하게 느껴지지만)	1.5
	내일 보고 싶다는 사이먼의 메일	열, 땀, 메스꺼움, 숨 쉴 수 없음, 심장 두근거림, 손가락이 따끔거림	그가 알게 되었다. 나는 피곤해질 것이고 여기서 나가지 않는다면 기절할 것이다. 아빠가 다시 '쓸모없는 놈'이라고 말하는 게 보임	책상 아래에서 뭔가 찾는 시늉을 하여서 머리를 아래로 내릴 수 있었음. 기분이 좋지 않고 바이러스임에 틀림없다고 말하고 일찍 퇴근	
3월 3일, 목요일	병가-사이먼과의 회의 재조정을 요청함	열, 땀, 심장 두근거림	본격적인 공황 발작으로 진행되지 않음. 누워서 기절하는 것에 대해 걱정하지 않음	침대에 누워 낮잠을 자려고 애씀	2에 가까운

	루시가 샤워를 하는 동안 괜찮으면 레이첼을 볼 수 있는지 물어봄	떨림, 심장 두근거림, 현기증	내가 해야만 해. 증상이 심해질까 봐 정말 걱정돼	주의를 딴 데로 돌리려고 함. 자신을 한심하게 여기지 않고 이것을 해야 한다고 말함. 루시가 샤워가 끝날 때가 되어 가는지 들어 봄	
3월 4일, 금요일	퇴근, 대부분 사람들은 아주 조용히 외부에 계약 검토를 하러 감	열감	일어날 일에 대해 걱정함	창을 열고 열을 내리려고 함	0
3월 5일, 토요일	루시의 어머니가 들렀고 레이첼을 내게 건네며 가게에 갈 거고 10~20분 이상 안 걸릴 거라고 말함	열, 땀, 심하게 어지럽고 현기증 나고 기절할 것 같은 느낌. 가슴 두근거림과 호흡 곤란	레이첼을 안전한 곳에 내려놓아야만 해. 아기를 안고 쓰러질 수 없어. 레이첼을 떨어뜨리는 심상. 아빠 앞에 서 있는 내 모습이 보임	유아 침대에 레이첼을 내려놓음. 아기가 울었지만 거기가 안전하다고 느낌. 루시와 장모님이 돌아올 때까지 기다렸고 문 여는 소리를 들었을 때 레이첼을 안음. 죄책감과 한심함	2
	뒤늦게, 레이첼과 있는 동안 공황 발작 심상이 지속되고 울게 내버려 둔 것에 대한 죄책감을 느낌	이전과 같은 증상들	쓰러지는 나를 봄. 레이첼을 떨어뜨리는 나를 봄. 호흡을 할 수 있다는 생각이 들지 않음. 잠시 의식을 잃을 것임	화장실에 들어가 있음. 변기에 앉아서 다리 사이에 머리를 넣음. 아주 찬물을 세면대에 받아서 얼굴과 손을 씻음	
3월 6일, 일요일	'바이러스'가 재발했고 몸이 안 좋다고 루시에게 말함. 바이러스를 그녀나 레이첼에게 옮기고 싶지 않다고 말하고 빈 침실로 들어감. 하루 종일 거기에 머물며 가능한 한 루시와 레이첼을 피함				0

[그림 10-2] 로저의 공황 일지. 웰스(1997)에 근거

줄 수 있다. 과호흡을 활용하기 위해 방해가 되는 것들(즉, 천식, 심장 질환)이 없는지 확인한 후에 로저와 치료사는 2분 동안 과호흡 훈련을 하였다. 그는 바로 열이 나고 어지러움이 느껴졌고 현기증이 나기 시작했으며 그것은 공황을 느끼게 하였다. 그는 공황 발작과 60~70% 유사한 증상들을 기록했지만 차이가 있었는데, 치료사와 함께 있어서 '더 안전하다'고 느꼈기 때문이라고 말했다. 로저의 안전 행동 중 하나는 기절할 것 같을 때 앉아서 다리 사이에 머리를 끼워 넣는 것이다. 그리고 치료사는 로저에게 다시 과호흡을 하도록 요청하였다. 그가 열이 나고 현기증이 느껴질 때, 이번에는 서서 돌아다니도록 요구하였다. 이후 이것에 대해 토론할 때 로저는 다리가 후들거렸고 잠시 자신이 넘어질 거라고 확신했지만 그는 괜찮았고 기절하지 않았다는 것에 다시 한번 놀랐다.

과호흡 유도 실험 후에 치료사는 로저가 배운 것을 강화하기 위해 현기증이 나는 동안 현기증과 함께 공황 발작에서 나타나는 감각들과 비교되는 증상 대조표를 활용하였다. 로저는 딱 한 번 기절한 적이 있었고 이는 아주 오래전 일이며, 그는 기절한 적이 있는 사람들이 어떤 경험을 하였는지, 그들이 직전에 바로 어떤 증상을 느꼈는지 물어서 추가 정보를 얻기로 결정하였다. 그 결과는 〈표 10-2〉와 같은데, 공황 발작과 실제 기절할 때의 증상에서 유사점과 차이점을 제공한다.

표 10-2 로저의 공황 증상과 기절의 비교

증상 유형	기절하는 동안	공황 발작 동안
열	✓	✓
땀	✓	✓
메스꺼움	✓	✓
심장 두근거림	✓	✓
현기증	✓	✓
가슴 통증		✓
호흡 곤란		✓
찌릿한 손가락		✓
귀 울림	✓	
눈앞에 점들	✓	
두통	✓	
방이 빙빙 도는 것	✓	

주: 웰스(1997)에 근거.

로저는 기절하는 것과 관련된 증상과 공황 발작과 관련된 증상 사이에 겹치는 것이 있지만 몇 가지 분명한 차이점이 있다는 것을 알 수 있었다. 공황 발작(심박수 증가)에서 생리학적으로 발생하는 일에 대한 새로운 지식 및 과호흡 유도 실험의 결과와 함께, 이 정보는 공황이 시작될 때 기절할 것이라는 믿음에 도전하도록 도왔다. 그는 또한 바닥에 누워 경련이 일어나고 입에 거품을 무는 그의 심상에 대한 심상 노출을 하였다. 이 심상 노출에 의해 로저는 그것들이 '최악의 시나리오'를 나타낸다는 것을 깨달았다. 이것이 실제 일어날 가능성은 아주 낮았다. 왜냐하면 로저는 뇌전증을 겪은 적이 없었고 그래서 기절한다면 의식이 돌아올 때까지 그저 누워 있을 것이기 때문이다. 기절할 것이라는 그의 믿음은 크게 떨어졌고 공황 발작의 횟수도 줄어들었다. 그는 상황에 대한 회피를 해결하기 시작하였고 치료를 시작한 이후 휴가를 내지 않았다.

단계적 노출

로저에게 중요한 목표는 레이첼을 혼자서 돌볼 수 있게 되는 것이다. 치료사는 로저와 루시를 한 번 만났고 그들은 집에서, 그다음엔 마당에서 루시와 함께 로저가 레이첼을 돌보는 것을 시작하는 단계적 노출 프로그램을 계획하였다. 그들은 우선 루시가 그녀의 전화기를 보고 있고 그다음 그녀가 마당에 있는 동안 집안에 전화기를 놔두는 상황 놀이를 하였다. 그들은 또한 루시가 마당에서 헤드폰을 쓰고 있어서 로저가 불러도 들을 수 없는 실험을 하였다.

위계에서 다음 단계는 루시가 집에서 멀리 떨어져 시간을 보내는 것, 5분 거리에 있는 가게로 가는 것 그리고 마침내 레이첼을 두고 엄마나 친구를 만나거나 시내에 가는 긴 외출을 하는 것이었다. 위계의 첫 몇 단계에서는 진전을 보였지만 로저는 루시가 집을 비우고 심지어 동네 가게에 갈 때조차도 혼자 레이첼과 있는 것이 힘들었다. 그는 혼자 레이첼과 있을 때나 집안에 아기와 혼자 남겨진 것에 대한 생각에 빠져 있을 때, 마음속에 작고 무능력한 자기에 대한 심상이 떠오른다는 것을 점차 깨닫게 되었다. 그가 혼자 아기를 데리고 밖에 있는 상상을 하면 극심한 공황이 느껴졌다. 다음 대화에서 치료사는 이 심상과 로저에게 그것이 어떤 의미인지 탐색한다.

자기에 대한 관점 탐색하기: 과거와 현재의 연결

치료사: 로저, 정말 잘하고 있어요. 하지만 레이첼과 함께 있는 것이 힘든 자신에 대해 당신이 심하게 대하는 것을 알 수 있어요.

로 저: 네, 정말 한심하게 생각돼요. 아빠가 된다는 것이 큰일인 것은 알아요. 하지만 하루 종일 아기나 어린아이들과 함께하는 다른 아빠들은 마치 그들이 무엇을 해야 하는지 아는 것처럼 보이는데, 루시가 나를 어떻게 생각할지 모르겠어요. 분명 나에게 진절머리가 날 거예요.

치료사: 그녀가 당신에 대해 어떻게 생각할 것 같나요?

로 저: 쓸모없는 사람이요. 나와 결혼하지 말았어야 했다는 후회, 그런 생각들이요. 정말 한심해요, 그렇죠? 애초에 문제가 있을 뿐만 아니라 지금은 그것을 극복하기 위해 치료법도 사용할 수가 없어요.

치료사: 지금 이렇게 말하면서 기분이 어때요?

로 저: 어리석고 공허하게 느껴져요.

치료사: 신체 감각은요?

로 저: 설명하기 어려워요. 혼재되어 있어요. 그저 공허함이 느껴져요. 네, 신체에서요. 위장이 텅 빈 것 같은 (말하면서 위에 손을 얹는다.) 그리고 (아래를 보며) 수치스러워요. 누가 나를 존중하겠어요? 내 아기를 돌보고 보호하는, 가장 기본적인 것도 제대로 못하는데 내가 나를 어떻게 존중하겠어요?

치료사: 당신에게 그렇게 어렵게 느껴진다니 정말 힘들겠어요. 그리고 나는 당신이 얘기하는 게 너무 고통스럽다는 것을 알 수 있어요. 우리가 이야기 나누었듯이, 로저, 쓸모없고 한심하다는 생각을 할 때 마음속에 지나가는 심상이 있을까요?

로 저: (멈춘다. 그런 다음, 천천히 말한다.) 바닥에 앉아 있고…… 아버지가 있어요……. 나는 일곱 살이나 여덟 살쯤임에 틀림없는데, 분명히 기억나지는 않아요. 아버지가 소리쳤어요. 내가 군인 장난감을 가지고 놀고 있었는데 치우고 차를 마시러 가야 했어요. 그런데 나는 (더듬는다.) 나는

정말 놀이가 재밌어서 계속 놀고 있었어요. 그때 그가 들어왔고 장난감 상자를 들고 와서 모든 걸 그 속에 넣어 버렸어요. 그는 정말, 정말 화가 났어요. 그가 뭐라고 말했는지 기억할 수가 없지만 내가 '멍청하고 무식한 놈이고 내가 다시 말을 안 듣는다면 나는 그런 말들을 들어도 싸다.'와 비슷한 말들이요.

치료사: 그걸 떠올렸는데 지금 기분이 어때요?

로 저: 똑같아요. 공허하고 수치스러워요. 차 마시려고 앉았을 때 형이 축구하고 돌아왔고 아빠는 형에게 축구에 대해 물어봤어요. 기억나는데, 아빠가 엄마를 보고 말했어요. "어떻게 이런 애와 저렇게 한심한 놈을 낳았어?"

치료사: 아이에게 그렇게 심한 말을 했군요. 엄마는 어떻게 반응했나요?

로 저: 엄마는 "프랭크, 아이한테 그런 식으로 말하지 마세요."와 비슷한 말을 했어요.

치료사: 도움이 되거나 위안이 되었나요?

로 저: (잠시 멈춘다. 그리고 천천히 말한다.) 네. 엄마가 나를 쓸모없는 놈이라 생각한다고 느끼진 않았어요. 하지만 지금은…… 돌아보면…… 내 생각에 엄마는 아주 무기력했어요. 어머니는 아버지에게 항의했지만, 아버지가 어머니의 말을 정말 경청하거나 신경 쓴다고 느껴지지 않았어요. 그가 심술궂게 대할 때 어머니는 내게 항상 간식을 줬어요. 그래서 나는 어머니가 내 편이라고 느꼈어요. 어머니가 아버지를 막을 수 있다고 느껴지지는 않았어요.

치료사: 아버지가 화가 났을 때 당신이나 형에게 신체적으로 폭력적이었나요?

로 저: 아니요. 심하게 비난하고 창피를 줬어요.

치료사: 지금은 그에 대해 어떻게 느끼나요?

로 저: 음, 복잡해요. 그는 이제 전보다 나이가 많이 들었고 예전만큼 신체적으로 위협적이지는 않아요. 그를 사랑해요. 아버지니까요. 하지만 내가 아주 많이 좋아하는지는 모르겠어요.

치료사: 지금은 아버지가 당신에게 어떻게 행동하시나요?

로 저: 아주 심술궂지는 않아요. 하지만 여전히 나와 마크를 비교해요. 나는 항상 비교에서 나쁜 쪽이 되죠. 그리고 내가 겪는 문제를 안다면 뭐라고 말

할지 상상할 수 있죠.

치료사: 뭐라고 말할까요?

로 저: 얼굴을 보고는 말하지 않을 거예요. 하지만 그가 생각하는 건 '한심한 놈, 저 녀석은 패배자야.'일 거예요.

치료사: 당신이 그렇게 말할 때 아버지가 보이거나 그렇게 말하는 아버지 목소리가 들리나요?

로 저: 둘 다요. 그가 어머니와 함께 식탁에 앉아 있는 걸 볼 수 있고 아버지는 어머니를 보고 말해요. "난 항상 저 녀석이 큰 인물이 될 리 없다고 생각했지." 그러고서 그는 마크와 마크가 성취한 것들에 대해 말하기 시작할 거예요.

치료사: 이 모든 것을 동시에 봅시다. 그리고 지금 일어나는 일에 어떻게 영향을 미치는지 봅시다. 나한테 설명한 것이 두 가지 다른 심상이에요. 하나는 당신이 어릴 때 당신에게 화가 난 아버지와 함께 당신이 바닥에 앉아 있는 것이고, 다른 하나는 현재 당신에 대해 아주 부정적으로 판단하는 아버지의 심상이에요. 맞나요?

로 저: 네, 그렇게 생각해 보지는 않았지만, 네, 아버지는 내 마음에 그렇게 떠오르는 것 같아요.

치료사: 당신이 '마음에 떠오른다.'라고 말하는 것은 오랜 시간 동안 인식하고 있었던 것인가요, 아니면 우연히 떠오르는 심상이라는 건가요?

로 저: 오랜 시간 배경 잡음 같이 그것들은 거기에 있었고 때때로 전경으로 올라온다고 말하고 싶네요.

치료사: 전경으로 올라올 때 어떤가요?

로 저: 보통은 정말 한심하게 느껴질 때 나타나요. 예를 들면, 지난 금요일 루시가 장모님과 함께 쇼핑센터에 갈 때 내가 레이첼을 돌보겠다고 루시에게 말했어요. 그리고 마지막 순간에 덜컥 겁이 났어요. 그때 아버지가 내 머리 주변을 하루 종일 간헐적으로 맴돌았어요. 그리고 아버지 말이 맞아요. 난 한심해요.

치료사: 당신을 부정적으로 판단하고 당신에게 비판적인 아버지에 대해 갖는 그 심상이 당신의 자기 판단을 뒷받침하는 증거를 제공하는 것 같으세요?

로 저: 그렇게 생각해 본 적은 없는데, 네, 그런 것 같네요.

치료사: 어린 시절 심상은 언제 전경에 떠오르는 것 같아요?

로 저: 공황이 올 때 나타나요.

치료사: 그럼, 그건 어떤 느낌인가요? 불안해지기 시작하고 당신에게 소리치는 아버지 앞에서 작고 두려워하는 아이로 자기를 보는 건가요?

로 저: 더 두렵게 느껴지고 할 수 없을 것 같다고 생각해요.

치료사: 그래서, 당신이 가진 이 두 가지 다른 심상—하나는 소리치는 아버지와 함께 있는 아이로서 당신 자신이고 다른 하나는 비판적이고 판단하는 아버지의 심상—이 당신과 당신 아버지를 포함하고 있기에 서로 관련되어 있지만, 각각 다른 시간에 촉발될 수 있고 그것들이 당신과 당신이 다른 식으로 고민하고 있는 문제에 영향을 미치고 있나요?

로 저: 그렇게 생각해 본 적이 없어요. 내 머릿속에 아버지가 있다는 것은 알아요. 그가 없어지길 바라죠. 하지만 여러 방식들로 나에게 영향을 미치고 있는 다른 기억들에 대해서는 정말 생각해 본 적이 없었어요.

로저와 치료사는 그다음 주 동안 로저가 이러한 심상들을 얼마나 자주 경험하는지에 대해 더 많은 데이터를 모으기로 하고, 로저는 심상이 '전경'에 떠오르거나 나타날 때 일지를 기록한다. 로저는 이런 일이 자주 일어난다는 것을 알고 놀라워한다. 그는 또한 불안해서 어떤 것을 회피하는 것 때문에 그가 자기 비난을 할 때, 자신의 자기 비난적인 생각들 속에서 그를 비판하는 아버지를 보고/보거나 듣고 또는 아버지의 메아리를 듣는다는 것을 알게 된다. 로저와 치료사는 [그림 10-3]에서 보듯이 종단적 사례 개념화를 함께 작성한다. 이는 새로운 정보를 종합하고 자신이 왜 애를 먹고 있는지를 로저가 이해하도록 돕는다.

새로운 정보를 고려한 치료방법 검토

이 관점에서, 치료사는 치료 계획을 검토하고 다음 방향을 결정해야만 한다. 많은 선택지가 있다. 약하고 한심하고 '쓸모없는 놈'이라는 로저의 부정적 자기 관점은 신

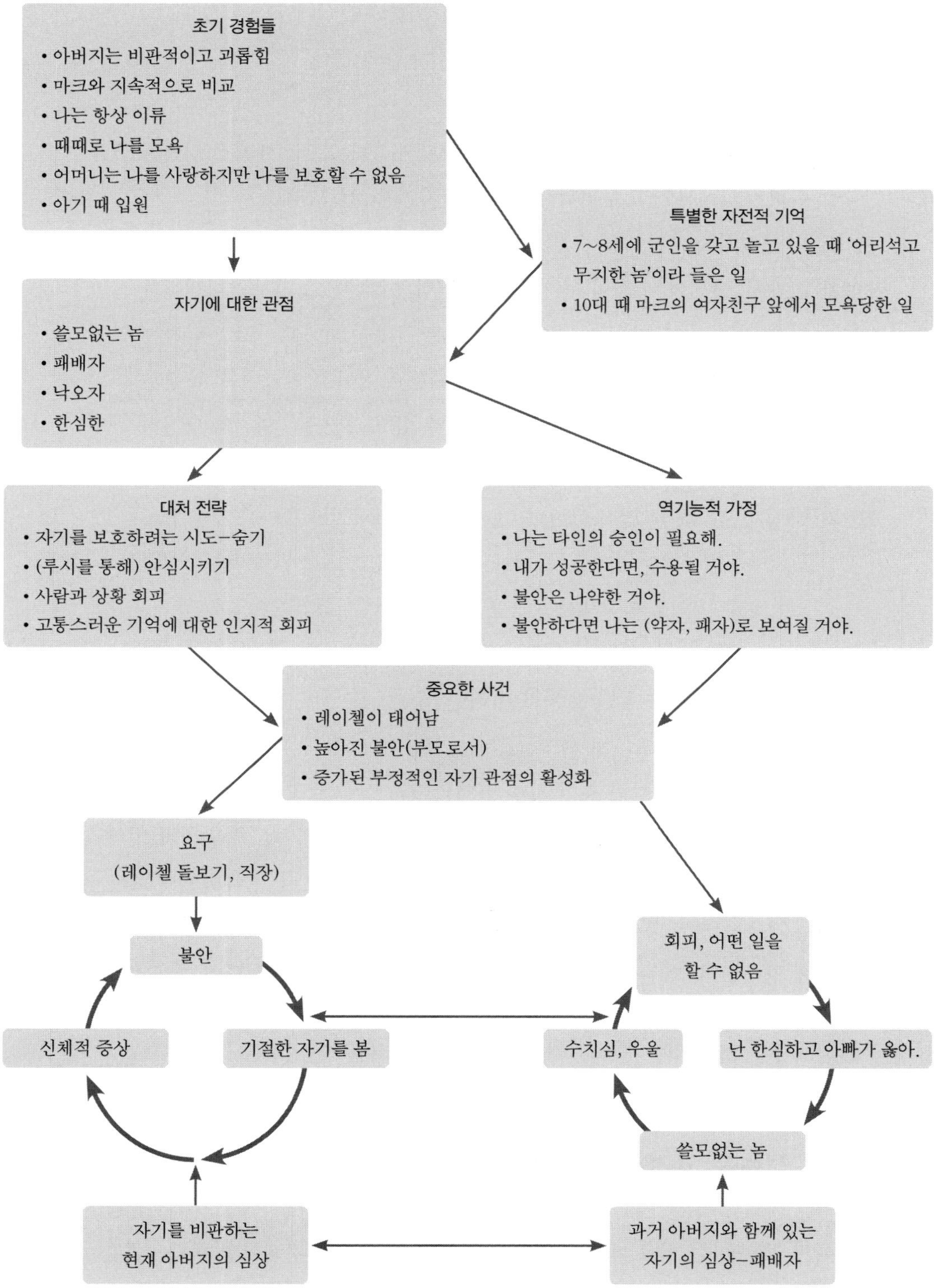

[그림 10-3] 로저에 대한 종단적 사례개념화

념을 탐색하고 재평가하기 위해 소크라테스식 질문을 활용하고, 신념에 체계적으로 도전하기 위해 사고 일지를 활용하는 인지적 재평가를 위한 표적이 된다. 나타나는 심상들이 부정적 신념의 증거로서 개념화될 수 있고, 로저와 치료사는 그것들이 어디에부터 시작되었는지 탐색하고, 현재에서 그것들의 타당성을 평가할 수 있고, 아이에게 그러한 심한 말을 한 아버지의 행동에 의문을 제기할 수 있다. '패배자'이고 '쓸모없는 놈'이라는 로저의 부정적 신념과 관련된 특정 기억들의 존재는 로저가 아버지의 극단적 판단에 대해 의문을 제기하고 스스로 내린 자신에 대한 결론을 재평가하도록 돕기 위해 심상 다시쓰기를 활용하는 기회가 된다(7장 참조). 또 로저의 아동기 기억들이 특히 취약한 자기인식을 포함하고 있는 방식들을 살펴볼 수 있는 기회, 그리고 자기에 대한 더 긍정적 심상에 접근하는 행동 실험을 수행할 수 있는 기회, '나약하고' '한심한' 자기와 관련된 심상을 더 성숙하고 자신감 있다고 느끼는 심상으로 대체할 수 있는 기회들이 있다(8장 참조).

앞의 제안은 로저의 부정적 자기 관점, 즉 자신이 나약하고 한심하며 패배자라는 그의 신념, 이 신념과 관련된 기억들과 자기 표상들 중 **내용**에 주로 초점을 맞추고 있다. 하지만 로저가 작업할 수 있는 또 다른 중요한 가능성 있는 표적은 그의 문제를 유지시키고 있을 수 있는 **처리과정들**이다. 반추는 불안과 우울 모두에 중요한 기여를 하는 것으로 잘 알려져 있는 처리과정 중 하나이다(Nolen-Hoeksema, Morrow, & Frederickson, 1993; Nolen-Hoeksema, Wisco, & Lyubomirsky, 2008). 지속적 자기 비판은 반추의 형태로 개념화될 수 있는데, 이는 아마도 로저의 기분을 저조하게 하고 앞에서 설명한 부정적 내용에 지속적으로 주의를 둠으로써 자존감을 감소시킨다. 로저의 신념의 내용을 다룰 뿐만 아니라 치료사는 또한 자기 비난의 장단점을 살펴보고 로저가 그 처리과정을 중단하는 방법을 찾도록 도울 수 있다. 심상 그 자체는 내용과 형식을 포함한다. 4장에서 우리는 시각적 심상의 시각적 특징들을 변화시키기 위한 줌이나 청각적 심상의 볼륨을 낮추기 위한 페이딩과 같은 것을 통해 그러한 심상의 형태를 조작하는 방법들을 탐색하였다. 로저는 아버지의 목소리를 낮추기 위해 심상 볼륨 컨트롤러를 활용해 볼 수 있다.

부정적 자기 관점 변형

치료사는 로저에게 긍정적 정보를 유지하도록 요구함으로써 치료의 다음 단계를 시작하기로 하였는데, 여기서 그는 성공적인 상호작용, 업적과 성공들(심지어 작은 것들)을 기록한다. 왜냐하면 '나약하고 한심하고' '쓸모없는 놈'이라는 그의 자기 관점이 이 신념들을 지속시키는 사건들에 주목하게 하고, 이 신념들과 반대되는 긍정적 경험을 배제하거나 축소시키는 정신적 필터를 생성하는 쪽으로 편견을 갖게 하는 것이 분명하기 때문이다. 긍정적 정보 보유하기를 일주일 동안 한 후에, 로저는 아주 많은 긍정적 사건을 기록할 수 있었다는 것에 대해 놀랐다. 하지만 정보를 보유하기를 통해 그가 지속적으로 그의 업적을 훼손시키는 생각을 얼마나 많이 하고 있는지 또한 더 잘 알게 되었다.

치료사: (긍정적 자료를 검토한다.) 당신이 몇 가지 기입한 것들에 물음표를 붙여 놨네요. 여기, 예를 들어 '존이 보고서에 대해 고맙다고 하고 잘했다고 말했다?' 이건 아주 긍정적인데. 물음표는 무슨 뜻인가요?

로 저: 음, 존이 그렇게 말했을 때 기뻤고 자신에 대해 좋게 느껴졌지만 그가 그것을 의미했는지 그냥 좋다고 말한 건지, 아니면 빈정댄 건지 의심되기 시작했어요.

치료사: 빈정댄 거라는 증거가 있나요? 그가 어떻게 말했나요?

로 저: 아니요. 내가 언제나처럼 그냥 편집증적인 것 같아요. 그는 복도에서 나를 스쳐 갈 때 "고마워요. 로저, 보고서 잘했어요."라고 말했어요. 그의 목소리 톤은…… 음, 그저 평범했어요. 그래서 내 생각엔, 아니에요. 그는 분명히 빈정대지 않았어요.

치료사: 그것을 좋게 말했다는 건 어때요? 그것에 대한 증거가 있나요?

로 저: 음, 존은 좋은 사람이에요, 그래서 그는 나를 격려하려고 말했을 거예요. 그는 내가 최근에 열심히 일하고 있다는 것을 알고 있기 때문이죠.

치료사: 좋아요, 그가 좋게 말했다고 해 봅시다. 그게 사실이 아니라는 뜻인가요? 예를 들어, 그가 정말로 엉망인 보고서라고 생각했다면? 그가 그래

도 '잘했어요.'라고 말했을까요?

로 저: (웃는다.) 아니요. 내 생각에 그가 보고서가 엉망이라고 생각했다면 아마도 아무 말도 하지 않거나 '보고서 고마워요.'라고 말하는 정도였을 거예요. 사실, 그는 보통 자신이 생각하기에 직원들이 잘했다고 본다면 사람들에게 말해요. 그래서 그가 말한 것은 그 뜻이라고 생각해요.

치료사: 이러한 것들에 대해 의문을 갖는 것은 어떤 효과가 있나요?

로 저: 음, 나 자신을 나쁘게 느끼게 만드는 것 같아요. 심지어 객관적으로 생각해도 잘한 일일 때조차도.

치료사: 지난주에 우리가 당신이 자기 비난적일 때 자주 당신 아버지의 목소리가 말하는 게 들리는데, 그게 매우 빈정대고 냉소적이라는 이야기를 나눴는데 기억하세요? 여기서도 들렸나요?

로 저: 네, 분명히요. 마치 그는 내가 즐기게 놔두지 않는 것 같아요. 난 제대로 할 수 있는 게 없어요. 나는 항상 패배자예요. 자신을 바보로 만들거나 시험에 떨어지거나 커피를 쏟거나. 그 밖에 무엇이든.

치료사: 그래서 일어나고 있는 많은 것이 있군요. 우선, 우리는 당신의 아버지의 비난이 당신 자신을 나약하고 한심하게 보게 하고, 이 신념들이 이것이 사실인 것 같은 증거는 통과하게 하고 그 관점에 반대되는 다른 증거는 아주 효과적으로 걸러 내는 정신적 여과기를 만든다는 것을 살펴보았어요. 지금, 당신이 반대되는 증거에 초점을 맞추기 시작하면, 당신의 아버지는 자기 비난적 사고의 형태로 그런 증거를 망가뜨리고 있어요.

로 저: 네, 그게 맞는 것 같아요.

그다음 로저와 치료사는 로저의 부정적 자기 관점과 그것에 반대되는 증거를 지지하는 증거에 관한 개인사적 검토를 하는 것에 초점을 맞추었다. 다음 회기에, 치료사는 몇 가지 자세한 사항을 바꾸어서 로저의 성공과 업적을 활용하여 가상적 인물 '벤'에 대해 간단히 기록하였다(예: 로저는 수학 학위를 받았고 28세에 결혼하였지만 벤은 화학 학위를 받았고 29세에 결혼하였다). 그녀는 로저에게 벤에 대한 기록을 읽도록 하였고 벤에 대해 어떻게 생각하고 어떻게 느끼는지 물었다. 로저는 벤이 꽤 성공한 사람이고 벤은 자신에 대해 '괜찮네, 아니, 멋져.'라고 느낄 것이라고 생각하였다. 치료사는 그때 로저의 문제와 다르지만 몇 가지는 겹치는 벤이 애쓰고 있는 것들에 대해 소개하였다. 그녀는 로저에게 이 정보가 벤에 대한 생각을 바꾸는지 물었다. 로저는 웃었고 그것 때문에 더 좋아할 거라고 말했다. "당신은 너무 완벽해지겠는데."라고 말했다. 그들은 로저가 습관적으로 자신에 대해 판단하는 방식과 벤에 대해 내린 결론을 비교하였다.

로저는 처음에 자신이 '쓸모없는 놈'이라는 진술에 대한 믿음을 95~100%로 평가하였다. 앞의 개입 이후 그의 신념은 50~60%로 떨어졌다. 그는 이것에 대해 머리로는 사실이 아닌 것으로 보는 것과 '가슴으로는 사실'이라고 느끼는 것 사이의 차이를 반영한다고 말하였다. 치료사는 그에게 '쓸모없는 놈'이라는 것 대신에 자신이 믿고 싶은 것이 무엇인지 물었다. 이는 그가 지금까지 해 온 작업과 아버지의 태도가 그의 자기 인식에 미친 영향을 이해한 지식을 반영하는 것이었다. 로저는 새로운 생각을 갖는 데 시간이 걸렸지만 마침내 그는 '어느 누구도 쓸모없는 사람은 없다. 나를 포함해서 모두가 가치가 있다.'는 것이 그에게 가장 의미 있다고 결론을 내렸다. 그는 여기서 그 신념을 30%로 평가하였다. 그는 앞부분(어느 누구도 쓸모없는 사람은 없다.)은 100% 믿었지만, 그것을 자신에게 적용하여 믿는 것이 어렵다는 것과 새로운 신념에 대한 전반적인 평가가 매우 낮은 이유를 알게 되었다.

심상 다시쓰기 활용

이 관점에서 치료사는 심상 다시쓰기가 로저에게 도움이 될 거라고 생각하였다. 그녀는 몇 가지 이유로 바로 그것을 사용하지는 않기로 했다. 우선, 그녀는 로저가 그의 아버지에 의해 압도당하는 느낌을 받고 심지어 성인 자기로서 개입할 수 없을까 봐 염려되었다. 둘째, 그의 부정적 자기 관점이 너무 확고하게 굳어져 있어서 최근의 성공과 업적을 알아차리는 데 초점을 맞추는 것과 함께 증거를 탐색하고 증거를 합리적으로 평가하는 인지적 접근이 신념을 둔화시키고 심상 다시쓰기의 성공을 최적화하기 위한 방식이 될 수 있다.

심상 다시쓰기 소개

치료사: 당신이 자신에 대해 어떻게 느끼는지를 결정하는 데 중요하기 때문에, 당신의 마음속에 두드러진 특정 사건들에 관한 기억에 대해 몇 가지 작업을 함으로써, 아버지의 행동이 당신의 자기 관점에 미치는 영향에 대해 우리가 해 왔던 작업을 계속 하고자 해요.

로 저: 무엇이 관련되나요?

치료사: 음, 당신이 '쓸모없는 놈'과 '나약하고 한심하다.'라고 발달시킨 신념에 관해 중요하게 보이는 아버지와 관련된 특정한 기억들에 초점을 맞추는 것부터 시작할 거예요. 아버지가 당신을 무시하거나, 형과 당신을 비교하여 당신이 불쾌하게 느꼈을 때가 많았다는 것을 아는데, 정말 두드러지게 어떤 구체적인 상황들을 떠올릴 수 있을까요? 그것은 아마 그 상황들이 그 당시에 특히 고통스러웠기 때문일 수도 있고 기억하기에 특히 고통스러웠기 때문일 수도 있어요. 또는 당신의 마음속에 자주 갑자기 떠오르는 기억이나 기억의 일부일 수 있고 떨쳐 버리기 힘들어서 당신은 개가 뼈를 씹는 것처럼 그것을 반복하고 있는 자신을 발견할 수 있어요. 그것에 대해 잠시 생각해 보세요. 그다음 내가 우리가 할 것에 대해 설명할게요.

로 저: (잠시 생각에 잠긴다.) 나를 판단하고 비난하는 아버지가 마치 배경 소음처럼 항상 돌아가고 있어요. 내가 어떻게 그것을 내면화했는지 알기 시작했어요. 지금은 아버지가 비난할 필요가 없어요. 나 스스로가 그것을 잘하거든요. 하지만 그것에 대해 생각할 때 불쑥 떠오르는 몇 가지 기억들이 있어요. 그것들은 (잠시 멈추는데 불쾌해 보인다.) 정말 고통스럽고 기억하기 힘들어요……. 그것에 대해 생각하고 싶지 않기 때문이에요.

치료사: 로저, 당신이 그것에 대한 생각에 빠져 있을 때 무슨 일이 일어나나요?

로 저: 아주 작고 수치스럽게 느껴져요. 나에 대해 그가 말한 모든 것이 결국 옳은 것 같아요.

치료사: 아주 힘들겠어요. 그것에 대해 생각하고 싶지 않은 게 놀라운 일은 아

니네요. 우리는 당신이 왜 이런 식으로 당신을 보기 시작했는지, 그다음 반대 증거를 찾아보고 정신적 여과기가 어떻게 작용하는지를 학습함으로써, 몇 가지 당신의 신념에 도전하는 작업을 해 왔어요. 평소 당신은 당신이 성취한 것에 대해 어떠한 신뢰도 하지 않아요. 왜냐하면 부정적인 증거에 대항할 기회를 갖지 못했기 때문이에요.

로 저: 음, 네.

치료사: 심상 훈련은 당신이 자신에 대해 믿는 것을 재평가하기 위한 다음 단계가 될 거예요. 우리는 정말 고통스러운 기억들 중 하나를 다룰 거예요. 하지만 말로 그것을 설명하는 대신에 무슨 일이 일어났는지 당신이 상상해 보면 좋겠어요. 그다음 우리는 당신의 성인 자기를 데리고 들어가서 일어난 일을 바꾸거나 아동 자기를 지지하거나 편안하도록 당신이 할 수 있는 것을 해 볼 거예요. 그냥 실험으로 시작할 수 있고, 당신 생각에 그것이 도움이 되는지 볼 수 있어요.

로 저: 약간은 이상하게 들리네요. 내 말은, 어떤 것도 과거를 바꾸지 못해요. 그렇지 않나요?

치료사: 네, 맞아요. 어떤 것도 과거를 바꾸지는 못해요. 하지만 우리가 초점을 맞추는 것은 실제로 일어난 일을 바꾸는 것이 아니라 당신이 가진 과거의 의미를 바꾸는 것이에요.

로저는 다소 의심스러워했지만 기꺼이 시도하였다. 치료사가 심상 다시쓰기에서 무엇을 하게 되는지 설명하는 데 시간이 오래 걸릴 수 있고 몇 가지 증거를 언급할 수 있다. 일부 내담자에게 이것은 중요한 준비 단계가 된다. 로저의 사례에서, 치료사는 그가 종종 작업을 회피하는 방식으로 토론을 사용하였다는 것을 안다. 비록 이 준비가 때때로 유용할 수 있지만 다른 경우에 그것은 해결책에 도달하거나 중요한 변화를 낳지 못하고 검토만 하게 된다. 그들은 개인사적 검토에 대한 많은 작업을 이미 하였고 현재와 과거에서 반대되는 증거를 살펴보았다는 것을 감안하여, 치료사는 그가 '쓸모없는 놈'이라는 정서적 신념을 바꾸도록 도울 수 있는지 보기 위해 로저의 초기 기억들 중 하나에 대해 심상 다시쓰기를 시도하는 것이 최선이라는 판단을 하였다. 그때까지 그들은 단단하고 신뢰할 수 있는 치료적 관계를 형성하였고 치료사는 이것으로 로저가 '위험을 감수하고' 심상 다시쓰기를 시도할 수 있다고 생각하였다. 그들은 이미 공황 사이클 중 공포가 상승될 때 심상의 중요성을 확인하였고 마치 로저가 뇌전증 발작에 걸린 것처럼 자신이 경련하는 것을 보게 되는 기절에 관한 심상에 대해 몇 가지 노출 작업을 하였다. 그러므로 치료사는 이미 로저가 심상 작업을 할 수 있다는 것을 안다.

다시 쓸 기억 선택

로저와 치료사는 어떤 기억에 초점을 맞출지 논의하는 데 잠시 시간을 보냈다. 치료사는 로저가 초기 회기에 묘사했던 것으로, 그가 장난감을 빨리 치우지 않아서 아버지가 화를 냈을 때 군인 장난감을 가지고 놀고 있던 기억에서 시작하길 원하는지 로저에게 물었다. 치료사는 기억들 중 어떤 것으로도 시작할 수 있고 심상 다시쓰기가 효과가 있다면 그들은 다른 기억들도 마찬가지로 작업할 수 있다고 설명하였다. 로저는 결심하였는데, 이 기억도 매우 고통스럽지만 그가 지속적으로 그의 마음을 차단하려고 하는 또 다른 한 가지가 있는데 그게 너무나 굴욕적이라는 것을 인식하고 있었다. 이 일은 그가 열다섯 살 때쯤 일어났다. 그의 형인 마크는 1년 전에 군에 입대하여 분가하였다. 마크가 여자친구 마리를 집에 데려와서 며칠 같이 지냈다. 마리는 마크가 머무는 지역 근처 대학에 다니고 있었고 몇 달 전에 바에서 그를 만났다.

로저는 그 사건이 심하게 고통스러운 이유가 아버지와 형과 관련될 뿐만 아니라 가족 이외의 누군가에 의해 목격되었다는 것 때문이라고 생각하였다. 로저는 마리를 많이 좋아하였고 '그녀에게 반했다'고 표현했다. 그래서 그것은 그에게 두 배로 굴욕적이었다. 그때 그들은 함께 식사 중이었는데 그의 아버지가 마크를 칭찬했고 마크가 얼마나 성공했으며 군대에서 훌륭한 경력을 쌓았는지 마리에게 말하였다. 로저는 그게 당황스러웠고 그는 마리도 불편하다는 것을 확신했다. 왜냐하면 마리의 얼굴이 약간 붉어졌고 그의 아버지에게 무슨 말을 해야 할지 모르겠다는 것처럼 보였기 때문이다. 로저는 마리에게 미소를 지었고 아버지의 이야기에 참견하여 주제를 바꾸려고 노력했고 대학에서 수업이 즐거운지 물었다. 그의 아버지는 참견한 것에 화가 났고, 로저가 실제로 마크보다 학교에서 성적이 훨씬 더 좋았음에도 불구하고 로저에게 그의 형의 반만큼도 따라가지 못한 것이 안타깝다고 말했다. 아버지는 점점 더 화가 났고, 로저가 마리에게 추파를 던지는 것을 자신이 보았지만 못 본 척했다며, 만약 여자들이 마크와 함께라면 그 누구도 로저에게 관심을 쏟지 않을 거라고 말했다. 로저는 아버지의 말에 너무나 당황스럽고 굴욕적이어서 일어나 방을 나가려는데 아버지가 그에게 식탁으로 돌아와서 식사를 계속하라고 소리를 질렀다. 로저는 음식이 목에 걸린 느낌이었지만 그가 먹기를 '거부한다면' 더 나빠질 거라는 것을 알기에 한 입씩 억지로 삼켰다. 마리는 예정보다 더 일찍 다음 날 아침 떠났고, 얼마 지나지 않아 그녀와 마크는 헤어졌다.

3단계 프로토콜을 활용한 기억 다시쓰기

치료사: 로저, 이 기억에 대해 나에게 이야기하고 난 지금 기분이 어때요?

로 저: 작고 수치스러운 기분이요.

치료사: 지금 마음속에 떠오르는 심상이 있나요?

로 저: 네. 아버지의 얼굴이 떠오르고 내가 보여요. 나는 겁먹은 것 같고 머리를 숙이고 있어요. 얼굴이 타는 듯해서요. 지구가 그냥 나를 삼켜 버리면 좋겠어요.

치료사: 그 일을 떠올렸을 때 지금 당신이 '쓸모없는 놈'이라는 것을 얼마나 믿어요?

로 저: 100%요. 진짜 사실인 것처럼 느껴져요.

치료사: 우리가 의논한 다시쓰기를 시도해 보겠어요?

로 저: 네, 시도해 볼게요. 더 나빠질 게 없어요.

치료사: 좋아요, 로저. 정말 힘든 기억이에요. 당신에게 얼마나 고통스러운 기억인지 알 것 같아요. 지금 겪고 있는 것처럼 그것을 경험해 보는 걸로 시작할 수 있을까요? 그래서 기억의 시작을 연상시키는 무엇이든 그 저녁 시간으로 나를 데려가세요. 그리고 현재 시제로 일어나는 일을 묘사하세요. 눈을 감으시겠어요? 필수는 아니에요. 하지만 사람들은 때때로 눈을 감는다면 심상에 더 집중할 수 있다는 것을 알더라구요.

로 저: 네, 좋아요. 지금 시작해요?

치료사: 네, 시작하세요.

로 저: 저녁 식사 테이블에 앉아 있어요. 아버지가 진짜 재수 없게 굴고 있어요. 그는 마크에 대한 이야기를 계속 하고 또 해요. 그가 운동경기 상을 받았고 축구팀에 있었고 해마다 수영 메달을 땄고 그가 가입했을 때 기초 훈련에서 얼마나 멋지게 해냈는지. 경제학 과목에서 1등이었다고.

치료사: 그가 이렇게 말하는 것을 듣고 있었나요?

로 저: 네.

치료사: 계속 그가 무슨 말을 하는지 그다음 무슨 일이 일어났는지 말해 주세요.

로 저: 아버지는 계속 해요. "마크는 항상 재능 있는 축구 선수였어." 그리고 내가 도저히 못 참겠다고 생각했을 때 마리를 봐요. 그녀는 정말 불편해 보여요. 내 생각에 아버지가 막 입을 다물었고 그래서 나는 침묵이 흐를 때까지 기다려요. 아버지는 마리에게 부대에서 마크가 운동하는 것을 보러 갈 건지에 대해 물었고, 내가 "수업은 재밌어요?"라고 마리에게 물었어요. 그녀가 대답하려고 입을 여는데 아버지가 고함을 쳐요. "로저, 말하는데 방해하지 말라고 했지? 그건 무례의 극치야. 사과해." 그리고 나는 더는 못 참겠고, 그는 너무 독선적이고, 심지어 마지막 10분 동안 그가 모두를 지루하게 만들고 있어도 그는 항상, 항상 옳아요. 나는 일어나 문 쪽으로 향해요. 하지만 그는 아주 차가운 목소리로 말해요. "너는 돌아와 앉는 게 좋아. 로저, 나는 테이블을 떠나는 것을 허락하지 않았어." 나는 나가고 싶지만 그럴 수 없어요. 그가 무섭고 만약 그가 말한 대로 하지 않으면 후에 대가를 치러야 한다는 것을 알아요. 그래서 나는 되돌아와 앉고 마리는 나를 볼 수 없어요. 그녀의 얼굴은 정말 붉어졌고 내가 느끼는 것처럼 그렇게 보여요. (멈추고 고개를 숙인다.)

치료사: (아주 부드럽게) 로저, 정말 잘했어요. 그다음 어떻게 되나요?

로 저: 그는 나를 봐요. 적어도 그가 나를 노려보는 것처럼 느껴져요. 테이블에서 모든 이들이 나를 보는 것을 피해요. 그리고 그는 아주 차가운 목소리로 말해요. "마리가 온 이후 네가 마리에게 계속 추파를 던지고 있다는 것을 알고 있어. 그녀의 애정을 사려는 너의 한심한 시도는 효과가 없을걸. 도대체 너는 마크가 있는데 그녀가 너한테 관심을 가질 거라고 생각해? 로저, 너는 마크에게 결코 상대가 안 돼, 알겠어? 약간의 명성이라도

얻고 싶어서 그의 그림자를 항상 따라 다니겠지. 한심한 녀석. 그의 여자친구에게 좋은 인상을 주려고 노력하다니. 그렇게 해도 아무 소용이 없어." 심하게 조용하고 아무도 말을 하지 않아요. 끔찍해요. 그러나 나는 '다행이다. 이게 끝이야.'라고 생각하지만 아니에요. 아버지는 놔두지 않고 계속 해요. "엄마는 너를 위해 요리를 했어. 식사 도중에 일어나려고 하다니, 배은망덕한 놈……." 그때 어머니가 참견해요. "내버려둬요. 충분해요." 그게 상황을 더 악화시킬 수도 있어요. 질식할 것처럼 느껴져요. 삼킬 수가 없고 울고 싶어요. 하지만 그러면 더 나빠지겠죠. 모두가 조용히 먹고 있어요. 곧 깨져 버릴 유리같이 느껴져요.

치료사: 로저, 이게 그 기억의 끝인가요?

로 저: 네, 그때 우리 모두 식사를 마치고 뿔뿔이 흩어져요. 하지만 그것에 대해 생각할 때, 그 저녁 테이블에 앉아서 영원히 얼어붙은 것 같이 느껴져요.

치료사: 로저, 정말 잘했어요. 이제 당신이 처음으로 되돌아가길 바라요. 다시 그것을 겪을 거예요. 하지만 이번에는 성인 자기를 데리고 그 기억 속으로 갈 거예요. 그의 관점에서 그것을 경험할 거예요. 당신이 개입하고 싶은 것을 할 수 있어요.

로 저: 음, 해 볼게요. 가장 좋은 게 어떻게 하는 건지 확신이 서지 않지만…….

치료사: 좋아요. 무슨 일이 일어나는지 시도해 보겠어요? 성인 자기가 일어나는 일을 지켜보는 데서 시작해요.

로 저: 좋아요. 그러니까 지금의 나로 들어가서 열다섯 살인 나를 보는 거죠?

치료사: 네, 도움이 된다면 어떤 식으로든 어린 자기를 구별할 수 있어요. 그냥 그를 '어린 로저'로 묘사하거나 그 나이와 맞는 별칭이 있다면 그렇게 불러도 좋아요.

로 저: 항상 친구들이 '로그'라고 불렀어요. 그래서 나를 '로저'라 하고 그를 '로그'라고 할게요.

치료사: 좋아요. 준비되었나요?

로 저: 로저가 방으로 들어가서 로그와 나머지 가족들이 식탁에 앉아 있는 걸 봐요. 로그는 정말 아버지가 항상 하는 '마크는 훌륭해, 마크는 놀라워'라는 행동 때문에 정말 지쳤어요. 단지 마리가 있어서 다를 뿐인데 그녀

는 정말 친절해요. 아버지의 설교하는 듯한 말들을 들으며 당황해해요. 그리고 나도 아버지 때문에 그녀가 당황해하는 걸 볼 수 있어요. 아버지가 곧 입을 다물지 않는다면 로그는 터질 것처럼 보여요. 또 그는 식탁 밑으로 사라지길 원하는 것처럼 보여요. 그때 나는 그가 아버지에게 참견하려고 입을 여는 게 보여요. 나는 생각해요. '아니야, 그건 좋은 생각이 아니야. 아버지는 폭발할 거야.' 그리고 분명하게도, 로그가 마리에게 어떤지 묻고 아버지는 완전 폭발해요.

치료사: 지금 당신은 무엇을 하고 싶나요?

로 저: 아버지를 멈추게 하고 싶어요. 어떻게 될지 아니까요. 그는 로그가 마리에게 추파를 던지는 것에 대해 말하고 로그는 너무 굴욕적이게 되죠.

치료사: 어서요. 말하세요.

로 저: "충분해요. 그만하세요. 입을 다물고 그를 내버려 둬요."

치료사: 어떻게 되나요?

로 저: 모두가 로그를 봐요. 내 생각에 그들은 충격에 빠진 것 같아요. 아버지는 화가 나 보여요. 하지만 그는 관심을 로그에게서 딴 데로 돌려요. 그는 성인인 나를 봐요. 나를 공격하려고 해요. 하지만 내 삶에서 한 번은 내가 생각하는 걸 말하고자 해요. "아버지, 그를 내버려 둬요. 당신은 아무것도 아니에요. 그냥 깡패예요. 당신이 로그에게 하는 방식은 한심해요. 왜 마크가 그렇게 완벽하다고 생각해요? 로그는 실제로 마크보다 더 좋은 성적을 받았어요. 하지만 당신은 그것에 대해 어떤 칭찬도 하지 않았어요, 그렇잖아요? 그리고 마리도 당황하지 않을까요? 당신이 하는 행동은 정상이 아니에요. 도대체 뭐가 문제예요?"

치료사: 지금은 어떻게 되었나요?

로 저: 어머니가 음식을 가지고 분주하게 돌아다녀요. 아버지의 폭발로부터 주의를 돌리기 위해 모두에게 먹으라고 해요. 로그는 아버지를 보고 마리를 봐요. 그는 무슨 일이 일어나는지 이해가 안 돼서 약간 혼란스러워하는 것처럼 보여요. 그리고 아버지는 마크를 향해 눈을 돌리고 질문을 해요. 하지만 마크는 정말 아버지랑 얘기하고 싶어 하지 않는 게 분명해요.

치료사: 또 어떤 것을 하고 싶어요?

로 저: 아니요. 그게 다라고 생각해요. 내가 겨우 이번 한 번 그를 입 다물게 했어요.

치료사: 로저, 잘했어요. 우리는 이제 다시 한번 그것을 겪을 거예요. 이번에는 당신이 로그의 관점에서 다시 겪게 될 거예요. 다만, 성인 자기인 로저가 옆에 있을 거고 당신은 원하는 것을 도와달라고 요구할 수 있어요.

로 저: 성인 로저와 다시 같은 일을 해요?

치료사: 당신에게 달려 있어요. 그게 여전히 좋게 느껴지면 같은 식으로 해도 좋아요. 하지만 당신이 바꾸거나 추가하고 싶은 게 있다면 그것도 좋아요. 준비될 때요.

로 그: 좋아요. 우리는 모두 저녁 식탁에 앉아 있어요. 멋진 마크와 그의 훌륭한 성취에 대해 설교하는 듯 말하고 있는 아버지가 있고, 성인인 나도 있어요. 그는 아버지를 보고 있어요. 완전히 나 혼자인 게 아니어서 더 좋아요. 그는 마리도 보고 있어요. 내 생각에 그는 아버지가 좀 심하다는 것을 그녀가 알고 있고 좀 당황해한다는 것을 느낄 수 있는 것 같아요. 아버지가 그녀에게 같이 갈 건지 물을 거고 그때 그녀는 아버지의 질문에 약간 입이 안 떨어지는 것 같아요. 그녀에게 미안한 느낌이 들어요. 그녀는 마크에게 전에 없었던 정말 좋은 여자친구예요. 그녀는 인간으로 나를 대했어요. 그래서 나는 아버지를 참견해서 대화를 바꾸려고 시도하기로 마음먹었어요. 그게 실수라는 것을 알아요. 하지만 어쨌든 계속했고 아버지가 멈추었을 때 끼어들어 마리에게 물었어요. "학교에서 수업은 어때요?" 나는 아버지를 보지 않았지만 그는 늘 하던 방식대로 화가 복받치고 얼굴이 붉어지는 것을 상상할 수 있어요. 그런 다음, 그가 소리를 지르기 시작할 때 로저가 말하기 시작해요. "입 다무세요. 당신은 깡패예요. 왜 계속 로그와 마크를 비교하나요? 마크가 스포츠에서 더 잘하고 인기도 있어요. 하지만 실제로 로그는 학교 성적이 마크보다 더 좋아요. 당신은 한 번도 그를 칭찬하지 않았어요."

치료사: 로그는 기분이 어때요?

로 그: 안심이 되지만 정말 놀랐어요.

치료사: 로저가 지금은 무엇을 했으면 좋겠어요?

로　그: 거기서 나가면 좋겠어요.

치료사: 음, 원한다면 그가 당신을 데려갈 수 있어요.

로　그: "나갈까?" 그때 로저가 나에게 와서 내 어깨에 손을 얹고 말해요. "그래, 물론이지, 어서 나가자."

치료사: 그다음 어떻게 되나요?

로　그: 로저는 내 어깨에 손을 얹고 나란히 걸어요. 우리는 내 방으로 들어가요.

치료사: 아버지는 무엇을 하고 있는지 아나요?

로　그: 그는 거기서 우리를 노려보고 있어요. 그는 우리가 나가는 것을 믿을 수 없어 하지만 아무 말도 하지 않아요. 마치 얼어붙은 것처럼요. 행동하길 원하는 것 같지만 그는 할 수 없고, 우리는 그냥 걸어 나가고 있어요.

치료사: 그게 어떻게 느껴져요?

로　그: 좋아요. 큰 안도감이 느껴져요.

치료사: 로저가 했으면 하거나 그에게 요구하고 싶은 게 있나요?

로　그: "아버지는 왜 저럴까? 왜 나를 싫어하지?"

치료사: 로저가 뭐라고 하나요?

로　그: 로저가 말하길, "아버지는 깡패야. 내 생각에, 그는 정상이 아니야. 내가 커서 독립할 때까지 이걸 알지 못했어. 나는 모든 가족이 우리와 같다고 생각했는데, 루시를 만나고 그녀의 가족들과 많은 시간을 보내면서—우리는 아파트로 이사하기 위해 저축하느라 6개월이나 같이 살았어—나는 아버지에게 뭔가 문제가 있다는 것을 깨닫게 되었어. 루시의 아버지는 한 번도 그렇게 행동하지 않았어." 그래서 그때 나는 내가 뭘 잘못했는지, 왜 아버지는 마크는 그렇게 훌륭하고 나는 아무것도 아니라고 생각하는지 물어요. 로저가 말하길, "대답하기 어렵네. 하지만 폭력배들은 항상 분열과 규칙에 의해 일하지. 그래서 내 생각에, 아버지는 첫째 아들은 완벽하고 그 뒤 누구라도 이류라고 결정한 것 같아. 너는 아기 때 아주 병약했고 어머니는 너와 병원에서 많은 시간을 보냈어. 내 생각에, 아버지는 너와 엄마의 관계를 질투한 것 같아. 거기다 너는 스포츠를 잘하지 못했고 마크만큼 하지 못했지. 아버지는 그런 운동 역량을 높이 평가했지. 하지만 그는 너를 그렇게 대해서는 안 됐어. 너는 실제로 마크보다 똑똑했고 학교 공부도 잘했고 대학에 갔지. 하지만 마크는 성적이 좋지 않았고 그래서 입대한 거야. 하지만 내 생각에 그때까지 아버지는 너에게 잘못하고 있다는 것을 인정할 수 없었던 것 같아."

치료사: 로저는 지금 어디 있어요?

로 저: 우리는 집에서 나와서 거리를 걷고 있어요. 우리가 이야기할 때 우리 주변에 들과 나무들이 보여요.

치료사: 로그는 지금 어때요?

로 저: 그는 편안하고 좀 더 평화로운 것 같아요.

치료사: 그 밖에 로그는 로저가 했으면 하는 게 있을까요?

로 저: 없어요. 내 생각에 함께 조금 걸을 수 있으면 좋겠어요.

치료사: 좋아요, 함께 잠시 걷지요. 그리고 당신이 말한 안전함과 평화로움의 느낌을 알아차려 보세요. (몇 분간 멈춘다.) 그리고 당신이 준비가 되면 눈을 뜨세요.

다시쓰기에 대한 토론

로저가 눈을 떴고 치료사는 다시쓰기에서 했던 것과 그 후에 어떻게 느꼈는지 생각해 보도록 요청했다. 로저의 첫 반응은 놀라움이었다. 그는 아버지에게 대드는 것이 정말 어려웠다고 말했다. 동시에 그가 그렇게 해낸 것은 중요하게 느껴졌다고 말했다. 그는 또 다시쓰기의 마지막에 그가 다르게 느꼈다는 것에 놀랐다. 그는 안전감이 느껴졌다고 말했고 "우리가 이렇게 하기 전까지 아버지가 주변에 있을 때 집에 있다는 게 얼마나 불안했는지 깨닫지 못했어요. 내 말은, 그가 나를 힘들게 했다는 것은 알았지만 집안의 모든 이에게 얼마나 영향을 미쳤는지에 대해 정말 생각해 보지 않았어요."라고 말했다. 그 후 치료사는 그에 대한 오래된 부정적 신념을 재평가하고 새로운 신념을 얼마나 믿는지 물어보았다.

치료사: 다시쓰기를 하고 난 후 안전감과 더 평화로움과 함께 꽤 다르게 느껴졌다고 말했는데요. 그 사건을 기억할 때 당신은 보통 때 느끼는 수치심과 굴욕감을 느끼지 않았어요. 당신이 자신에 대해 어떻게 느꼈는지 궁금

해요. 지금 '쓸모없는 놈'이라는 당신 자신에 대한 믿음을 어떻게 평가할 수 있나요?

로 저: 지금, 아마도 10~20%요. 20%가 최대예요. 지금은, 그것을 전혀 믿지 않아요. 하지만 슬금슬금 물러날 거라는 걸 알아요. 그래서 내 평가는 일종의 보험 정책 같아요.

치료사: 무슨 뜻인가요?

로 저: 음, 낮게 유지될 거라고 믿을 수가 없어요. 그래서 다시 나 자신에 대해 나쁘게 느낄 때 너무 실망하기보다는, 그것이 여전히 약간은 거기 있는 것으로 기록해 두고 싶어요.

치료사: 이해가 되네요. 하지만 나중에 좀 더 자세히 그것에 대해 논의할 수 있을 거예요. 새로운 신념인 '어느 누구도 쓸모없는 사람은 없다. 나를 포함하여 모든 사람은 가치가 있다.'는 어때요?

로 저: 지금은 확실히 훨씬 더 믿을 수 있어요. 지금은 내가 50~60% 이상 믿는다고 말할 수 있어요.

치료사: 거기에도 내기를 걸었네요?

로 저: (같이 웃는다.) 네, 그런 것 같아요.

치료사: 당신의 그런 신념 변화가 어떻게 생각되나요?

로 저: 놀라워요. 그것들이 그렇게 많이 바뀐 이유를 잘 이해하고 있는지는 모르겠어요. 하지만 그렇게 앉아 있는 나 자신을 보고 깡패처럼 행동하는 아버지를 본 것이 그가 정말 망할 자식이라는 것을 깨닫게 했어요. 이런 표현을 써서 미안합니다. 하지만 결론은 어느 누구도 그렇게 아이를 대해서는 안 된다는 거예요. 루시의 아버지가 그의 아이들이나 손자들과 함께하는 걸 보면서 많이 알게 되었어요. 차이가 엄청나요.

치료사: 당신이 알게 된 것을 어떻게 정리할 수 있나요?

로 저: 사랑, 친절과 존중이 사람들을 대하는 방식이에요. 그리고 내가 원하는 것도 그런 아버지구요.

치료사: 그 기억에서 당신을 대한 아버지의 방식을 어떻게 요약할 수 있나요?

로 저: 음, 정반대이죠. 그렇죠? 친절한 적이 없었고 사랑이나 존중도 없었어요. 그는 그저 모든 사람을 괴롭히는 데만 관심이 있고 그가 원하는 방식

으로 그들을 대했어요.

치료사: 그러니까 당신 생각에 루시의 아버지는 당신이 중요하게 생각하는 자질을 보여 주며 당신이 되고 싶은 그런 아버지라는 것이고, 반면에 당신의 아버지는 그의 주변 사람들을 통제하는 깡패라는 거죠.

로 저: 네, 딱 그거예요.

치료사: 그렇게 생각할 때 당신에 대해 그가 한 판단을 얼마나 믿어야 한다고 생각하나요?

로 저: 음, 그렇게 말하니까 당신 말이 맞는 것 같아요. 나는 내가 왜 그것들을 받아들이고 있는지 전혀 몰랐어요. (멈춘다.) 하지만 그렇게 살아왔어요. 그러니까 그것들을 놓아 주거나 다른 것을 믿는 게 어려워요.

치료사: 옳아요. 아버지가 당신을 판단하는 대로 삶을 살고 있었고, 그것은 당신이 아주 어릴 때 시작되어서 그가 하는 말에 의문을 품을 수 없었죠. 전체 과정에서 심상 작업이 어떤 영향을 끼쳤다고 생각해요?

로 저: (멈추고 질문에 대해 생각한다.) 흥미로워요. 그 위치에 있는 나를 보는 것과 그 기억이 내가 단지 어린 소년이고 믿을 수 없을 정도로 불공평하다는 것을 깨닫게 하는 것을 회피하려고 애쓰기보다 제대로 직면한다고 생각해요. 또 궁금해요. 이전엔 이런 생각을 해 본 적이 없지만 나는 항상 마크가 정말 쉽게 아버지의 귀여운 아들이 되고 그 모든 것을 받는다고 생각했어요. 이제는 그가 왜 호주로 갔는지 궁금하네요. 아마 그도 아버지로부터 벗어나고 싶었던 것 같아요.

치료사: 그것이 당신이 알게 된 건가요?

로 저: 네, 아주 흥미롭네요.

치료사: 당신은 지금 당신이 쓸모없는 사람이라는 것을 약 10~20% 믿고 당신을 포함하여 어느 누구도 쓸모없는 사람은 없다는 새로운 신념은 50~60% 믿어요. 그것들 중 적용하는 데 가장 중요한 것은 무엇인가요? 부정적 신념을 더 낮게 가져가는 것에 초점을 맞출까요, 아니면 긍정적 신념을 구축하는 것에 초점을 맞출까요?

로 저: 내 생각에 강자가 될수록 다른 것은 더 약해질 것이기 때문에 긍정적인 것이요. 나는 항상 약간은 자기 의심을 해 왔다고 생각해요.

치료사: 좋은 계획이라 생각해요. 많은 사람이 약간의 자기 의심을 하겠지만 당신이 '쓸모없는 놈'이라고 믿는 것과 같은 것일지는 의심스럽네요.

로 저: (웃는다.) 네, 당신이 옳아요. 약간 자신감이 없거나 자신에 대해 확신할 수 없는 정도일 수는 있지만 '쓸모없는 놈'은 너무 심한 것 같아요.

치료사: 새로운 신념이 여전히 옳다고 느끼는지, 아니면 다시쓰기에서 당신이 배운 것을 설명하기 위해 어떤 식으로든 그것을 다시 말하길 원하는지 확인했으면 해요.

로 저: 네, 좀 부정적일지도 몰라요. 왜냐하면 나는 그저 아버지가 사용했던 단어들을 사용하고 있었어요. 하지만 근본적으로 달라졌어요.

치료사: 그렇게 표현하는 게 어때요? 그래서 새로운 신념이 우리가 살펴본 모든 것을 포함하나요? 즉, 긍정적 성취들, 아버지의 판단과 반대되는 개인사적 증거, 좋은 아버지가 되는 것이 무엇을 의미하는지와 아버지가 얼마나 부족했는지에 대한 당신의 이해 그리고 다시쓰기에서 아버지에게 대들고 어린 자기를 방어했던 당신의 능력이요.

로 저: 그런 것 같아요. (잠시 멈춘다.) "힘든 시간이었어요. 아버지가 말했던 많은 것을 믿고 있었어요. 하지만 이제는 그것들을 믿지 않아요. 근본적으로 나는 매력적인 사람이에요."

치료사: 그렇게 말하니 기분이 어때요?

로 저: 이상해요. 하지만 편안하기도 해요.

치료사: 지금은 그것을 얼마나 믿는다고 말하겠어요?

로 저: 50%요. 시작점으로 좋은 것 같아요.

치료의 마지막 단계: 새로운 신념 형성

다음 단계는 치료의 마지막 단계를 위한 목표를 효과적으로 설정하는 것으로, 새로운 신념을 형성하는 것이다. 로저는 레이첼을 데리고 혼자 시간을 보내기와 이렇게 할 수 있고 좋은 아빠가 될 수 있다는 자신감을 느끼는 것이 주요 목표라고 밝힌다. 로저와 치료사는 치료의 마지막 단계를 위해 새로운 프로그램을 계획하고 오래된 신념을 활성화할 촉발 자극과 같은 있을 수 있는 방해물을 확인한다. 한편, 로저는 훨씬 더 기대에 차 있고, 이후 2주 동안 큰 진전을 보이고, 레이첼과 혼자 시간을 보내고 그녀를 데리고 외출하기도 했다고 보고한다. 치료사는 부모가 된 사람들이 경험하는 '정상적인' 불안과 그의 아버지가 그를 본 관점에서 생기는 희망과 자신감의 고갈을 구별하도록 그를 돕는다. 몇 주 후, 로저는 '아빠들 산책 모임'을 발견하고 레이첼을 데리고 가기로 결심한다. 그는 그것을 즐기고 다른 아빠들과 몇 가지 걱정을 이야기해 본 것이 그가 불안하게 느낄 만큼 그리고 레이첼을 걱정할 만큼 자신이 '나약하지' 않다는 강한 메시지를 주었다는 것을 알고 정말 놀랐다. 마지막 회기에, 그는 머뭇거리며 말한다. "약하다기보다 좋은 아빠가 되는 징조인 것 같아요."

로저는 이 기간 동안 긍정적 데이터를 계속 기록하고 그가 얼마나 성취했는지 볼 수 있었다. 또 그는 대체로 덜 두렵고 삶을 더 즐기고 있다는 것을 알게 되었다. 루시는 그가 더 행복하다는 것을 알아차렸고 레이첼에 대한 책임감을 더 동등하게 나누는 그에 대해 긍정적으로 느낀다. 로저는 그가 여전히 매우 고통스러워하는 몇 가지 기억을 표적으로 심상 다시쓰기를 하는 게 도움이 될 거라고 생각한다. 이것을 한 후, 로저는 아버지의 행동에 대해 의문을 갖기 시작한다. 형에게 전화를 해서 그들의 아동기에 대해 어떻게 보고 있는지 물어보았고, 마크가 "아버지는 깡패야. 난 참을 수가 없었어. 그가 엄마를 대하는 방식을 견딜 수가 없었어. 그리고 네가 정말 어릴 때 그는 너도 그렇게 대하기 시작했어. 난 모든 스포츠를 했어. 왜냐하면 부모님이 자주 나를 데리고 외출했고 내가 정말 잘한다는 것을 알게 됐으니까."라고 말했을 때 심하게 놀랐다. 마크는 아버지가 로저를 대하는 방식에 대해 죄책감을 느꼈다고 말했다. 마크는 그것에 대해 어떻게 해야 할지 몰랐지만, 지금은 로저를 위해 대들었어야 했다는 것을 느낀다. 그는 또한 로저가 엄마와 아주 가까웠기 때문에 질투심을 느꼈다고 말했다.

처리과정으로서 반추 해결하기

로저의 새로운 신념은 그가 레이첼을 독립적으로 더 잘 돌볼 수 있게 되고 더 많은 기억을 해결한 후에 강화되었다. 하지만 같은 맥락에서 말해지는 것들을 더 이상 받아들이지 않음에도 불구하고 그는 그를 비판하는 아버지의 목소리가 들려서 여전히 고통스러웠다. 치료사는 이 내적 대화를 아주 깊이 굳어진 습관이 된 반추의 형태로 개념화하였다. 로저는 이 습관을 '깨기' 위해 다른 방식을 실험하였다. 그는 자기 비판적 독백에 대한 내적 초점을 외적 초점으로 주의를 옮기기 시작하였다. 그는 이것을 마음챙김 알아차림과 통합하였다. 이 대화가 시작하는 것을 깨달았을 때 그는 그것에 반응하기보다 뒤로 물러나 단순히 관찰하려고 노력하였다. 그다음, 그는 볼륨 조절기를 가지고 있다고 상상하고 그 독백을 알아차릴 때마다 볼륨을 낮추고 아버지의 목소리를 흐리게 하기를 실험하였다. 그는 훈련으로 쉬워지는 것을 알아차리게 되었다. 또한 그의 기분과 피로와 같은 다른 요인들에 따라 자기 비판적 대화의 빈도와 강도가 변화하는 것을 깨닫게 되었다.

아버지의 행동을 이해하는 방법 찾기

로저는 아버지에 대해 마크와 이야기한 것이 많은 도움이 되었다는 것을 알게 되었지만, 그에 대한 아버지의 행동에 대해 여전히 혼란스러웠다. 그에 대한 아버지의 부정적인 인식에 도전하고 그것을 그에 대한 더 원만하고 완전한 관점으로 대체하면 할수록 더 화가 났다. 그는 또한 '아버지처럼 되는 능력'을 가졌을지 모른다는 두려움에 대해 말하였다. 이 생각은 그와 루시가 1년쯤 후에 둘째를 가질 가능성에 대해 논의한 후 특히 강해졌다. 로저와 치료사는 그의 걱정에 대해 탐색하였다. 로저는 기질상 그의 아버지와 다를 뿐만 아니라 그가 다른 사람에게 행동하는 방식을 이끄는 강한 가치관을 가지고 있었기에 그가 아버지의 행동을 따라 할 가능성이 매우 낮다는 것을 깨달았다. 그가 화가 나거나 좌절할 때 어떻게 반응했는지에 대한 추가 증거는 아버지의 행동과 매우 다르다는 것을 알 수 있었다.

그럼에도 불구하고 로저는 아버지에 대한 분노의 강도로 인해 혼란스러웠다. 그는 그와의 관계를 단절시키는 것을 깊이 생각해 보았다. 하지만 레이첼이 양가의 조부모를 알길 원했기 때문에 그렇게 하는 게 꺼려졌다. 치료의 마지막 단계는 관계를 유지하지만 동시에 그 자신을 보호하고, 아버지의 행동과 관련된 아동기 경험이 그에게 전하는 '쓸모없는 놈'이 아니라 매력적인 사람이라는 새로운 신념을 유지하기 위해 로저가 아버지와의 관계를 어떻게 다룰 수 있는지에 초점을 맞추었다. 그들은 이 마지막 단계를 로저가 그의 분노를 표현하기 위해 아버지에게 편지를 쓰는 것으로 시작하였다. 이것은 로저가 이 단계에서 보내기 위한 편지는 아니다. 대신에, 목표는 그가 느낀 것을 자세히 쓰고 아버지에 대한 그의 강한 분노를 표현하는 것이다. 로저가 이 것이 도움이 될 거라고 결정한다면 나중에 편지를 보낼 가능성은 있다. 로저는 편지 쓰기가 매우 힘들다는 것을 알게 되었고 그가 쓴 것이 만족스럽다고 느끼기까지 몇 번을 썼다. 마지막 초고에서, 그는 분노를 표현하기 위해 아버지를 더 잘 이해할 필요가 있다는 것을 깨달았다.

가족사와 그것이 아버지의 행동에 미친 영향

치료사는 아버지의 가족과 성장에 대해 로저에게 물었다. 로저가 태어나기 몇 달 전에 할아버지가 돌아가셨기 때문에 할아버지에 대해서는 아는 게 없었다. 그는 할머니 로즈(아버지의 어머니)는 기억하는데 그가 열네 살 때 돌아가셨기 때문이다. 그녀는 다른 도시에 살았지만 그는 1년에 두세 번 할머니를 보았고 그에게 친절했다는 것을 기억한다. 그가 어릴 때 그녀는 항상 작은 선물을 가져왔고 자신의 무릎에 앉히고 책을 읽어 주거나 가족에 대한 이야기를 해 주었다. 때때로 그는 할아버지에 대해 물었는데, 그가 치료사와 그것에 대해 토론하였을 때 할머니가 할아버지에 대해 별로 말하지 않았다는 것을 깨달았다.

로 저: 할머니가 "그는 힘든 전쟁을 치렀단다. 너의 할아버지는 좋은 사람이었지만 전쟁은 그를 변화시켰지. 불쌍한 로비. 그는 결코 전과 같아지지 않았어."라고 한 말이 기억나요. 내가 전쟁에서 그가 무엇을 했는지 물었을 때나 더 말해 달라고 했을 때, 지금 생각해 보니, 그녀는 항상 주제를 바꾸려고 하거나 쿠키나 다른 간식을 주곤 했어요.

치료사: 할아버지에게 무슨 일이 있었는지 아버지에게 물어본 적이 있나요?

로 저: 아니요. 그런데 마크는 물어봤어요. 특히 그가 입대하기로 마음먹기 시작했을 때요. 아버지는 "엎질러진 물을 보고 울어 봐야 소용없어."라든

가, "오래전이지. 모든 게 변했어."라는 식으로 말하곤 했어요. 하지만 마크에게 정말로 화를 냈던 걸 기억해요. 왜냐하면 마크가 그쯤에서 그만두지 않았거든요. 내 마음에 새겨졌죠. 왜냐하면 보통은 내가 희생양이고 마크는 잘했거든요. 그는 마크에게 소리쳤어요. "젠장, 그는 전쟁 포로였고 그가 집에 돌아왔어도 그건 끝나지 않았어. 알겠어?"

치료사: 마크가 그것에 대해 더 알고 있다고 생각해요?

로 저: 네, 아마도요. 이메일을 보내서 물어볼 수 있어요.

로저는 형에게 연락했고 할아버지가 동아시아에서 복무했다는 것을 알게 되었다. 그는 1943년 포로가 되었고 일본군 포로로 18개월을 보냈다. 그는 1945년 일본이 항복한 후 바로 풀려났고, 1946년 초 영국으로 되돌아왔다. 마크는 입대하기로 마음먹은 열여섯 살 되던 해, 할머니가 돌아가시기 전에 할아버지에 대한 것을 할머니에게 물었다. 그녀는 할아버지가 머문 연대와 캠프 이름을 말해 주었다. 마크는 그것을 적어 두었지만 그것에 대해 아무것도 하지 않았다는 등 자세한 내용을 로저에게 이메일로 보냈다. 이 지점에서 로저는 가계도([그림 10-4])를 그리는 것이 도움이 되겠다고 결심하고 어머니에게 물었다. 동시에 마크는 할아버지에 대한 정보를 그에게 보냈다. 로저는 할아버지의 전쟁 경험과 능력에 관한 더 많은 정보를 얻기 위해 연대에 연락을 취했다. 가계도를 그렸을 때 로저는 아기였을 때 죽은 삼촌이 있다는 것을 발견하였고, 자신이 태어나기 4개월 전에 돌아가신 할아버지도 써 넣었다. 로저와 치료사는 외상과 그것이 사람들에게 미치는 영향에 대해 토론하였고, 로저는 일본에서 포로생활을 하고 전쟁 후 집으로 돌아왔을 때 어떠했는지에 대한 경험을 설명한 몇 권의 책을 발견하였다. 로저는 일어난 일에 대해 아는 게 있는지 어머니에게 물었지만 그녀는 아버지가 아동기에 대해 말한 적이 없었다고 말했다. 어머니가 말하길, 아버지는 할머니와 잘 지냈지만 할아버지와의 관계는 항상 매우 불편했다. "할아버지가 살아계실 때 우리는 그들을 많이 만나지는 않았어. 할아버지가 돌아가신 후에야 할머니를 규칙적으로 보기 시작했지."

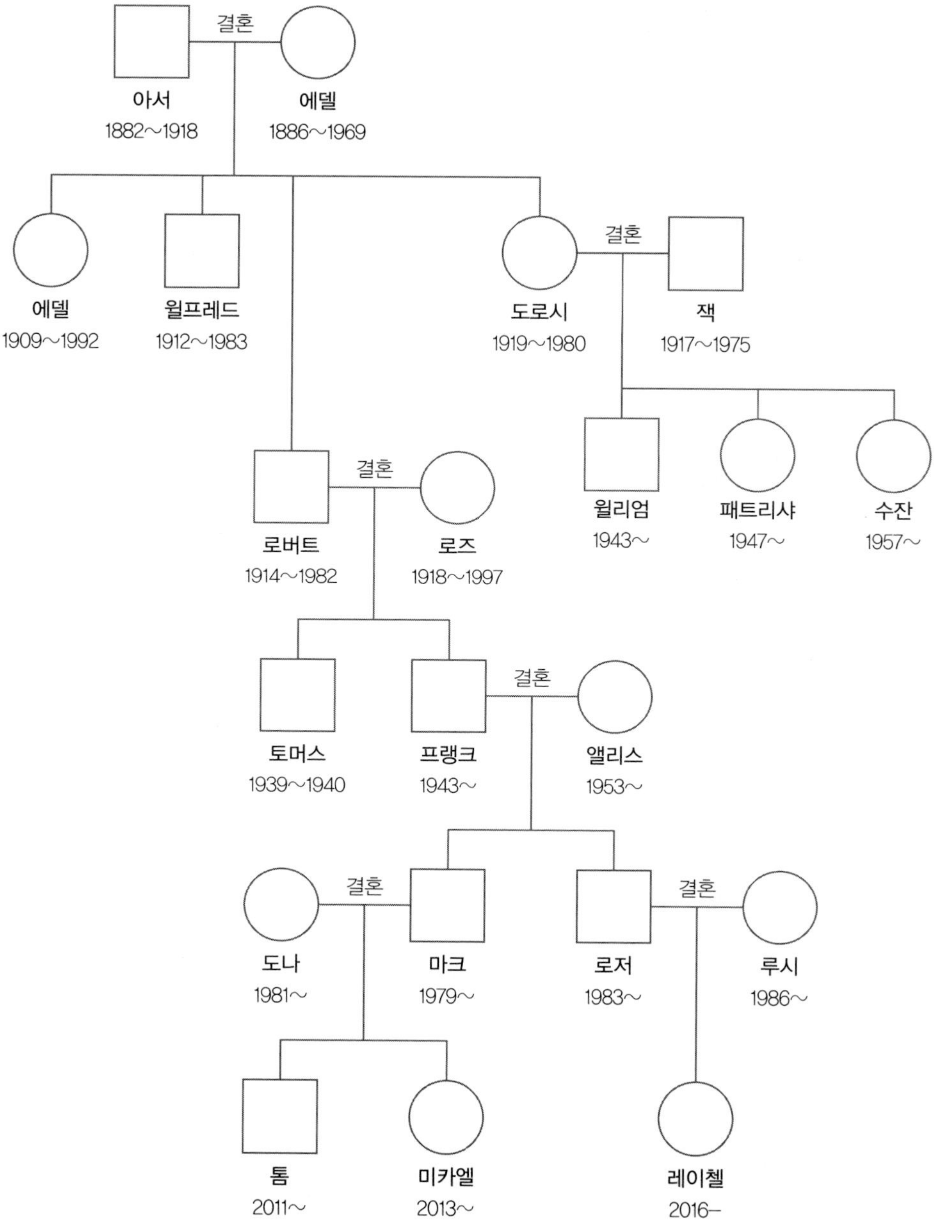

[그림 10-4] 로저의 가계도

가족사 탐색하기

로저의 할아버지에게는 누나, 형과 여동생이 있었다. 여동생 도로시는 3명의 자녀가 있었고 모두 살아 있지만 그중 윌리엄은 캐나다로, 패트리샤는 호주로 이민을 갔다. 로저의 아버지는 비록 윌리엄과 페트리샤와 크리스마스 카드를 주고받았지만 가장 어린 사촌인 수잔은 만나지 않았다. 로저의 어머니는 그들로부터 수잔의 연락처를 얻을 수 있었다. 로저는 그 상황과 그가 알고 싶은 내용과 이유에 대한 설명을 썼다. 로저는 수잔을 만나기로 약속했다. 다음 대화에서 치료사와 로저는 그 만남에 대해 토론한다.

치료사: 수잔과의 만남이 어떻게 되었나요?

로　저: 아주 놀라워요. 내가 알지 못했던 가족사의 많은 빈틈을 채워 넣었어요.

치료사: 당신이 알게 된 가장 중요한 것은 무엇인가요?

로　저: 음, 할아버지가 할머니 로즈를 대하는 방식 때문에 수잔과 아버지 사이가 틀어졌대요. 분명히, 할머니 로즈는 그가 전쟁에서 돌아온 후 '원래 상태로 회복되지 않았고' 그는 화를 계속 냈다고 말했어요. 그는 정말 예상할 수 없었는데 잠시 괜찮다가도 바로 소리를 지르고 물건을 부수곤 했대요. 아버지가 아이일 때 할아버지 상태가 좋지 않으면 아버지는 주기적으로 고모나 삼촌 집에 가서 지냈대요. 나중에 수잔이 성장했을 때 알게 되었는데, 수잔의 아버지가 종종 집에 와서 할아버지가 진정될 때까지 우리 아버지 프랭크를 그들의 집으로 데리고 가서 며칠 동안 지내게 하거나 때때로 대신 할아버지를 집 밖으로 데리고 가곤 했어요.

치료사: 그래서 당신의 아버지는 할아버지와 힘든 시간을 보냈나요?

로　저: 네, 할아버지는 소리를 많이 질렀고, 때때로 이성을 잃고 아버지를 때리기 시작한 것 같아요. 수잔은 할아버지가 때때로 할머니에게도 폭력적이었다고 확신했어요.

치료사: 그게 당신이 아버지에 대해 어떻게 느끼게 하나요?

로　저: 양가적이에요. 한편으로, 그가 정말 힘든 시간을 보냈다는 것을 알 수 있지만, 다른 한편으로는, 만약 직접 겪었다면 자신의 아이를 보호하고 아이가 고통스럽지 않게 하고 싶지 않을까요?

치료사: 이해하기 어려운 일이네요. 당신은 아이를 절대로 그렇게 대하지 않을 거라는 결심을 하게 된 어떤 이유와 당신의 할아버지가 아버지를 대한 방식으로 당신의 아버지가 당신을 그렇게 대한 이유에 대해 생각해 보았나요?

로 저: 알게 된 것 중 좀 더 이해되는 건 분명히 할아버지가 맏아들을 미화했다는 거예요.

치료사: 돌아가신 큰아버지요?

로 저: 네, 토머스요. 그는 아버지보다 네 살 위였고 1940년에 돌아가셨죠. 수잔이 말하길, 할아버지가 그를 거의 '경외했다고' 해요. 이건 수잔의 말이에요. 그녀가 말하길, 할아버지는 만약 그가 살아 있었다면 모든 게 달라졌을 것이라고 생각하신 것 같아요.

치료사: 그리고 당신의 아버지는 결코 그에 대해 말하지 않았죠.

로 저: 네. 거의 삼촌이 존재하지 않았다고 가장하고 싶은 것처럼요.

치료사: 아버지는 왜 그렇게 하길 원한다고 생각하나요?

로 저: 음, 수잔을 만나고 난 후 그것에 대해 계속 생각했어요. 하지만 토머스가 아버지의 아동기를 '망쳤는지'는 모르겠어요. 같은 일이 나한테도 일어난 것 같으니 이상하죠. 마크는 살아 있긴 하지만요.

치료사: 어떻게 생각하나요?

로 저: 글쎄요. 역사의 반복 같은 거요. 아버지는 심리학이나 내성법엔 정말 관심이 없어요. 그는 그것을 쓸데없는 생각이라고 했어요. 그래서 내 생각에 그는 그저……. (말을 끊는다.)

치료사: 로저, 지금은 기분이 어때요?

로 저: 그냥 아주, 아주 슬퍼요. 다르게 될 수도 있었다고 생각해요. 이렇게 될 필요는 없었어요.

치료사: 네, 맞아요. 당신의 아버지는 다른 선택을 할 수 있었죠. 당신은 아버지와 다른 선택을 했죠. 그게 당신 자신에 대해 어떻게 느껴지는지 궁금해요.

로 저: (멈춘다.) 꽤 자랑스럽죠. 아버지의 마초 스타일을 닮지 않아서 나약하다고 생각하곤 했었는데, 지금은 내가 아버지와 다르다는 점이 다른 선

택을 할 수 있었던 이유가 되는 것 같아요.

치료사: 내 생각에도 그게 맞는 것 같아요. 이제 당신의 아버지에 대한 이 새로운 정보를 얻었는데, 왜 그가 겪은 방식으로 당신을 대했는지에 관한 질문의 답에 가까워졌나요?

로 저: 네, 그런 것 같아요.

치료사: (가계도를 꺼내어 두 사람 사이 테이블 위에 놓는다.) 이제 당신이 알게 된 것과 당신의 아버지를 이해할 수 있는 새롭게 알게 된 내용을 요약해 볼까요? (가계도를 가리키며) 여기에 있는 정보와 수잔이 말해 준 정보를 통합해 보겠어요?

로 저: 음, 이것을 살펴볼 때 두드러진 첫 번째는 3세대를 거쳐 오면서 자신의 아버지와 멋진 경험을 해 본 사람이 아무도 없다는 것이에요. 증조부는 1918년에 돌아가셨고 그래서 할아버지는 아버지 없이 자랐죠. 그다음 아버지가 태어난 그때 할아버지가 입대했고, 돌아왔을 땐 완전히 변해 있었죠. 게다가 그는 그의 장남을 잃었죠. 그 후 아버지는 마크를 얻었고 아마 좋았을 거예요. 그는 좋은 아빠가 되려고 노력했지만 내가 태어나기 몇 달 전에 할아버지가 돌아가셨어요. 그때 나는 아주 병약한 아기였고 그래서 아마도 그는 처음부터 마크와 나를 비교하기 시작한 것 같아요.

치료사: 그렇게 말하니 꽤 역사적이네요.

로 저: 그러네요. 그리고 그 역사의 대부분은 우리 가족의 통제 밖의 것들로부터 시작된 것 같아요. 전쟁, 질병 같은 것들이요.

치료사: 이렇게 그것을 살펴보는 게 도움이 되나요?

로 저: 훨씬 더 이해가 잘 돼요. 하지만 나는 여전히 아버지를 용서하고 싶은 느낌이 들지 않아요. 여전히 화가 나요. 하지만 몇 달 전처럼 그렇게 완전히 압도되지는 않아요.

치료사: 당신이 그를 용서해야만 하는 건 아니에요. 당신이 선택할 수 있는 거고 시간이 지나야 변화하겠죠. 당신의 자기에 대한 관점에 영향을 미친 방식으로 그가 행동한 몇 가지 이유를 이해한다는 점에 대해 어떻게 생각하나요?

로 저: 정말 도움이 됩니다. 거의 다른 사람에게 일어난 일처럼 거리를 두고 살

펴볼 수 있는 것 같아요. 나라는 것은 알아요. 하지만 정말 다르게 느껴져요. 그전에는 나 자신에 대한 오래된 관점을 깨고 새로운 것을 형성하려고 작업할 때 저 밑에서 스멀스멀 기어오르는 의심이 있었죠. 아버지가 옳다는 게 증명될 거라고. 이젠 정말 더 이상 믿지 않아요. 나 자신을 의심하거나 의문을 갖지는 않아요. 그냥 나라고 생각해요. 나는 '내가 항상 옳아.'라는 식의 열정맨이 되지는 않을 거예요. 하지만 그전과 같지는 않아요.

치료사: 자기 의심과 불확신이 그런 다른 선택을 하게 하고, 당신 아버지의 전철을 따르지 않도록 도운 것의 일부인지 궁금해요.

로 저: (웃는다.) 당신이 맞아요. 내가 '자기 의심을 주의해서 듣자.'고 말할 줄은 생각도 못했어요.

로저가 가족사와 제2차 세계대전에 의해 세대 간 외상이 이어진 것에 대해 새롭게 이해한 점은 치료에서 중추점이 되었다. 자기 의심에 대한 대화는 중요했다. 왜냐하면 치료의 후반에 지속되었던 과정을 반영하는 것이기 때문이다. 그 과정에서 치료사는 로저가 그에게 '정상적인' 것과 그의 개인사에서 비롯된 많은 것, 특히 일생 동안 그를 대했던 아버지의 방식에서 온 것들을 구별하도록 돕는 데 초점을 맞추었다. 로저는 자신감이라는 것이 연속선 위에 있으며 일부 사람들은 다른 사람들보다 좀 더 자신감이 있다는 것을 알게 되었다. 그는 또한 많은 사람이 삶의 어떤 상황이나 어떤 순간(특히 아빠가 되는 것과 같은 중요한 전환점에서)에 자신에 대해 확신하지 못하지만 그들이 패배자나 부적합한 사람이라는 뜻이 아니라는 것을 깨닫게 되었다. 다른 중요한 깨달음은 그가 실제로 그러한 것보다 훨씬 더 '마치 그런 것처럼' 행동할 수 있다는 것과, 이것이 보통은 자신감을 향상시키고 더 안정적인 자기인식을 갖게 한다는 것이다. 치료 전에, 로저는 일을 처리하기 전에 기분이 좋아질 때까지 기다릴 필요가 있다고 생각했는데, 이것이 점진적으로 회피하게 하고 자신감을 잃게 했다.

단호한 자기방어

로저는 그가 선택하지 않는 한, 아버지를 용서하지 말라는 '허락을 받았다고' 느꼈다. 그럼에도 불구하고 그는 여전히 레이첼이 할아버지와 만나기를 원한다는 것을 강하게 느꼈고 이는 그가 아버지와 접촉을 유지해야만 한다는 것을 의미하였다. 로저가 아버지 때문에 위축되고 두려워하며 산 긴 개인사가 있고, 과거에 아버지가 했던 비판적인 말들이 로저를 지속적으로 약하게 만들고 부정적 자기 관점을 강화하였다. 로저가 새로운 방식으로 아버지와의 관계를 유지하도록 돕기 위해 치료사는 파데스키(Padesky, 1997)의 단호한 자기방어에 대한 연구를 소개하였다. 로저는 이것이 정말 유용하고 아버지와 맞서는 것뿐만 아니라 직장에서의 어려움들과 같은 다른 대립적인 상황에서도 도움이 될 수 있다고 생각하였다. 그들은 로저의 자기 비판과 부정적 자기 관점이 활성화되는 촉발 자극과 위험 지점을 탐색하기 시작하였다.

치료사: 주요 위험 지점이 무엇이 될 거라고 생각하나요?

로　저: 이 모든 작업을 한 후인 지금 생각에는, 그가 나에게 정말 화를 내는 일은 그리 많지 않아요. 만약 그렇게 한다면 나는 떠날 거예요. 그건 더 교활한 것, 부정적인 말들, 마크와의 비교예요.

치료사: 이것을 다루도록 당신을 돕기 위해 무엇이 필요하다고 생각해요?

로　저: 음, 아마도 그에게 맞서고 그가 계속 빠져나가게 두지 않는 방법을 배울 필요가 있을 것 같아요.

다음 몇 회기 동안, 그들은 잠재적인 촉발 상황을 확인하고 그의 아버지가 어떻게 행동하는지 로저가 묘사할 수 있도록 상황을 자세히 논의하는 데 시간을 보냈다. 파악이 되자, 그들은 로저가 반응할 수 있는 다른 방법에 대해 논의하였다. 그다음, 그는 그들이 역할극 할 것들 중 하나를 선택한다. 로저는 아버지에게 맞서기에 효과적이라고 생각되고, 그에게 '옳다'고 느껴지는 선택을 기초로 하였다. 우선, 로저가 아버지의 역할을 맡았고 치료사가 로저 역할을 하였다. 그다음, 그들은 그것이 얼마나 효과가 있는지, 그의 '아버지 관점'에서 어떤 느낌인지에 대해 논의한다. 그러고 나서 그들은 로저가 자기 자신이 되는 역할극을 반복한다. 두 번째 역할극 후에 그들은 느껴진 것과 미세한 조정이 더 필요한지에 대해 논의하였다. 그들이 몇 가지 다른 역할극을 한 다음, 치료사는 로저에게 처음에 꽤 낯설게 느껴졌던 몇 가지 행동 방식을 시도해 보도록 격려하였다. 이것은 로저가 안전한 환경에서 실험하고 그가 반응할 수 있는 행동 범위를 확대하는 기회가 되었다.

또 역할극은 아버지의 말들이 자극한 부정적 자기 평가를 확인하는 것과 로저가 역할 연기를 할 때 이 신념들에 도전하는 것을 포함하였다. 과제는 새로운 행동을 연습하는 기회로서 그리고 로저가 실험하는 기회로서 구성되었다. 후자는 특히 중요하였다. 왜냐하면 로저가 아버지에게 저항하는 데 항상 성공하지는 못할 것이고 이것이 자기 비판적이고 부정적인 자기 평가를 쉽게 촉발할 수 있다는 것을 인식하였기 때문이었다.

다음 몇 달이 지나고, 치료 회기들은 일정한 간격을 두고 진행되었고 로저는 다양한 개입방법을 훈련하는 데 많은 진전을 보였다. 그는 6개월 동안 공황 발작이 없었고 레이첼을 적극적으로 돌보았다. 그는 혼자 아기를 돌보고 외출하는 것이 행복했다. 그는 여전히 아버지와는 애를 쓰고 있지만 단호한 자기방어 역할극이 매우 도움이 되었다는 것을 알게 되었다. 후반기 한 회기에서 치료사는 그들이 그가 자기 자신에 대해 가지는 새로운 인식과 관련된 심상을 확인하자고 제안하였다. 그들은 로저가 회의에서 자기 관점을 성공적으로 지켜 내었으며, 그가 이룬 진전에 대해 기쁘고 자랑스러웠던 직장에서의 최근 일을 확인하였다. 그들은 이 기억을 검토하였고, 치료사는 로저에게 그 상황에서 자기의 내적 심상(8장 참조)에 대해 자세히 묘사하도록 요청하였다. 그가 분명한 심상을 가진 다음, 치료사는 매우 힘들었고 자기에 대한 몇 가지 부정적 판단을 야기했던 아버지와의 최근 상호작용에 대한 역할극을 제안하였다. 치료사는 로저에게 성공적인 직장 회의로부터 파생된 자기에 대한 심상을 유지하도록 요청하였고, 그다음 그들은 역할극을 하였다. 로저는 긍정적 심상을 유지하는 것이 미치는 영향에 대해 기분 좋게 놀랐고 다음에 그가 아버지를 보았을 때 이 심상을 활성화하고 유지하는 훈련을 하는 것에 동의하였다.

사례 검토

로저는 내가 만난 많은 내담자 중 꽤 전형적인 모습이다. 그들은 불안이나 우울 같은, 특히 압박이 되는 문제에 대해 도움을 받고자 치료실에 온다. 그리고 그들은 치료를 특정 문제를 '고치는' 방법으로 보고 있다. 이것은 문제와 관련된 초기 목표 그 자체, 예를 들어 '그냥 불안한 느낌이 없어졌으면 좋겠어요.' 또는 '공황 발작을 그만하고 싶어요.' 등으로 나타날 수 있다. '공황 발작을 그만하고 싶어요.'와 같은 목표들은 때로는 아주 합리적일 수 있다. 하지만 '다시는 불안을 느끼고 싶지 않아요.'와 같은 경우의 목표들은 도달될 수가 없다. 일부 내담자들에게 오랫동안 애쓰고 있었던 근본적인 문제들을 겪은 병력이 있다는 것은 분명하다. 대개 이것들은 진단될 수 있는 문제는 아니지만 낮은 자존감이나 완벽주의와 관련된 어려움임에 분명하다. 다른 이들은 특정 진단의 기준에는 미치지 않지만 고통을 야기하거나 그들의 삶을 방해하는 만성적인 저조한 기분이나 불안 문제를 겪고 있을 수 있다.

로저는 첫아이 레이첼이 태어난 후 시작된 공황 발작으로 인한 고통으로 치료실을 방문했고 그것은 아기를 양육하는 능력을 방해하고 직장과 삶의 다른 영역에서의 역할에 영향을 미치고 있었다. 이 경우, 분명하고 확실한 시작점을 가진 구체적인 문제가 있었고, 치료사는 공황장애 치료를 위한 CBT 프로토콜을 활용하기로 선택하였다. 회피가 단순히 로저의 공황 발작의 결과가 아니고 실제로 로저가 겪고 있는 문제들에 대한 확고하고 습관적인 반응이라는 것을 치료사가 알아차리는 데는 오랜 시간이 걸리지 않았다. 이에 따라 로저가 매우 낮은 자존감을 가지고 있고 매우 자기 비판적이라는 것을 알게 되었다. 이 점에서 치료사는 낮은 자존감에 대한 페넬(Fennell, 1997)의 모델을 사용하였다. 페넬은 낮은 자존감의 뿌리는 부정적인 자기 신념이고 이것은 개인사와 삶의 경험에 의해 형성된다고 주장한다. 페넬은 이 부정적인 자기 판단은 '기저선(신념)'을 형성하는데 이는 개인의 근본적인 자기 관점을 이루고, 선택적 지각(기저선에 어울리는 경험들만 인식), 편견적 해석(애매한 정보를 부정적으로 해석), 반추(대개 심한 자기 비판의 형태로 하는) 그리고 회피와 같은 도움이 되지 않는 행동을 야기한다고 말한다. 페넬의 모델은 로저에게 잘 맞았다. 그의 기저선은 '쓸모없는 놈'이라는 진술과 이것에 포함된 모든 의미로 분명히 표현된다.

로저가 레이첼을 혼자 돌보기라는 목표를 이루는 데 힘들어하고 있을 때 그의 '기저선'이 치료사와 했던 토론 중에 아주 자연스럽게 나타났다. 그는 이미 압도되고 있었고 '치료도 안 되네.'라며 그 자신을 실패한 것으로 보는 게 그에게는 아주 쉬웠다. 막히고 정체된 느낌은 자기 관점인 '패배자'와 '쓸모없는 놈'에 대한 강력한 촉발 자극으로 작동되었다. 로저의 주요 생각들과 감정들을 확인하는 것은 아주 쉬었고 치료사는 로저의 부정적 사고를 조사하고 도전하기 위해 사고 기록지를 사용할 수 있었다. 그러나 치료사가 심상에 대해 물었을 때 로저가 묘사한 기억은 극단적으로 나타났고 아동기 내내 아버지가 그를 어떻게 대했는지와 그에 대한 아버지의 태도와 행동의 결과에 대한 토론으로 이어졌다. 아버지에게 비난받았던 그의 기억은 심상 다시쓰기가 강력한 개입방법이 될 수 있다는 것을 의미하고 그래서 치료사는 새로운 모델을 소개하기보다 이 개입방법을 계속 쓰기로 결정하였다.

내담자들이 막혔을 때 심상으로 돌아가는 것은 대개 유용하며, 심상은 개인의 문제에 대해 다르게 이해시킬 수 있고 이것은 새로운 개입방법을 제안할 수 있다. 물론 내담자는 치료사가 심상을 사용하는 것에 국한되어야 한다는 것은 아니고, 내담자들은 대개 낮은 자존감이나 문제가 되는 아동기 경험을 이유라고 생각하며 치료에 온다. 이러한 사례에서 개인의 자기 관점을 형성하는 데 영향을 미치는 초기 기억의 역할은 로저의 사례에서보다 훨씬 더 빨리 나타날 수 있다. 만약 심상 다시쓰기가 성공적이지 않다면 그 지점에서 페넬(1997)의 모델을 소개하는 것이 도움이 될 것이다. 그리고 그것은 로저의 어려움을 이해하는 도구로 사용될 수 있고 그가 변하도록 도울 수 있다.

치료사는 심상 다시쓰기가 '쓸모없는 놈'이라는 로저의 부정적인 자기 관점을 바꾸는 데 도움을 줄 수 있는 잠재적으로 강력하고 효과적인 개입방법이 될 거라고 결정했지만, 우선 몇 가지 준비 작업을 하는 것이 더 나을 거라는 판단을 하였다. 이것이 옳은 판단인지 바로 심상 다시쓰기를 시작하는 것이 더 효과적일지는 모른다. 긍정적인 자료에 근거하고, 인지적 도전의 형태로 개인사적 검토를 활용함으로써 '기초 다지기'에 시간을 쓰는 근거는, 로저의 신념들이 아주 확고하고 그가 심한 무망감과 압도감을 느끼고 있기 때문이다. 따라서 치료사는 심상 다시쓰기의 도움이 최대화되기를 바랐다. 일부 사람들에게는 심상 다시쓰기를 바로 시작하는 것이 아주 적절하고 즉시 변화를 낳을 수 있다.

요약

이 장의 목적은 강력하고 효과적인 개입방법이 되도록 더 전통적인 인지치료 기법들과 자연스럽게 병행할 수 있는 심상을 어떻게 활용하는지에 대한 예시를 제공하기 위한 것이다. 로저의 사례에서 치료사는 기존의 증거 기반 프로토콜을 사용하여 공황 발작에 직접적으로 개입을 시작하였다. 로저가 공황 사이클의 부분으로 공황 발작을 겪는 동안 심상의 의미를 탐색하고 공황 증상에 대한 재앙적 해석에 도전하기 위한 행동 실험과 함께 심상이 마음에 떠올랐을 때 그가 느끼는 불안의 양을 감소시키기 위해 이 심상들에 관해 심상 노출을 하는 기회가 있었다.

로저의 사례를 통해, 치료사는 개입을 위해 여러 가지 다른 치료적 기법들을 구성하였다. 개념화는 로저가 새로운 관점에서 그의 문제들을 보고 변화에 대한 희망을 불어넣도록 돕기 위한 중요 부분이었다. 치료사는 로저가 공황 발작이 있을 때 왜 쓰러질 거라고 생각하는지 이해하도록 돕기 위해 심리교육을 하고, 로저는 그의 증상들에 대한 새로운 해석을 검토하기 위해 몇 가지 행동 실험을 완료하였다. 앞에서 언급했듯이, 재앙적 해석에 도전하기에는 심상 역할의 인식과 이 심상들에 대한 심상 노출 그리고 행동 실험에서 그것들의 효력을 검토하는 것이 포함되었다. 로저는 긍정적 자료를 모았고, 그의 아버지가 (언어적으로) 공격하고 그를 비난하였던 상황에 대한 주요 (자기 정의적) 기억들을 맥락화하고 도전하도록 돕기 위해 몇 회기의 심상 다시쓰기를 하기 전에, '쓸모없는 놈'이라는 그의 신념에 대한 증거를 개인사적으로 검토하였다. 치료의 마지막 부분은 두 가지 아주 다른 요소로 구성되었다. 하나는 왜 아버지가 정서적으로 그의 형인 마크가 아닌 그를 학대했는지에 대한 로저의 의문이었다. 이로 인해 그의 가족사에 대한 몇 가지 발견이 이루어졌고, 이는 로저가 제2차 세계대전으로 인해 애착에 대한 심한 혼란과 더불어 세대 간 거듭된 학대의 악순환을 이해하는 데 도움이 되었다. 동시에 로저는 스스로 오래된 행동 습관을 바꾸려고 노력하였는데, 여기에는 아버지에게 맞서도록 돕는 단호한 자기방어에 대한 작업과, 그를 '보호하기' 위해 과거에 썼던 노골적이고 교묘한 회피 극복하기와 전반적으로 새로운 경험을 시도하도록 노력하는 것이 포함되었다.

제11장

문제점 해결

심리치료는 과학이면서 동시에 예술이다. 인지치료 개입은 과학적 지식에 의해 안내된다. 하지만 치료사의 수행은 그들의 창조성과 기술에 달려 있다. 당신이 가장 유용한 증거를 따를 때라도 치료가 항상 계획대로 진행되지는 않는다. 그리고 한 개인에게 아주 효과적이었던 것이 다른 이에게는 충분히 효과적이지 않을 수 있다. 본질적으로 치료는 예측할 수 없는 활동이며 당신이 심상 개입을 활용하든 언어적 개입을 활용하든 예상치 못한 일에 직면하게 될 것이다. 이전 장들에서는 설명한 개입방법에서 일어날 수 있는 특정 문제들을 검토하였다. 이 장은 그러한 주제를 선택하고 정서 조절과 해리를 자세히 논의한다. 왜냐하면 심상과 정서 사이의 강력한 관계는 정서 조절 곤란과 심상 기법들(예: 심상 다시쓰기)로 인한 해리 가능성을 악화시키기 때문이다. 또한 이 장은 일부 사람들이 정신적 심상을 생성할 수 없는지 여부, 치료 중 시각적 심상에서 관점의 활용, 외상적 자기에 대한 심상 작업, 마지막으로 심상 다시쓰기에서 상상된 폭력이 정당한지와 같은 심상 작업에서의 독특한 문제들을 다룬다.

정신적 심상의 생성이 불가능한 사람이 있는가

개입으로서 심상 활용을 위한 근본적인 필요조건은 내담자가 심상을 자발적으로 생성할 수 있어야만 한다는 것이다. 심상 연구는 심리학, 철학 그리고 신경과학의 교집합에 해당하는데, 여기에는 심상이 일반적인 사고의 근본적인 필수요소인지 아닌지 그리고 그것이 시각적 인지와 같은 구체적인 정신적 조작을 지지하는지 아닌지 하는 인지의 특성에 대한 논쟁이 포함된다. 2장에서 언급하였듯이, 포(Faw, 2009)에 의하면, '비심상가들(non-mental-imagers)'(p. 46)의 존재에 대한 의심에도 불구하고, 수렴된 증거는 약 5%의 사람들이 심상을 생성하기 어렵거나 불가능한 사람들이고, 그의 연구들 중 하나는 2.0~2.7%가 시각적 심상을 전혀 보고하지 않았다고 한다. 흥미롭게도, 참가자들 중 30% 이상이 매우 분명하고 생생한 심상을 보고하였다는 다른 측면의 연구도 있다. 일부 증거에 의하면 시각적 심상 생성이 어려운 이들은 일반적으로 시각적 기억에 의존한 과업을 할 때 소리 표상이나 공간 표상에 기반한 보상 전략들을 사용한다. 시각적 심상과 관련된 문제는 다른 감각 영역들에서의 심상적 어려움들과 약간은 관련된다. 하지만 포가 주장하길, 감각 전반에 걸쳐 나타나는 개인 내의 비교적 일관된 차이가 통합된 심상 생성 능력의 부족이라기보다는 독립적인 심상의 양상을 나타낸다.

제만과 동료들(Zeman et al., 2015)은 시각적 심상 생성의 결핍이나 부족을 스스로 보고한 21명의 참가자의 경험을 조사하였는데, 시각적 심상의 생생함 평정 척도(Vividness of Visual Imagery Zuestionnaire: VVIQ; Marks, 1973)에 의해 측정된 자발적인 시각적 심상의 형성에서 50%는 완전한 결함이었고, 나머지는 상당한 결함에 해당하였다. 제만과 동료들은 이 조건을 설명하기 위해 **아판타시아**라는 용어를 제안하였고 그것을 '마음의 눈'의 결핍으로 정의하였다(Zeman, Dewar, & Della Sala, 2015). 그러나 이 자발적 심상 결핍에도 불구하고 참가자들의 대부분은 깨어 있는 동안 플래시나 꿈과 같은 '비자발적인' 심상의 존재를 말하였다.

제만과 동료들의 표본에서 대부분 참가자는 평생 아판타시아 상태였다고 보고하였다. 하지만 아판타시아는 급성으로 시작될 수 있고 샤르꼬(Charcot, 1889)로 거슬러 올라가는 문헌에 예시가 있다. 더 최근에, 제만과 동료들(2010)은 관상 동맥 성형술 후 시각적 심상 생성 능력을 잃은 남성이 시공간적 과업을 수행하는 능력은 유지되었다는 단일 사례를 발표하였다. 사실상, 정신적으로 시각화하는 능력의 갑작스러운 상실과 관련되는 몇 가지 흥미로운 제안이 있다. 코타드(Cotard, 1884)는 그것을 죽음이나 자기의 부재 경험과 연결시키지만 시미온과 동료들(Simeon et al., 2000)은 정신적 심상 형성 무능력은 이인증과 현실감 상실의 경험을 지지하는 요소들 중 하나일 수 있다고 주장한다. 또 아판타시아와 선천성 안면인식장애 사이에 공통점이 있다는

지적은 흥미롭다(Gruter, Gruter, Bell, & Carbon, 2009). 그리고 시각적 심상 결핍은 자전적 기억에 부정적 영향을 미칠 수 있다(Faw, 2009).

지금까지 치료적으로 심상에 접근할 수 있는 많은 사람을 대상으로 한 인지치료 연구는 없다. 그래서 앞에서 언급한 자료에 의존할 수밖에 없다. 이 자료에서는 소수의 사람은 생성할 수가 없어서 자발적인 시각적 심상 작업을 할 수 없으며, 그러한 개인들은 또한 다른 감각 양식에서 심상 결핍이 있을 수 있다고 말한다. 하지만 제만과 동료들(2015)의 표본의 대부분은 비자발적인 심상을 보고하였는데, 아판타시아는 분명히 특히 외상 관련 침습적 심상이 나타나는 것을 방해하지는 않는다. 이는 침습적 심상을 다루는 가장 좋은 방법이 무엇일지에 대한 궁금증이 생기게 하는데, 특히 심상 다시쓰기가 아판타시아를 가진 사람들에게 가능한 PTSD 개입방법일지 궁금하다. 직접적 증거가 없어서 대답하기 어려운 질문이다. 심상 다시쓰기는 사람들이 외상 관련 침습적 심상을 처리하고 통합하도록 돕기 위해 계획된 것인데, 그것은 심상을 자발적으로 회상하고 구성하는 것을 요구하지는 않는다. 그러므로 비자발적인 침습이 있는 것만으로 개인에게 기법을 사용하는 데 충분한지 또는 자발적 심상 생성의 어려움이 그것을 방해하는지는 분명하지 않다. 당신은 항상 내담자가 심상 다시쓰기를 기꺼이 하고자 하는지 살펴볼 수 있고 그런 사람들에게 가능한지를 판단할 수 있다. 이외에, 또 내담자가 이 방법이 자신에게 효과가 없는 거라는 것을 아주 명확히 알고 있다면 외상에 대한 내러티브 쓰기와 같은 기억 통합을 이룰 대안적 방법이 유용할 수 있다. 이것이 아판타시아를 가진 개인에게는 더 효과적일 것이지만 이에 대해서는 경험적인 조사가 필요하다.

심상을 생성하지 못할 때

다른 감각 양식에서의 심상 결핍과 함께 아판타시아가 있다면 치료사에게는 도전이 된다. 몇몇 경우에, 특정 심상 대신에 '느껴진 감각(felt sense)'을 가지고 유사한 작업을 하는 것이 가능할 수 있다. 예를 들어, 클라크와 웰스(1995)의 사회불안에 대한 인지 모델의 중심적 특징은 선택적 주의, 기억, 편견적 해석, 안전 행동과 회피와 같이 인지적 · 행동적 처리과정을 야기하는 부정적 자기 관점이다. 그것들은 정신적 심상으로 저장될 수 있거나 이 부정적 자기 관점이 자신에 대한 개인의 신념과 그 신념들에 붙어 있는 정서를 요약하는 느껴진 감각으로서 경험될 수 있다고 분명하게 말한다.

클라크와 웰스(1995)가 추천하는 많은 사회불안 개입 방법은 특정 심상이나 느껴진 감각에 대해 똑같이 잘 적용될 수 있다. 예를 들어, 이상하게 보인다고 믿는 사회적으로 불안한 내담자는 어색하고 당황스러워 보이는 자기 심상을 가질 수 있고, 얼굴이 붉어지고 뻣뻣해지고 불편한 자세와 억지 미소, 더듬거리고 할 말이 생각나지 않는 것에 대해 묘사할 것이다. 안전 행동 실험을 할 때 그는 그것들의 영향을 탐색하기 위해 안전 행동을 하거나 하지 않으면서 부정적 자기 심상의 요소들에 대해 평가할 수 있다. 같은 내담자가 정신적 심상은 떠오르지 않지만 “내가 이상하게 보이는 것처럼 느껴지고 다른 사람들은 내가 이상하다고 생각할 거예요.”라고 말한다면, 치료사는 이것이 어떻게 나타나는지 탐색할 수 있다. 예를 들어, 내담자는 어색하고 당황스럽고 뻣뻣하고 불편하고 이상한 신체 자세나 억지 미소를 말할 것이다. 이 특징들은 심상이 존재할 때도 같은 방식으로 평가될 수 있다. 왜냐하면 그들이 느끼는 것에 대한 주관적 평가에 의존하기 때문이다. 사회불안 프로토콜에서 이 부분의 목적은 개인이 안전 행동이 도움이 되는지 도움이 되지 않는지 발견하는 것이고, 그렇기 때문에 실제 심상의 존재가 자기에 대한 안전 행동의 영향을 발견하는 데 필수적이지는 않다.

심상의 결핍은 비디오 피드백 실험을 더 어렵게 만드는데, 내담자가 심상의 구체적 특징을 묘사해야 하고 그다음 이것을 관찰된 현실과 비교해야 하기 때문이다. 딱 봐서는, 만약 개인이 심상을 떠올리지 못한다면 이것은 불가능한 것처럼 보인다. 하지만 '이상한 느낌'의 특징들은 심상에 의존하지 않는 감각 양식들로 경험될 수 있다. 예를 들면, 신체의 뻣뻣함은 신체 경험이고 내담자에게 '이상한 자세'가 어떤 것이라 생각하는지 설명을 요청할 수 있다. 유사하게 '거짓 미소'도 자세하게 묘사되고 설명될 수 있다. 치료사는 다양한 미소의 모델이 될 수 있고 비디오에서 탐색할 것을 내담자가 파악하기 위해서 내담자에게 이것이 그가 생각하는 거짓 미소처럼 보이는지 물어볼 수 있다. 개인이 자기에 대한 정신적 이미지를 갖고 있지 않더라도 치료사는 무엇이 다른 사람들이 보기에 그가 이상하다고 생각하게 만드는 것인지 물어볼 수 있고, '이상한'의 느껴진 감각을 설명하는 잠재적으로 관찰 가능한 일련의 특징들과 행동들의 기준을 세우는 데 이것을 사용할 수 있다. 그 후 비디오 피드백 실험은 내담자가 특정 심상을 보고할 때와 거의 같은 방식으로 수행될 수 있다(8장은 안전 행동과 비디오 피드백 실험을 자세히 설명한다).

부정적 자기 관점은 어떤 특정 장애에서도 독특한 것이 아니고 심리적 문제의 전반적인 범위에 걸쳐 나타난다. 자기 심상을 직접적으로 다루는 것은 새로운 시도이지만 소수의 '정신적 심상을 갖지 못하는 사람들'에게는 선택지가 아닐 수 있다. 이 경우에 당신은 더 친근한 기존의 인지치료 기법들에 의존할 수 있다. 예를 들면, 부정적 신념 도전하기나 자기에 대한 가정 탐색하기이다. 부정적 자기에 대한 문제는 주로 대인관계적이고 당신은 내담자에게 그들이 생각하기에 다른 사람은 무엇을 보는지 설명하게 하거나, 그림이나 사진과 같은 외재화된 이미지를 사용할 수 있다. 때로 자기나 자기에 대한 타인의 관점을 나타내는 은유는 그 의미들을 다루는 강력한 방법이 될 수 있다(Stott et al., 2010).

아판타시아와 심상 다시쓰기

한눈에 아판타시아는 개입방법으로서 심상 다시쓰기의 활용을 방해하는 것처럼 보인다. 하지만 심상 다시쓰기의 주요 기능은 관점을 바꾸고(아동 대 성인), 그렇게 하여 의미 변화를 돕는 맥락적 정보를 제공함으로써 표적 기억으로부터 야기되는 자기에 대한 의미를 바꾸는 것이다. 안츠와 베르트만(1999)의 3단계 프로토콜은 아동(또는 그것을 경험한 나이) 관점에서 기억 재구성하기, 그리고 그다음 성인이나 같은 식으로 개입할 수 있는 더 나이 든 자기의 관점에서 다시 기억을 경험하는 것을 포함한다(전체 내용은 7장 참조). 큰 소리로 말함으로써 개인이 기억을 '이야기'하거나 쓰고, 그다음 심상에 접근할 수 있는 사람과 동일한 방식으로 절차를 수행하는 내러티브 접근을 활용하여 같은 목표를 이루는 것이 가능할 수 있다.

자전적 기억은 선천적인 아판타시아를 가진 사람들(일부 사람들이 결함이 있다고 보고하더라도)에게서 온전하다. 따라서 자전적 기억은 일반적으로 일화 기억을 동반한 정신적 심상 없이 기억을 회상하는 데 활용될 수 있다. 이 점에서, 우리는 '심상' 요소가 심상 다시쓰기의 효과를 위해 결정적인 것인지 또는 관점과 맥락의 변화가 개인의 자기 관점의 중요한 변화를 낳는 데 충분한지를 모르겠다. 또 시각적 심상의 부재에도 불구하고 아판타시아를 가진 일부 사람들이 다른 양식으로 심상에 접근할 수 있는지, 그리고 내러티브 기억 회상에 감각 요소를 포함할 수 있는지에 대해 주목할 가치가 있다.

심상과 정서: 강한 감정 다루기

정서와 강한 정서를 동반한 생리적 각성을 다루는 것은 핵심적 치료 기술이다. 치료는 감정이 결여된 상태로 일어날 수 없으며, 정서가 압도하고 생리적 각성이 심한 상태에서도 자료를 처리할 수 없다. 치료에서 한 가지 과업은 회기 내에 정서를 조절하는 것이다. 활성화하기에 충분한 정서는 야기된 현재 문제를 처리하지만 내담자를 압도할 정도로 그렇게 과한 것은 안 된다. 심상은 언어 단독으로보다 더 강한 정서를 야기할 수 있지만 내담자가 언어를 사용하여 경험과 기억을 설명할 때 그것을 떠올릴 가치가 있으며, 언어에 이미 침습적 심상이 동반될 수 있고 치료사는 그것들에 대해 분명하게 묻지 않는다면 물론 알아차릴 수 없을 것이다. 평가와 치료과정을 통해 심상을 조사하는 한 가지 이유는 심상의 존재가 때때로 표면적으로 설명할 수 없거나 어울리지 않는 것처럼 보이는 강한 정서 반응을 이해할 수 있게 하기 때문이다.

정서 조절을 위한 여러 가지 방법이 있다. 공감, 타당화, 정상화와 토론 중 감정 조절을 포함하여 회기 내 즉각적인 반응에서부터 정서 조절의 방법에 대한 공식적 교육에 이르기까지 다양하다. 문제 영역에 대해 논의할 때 언어적 · 비언어적 행동을 포함하여 내담자의 정서 반응에 대해 주의 깊게 관찰하는 것은 좋은 시작점이다. 특정 주제나 사람이 언급될 때마다 내담자가 울기 시작하는가? 내담자가 토론에서 힘든 영역에 대해 다루기 시작할 때마다 주제를 바꾸는 등 정서적 회피를 하는가? 내담자가 감정에 대한 질문에 답하는 것을 아주 힘들어 하는가? 일부 정서적 회피를 하는 내담자들은 그들이 어떻게 느끼는지 모르거나 아무것도 느끼지 않는다고 말한다. 반면에 어떤 이들은 폭넓은 정서를 포괄하는 일반적인 단어를 사용할 수도 있다. '스트레스를 받아요.' 또는 '그냥 기분이 나빠요.' 정서를 확인하거나 이름 붙이기 어렵다는 것이 반드시 그 사람이 정서적 회피를 하고 있다는 것을 의미하지는 않는다. 내담자는 정서에 이름을 붙이는 것이나 여러 정서 유형을 구별하는 것을 배운 적이 전혀 없었을 것이다. 이는 아이가 분명한 감정 상태를 확인할 수 있는 언어적 능력을 갖기도 전에 높은 신체적 각성이 동반된 아주 강한 정서(두려움, 수치심)를 경험하게 되는 초기 학대로 인해 자주 나타나는 결과이다.

비록 모든 방법이 사전 준비를 포함하고 있음에도 불구하고, 심상 노출, 심상 재체험과 심상 다시쓰기와 같이 심상이 첫 번째 초점이 되는 개입들은 보통 실제 심상 절차를 하는 동안 어떤 토론도 없이 또는 충분한 토론 없이 실시된다. 이는 당신이 내담자의 정서적 반작용과 반응을 주의 깊게 관찰할 필요가 있고 내담자가 점점 더 고통스러워한다면 그것이 계속하기에 안전하고 유익한지 판단해야 한다는 것을 뜻한다. 당신은 항상 심상 훈련을 멈추어서 내담자가 괜찮은지 확인한 다음, 계속할 수 있다. 그 대신에, 정서에 압도된다면 당신은 훈련을 멈추고 무슨 일이 일어났거나 일어나고 있는지 토론할 수 있다. 하지만 내담자가 지속할 생각이 있는지 또는 그 순간 내담자가 괜찮은지 확인하고 개입할지를 섬세하게 판단하는 등 세심한 균형을 잡아야 한다.

어느 정도 이것은 개입이 이루고자 하는 목표와 그 이면의 가정하고 있는 변화 메커니즘에 달려 있다. 예를 들어, 만약 공포를 줄이기 위해 내담자의 습관화를 목적으로 공포 자극(예: 거미)에 직면하는 심상 노출을 활용한다면, 내담자가 완전히 압도되지 않을 경우 학습이 되도록 공포나 불안이 줄어들 때까지 지속하는 것은 일반적으로 중요하다. 유사하지만 대조되는 상황은, 내담자가 거미를 생각하고 상상한다면 자신이 '미칠' 것인지 실험하기 위해 행동 실험을 할 때이다. 이 경우에 치료사와 내담자는 미치기 전까지 거미를 상상하는 데 시간을 얼마나 보내야 하는지(예: 2분) 토론할 것이다. 만약 내담자가 극도로 불안해하고 고통스러워하여 2분 동안 거미를 상상하는 것을 할 수 없다면, 당신은 견딜 수 있는 표적 시간으로 실험을 재계획하고 다음 실험에서 이것의 시간을 연장할 필요가 있을 것이다. 중요한 표적은 습관화보다 신념 변화이다. 이 경우에 치료사는 노출이 종료되기 전에 정서와 각성이 낮아지기까지 기다리는 것을 목표로 하지 않고 합의된 시간 동안 심상을 유지하도록 내담자를 격려하기를 원할 것이다.

다른 경우에, 당신은 심상과 언어적 토론 사이를 오갈 것이고—두 접근법을 완전히 섞을지도 모른다. 즉, 당신은 특정 기법을 시도한 다음, 내담자가 특정 심상에 접근했을 때 무슨 일이 일어났는지, 그것이 개념화의 다른 부분과 어떻게 연결되는지, 어떤 정서가 활성화되었는지 등등에 대해 토론할 것이다. 이 경우에, 심상이나 심상 개입이 특히 강한 정서를 활성화한다면 당신은 내담자에게 심상을 유지하도록 요청하고 그것을 언어적으로 탐색하거나 또는 눈을 뜨게 하고 마음에 심상을 유지할 때 무슨 일이 일어나는지 묘사하도록 요청할 수 있다. 힘든 정서 반응을 다루도록 내담자를 도울 수 있는 다른 방법은 눈을 감는 대신, 눈을 뜨고 심상 작업을 하여 정서를 조절하는 것이다.

정서 회피는 보통 치료의 표적이고, 여러 가지 형태를 취할 수 있다. 정서 회피를 지속적으로 심하게 하는 내담자에게 치료의 첫 단계는 외상 처리와 같은 다른 개입으로 나아가기 위해 정서 조절에 초점을 맞추는 것이다. 이 첫 단계는 변증법적 행동치료로 구성될 수 있는데, 이는 정서 조절 모듈(Linehan, 1993)을 포함하거나 문제의 심한 정도나 만성 정도에 따라 덜 구조화된 접근을 포함할 수 있다. 정서 조절이 중요한 이유는 강한 정서와 해리 사이의 관계 때문이다. 해리는 자동적이고 특히 공포와 같은 강한 정서에 대한 학습된 반응일 수 있다.

다음 절은 심상과 해리의 관계에 대해 개략적 설명을 하고 이전 장들보다 더 상세하게 해리를 다루는 방법에 대해 논의한다.

여러 형태의 해리

해리는 일상의 현실 그리고/또는 개인의 정상적 자기인식으로부터 연결이 끊어진 상태이다. 그것은 백일몽이나 '고속도로 최면*'과 같은 비교적 가벼운 형태로 나타나거나, 플래시백, 비현실감 또는 이인증과 같은 더 혼란된 경험으로 나타날 수 있다. 가장 심한 형태인 해리는 기억상실, 설명되지 않는 마비, 경련, 해리성 정체성 장애와 같은 현상으로 나타날 수 있다. 해리는 보통 스펙트럼이나 연속선 경험으로 개념화되지만(예: Ross, Joshi, & Currie, 1990; Stopa, 2013), 전적으로 다른 두 가지 일련의 경험들, 즉 '분리(detachment)'와 '구획화(compartmentalization)'로 공식화되기도 한다(Holmes et al., 2005). 분리는 해리의 더 일반적으로 관찰되고 이해되는 형태로 개인은 일상의 현실이나 자기 자신으로부터 어느 정도 분리된 느낌을 경험한다. 구획화는 사람들이 신체의 부분들로부터 '떨어진' 느낌(예: 신체형 해리)이나 해리성 정체성 장애처럼 자기가 분리된 개체들로 나눠지는 느낌을 경험하는 경우들을 포함한다.

* 역자 주: 장시간 단순 운전으로 인한 반수면 상태

나는 다른 연구에서 우리가 해리의 여러 가지 현상을 완전히 이해하기 위해서는 해리의 '처리과정'과 '내용'을 조사할 필요가 있다고 주장하였다(Stopa, 2013). 내 주장의 주요점은 심상의 역할이 대개 무시되고 있으나, 심상이 여러 형태의 해리에 필수적인 부분이라는 점이다. 아버지로부터 성적 학대를 겪은 아이인 루비의 예를 보자. 그가 그 아이의 방으로 들어와 성교가 시작되면 루비는 해리된다. 그녀는 침대에 누워 있는 자신을 보고 아버지가 그녀를 학대하고 있는 게 보이지만 마치 타인에게 일어나고 있는 일인 것처럼 무감각하다. 이 경우에 해리의 기능은 자기보호이다. 해리로 인해 루비는 아버지에 의해 가해진 고통을 느끼지 않고 공포나 수치심과 같은 정서를 경험하지 않는다. 아버지가 처음에 그녀를 학대했을 때 이것은 압도되는 두려움에 대한 방어로 자동적으로 일어났지만, 학대가 계속되자 그녀는 해리를 통제할 수 있었고 그녀에게 위협을 알리는 신호(예: 심지어 아버지가 방에 들어오지 않고 복도에서 내는 소리를 듣는 것, 그녀를 학대할 때 그가 보통 술을 마셨었기에 알코올 냄새가 나는 것)에 반응하여 해리가 일어나게 할 수 있다는 것을 발견한다. 해리는 루비가 아버지와의 관계를 유지하도록 했는데, 왜냐하면 그 일이 '마치 다른 사람에게 일어난 것' 같았기 때문이다. 성인이 된 루비는 초기 학대가 떠오르는 단서에 대해서는 해리가 계속된다. 이는 어린 시절 자신의 방과 비슷한 장소와 같은 상황적 단서와 광경, 냄새, 특정 소리를 포함하여 성적 행동과 관련된 다양한 자극을 포함한다. 이 자극들 중 하나는 그녀가 성인과 성관계를 갖는 것을 극도로 어렵게 하는 해리 반응을 야기한다.

이 예시에서, 우리는 해리가 충격, 공포와 고통에 대해 처음에는 자동적으로 일어나는 처리과정이었다는 것을 알 수 있다. 루비의 아버지가 그녀를 처음 강간했을 때 그녀는 아홉 살이었다. 그녀는 그때 학대당할 것을 두려워할 때와 학대당하는 동안에도 아버지로부터 자신을 보호할 수 있다는 것을 배웠다. 침대 밖에서 침대에 누워 있는 자기를 보고 '마치 다른 이에게 일어나고 있는 것처럼' 학대받는 자기를 보는 능력은 심상을 활용하고 일어난 일을 시각적으로 구성하는 능력에 의존한다. 나는 교통사고를 겪으면서 유체이탈 경험을 한 많은 내담자와 작업을 했는데, 그들은 외부의 관점 또는 '관찰자' 관점에서 그들 자신을 보았고 그들이 죽었다고 생각했다. 이 모든 경우에, 심상은 해리 경험에 대한 근본적인 필요조건이었다.

해리는 내담자가 맨 먼저 치료에 가져오는 표적 증상 중 하나일 수 있고 치료과정 중에 강한 정서에 대한 반응으로 야기될 수 있다. 앞에서 설명한 두 사례에서 해리는 내담자가 도움을 필요로 하는 증상 중 하나였다. 이인증이나 해리성 정체성 장애와 같은 문제를 보이는 내담자들에게 해리는 그 경험의 필수적인 부분이기에, 개입의 주요 표적이 된다. 다른 경우에, 해리는 비자발적으로 일어날 수 있다(예: 심상 재체험이나 심상 노출). 일부 사람에게는 백일몽과 같이 보통 가벼운 형태의 해리가 문제가 될 수 있다. 소머(Somer, 2002)는 백일몽이 고통스러운 경험에 대한 회피나 도피로 사용되거나, 그것이 타인과 상호작용을 대신하거나, 사회적 · 직업적 · 학문적 기능을 방해한다면 그것은 '부적응적'이라고 하였다.

앞에서 다룬 다양한 해리 상태를 다루는 데 심상을 포함한 여러 가지 가능한 개입 방법이 있다. 그것은 또한 이후에 충분히 연구될 수 있는 분야이다. 하지만 이 장의 근본적 목적은 해리가 심상 개입을 활용하는 데 방해가 될 수 있다는 점을 살펴보는 것이다. 내담자가 해리되기 쉽다는 것을 당신이 미리 알게 되었거나 예상된다면, 심상 작업을 시작하기 전에 그라운딩 기법들을 가르치는 것이 도움이 된다.

그라운딩

이 기법들을 시작하기 전에 가르치거나 심상 개입으로 해리가 일어나면 가르칠 수도 있는데, 그때 당신은 계속하기 전에 잠시 멈추고 해리를 다룰 수 있는 대처 전략으로서 그라운딩을 소개해야 한다. 해리의 핵심은 개인의 현실과의 관계 파괴와 의식적 경험의 흐름에서 혼란을 포함한다는 점이다. 그라운딩의 목적은 애초에 이 파괴가 일어나는 것을 막거나 내담자가 현실이나 자기 자신과 분리되지 않는 평정의 상태를 회복하도록 돕는 것이다. 여러 기법에서 공통된 주제는 개인이 자기가 일상 현실로부터 거리를 두거나 벗어나는 해리 상태와는 반대로, 현재 자각에 '접지하도록(ground)' 돕는 감각적 알아차림에 초점을 두는 것이다.

그라운딩이 임상가들에 의해 폭넓게 사용되고 있다는 사실에도 불구하고 무엇이, 어떤 상황에서, 누구에게 가장 잘 작용하는지에 대해 주목할 만한 연구가 없다. 공식적인 연구가 부족함에도 불구하고 인터넷에 유용한 자료가 많이 있다. 해리성 정체성 장애 협회(DID Research; http://did-research.org/treatment/grounding)는 그라운딩에 대한 여러 접근에 대한 요약을 제공한다. 그것들은 네 가지 다른 종류, 즉 정신적, 재지향, 감각적, 움직임 그라운딩으로 기법들을 나눈다.

정신적 그라운딩

정신적 그라운딩 기법은 주의 집중을 요하고 정신적 처리 과정을 점유할 가능성이 있고, 혼란스러운 정서나 외상 촉발 자극으로부터 주의를 딴 데로 돌리는 작용을 하는 정신 활동들의 집합이다. 그것은, 예를 들어 3, 6, 7의 배수 거꾸로 세기, 글자를 선택하고 그 글자로 시작하는 단어 생각하기 또는 색깔을 고르고 그 색으로 된 사물, 옷, 차, 다른 물건들 찾기와 같은 단순한 정신적 조작에서부터, 자세하게 처리과정 설명하기(예: 요리하는 방법, 또는 한 장소에서 다른 장소로 가는 법)와 같은 더 복잡한 정신적 조작까지 아우른다. 이것은 가장 인지적인 것에 기반을 둔 그라운딩 기법들이고, 내 경험상 이것들은 사람들이 해리되었을 때 자기의 정상적 상태와 현실로 다시 돌아오도록 돕기보다 해리를 막는 데 더 효과적인 것 같다.

재지향 그라운딩

재지향 그라운딩 기법은 개인을 해리 상태에서 되돌아오도록 돕는 것뿐만 아니라 개인이 촉발 자극이나 정서를 다루고 해리를 피하려고 할 때 효과적이다. 재지향은 현재 개인의 존재에 대한 의식적 인지를 포함한다. 현재 상태 알아차림을 유도하는 자기 진술이 관련될 수 있다. 예를 들어, '내 이름은 루비이다. 나는 집안 의자에 앉아 있다. 나는 지금 안전하다. 나는 아버지와 함께 집에 있는 아이가 아니다. 나는 아파트에 살고 있는 성인이다. 지금은 1999년이 아니라 2020년 7월 10일이다. 만약 필요하다면 야스민을 부를 수 있다.' 재지향은 보통 정신적 그라운딩보다 더 감각적인 것에 초점을 맞춘다. 예를 들어, 환경을 묘사하면서 동시에 특정한 광경, 소리, 냄새나 다른 감각 자극에 주의를 옮기기가 있다. 재지향은 대개 개인이 '지금'이 안전하고 더 이상 위험하지 않다면 '그때'(외상)와 '지금'을 명확하게 구별하는 작업을 할 때 특히 도움이 된다.

감각적 그라운딩

감각적 그라운딩 기법들은 즉각적 감각과 신체적 감각에 초점을 둔다는 공통점이 있다. 공통적 기법은 '그라운딩 대상'을 사용하는 것이다. 독특한 감각적 특징을 지닌 휴대용의 어떤 것으로, 예를 들면 접촉하기에 부드러운 것(예: 나무나 돌) 또는 작은 향수 스틱이나 방향 오일과 같은 독특한 냄새가 나는 것이다. 일부 그라운딩 대상은 내담자에게 의미 있는 관계가 있는 것이 될 수 있다. 예를 들면, 파도에 의해 매끄럽게 닳은, 바닷가에서 주운 자갈이나 조그만 물건 또는 보석이다. 그라운딩 대상의 이점은 들고 다닐 수 있어 다양한 상황에서 바로 사용할 수 있다는 것이다. 다른 감각적 그라운딩 기법으로는 환경 내에서 신체를 알아차리는 것, 강한 향과 함께 자극적인 맛(레몬이나 라임 한 조각 깨물기, 신맛이나 민트 향 사탕 빨기), 손이나 얼굴을 차거나 따뜻한 물에 담그기, 당면한 환경에 있는 사물 만지기가 있다. 향초, 음악, 향수 또는 다른 재질의 향기 나는 물건들(보습제, 스크럽 등)과 같은 여러 가지 다른 감각 기반 자극을 포함하여, (향이 나는) 욕조에 들어가기와 같이 집에 있는 동안 감각적 그라운딩을 위해 더 복합적인 일련의 작업 또한 활용할 수 있다.

내담자가 회기 중에 해리된다면 나는 흔히 직접적인 환경 내에 있는 사물에 초점을 맞추는 것과 함께 신체 자각을 조합하여 활용한다. 다음 사례에서 리 메이는 어느 날 밤 집 밖에서 일어난 폭력에서 생존했는데, 언어 폭력을 당한 후 주먹질과 발길질을 당하였다. 그녀는 성적으로 폭력을 당할 거라고 생각했지만 이웃이 깨서 경찰에 신고하였고 가해자는 도망갔다.

리 메이: 그 사람이 내 뒤에 있고 그는 내 목덜미를 잡고 나를 때려요. 나는 손을 들어 올리고 (흐느낀다.) 그 사람은…… 그 사람은 내 옷을 거머쥐어요. 그는 내 등에 주먹질하고 내 바지를 세게 당겨요. 아파요. 정말 아파요. 무슨 일이 일어나고 있는지 모르겠어요. 만약 그 사람이 내 바지를 내렸다면 나를 강간했을 거예요. 그 사람이 내 무릎을 발로 차요. 나는 바로 땅에 넘어져요. (갑자기 멈추고 조용히 있다.)

치료사: 리 메이, 지금 무슨 일이 일어나고 있나요?

리 메이: (숨을 헐떡인다.) 할, 할 수가 없어요. (신체가 아주 긴장되고 그녀는 허공을 바라본다.)

치료사는 리 메이가 폭력 상황에서 넘어지는 부분에 이르렀을 때 해리가 일어났다는 것을 깨달았다. 이 순간은 가해자가 그녀를 강간하려 한다고 생각되는 지점이다.

치료사: 리 메이, 내 말을 들으면 좋겠어요. 의자 옆에 팔을 올려놓으세요. 당신

이 손으로 의자의 천 부분을 문질러 보고 거칠거칠함을 느껴 보면 좋겠어요. (잠시 멈춘다.) 그리고 그렇게 하는 동안 발로 바닥을 눌러 보세요. 발이 바닥에 닿는 느낌에 집중하고 손가락으로 팔걸이를 문지를 때 그게 어떻게 느껴지는지에 집중하면 좋겠어요. (리 메이가 이렇게 하는 동안 잠시 멈춘다.) 그 감각을 묘사해 보겠어요? 의자가 어떤 느낌이에요?

리 메이: 거치네요. 털이 많고 울퉁불퉁하네요.

치료사: 그리고 바닥을 눌러 보세요. 발이 바닥을 누르고 있을 때 느껴지는 것에 대해 말해 주세요.

리 메이: 단단하고 내 다리가 무겁게 느껴지고, 누르니까 긴장감이 느껴져요. 내 다리가 떨려요.

치료사: 리 메이, 정말 잘했어요. 발이 바닥을 누르는 느낌과 함께 당신의 다리로 의자를 누르는 느낌을 느껴 보세요. 계속 누르면서 당신이 바닥과 연결되는 느낌을 느끼고 의자의 천의 거친 느낌도 계속 느껴 보세요. 이제 방을 둘러보고 당신이 볼 수 있는 것, 냄새 맡을 수 있는 것에 주목해 보면 좋겠어요. (잠시 동안, 리 메이가 둘러보도록 시간을 준다.) 당신이 본 것과 들은 것이나 냄새나 맛을 알아차린 것을 묘사해 보세요.

리 메이가 다시 온전히 '여기 있을' 때, 그들은 일어난 일에 대해 논의할 수 있다. 치료사는 리 메이가 규칙적으로 해리되는지 또는 그것이 일어난 것이 이번이 처음인지에 대해 탐색할 수 있다. 그들은 외상에 가까운 해리와 현재 에피소드 사이의 관계를 탐색할 수도 있다. 만약 리 메이가 그 당시에 무슨 일이 일어났는지 또는 그녀가 해리되고 미쳐 가고 있다고 두려워할 때 현재 무슨 일이 일어나는지 이해하지 못한다면, 이는 해리와 그것의 기능에 대해 심리교육을 제공할 수 있는 기회가 된다. 그들은 또한 외상을 위계별로 나누고 그것을 부분적으로 재체험할 필요가 있는지, 또는 리 메이가 재체험하는 동안 그라운딩 기술을 활용할 수 있는지에 대해 생각해 볼 수 있다.

움직임 그라운딩

움직임 그라운딩 기법은 감각적 그라운딩과 상당히 겹치는데, 대개 신체에서 느껴지는 감각을 알아차리는 것을 포함한다(예: 피부에 느껴지는 천의 느낌). 하지만 움직임 그라운딩은 보통 더 적극적이다. 움직임 그라운딩은 앞의 인용에서 설명한 바닥 누르기, 의자의 촉감 느끼기와 같은 단순한 기법들과 물체를 늘리거나 단순히 쥐어짜는 것 또는 버블 랩 터트리기와 같은 단순한 움직임을 포함할 수 있다. 하지만 달리기, 춤추기, 자전거 타기, 수영, 반려동물을 쓰다듬거나 어루만지기, 정원 관리하기 또는 핑거 페인팅과 같은 더 복잡한 활동들도 포함된다.

해리의 기능, 의미 그리고 영향

앞에서 설명한 모든 그라운딩 기법은 공통적인 특징이 있다. 목적은 내담자가 그 순간에 머무르도록 돕는 것이고 현재의 알아차림을 유지하고 자기인식의 안정을 유지하는 것이다. 나는 6장에서 오토바이 사고에서 유체이탈 경험을 하는 동안 자신이 죽었다는 짐의 신념에 의해 나타난 문제를 설명하였다. 내담자들의 해리에 대한 이해 정도와 그것에 대한 그들의 태도는 다양하다. 어떤 이들은 해리가 고통스러운 사건, 기억, 정서로부터 그들을 분리시키기 때문에 편안하거나 도움이 된다고 알고 있고, 반면에 다른 이들은 해리로 인해 극도로 혼란스러워할 수 있다. 왜냐하면 그들은 '시간을 기억하지 못하고' 또는 그들이 뭔가를 하고 있다는 것을 갑자기 알게 되거나 그들이 거기에 어떻게 갔는지 기억하지 못한 채 어떤 장소에 있기 때문이다. 다른 사람들에게 정상적 자기인식으로부터의 단절 또는 비현실감은 심한 불안을 야기할 수 있다. 후자의 예에서 해리는 치료의 주요 목표가 된다. 하지만 전자의 경우에 해리는 정보처리를 차단하거나 학습을 방해하기 때문에 문제가 된다. 그라운딩 기법은 정서적 처리 기법이 아니지만 그것들은 일부 내담자에게 힘든 경험을 직면하고 평가하고 처리하는 능력을 촉진하기 위한 필요조건이 된다.

해리 경험을 표적으로 하는 것과 마찬가지로 해리의 의미를 이끌어 내고 탐색하는 것도 중요하다. 해리 경험에 대한 평가들은 다양하다. 미쳐 가고 있다고 걱정하는 일부 사람은 '정상이 아니거나' 뇌에 문제가 있다고 본다. 어떤 사람은 그들이 '약하거나' '다쳤다고' 결론짓는다. 심한 편집증을 보이는 사람들은 외부 힘에 의해 통제되고 있다고 믿을 수 있다. 대부분의 사람에게 임상적 증상 프로파일의 일부분인 해리는 '비정상'으로 경험되고 그것의 영향은 극적이고 혼란스럽다(예: 기억 상실, 유체이탈, 일시적 마비).

해리에 대한 통제감 관련 신념은 해리에 영향을 미치고 다른 평가들과 상호작용한다. 해리가 강한 정서나 다른 자극에 대한 반응으로 자동적이라는 사실로 인해 더 복잡해진다. 더 자발적인 해리의 형태는 고도로 자동화될 수 있다. 해리가 재발되는 문제라면 당신은 구체적인 촉발 자극(매우 미묘해서 내담자는 처음에 그것들을 알아차리지 못할 수 있다.)과 유지 요인을 평가해야만 한다. 일부 내담자는 해리를 관리하는 데 감정 위계가 도움이 된다는 것을 발견한다. 이것들은 내담자가 자주 해리되는 위계의 지점을 확인시켜 주고, 위계를 점진적으로 올리면서 정서 처리가 단계별로 진행될 수 있다. 내담자는 위계의 여러 단계에서 현재에 초점을 두기 위해 그라운딩 기법을 활용하는 훈련을 할 수 있다. 치료사는 구체적인 촉발 자극에 대한 노출을 할 수 있고 다시 위계 접근을 활용하거나 해리를 방지하기 위해 그라운딩 기법을 노출에 포함할 수 있다. 이 기법들과 더불어 치료사는 해리가 통제 가능하다고 보는지에 대한 내담자의 믿음을 탐색하고, 앞에서 논의한 전략들을 사용하여 내담자가 해리에 대해 발휘할 수 있는 통제 유형에 대한 가정을 조사하기 위해 행동 실험을 계획할 수 있다.

외상 초점 인지행동치료에서 심상 재체험을 하는 동안 지속적 해리가 문제가 된다면, 당신은 눈을 감기보다 눈을 뜨고 재체험을 하는 것과 시각적 관점의 이동을 활용하여 강도를 조절할 수 있다. 일반적으로 우리는 내담자가 외상 내용에 온전히 참여하도록 현재 시제를 사용하여 눈을 감고 재체험하는 것을 권한다. 하지만 크리머와 동료들(Creamer et al., 2004)의 외상 훈련 매뉴얼에 의하면, 재체험의 첫 회기는 내담자가 약간은 거리를 두고 외상 내용에 쉽게 들어가도록 하기 위해 눈을 뜨고 과거시제로 말하도록 한다. 치료사는 개별 내담자에게 이렇게 하는 게 필요한지 판단하고, 그다음 눈을 감고 현재 시제로 재체험하는 것을 점진적으로 소개할 수 있다.

해리는 외상을 경험한 사람들에게 중요한 임상적 문제이다. 하지만 그것은 여러 다른 상황에서도 나타난다. 해리에 대한 많은 양상이나 그것을 다루는 데 현재 사용되고 있는 모든 방법에 대해 논의하는 것은 이 장의 범위를 넘어서는 것이다. 더 알고 싶은 독자들에게 두 권의 유용한 책이 있는데 『해리의 이해와 치료에 대한 인지행동적 접근(Cognitive Behavioral Approaches to the Understanding and Treatment of Dissociation)』(Kennedy et al., 2013)과 『외상 관련 해리 치료(Treating Trauma-Related Dissociation)』(Steele, Boon, & van der Hart, 2017)이다.

기억 관점

시각적 심상의 관점을 조작하는 것은 외상 내용을 더 잘 다룰 수 있도록 하는 데 도움이 될 수 있다. 우리는 이것에 대해 1장에서 살펴보았고 시각적 심상을 볼 수 있는 두 가지 관점에 대해 언급하였다. 관찰자 또는 3인칭 관점(밖에서 보는 것)과 장 또는 1인칭 관점(자신의 눈으로 보는 것)이다. 관점은 또한 그 순간 보이는 심상, 기억들과 상상된 미래 사건을 나타내는 심상들에 영향을 미칠 수 있다. 관점은 비자발적으로 나타날 수도 있고 의도적으로 선택될 수도 있다. 최근 연구에 의하면, 자전적 기억의 약 1/3은 관찰자 관점에서 자발적으로 회상된다. 관찰자 관점 기억들은 좀 더 설명적이고 덜 감각적인 정서적 정보를 포함하는 경향이 있는데(Bernstein & Rubin, 2006; D'Argembeau, Comblain, & Van der Linden, 2003; Sutin & Robins, 2008), 사람들이 더 오래된 기억들을 회상할 때 그럴 가능성이 더 높다(Akhtar, Justice, Loveday, & Conway, 2017; Nigro & Neisser, 1983). 장 관점 기억들은 더 구체적이고 자세하고 더 감각적 정보를 포함하며 더 최근의 기억이기 쉽다(Nigro & Neisser, 1983; Sutin & Robins, 2010).

관찰자 관점의 회상은 한편으로 정서 조절의 형태가 될 수 있고 다른 한편으로는 정서 회피의 형태를 나타낼 수도 있다고 한다(Sutin & Robins, 2010). 그러나 그 설명은 복잡한데, 의도적인 관점의 변경에 관해 조사한 연구는 지금까지 일관된 의견을 내놓지 못했기 때문이다. 최근 관점 변경의 영향에 대한 체계적인 검토에 의하면, 일반적으로 자전적 기억과 상상된 시나리오 모두에서 관찰자 관점이 낮아지는 부정적 · 긍정적 정서와 관련된다는 것에 일치된 의견이 있긴 하지만, 비임상 참가자들에 대한 연구들은 자의식적 정서(예: 수치심, 부끄러움)에서는 사실이 아니라고 나타났는데, 일부 연구들에서는 부정적 정서가 증가했다고 관찰되었지만 다른 연구들은 그렇지 않았다(Wallace-Hadrill & Kamboj, 2016). 저자들은 또한 그 효과는 자기존중감에 의해 중재될 수 있고, 우울 증상들이 회상에 영향을 미칠 수 있으며, 그리고 대체로 임상 참가자들에 초점을 맞춘 문헌은 없다고 말한다.

부호화하는 시기의 관점이 회상에서의 관점을 결정하는지에 대한 이해, 관점 변경의 영향 및 성격 요인들의 역할을 포함하여 관점 취하기에 영향을 미치는 요인들에 대한 문헌에 논쟁이 있다. 예를 들어, 수틴과 로빈스(Sutin & Robins, 2010)는 기억을 회상하는 동안 특질 해리와 불안 모두 관찰자 관점을 사용하려는 일반적인 경향과 관련되지만 다른 성격 요인들은 그렇지 않다고 설명하였다. 앞에서 개괄적으로 설명한 결과들과 일맥상통하는데, 그들은 장 관점 기억들은 관찰자 관점 기억들보다 더 생생하고 보다 자세한 많은 감각을 포함하며 정서적으로 더 강렬하다고 확증하였다. 그러나 이 차이는 단지 자연스럽게 나타나는 관점일 경우에만 나타나고, 참가자들이 특정 관점으로 기억을 회상하도록 지시받을 때는 나타나지 않는다. 이는 장에서 관찰자 관점으로의 변경이 정서를 감소시키지만 관찰자에서 장 관점으로의 변경은 정서적 반응에 변화를 주지 않는다는 초기 연구와 모순된다(Robinson & Swanson, 1993).

관점과 자기 심상

지금까지, 우리는 기억 기반 심상의 정서적 강도와 생생함과 같은 특징에 관한 관점의 영향을 살펴보았다. 하지만 이 책을 통해 나는 심상이 어떻게 자기를 나타낼 수 있는지를 강조하였다. 취하는 관점과 자기 사이의 흥미로운 관계가 있는데, 이는 심상의 치료적 활용에 대한 임상적 의미를 갖는다. 수틴과 로빈스(2008)의 모델은 시각적 관점, 자기 그리고 콘웨이와 플레이델 피어스(2000)의 자기기억 체계(Self-Memory System: SMS)에서 확립한 기억 사이의 관계를 이해하는 통합적인 이론적 틀을 제공한다. 그들은 자전적 기억의 회상에서 첫 번째 단계는 그것이 자기 자신과 관련이 있는지를 판단하고, 기억이 현재 자기 관점과 일치하는지 아니면 그들에게 위협이 되는지를 평가하는 것이라고 주장한다. 다음으로, 그들은 이 평가 과정을 자기 평가의 동기, 특히 자기 확인(존재하는 자기 신념들을 확인하는 것)과 자기 강화(긍정적 자기 관점을 생성하기 위해 기억을 활용)에 연결한다. 자기 평가의 동기는 개인이 일관되고 일치된 정체성을 유지하고 자기에 대해 긍정적으로 느끼도록 돕는 기능을 한다. 그 모델에서 관점의 역할은 자기에 대한 일치 또는 위협에 반응하는 방법이고, 수틴과 로빈스는 관찰자 관점의 활용에 대해 대조적인 예측을 하는 두 가지 경쟁 가설에 대해 논한다.

이 두 가지 가설을 간략하게 설명하면, 첫 번째 가설인 관찰자 관점의 역할—'감정에 좌우되지 않는 관찰자'—은 현재 자기로부터 과거 자기에 대해 거리를 둘 수 있고 위협에 대한 부정적 정서를 감소시킴으로써 '감정에 좌우되지 않는' 3인칭 관점을 촉진한다. 기억이 관찰자 관점에서 회상될 때 전반적으로 정서가 감소한다는 증거는 관찰자가 감정에 좌우되지 않는다는 가설과 일치한다. 다른 하나인 '두드러진 자기' 가설은 거의 반대인데, 관찰자 관점이 기억과 관련된 정서를 과장하고 과거와 현재의 자기 사이의 일치성을 증가시킨다고 주장한다. 수틴과 로빈스(2008)는 사회불안장애를 겪는 사람들의 경우 관찰자 관점에서 부정적인 사회적 기억을 회상하지만 장 관점에서 비사회적 기억을 회상한다는 연구를 바탕으로 두드러진 자기 가설을 지지한다고 말한다. 그들은 이 경우에 관찰자 관점은 부정적 정서를 확대하고 기억과 현재 부정적 자기 관점 사이의 일치성을 강화한다고 말한다(즉, 자기 확인이 자기 향상 동기를 누르고 이긴다).

관점의 임상적 적용

수틴과 로빈스(2008)의 이론적 모델은 기억, 관점 그리고 자기에 대한 이론적 접근을 통합하고 미래 연구에 대해 검토할 수 있는 가설들을 제공하지만 치료적으로 시각적 관점을 활용하는 방법에 대한 분명한 지침을 제공하지는 않는다. 사회불안장애와는 별개로, 현재 인지행동치료 프로토콜에서 치료를 돕기 위해 관점을 다루는 방법에 대한 분명한 권고 사항은 없다. 하지만 관점의 잠재적 역할을 이해하는 것은 당신에게 도움이 될 수 있다. 예를 들어, PTSD를 겪는 내담자가 재체험이 힘들고 계속 해리된다고 생각한다면, 당신은 관점이 재체험을 견디기 쉽게 만드는지, 해리를 피하는 데 도움이 되는지를 초기에 알기 위해 장 관점에서 관찰자 관점으로 바꾸는 것을 시도할 수 있다.

처음에 외상을 재체험하는 것이 아직 너무 힘들다면, 당신은 위계를 활용하는 심상 및 관점들—단일 심상들 또는 여러 부분을 상징하는 '구조들'—과 내담자가 재체험을 다시 시작하기 전에 정서를 조절하도록 돕기 위한 관점 이동을 통합할 수 있다. 당신은 또한 어떤 관점이 자발적으로 일어나는지를 탐색할 수 있고, 자기의 두드러짐과 일치의 정도, 주요 정서의 강도를 평가할 수 있다(이는 외상 전 자기와 외상 후 자기의 관찰을 필요로 한다). 그 후 당신은 내담자에게 관점을 변경하는 실험과, 정서와 자기 관점에 미치는 영향을 조사하는 실험을 요청할 수 있다.

관찰자나 3인칭 관점에서 보는 특정 유형의 해리 경험이 있다. 내담자가 해리되고 '유체이탈', 즉 관찰자 관점에서의(대개 자발적이지만 그것은 학습된 반응일 수 있다.) 경험을 말할 때 내담자는 밖에서 보는 복합적 심상을 형성한다. 이 경우, 치료 개입의 주요 부분은 장 관점이나 1인칭 관점에서 기억을 재형성하도록 내담자를 돕는 것이다. 다시 말해, 최선의 접근을 위한 분명한 증거 기반 지침이 없기에, 당신은 특정 내담자에게 효과적인 것을 검토하기 위해 단일 사례 계획을 하거나 행동 실험을 하겠다는 실험적인 마음 상태여야 한다. 6장에서 논의된 짐의 사례에서, 재체험하는 동안 그는 충돌 순간에 이를 때마다 바로 관찰자 관점으로 바꾸고, 본질적으로 그 사고에서 자동적으로 일어났던 해리 상태를 재현한다는 것을 발견하였다. 우리는 관찰자 관점에서 장 관점으로 바꾸는 재체험 훈련을 하였고 재체험 자체 안에 관점 변경을 포함하였다. 관점 변경의 과정은 정서 처리를 촉진하고, 지금은 짐이 통제하지만 그 당시 자동적으로 일어났던 지각적 처리의 특정 모드에서 비롯된 유체이탈 경험에 대한 증거를 제공할 수 있었다. 다음으로 사고가 발생하는 동안 자신이 '죽었다'는 짐의 믿음에 도전하였다.

다른 장애에서 관점 변경의 활용

앞에서 언급했듯이, 시각적 관점의 역할과 그것을 치료적으로 활용하는 방법은 여전히 잘 알려져 있지 않다. 사회불안장애는 인지 모델이 기억 관점을 분명하게 포함하는 유일한 영역이고 그 방법이 짐의 사례—관찰자에서 장으로 변경—에서와 같지만 근거는 아주 다르다. 사회불안장애에서 관찰자 관점은 사회불안을 유지하는 왜곡된 자기 심상의 중심 역할과 관련된다. 사회불안이 높은 개인은 사회적 상호작용을 하는 동안 관찰자 관점에서 부정적 자기 심상을 보고 또 관찰자 관점에서 사회적으로 불안한 과거 사건에 대한 기억들을 본다(예: Coles et al., 2001; Wells et al., 1998). 관찰자 관점의 활용은 더 높은 사회불안 수준과 더 부정적인 자기 평가적 사고, 더 많은 안전 행동, 수행에 대한 더 나쁜 평가와 관련된다(예: Spurr & Stopa, 2003).

관찰자 관점은 잠재적으로 사회불안에서 두 가지 근본적인 치료 표적, 즉 관찰 가능한 자기에 대한 정확한 관점을 발달시키는 것과 자기보다 상황을 처리하는 것에 방해가 된다. 내적으로 왜곡된 자기 심상을 관찰자 관점에서 보는 것은 개인이 정말로 보고 있는 실제적인 자기 모습이라는 믿음을 확신하게 한다. 이 관찰자 관점 심상에 몰두하는 것은 자기 초점적 주의를 강화하고 자기에게 계속 주목하고 상황 그 자체에서 실제로 일어나는 일을 처리하는 것을 방해한다. 수틴과 로빈스(2008)의 모델에 따르면, 이 유지 사이클은 두 번째 가설(두드러진 자기)과 일치하는데, 그것이 고통을 과장하고 자기 강화 동기와 갈등을 일으킨다는 사실에도 불구하고 자기 확인(개인이 이미 믿고 있는 것을 확증하는 것) 기능을 갖게 되기 때문이다. 두 관점을 설명하고 그다음 사회불안 치료의 다른 측면에 따라 관점 변경을 훈련하는 것은 도움이 되는 주의 전환을 촉진하고, 습관적인 부정적 자기 심상이 타인이 보는 외적 현실과 일치하는지 재평가하도록 도울 수 있다.

다른 장애에서 관점 변경은 어떤가? 다시 한번 말하자면, 특정 개입을 위한 직접적인 증거가 없기 때문에 정확하게 추천하기는 어렵다. 하지만 당신은 앞에서 간단히 설명한 이론과 증거를 활용할 수 있거나 광범위한 개입의 일환으로 시험해 볼 수 있는 가설을 세우기 위해 다른 영역의 지식을 함께 활용할 수 있다. 예를 들어, 우리는 이미 자전적 기억이 우울을 심화시키고 과일반화된 기억(OGM: 구체적인 사건보다 일반적이고 자주 회상되는 경향)이 우울의 유지에 기여할 수 있다는 것을 알고 있다. 수틴과 로빈스(2010)는 우울을 겪는 개인은 관찰자 관점에서 긍정적 · 부정적 경험을 떠올리기가 더 쉽다고 말한다. 이 발견의 결과가 내담자를 관찰자 관점에서 장 관점으로 변경하도록 격려하는 것을 암시할 수 있지만, 그들은 의도적인 관점 변경이 항상 정서 반응의 변화에 효과적인 것은 아니라는 사실을 독자에게 경고한다. 그들은 미래 긍정적 시나리오를 상상하기 위해 장 관점을 활용하는 것이 우울을 겪는 내담자를 대상으로 기억에 대해 관점 변경을 훈련하는 것보다 더 효과적일 수 있다고 말한다.

시각적 관점은 심리적 고통을 유지시킬 수 있지만 치료에서 이용될 수 있는 초진단적 과정으로서 심상을 이해할 수 있는 또 다른 차원을 더한다. 관점은 어떤 유형의 시각적 심상에서도 역할을 할 수 있지만, 앞에서 언급했듯이, 자기 심상에 대해 적용되는 관점은 개인에게 특히 중요할 수 있다.

다음 절은 심상이 어떻게 외상에 대한 개인의 자기인식을 근본적으로 변화시킬 수 있는지, 심상이 어떻게 개인을 치료적으로 회복시키는 데 사용될 수 있는지에 초점을 맞춘다.

외상 후 자기를 다루는 방법

복합 외상 또는 외상 유형 2는 외상 경험에 반복적으로 노출된 사람들의 경험을 설명하고 복합 PTSD의 발달로 이어질 수 있다. 한정하는 것은 아니지만, 여기에는 모든 형태의 아동기 학대(신체적, 성적, 정서적), 전쟁 외상(전쟁 중이거나 전쟁의 시민 희생자로서), 자연 재해, 외상 사건의 최전선에서 대응하는 사람들(예: 경찰, 구급대원, 소방관), 성인에 의한 가정 폭력, 반복되는 성폭력과 고문이 포함될 수 있다. 반복되는 외상 사건에 대한 노출 이후의 PTSD(외상 유형 1로 알려진)는 단일 외상 사건으로 인해 생긴 PTSD보다 치료가 더 어렵다. 6장에서 나는 생길 수 있는 많은 문제에 대해 논의하였다. 예를 들면, 특정 기억 확인, 여러 외상의 특징들이 융합된 합성 기억을 다루는 방법, 일련의 기억들과 작업하기 위한 위계 활용, 정서 안정의 필요성, (앞에서 더 자세히 논의된) 해리 해결에 대한 어려움 등이다. 특히, 도전적일 수 있는 핵심 영역은 외상이 개인의 전체 자기인식을 바꿀 수 있는 방식이다. 외상 사건의 이해와 그것을 개인의 정체성에 통합하는 것은 복합 PTSD에서 독특한 점이 아니지만 외상 이후 변화는 상당한 도전이 될 수 있다.

외상은 왜 그러한 현저한 변화를 낳는 걸까? 나의 내담자들은 자주 "내 옛날 자기가 죽은 것처럼 느껴져요……. 이전의 내가 되지 못할 거예요."라는 말을 자주 하는데, 이 변화들은 대개 이 새로운 원치 않는 정체성에 갇힌, '시간이 멈춘' 듯한 느낌을 동반한다. 외상은 개인의 일상적 현실에 대한 경험과 자기인식을 파괴한다. 자노프불만(Janoff-Bulman, 1992)은 외상이 세상과 자기에 대한 근본 가정들을 파괴하고, 이것이 PTSD의 기저를 이룬다고 말한다. 심상 재체험의 목적 중 하나는 내담자가 외상을 맥락화하고 자전적 기억 속에 통합하고, 그렇게 함으로써 자기, 세상, 타인에 대한 부정적 신념을 재평가하도록 돕는 것이다. PTSD에 대한 직접적인 사례들에 의하면, 이 과정이 내담자가 오래된 외상 전 자기와 재연결하거나 오래된 자기와 통합된 새로운 정체성과 외상의 지식을 발달시키는 데 대개 도움이 된다. 일부 사례에서 이 과정은 또한 외상 후 성장을 낳을 수 있다(Calhoun & Tedeschi, 2006 참조).

그러나 복합 외상에서 이 모든 목표를 이루는 것은 더 어렵다. 나는 심상 재체험 그리고 여러 외상 전 자기와 외상 후 자기를 직접적인 표적으로 하기 위해 심상을 활용하는 작업과 함께 인지적 재평가를 병행하는 것이 도움이 된다는 것을 발견하였다. 이 접근의 이론적 근거는 콘웨이와 플레이델피어스(2000)의 SMS 모델 그리고 1장과 7장에서 자세히 논의한 브레윈(2006)의 회복 경쟁 가설을 통합한 것이다. 이 맥락에서의 개념은 외상 후 새로운 정체성이 대개 위협과 상실을 나타내고, (침습, 회피, 과각성과 같은 독특한 특징들과 함께) 통합되지 않은 외상 기억은 이 새로운 정체성을 떠올리게 하고 확인하게 하며 외상 후 정체성을 떠올리게 하는 단서를 반복적으로 제공한다. 외상 후 자기에 대한 빈번한 회상은 외상 후 자기에 우선적으로 접근하게 되고 (대개 더 적응적인) 외상 전 자기에 대한 접근을 방해하며, 고통을 유발하고 증상을 유지한다.

많은 경우에, 내담자는 여러 자기를 나타내는 심상들을 지니는데, 첫 단계는 다른 자기들에 대해 단순히 이름을 붙이고 묘사하고 그것들이 특정 심상으로 표현되는지를 확인할 수 있다. 이것을 분명히 한 다음, 당신은 오래된 자기인식을 '잃은' 게 어떤지, 새로운 외상 후 자기를 억제하는 게 어떤지에 대해 탐색할 수 있다. 나약함, 실패, 자기나 타인의 비하와 같은 이미 확인한 주요 주제가 있겠지만, 대개 자기의 관점을 통해 보는 것들은 내담자가 이전에 발견하지 못한 새로운 정보를 줄 것이다.

이 점에서, 나는 대개 다른 자기들 사이에서의 명백한 대화 실험을 하는데, 직접적으로 자기 심상을 통해 하거나 원래 게슈탈트에서 개발된 두 의자 기법이나 빈 의자 기법을 사용한다(Perls et al., 1951). 일부 내담자들은 외상 후 자기가 그들이 약하고 취약했던 아동기 자기와 같은 이전 자기 경험과 관련된다는 것을 발견한다. 다른 내담자들은 두 가지 다른 정체성 사이의 대화가 자신에게 이전에는 불가능하게 느껴졌던 통합을 탐색하기 시작하도록 하는 의사소통의 채널을 열어 준다. 이 자기 탐색의 과정은 외상에 대한 다른 관점을 갖게 할 수 있고, 재체험을 촉진할 수 있다. 이는 때때로 내담자가 외상 전 자기와 연결되고 새로운 외상 후 정체성에 의해 차단된 정보(자전적 기억의 측면)에 접근할 수 있기 때문이다. SMS 모델의 관점에서, 명백하게 이름을 붙이고 여러 자기 표상에 대해 논의하는 것은 장기적 자기 안에서 자기인식의 통합을 촉진하고 개인이 누구인지, 외상 후 자기가 전체적 정체성을 어떻게 변화시켰는지에 대해 좀 더 명확하게 알게 할 것이다.

일부 경우에, 여러 자기의 확인과 명명하기는 PTSD를 겪는 내담자를 치료함에 있어서 심상 다시쓰기와 심상 재체험을 사용할 것인지에 대한 치료적 결정으로 이어질 수도 있다. 심상 다시쓰기의 근본 전제는 사람들이 여러 '자기'를 가지고 있고, 이 자기들이 외상 사건에 대한 대안적인 관점을 제공하기 위해 동원될 수 있으며, 하나의 자기(대개 심상 다시쓰기에서 성인)가 가진 지식이 대안적인 자기(대개 아동)에 대한 지식과 통합될 수 있다는 것이다. 7장에서 우리는 심상 다시쓰기에 대해 자세히 알아보았지만 논의하지 않은 한 가지 구체적인 문제는 폭력 활용과 관련된다.

심상 다시쓰기에서 폭력적 심상 활용

심상 다시쓰기의 목적은 고통스럽거나 외상적인 기억의 의미를 변경하는 것이다. 다시쓰기의 주요 부분은 일어난 일을 멈추게 하거나 어떤 식으로 바꾸기 위해 기억 속으로 들어가는 다른 '자기'(또는 어떤 경우에는 다른 사람)를 포함하는 것이다. 여기서 궁금한 점은 변화의 효과를 내기 위해 내담자가 선택하는 것에 한계나 제한을 두어야만 하는가이다. 이 논쟁의 초점은 보통 학대자를 신체적으로 공격하거나 죽이는 상상을 하는 게 괜찮은지를 포함하여 가해자의 가해를 멈추도록 하기 위해 내담자가 폭력을 사용하는 것이 수용되는가에 관한 것이다.

이것은 다양한 관점에서 조사될 필요가 있는 복합적인 질문이며, 치료사의 개인적 선호에 의해 영향을 받는 경우가 많다. 일부 치료사들은 폭력의 사용이 도덕적으로 혐오감을 일으킨다는 것을 알고, 만약 그들이 폭력의 사용을 완전히 금하지 않는다면, 내담자가 다시쓰기 과정에서 폭력을 사용하는 것을 방해하게 될 것이다. 그에 비하여, 다른 치료사들은 심상 다시쓰기를 내담자가 이끌고 가야 한다는 생각이 확고하고, 그들은 내담자가 외상 속에 대개 내재된 무력감으로부터 회복을 촉진시키고 안전감을 세우도록 선택하는 수단을 활용하도록 하는 것을 만족스럽게 느낀다. 하지만 개인적 선호가 우리가 고려해야만 하는 주요 문제들을 가려서는 안 된다. 즉, 다시쓰기에서의 폭력의 사용이 다른 사람들에게 위험한지, 회복에 크게 기여하는지에 관한 것이다.

첫 번째 질문에 관하여, 우리가 의지할 수 있는 직접적인 증거는 거의 없다. 폭력의 사용에 대해 조사한 최근 연구가 한 편 있는데, 연구에서는 건강한 학생들 집단을 대상으로 외상 영화를 시청하게 한 후 안전한 공간 심상 활용과 더불어, 보복 상상과 보복을 하지 않는 상상을 포함한 심상 다시쓰기를 비교하였다(Seebauer, Fross, Dubuschny, Schönberger, & Jacob, 2014). 흥미롭게도, 그들은 심상 다시쓰기의 어느 쪽 조건보다 안전한 공간 심상이 화를 감소시키고 긍정 정서를 증가시키는 데 더 효과적이었다는 것을 발견하였다. 비록 폭력 상상을 사용하도록 지시받은 참가자들이 실제로 상상한 행동은 상당히 다양했지만, 심상 다시쓰기에서 보복 상상을 사용하는 것과 사용하지 않는 것 사이에는 유의미한 차이가 없었다. 외상 영화 패러다임은 PTSD 처리를 조사하기 위해 정립된 방법이다. 하지만 이 경우에, 영화 시청에 대한 반응은 개인이 겪은 폭력적이거나 외상적 행동의 경험과 다를 가능성이 있기 때문에 그것의 유용성은 제한적이다. 저자들은 이 차이를 인지하고 있었지만, 그럼에도 불구하고 치료사들이 심상 다시쓰기에 대해 유연한 접근을 할 수 있고 "내담자가 그것을 알고 있을 때 보복심을 나타내는 상상"(pp. 23-25)을 허용할 수 있다고 결론지었다.

우리는 다시쓰기를 하는 동안 상상에서 폭력을 사용하는 것에 대한 증거에 근거한 지침을 가지고 있지 않다. 하지만 활용 가능한 여러 가지 간접적인 증거들이 있다. 첫째, 어떤 미래 행동을 상상하는 것은 개인이 그것들을 수행할 가능성이 증가한다는 것을 보여 주는 증거가 있다. 사실상, 다양한 영역에서 안내된 많은 심상 개입—스포츠에서의 수행 개선, 흡연과 같은 원치 않는 행동 해결, 또는 훈련과 같은 긍정적 행동 증가를 위한 노력—은 이 행동들을 상상하는 것이 의도가 행동이 될 가능성을 증가시킨다는 전제에 기반을 두고 있다(예: Gregory, Cialdini, & Carpenter, 1982; Libby, Schaeffer, Eibach, & Slemmer, 2007; Milne, Rodgers, Hall, & Wilson, 2008). 또 특정 유형의 강간(예: Langton & Marshal, 2001)과 성폭력 살인(Kerr, Beech, & Murphy, 2013)과 같은 특정 유형의 범죄자들은 범죄의 전조 그리고/또는 필요 요소로서 폭력적이고 잔혹한 상상을 활용한다는 법의학 분야의 증거도 있다. 이것이 가해자에 대한 보복 상상을 행동화할 가능성을 증가시킬 수 있기 때문에 내담자가 심상 다시쓰기 안에서 폭력 상상을 활용하는 것을 치료사가 못하게 하거나 금지해야만 한다는 것일까?

이 질문에 답을 하기 전에, 심상 다시쓰기 회기에서 전형적으로 일어나는 일과 성적·폭력적 상상이 범죄자에 의해 어떻게 사용되는지 사이의 몇 가지 차이점을 고려할 가치가 있다. 심상 다시쓰기를 하는 동안 가해자에 대한 폭력적 반응은 단일 사건일 가능성이 크고 마지막에 토론을 할 수 있다. 행동이 내담자의 일반적 신념, 가치, 행동과 전혀 일치하지 않는다면, 폭력의 사용은 내담자에게 부정적 판단과 감정을 일으킬 수 있다. 그때 당신은 폭력 반응의 기능—학대당한 아이를 보호하기 위한 것이었는가? 아니면 학대자로부터 멀리 떨어진 안전한 장소를 창조하기 위한 것이었는가?—을 탐색할 수 있고 내담자의 가치와 더 일치하는 바라는 결과를 얻는 방법을 토론할 수 있다. 대개 다시쓰기 후에 하는 토론은 내담자가 심상 다시쓰기가 상상이고 현실이 아니라는 것을 알기 때문에 폭력 반응을 선택할 수 있다는 것을 꽤 명백하게 한다. 예를 들어, 가해자가 지금은 죽었거나 늙고 허약한 상태일 수 있고 더 이상 위협이 되지 않지만, 내담자는 단지 상상 속에서나마 어떤 식으로든 벌을 받아야 마땅하다고 느낄 수 있다.

심상 다시쓰기를 하는 동안, 내담자는 실제 자전적 기억에 기반한 상상적 환상을 공유한다. 어떤 의미에서, 그것은 '공적'이다. 왜냐하면 당신이 일어난 일(또는 적어도 내담자가 당신에게 말하기로 선택한 것)에 대한 증거가 되기 때문이다. 그것은 신뢰 있는 관계 내에서 일어나고 내담자가 치료되는 데 도움이 되는 과정의 부분이다. 범죄 행동 프로파일의 부분인 잔혹하고 비정상적인 성적 상상에는 여러 가지 다른 특징이 있다. 그것들은 본질적으로 '비밀'이거나 범죄자가 동일한 관심이나 세계관을 공유한다고 확신하는 사람들과만 공유된다. 그런 의미에서 다시쓰기에서 사용된 폭력과 같은 방식으로, 범죄자는 판단이나 면밀한 검토에 열려 있지 않다. 더욱이 범죄자의 상상은 지속적일 수 있으며 잠재적으로 여러 가지 기능을 한다. 커와 동료들(Kerr et al., 2013)은 초기 외상에 대한 대처 전략으로서의 성적 상상과 이후 삶에서의 힘든 사회적 · 성적 관계에 대한 반응을 식별한다. 범죄자의 경우는 실제 세상에서 부족한 통제감을 상상 속에서 드러내기 위해, 무엇보다도 과대함과 전능함을 자극하기 위한 시도로 그것을 개념화할 수 있다(Carabellese, Maniglio, Greco, & Catanesi, 2011). 또 상상은 범죄 행동의 전조인 '행동 시험'으로서 사용될 수 있다(MacCulloch, Snowden, Wood, & Mills, 1983). 그러나 커와 동료들은 또한 성적 상상이 성범죄를 자동으로 초래하는 것은 아니라고 말하고, 한 번도 성범죄를 저지르지 않은 남자 중 54%가 파트너에게 성관계를 강요하는 상상을 한다는 것을 발견한 그렌드라이너와 번(Grendliner & Byrne, 1987)을 인용한다. 이건과 캠벨(Egan & Campbell, 2009)은 감각적 주제들과 보복 상상에 대한 흥미가 폭력이나 공격 행동과 관련되기는 하나 그것들로는 충분하지 않다고 하였다. 그들은 상상과 물리적 공격 사이의 직접적 관련성이 매우 낮다는 것을 발견하였고 고립 속에서의 상상이나 기태적 흥미가 공격적 행동을 예견하지는 않는다고 말한다.

일부 내담자들에게 타인이나 사람들(또는 회사와 같은 단체)에 대한 분노와 비난은 반추적인 보복 상상을 야기할 수 있다. 이 경우에 당신은 위험 평가와 내담자가 행동화할 가능성을 평가할 필요가 있다. 분노는 외상에 따른 흔한 반응이고 그것에 대한 작업을 시작하기 전에 명확하게 인지할 필요가 있다. 지속적 분노 그리고 그것과 동반된 반추는 대개 PTSD의 유지에 기여하는데, 그것은 개인이 외상의 '현재성'에 갇히게 하기 때문이다. 당신은 흔히 분노를 보유하는 것의 장단점 그리고 이것이 내담자가 목표를 이루는 데 도움이 되는지 방해가 되는지를 민감하게 탐색할 것이다. 심상 다시쓰기를 시작하기 전에 이것을 하고, 다시쓰기의 부분으로 어떤 개입방법을 내담자가 시도하고자 하는지 논의하는 것을 권한다. 경우에 따라서, 폭력을 포함한 다시쓰기와 포함하지 않은 다시쓰기를 분명하게 계획하고, 그다음 두 가지 다른 접근의 영향을 탐색하는 것이 유용할 것이다.

앞의 논의를 근거로 심상 다시쓰기에서 폭력의 사용에 대한 지침을 만들 수 있을까? 상상 행동이 잠재적으로 개인이 그것을 할 가능성을 증가시킬 수 있지만 단순한 원인과 결과의 관계는 아니다. 이 효과를 설명하는 많은 연구는 개인의 가치와 일치하는 행동을 언급한다. 그러므로 공격성을 일으킨 적이 없는 개인들이 다시쓰기에서 폭력을 활용하는 것이 위험을 초래할 것 같지는 않다. 마지막으로, 비록 아직 명백한 증거는 없지만, 나는 성적이거나 폭력적인 상상의 개인사가 있는 범죄자와 작업을 할 때는 다시쓰기에서 폭력을 사용하는 것을 꺼린다.

요약

이 장은 인지행동치료에서 심상을 사용할 때 나타날 수 있는 여러 가지 문제에 대해 설명하고 논의하였다. 일부는 심상에 대한 특이한 것에 관한 것이고(예: 아판타시아), 다른 것들은 그렇지 않지만(예: 해리), 강한 정서를 야기할 수 있는 심상 능력 때문에 더 일어나기 쉽다. 문제해결은 어떤 치료에서는 필수적인 부분인데, 이 장의 목적은 이중적이다. 첫째, 나는 구체적인 해결책을 제공하는 것을 목적으로 하였다. 예를 들어, 해리를 다루기 위한 여러 가지 그라운딩 기법들이다. 둘째, 심상 다시쓰기에서 폭력의 사용과 같이, 명백한 근거가 없는 것이 있다. 나는 잠정적 결론에 도달하기 위해 관련 분야에서 이용 가능한 증거를 활용하여 설명하였다. 그렇게 함으로써, 발생하는 문제들에 어떻게 반응할지 안내하기 위해 다양한 증거를 도출하는 방법에 대한 모델을 제공하고, 또 심상 개입을 하는 가장 효과적인 방법에 대한 추가 연구의 긴급한 필요성을 강조한다.

이 책의 목적은 전반적으로 당신에게 심상 개입이 어떻게 사용되는지 설명하고, 나타날 수 있는 문제를 강조하고, 잠재적 해결책을 논의하기 위해 다양한 심상 개입방법을 소개하는 데 있었다. 때로는 심상 작업이 기존의 개입방법의 사용을 뜻한다. 다른 때에는 당신이 새롭고 혁신적인 기법들을 만들고 발전에 기여할 수 있다. 개인적으로, 임상과 연구에서 심상 작업에 대한 연구는 아주 만족스러웠다. 무엇보다도 심상은 사람들의 삶을 바꾸는 힘이 있다. 나는 심상과 그것을 언제 어떻게 활용하는지에 대한 학습이 당신의 훈련을 풍부하게 하고 우리 모두가 돕고자 하는 이들에게 도움이 되기를 희망한다.

참고문헌

Abramowitz, J. S. (2013). The practice of exposure therapy: Relevance of cognitive- behavioral theory and extinction theory. *Behavior Therapy, 44,* 548-558.

Abramowitz, J. S., Deacon, B. J., & Whiteside, S. P. H. (2019). *Exposure therapy for anxiety: Principles and practice* (2nd ed.). New York: Guilford Press.

Akhtar, S., Justice, L. V., Loveday, C., & Conway, M. A. (2017). Switching memory perspective. *Consciousness and Cognition, 56,* 50-57.

Alden, L. E., & Taylor, C. T. (2004). Interpersonal processes in social phobia. *Clinical Psychology Review, 24,* 857-882.

American Psychiatric Association. (2013). *Diagnostic and statistical manual of mental disorders* (5th ed). Arlington, VA: Author.

Arntz, A. (2011). Imagery rescripting for personality disorders. *Cognitive and Behavioral Practice, 18,* 466-481.

Arntz, A. (2012). Imagery rescripting as a therapeutic technique: Review of clinical trials, basic studies and research agenda. *Journal of Experimental Psychopathology, 3,* 189-208.

Arntz, A., & van Genderen, H. V. (2009). *Schema therapy for borderline personality disorder.* Chichester, UK: Wiley.

Arntz, A., & Weertman, A. (1999). Treatment of childhood memories: Theory and practice. *Behaviour Research and Therapy, 37*(8), 715-740.

Bamelis, L. L. M., Evers, S. M. A. A., Spinhoven, P., & Arntz, A. (2014). Results of a multicenter randomized controlled trial of the clinical effectiveness of schema therapy for borderline personality disorders. *American Journal of Psychiatry, 171*(3), 305-322.

Bartlett, F. C. (1932). *Remembering: A study in experimental and social psychology.* Cambridge, UK: Cambridge University Press.

Beck, A. T., Rush, J. T., Shaw, B. F., & Emery, G. (1979). *Cognitive therapy of depression.* New York: Guilford Press.

Beck, A. T., Steer, R. A., & Brown, G. K. (1996). *Manual for the Beck Depression Inventory-II.* San Antonio, TX: Psychological Corporation.

Beck, J. S. (2020). *Cognitive behavior therapy: Basics and beyond* (3rd ed.). New York: Guilford Press.

Bennett-Levy, J., Butler, G., Fennell, M., Hackmann, A., Mueller, M., & Westbrook, D. (2004). *Oxford guide to behavioural experiments in cognitive therapy.* Oxford, UK: Oxford University Press.

Bernstein, D., & Rubin, D. C. (2006). Emotion and vantage point in autobiographical memory. *Cognition and Emotion, 20,* 1193-1215.

Borkovec, T. D., Alcaine, O., & Behar, E. (2004). Avoidance theory of worry and generalized anxiety disorder. In R. G. Heimberg, C. L. Turk, & D. S. Mennin (Eds.), *Generalized anxiety disorder: Advances in research and practice* (pp. 77-108). New York: Guilford Press.

Boumparis, N., Karyotaki, E., Kleiboer, A., Hofmann, S. G., & Cuijpers, P. (2016). The effect of psychotherapeutic interventions on positive and negative affect in depression. *Journal of Affective Disorders, 202,* 153-162.

Bowlby, J. (1969). *Attachment and loss: Vol 1. Attachment.* New York: Basic Books.

Brewin, C. R. (2003). *Posttraumatic stress disorder: Malady or myth?* New Haven, CT: Yale University Press.

Brewin, C. R. (2006). Understanding cognitive behaviour therapy: A retrieval competition account. *Behaviour Research and Therapy, 44,* 765-784.

Brewin, C. R. (2014). Episodic memory, perceptual memory, and their interaction: Foundations for a theory of posttraumatic stress disorder. *Psychological Bulletin, 140,* 69-97.

Brewin, C. R., Dalgleish, T., & Joseph, S. (1996). A dual-representation theory of post traumatic stress disorder. *Psychological Review, 103*(4), 670-686.

Brewin, C. R., Gregory, J. D., Lipton, M., & Burgess, N. (2010). Intrusive images in psychological disorders: Characteristics, neural mechanisms and treatment implications. *Psychological Review, 117*(1), 210-232.

Brewin, C. R., Wheatley, J., Patel, T., Fearon, P., Hackmann, A., Wells, A., · · · Myers, S. (2009). Imagery rescripting as a brief stand-alone treatment for depressed patients with intrusive memories. *Behaviour Research and Therapy, 47,* 569-576.

Brockman, R. N., & Calvert, F. L. (2017). Imagery rescripting for PTSD and personality disorders: Theory and application. *Journal of Contemporary Psychotherapy, 47,* 23-30.

Bullock, G., Newman-Taylor, K., & Stopa, L. (2016). The role of imagery in non-clincial paranoia. *Journal of Behavior Therapy and Experimental Psychiatry, 50,* 264-268.

Butler, G. (1988). Clinical formulation. In A. S. Bellack & M. Hersen (Eds.), *Comprehensive clinical psychology* (pp. 1-24). New York: Pergamon Press.

Butler, G., & Holmes, E. A. (2009). Imagery and the self following childhood trauma: Observations concerning the use of drawings and external images. In L. Stopa (Ed.), *Imagery and the threatened self: Perspectives on mental imagery and the self in cognitive therapy* (pp. 166-180). Hove, UK: Routledge.

Calhoun, K., & Tedeschi, R. G. (Eds.). (2006). *Handbook of posttraumatic growth: Research and practice*. New York: Psychology Press.

Campbell, J. L. (1990). Self-esteem and clarity of the self-concept. *Journal of Personality and Social Psychology, 59*, 538-549.

Carabellese, F., Maniglio, R., Greco, O., & Catanesi, R. (2011). The role of fantasy in a serial sex offender: A brief review of the literature and a case report. *Journal of Forensic Sciences, 56*, 256-260.

Chakhssi, F., Kraiss, J. T., Sommers-Spijkerman, M., & Bohlmeijer, E. T. (2018). The effect of positive psychology interventions on well-being and distress in clinical samples with psychiatric or somatic disorders: A systematic review and meta-analysis. *BMC Psychiatry, 18*(1), 211.

Charcot, J. (1889). *Clinical lectures on diseases of the nervous system* (Vol. 3). London: New Sydenham Society.

Chen, T., Mak, R., & Fujita, S. (2015). The effect of combination of video feedback and audience feedback on social anxiety: Preliminary findings. *Behavior Modification, 39*(5), 721-739.

Çili, S., Pettit, S., & Stopa, L. (2017). Impact of imagery rescripting on adverse self-defining memories and post-recall working selves in a non-clinical sample: A pilot study. *Cognitive Behaviour Therapy, 46*, 75-89.

Çili, S., & Stopa, L. (2015). Intrusive mental imagery in psychological disorders: Is the self the key to understanding maintenance? *Frontiers in Psychiatry, 6*(1), 103.

Çili, S., & Stopa, L. (2019). *Autobiographical memory and the self: Relationship and implications for cognitive-behavioural therapy*. London: Routledge.

Clark, D. A., & O'Connor, K. (2005). Thinking is believing: Ego-dystonic intrusive thoughts in obsessive-compulsive disorder. In D. A. Clark (Ed.), *Intrusive thoughts in clinical disorders: Theory, research, and treatment* (pp. 145-174). New York: Guilford Press.

Clark, D. M. (1986). A cognitive approach to panic. *Behaviour Research and Therapy, 24*, 461-471.

Clark, D. M., Ehlers, A., Hackmann, A., McManus, F., Fennell, M., Grey, N., · · · Wild, J. (2006). Cognitive therapy versus exposure and applied relaxation in social phobia: A randomized controlled trial. *Journal of Consulting and Clinical Psychology, 74*(3), 568-578.

Clark, D. M., & Wells, A. (1995). A cognitive model of social phobia. In R. Heimberg, M. Liebowitz, D. A. Hope, & F. R. Schneier (Eds.), *Social phobia: Diagnosis, assessment and treatment* (pp. 69-93). New York: Guilford Press.

Coles, M. E., Turk, C. L., Heimberg, R. G., & Fresco, D. M. (2001). Effects of varying levels of anxiety within social situations: Relationship to memory perspective and attribution in social pbobia. *Behaviour Research and Therapy, 39,* 651-665.

Conway, M. A. (2005). Memory and the self. *Journal of Memory and Language, 53,* 594-628.

Conway, M. A., Meares, K., & Standart, S. (2004). Images and goals. *Memory, 12,* 525-531.

Conway, M. A., & Pleydell-Pearce, C. W. (2000). The construction of autobiographical memories in the self-memory system. *Psychological Review, 107,* 261-288.

Conway, M. A., Singer, J. A., & Tagini, A. (2004). The self and autobiographical memory: Correspondence and coherence. *Social Cognition, 22,* 491-529.

Cooper, M. J., Todd, G., & Turner, H. (2007). The effects of using imagery to modify core beliefs: An experimental pilot study. *Journal of Cognitive Psychotherapy, 21,* 117-122.

Cotard, J. (1884). Perte de la vision mentale dans la mélancolie anxieuse. *Archives of Neurology (Paris), 6,* 209-295.

Creamer, M., Forbes, D., Phelps, A., & Humphreys, L. (2004). *Treating traumatic stress: Conducting imaginal exposure in PTSD* (Clinician manual and DVD). Melbourne: Australian Centre for Posttraumatic Mental Health.

Cusack, K., Jonas, D. E., Forneris, C. A., Wines, C., Sonis, J., Middleton, J. C., ··· Gaynes, B. N. (2016). Psychological treatments for adults with posttraumatic stress disorder: A systematic review and meta-analysis. *Clinical Psychology Review, 43,* 128-141.

D'Argembeau, A., Comblain, C., & Van der Linden, M. (2003). Phenomenal characteristics of autobiographical memories for positive, negative and neutral events. *Applied Cognitive Psychology, 17*(3), 281-294.

Davis, J. L., & Wright, D. C. (2006). Exposure, relaxation, and rescripting treatment for trauma-related nightmares. *Journal of Trauma and Dissociation, 7,* 5-18.

Davis, J. L., & Wright, D. C. (2007). Randomized clinical trial for treatment of chronic nightmares in trauma-exposed adults. *Journal of Traumatic Stress, 20,* 123-133.

Dudley, R., Kuyken, W., & Padesky, C. A. (2011). Disorder specific and trans-diagnostic case conceptualisation. *Clinical Psychology Review, 31*(2), 213-224.

Dugué, R., Renner, F., Austermann, M., Tuschen-Caffier, B., & Jacob, G. A. (2019). Imagery rescripting in individuals with binge-eating disorder: An experimental proof-of-concept study. *International Journal of Eating Disorders, 52,* 183-188.

Edwards, D. (2007). Restructuring implicational meaning through memory-based imagery: Some historical notes. *Journal of Behaviour Therapy and Experimental Psychiatry, 38,* 306-316.

Egan, V., & Campbell, V. (2009). Sensational interests, sustaining fantasies and personality predict physical aggression. *Personality and Individual Differences, 47,* 464-469.

Ehlers, A., & Clark, D. M. (2000). A cognitive model of posttraumatic stress disorder. *Behaviour Research and Therapy, 38,* 319-345.

Ehlers, A., & Clark, D. M. (2008). Posttraumatic stress disorder: The development of effective psychological treatments. *Nordic Journal of Psychiatry, 62*(Suppl. 47), 11-18.

Ekkers, W., Korrelboom, K., Huijbrechts, I., Smits, N., Cuijpers, P., & van der Gaag, M. (2011). Competitive memory training for treating depression and rumination in depressed older adults: A randomized controlled trial. *Behaviour Research and Therapy, 49*(10), 588-596.

Fang, A., Sawyer, A. T., Aderka, I. M., & Hofmann, S. G. (2013). Psychological treatment of social anxiety disorder improves body dysmorphic concerns. *Journal of Anxiety Disorders, 27*(7), 684-691.

Farrar, S., Stopa, L., & Turner, H. (2015). Self-imagery in individuals with high body dissatisfaction: The effect of positive and negative self-imagery on aspects of the self-concept. *Journal of Behavior Therapy and Experimental Psychiatry, 46,* 8-13.

Farrell, J. M., Shaw, I. A., & Webber, M. A. (2009). A schema-focused approach to group psychotherapy for patients with borderline personality disorder: A randomized controlled trial. *Journal of Behavior Therapy and Experimental Psychiatry, 40,* 317-328.

Faw, B. (2009). Conflicitng intuitions may be based on differing abilities-evidence from mental imaging research. *Consciousness Studies, 16,* 45-68.

Fennell, M. J. V. (1997). Low self-esteem: A cognitive perspective. *Behavioural and Cognitive Psychotherapy, 25,* 1-25.

Fink, J., Pflugradt, E., Stierle, C., & Exner, C. (2018). Changing disgust through imagery rescripting and cognitive reappraisal in contamination-based obsessive--compulsive disorder. *Journal of Anxiety Disorders, 54,* 36-48.

Fletcher, H. K., & Gallichan, D. K. (2016). An overview of attachment theory: Bowlby and beyond. In A. Flood & J. Dougal (Eds.), *Attachment in intellectual and developmental disability: A clinician's guide to practice and research.* Chichester, UK: Wiley-Blackwell.

Foa, E. B. (2011). Prolonged exposure therapy: Past, present, and future. *Depression and Anxiety, 28,* 1043-1047.

Foa, E. B., & Kozak, M. J. (1986). Emotional processing of fear: Exposure to corrective information. *Psychological Bulletin, 99,* 20-35.

Ford, B. Q., & Gross, J. J. (2018). Emotion regulation: Why beliefs matter. *Canadian Psychology, 59,* 1-14.

Fredrickson, B. L. (2001). The role of positive emotions in positive psychology: The broaden-and-build theory of positive emotions. *American Psychologist, 56*(3), 218-226.

Garland, E. L., Fredrickson, B., King, A. M., Johnson, D. P., Meyer, P. S., & Penn, D. L. (2010). Upward spirals of positive emotions counter downward spirals of negativity: Insights from the broaden-and-build theory and affective neuroscience on the treatment of emotion dysfunctions and defecits in psychopathology. *Clinical Psychology Review, 30,* 849-864.

Giesen-Bloo, J., Van Dyck, R., Spinhoven, P., Van Tilburg, W., Dirksen, C., Van Asselt, T., & Arntz, A. (2006). Outpatient psychotherapy for borderline personality disorder: Randomized trial of schema-focused therapy vs transference-focused psychotherapy. *Archives of General Psychiatry, 63,* 649-658.

Gilbert, P. (2005). *Compassion: Conceptualisations, research and use in psychotherapy.* East Sussex, UK: Routledge.

Gilbert, P. (2009). *The compassionate mind.* London: Constable & Robinson.

Gilbert, P. (2014). The origins and nature of compassion focused therapy. *British Journal of Clinical Psychology, 53,* 6-41.

Gilbert, P., & Irons, C. (2005). Focused therapies and compassionate mind training for shame and self-attacking. In P. Gilbert (Ed.), *Compassion: Conceptualizations, research and use in psychotherapy* (pp. 263-325). Hove, UK: Routledge.

Gillath, G., & Karantzas, G. (2019). Attachment security priming: A systematic review. *Current Opinion in Psychology, 25,* 86-95.

Gregory, B., & Peters, L. (2017). Changes in the self during cognitive behavioural therapy for social anxiety disorder: A systematic review. *Clinical Psychology Review, 52,* 1-18.

Gregory, W. L., Cialdini, R. B., & Carpenter, K. M. (1982). Self-relevant scenarios as mediators of likelihood estimates and compliance: Does imagining make it so? *Journal of Personality and Social Psychology, 43,* 89-99.

Grendliner, W., & Byrne, D. (1987). Coercive sexual fantasies of college men as predictors of self-reported likelihood to rape and overt sexual aggression. *Journal of Sex Research, 23,* 1-11.

Gross, J. J. (1998). The emerging field of emotion regulation: An integrative review. *Review of General Psychology, 2,* 271-291.

Gruter, T., Gruter, H., Bell, V., & Carbon, C. C. (2009). Visual mental imagery in congenital prosopagnosia. *Neuroscience Letters, 453,* 135-140.

Hackmann, A., Bennett-Levy, J., & Holmes, E. A. (2011). *Oxford guide to imagery in cognitive therapy.* Oxford, UK: Oxford University Press.

Hackmann, A., Clark, D. M., & McManus, F. (2000). Recurrent images and early memories in social phobia. *Behaviour Research and Therapy, 38,* 601-610.

Haeyen, S. (2019). Strengthening the healthy adult self in art therapy: Using schema therapy as a positive psychological intervention for people diagnosed with personality disorders. *Frontiers in Psychology, 10,* 644.

Harlowe, J., Stopa, L., & Turner, H. (2018). The impact of self-imagery on aspects of the self-concept in individuals with high levels of eating disorder cognitions. *Journal of Behaviour Therapy and Experimental Psychiatry, 61,* 7-13.

Hayes, S. C. (2004). Acceptance and commitment therapy, relational frame theory, and the third wave of behavioral and cognitive therapies. *Behavior Therapy, 35*(4), 639-665.

Hayes, S. C. (2012). *Acceptance and commitment therapy.* Washington, DC: American Psychological Association.

Heide, F. J., & Borkovec, T. D. (1983). Relaxation induced anxiety: Paradoxical anxiety enhancement due to relaxation training. *Behaviour Research and Therapy, 22,* 1-12.

Heimberg, R. G., & Juster, H. J. (1995). Cognitive-behavioral treatments: Literaturereview. In R. Heimberg, M. Liebowitz, D. A. Hope, & F. R. Schneier (Eds.), *Social phobia: Diagnosis, assessment and treatment* (pp. 261-309). New York: Guilford Press.

Herman, J. L. (1992). Complex PTSD: A syndrome in survivors of prolonged and repeated trauma. *Journal of Traumatic Stress, 5,* 377-391.

Higgins, E. T. (1987). Self-discrepancy: A theory relating self and affect. *Psychological Review, 94*(3), 319-340.

Hirsch, C. R., & Clark, D. M. (2007). Imagery special issue: Underestimation of auditory performance in social phobia and the use of audio feedback. *Journal of Behavior Therapy and Experimental Psychiatry, 38*(4), 447-458.

Hirsch, C. R., & Holmes, E. A. (2007). Mental imagery in anxiety disorders. *Psychiatry, 6,* 161-165.

Hirsch, C. R., Mathews, A., Clark, D. M., Williams, R., & Morrison, J. (2003). Negative self-imagery blocks inferences. *Behaviour Research and Therapy, 45,* 1383-1396.

Hitchcock, C., Werner-Seidler, A., Blackwell, S. E., & Dalgleish, T. (2017). Autobiographical episodic memory-based training for the treatment of mood, anxiety and stress-related disorders: A systematic review and meta-analysis. *Clinical Psychology Review, 52,* 92-107.

Hoffart, A., Johnson, S. U., Nordahl, H. M., & Wells, A. (2018). Mechanisms of change in metacognitive and cognitive behavioral therapy for treatment-resistant anxiety: The role of metacognitive beliefs and coping strategies. *Journal of Experimental Psychopathology, 9*(3), 1-10.

Hofmann, S. G. (2007). Cognitive factors that maintain social anxiety disorder: A comprehensive model and its treatment implications. *Cognitive Behaviour Therapy, 36,* 193-209.

Hofmann, S. G., Asnaani, A., Vonk, I. J. J., Sawyer, A. T., & Fang, A. (2017). The efficacy of cognitive behavioral therapy: A review of meta-analyses. *Cognitive Therapy and Research, 36*(5), 427-440.

Holmes, E. A., Arntz, A., & Smucker, M. R. (2007). Imagery rescripting in cognitive behaviour therapy: Images, treatment techniques and outcomes. *Journal of Behavior Therapy and Experimental Psychiatry, 38*(4), 297-305.

Holmes, E. A., Brown, R. J., Mansell, W., Fearon, R. P., Hunter, E. C., Frasquilho, F., & Oakley, D. (2005). Are there two qualitatively distinct forms of dissociation?: A review and some clinical implications. *Clinical Psychology Review, 25,* 1-23.

Holmes, E. A., Crane, C., Fennell, M. J. V., & Williams, J. M. G. (2007). Imagery about suicide in depression "flash-forwards"? *Journal of Behavior Therapy and Experimental Psychiatry, 38,* 423-434.

Holmes, E. A., Hales, S. A., Young, K., & Di Simplicio, M. (2019). *Imagery-based cognitive therapy for bipolar disorder and mood instability.* New York: Guilford Press.

Holmes, E. A., & Mathews, A. (2005). Mental imagery and emotion: A special relationship? *Emotion, 5,* 489-497.

Holmes, E. A., & Mathews, A. (2010). Mental imagery in emotion and emotional disorders. *Clinical Psychology Review, 30,* 349-362.

Hulme, N., Hirsch, C., & Stopa, L. (2012). Images of the self and self-esteem: Do positive self-images improve self-esteem in social anxiety? *Cognitive Behaviour Therapy, 41*(2), 163-173.

Hyland, P., Shevlin, M., Brewin, C. R., Cloitre, M., Downes, A. J., Jumbe, S., · · · Roberts, N. P. (2017). Validation of posttraumatic stress disorder (PTSD) and complex PTSD using the International Trauma Questionnaire. *Acta Psychiatrica Scandinavica, 136,* 313-322.

International Society for Traumatic Stress Studies. (2012). Expert consensus treatment guidelines for complex PTSD in adults. Retrieved *from www.istss.org/ISTSS_Main/media/Documents/ISTSS-Expert-Concesnsus-Guidelines-for-Complex-PTSD-Updated-060315.pdf.*

Janoff-Bulman, R. (1992). *Shattered assumptions: Towards a new psychology of trauma.* New York: Free Press.

Jones, E. B., & Sharpe, L. (2017). Cognitive bias modification: A review of meta-analyses. *Journal of Affective Disorders, 223,* 175-183.

Kennedy, F., Clarke, S., Stopa, L., Bell, L., Rouse, H., Ainsworth, C., · · · Waller, G. (2004). Towards a cognitive model and measure of dissociation. *Journal of Behavior Therapy and Experimental Psychiatry, 35,* 25-48.

Kennedy, F., Kennerley, H., & Pearson, D. (Eds.). (2013). *Cognitive behavioural approaches to the understanding and treatment of dissociation*. East Sussex, UK: Routledge.

Keogh, R., & Pearson, J. (2011). Mental imagery and visual working memory. *PLoS One, 6,* e29221.

Kerr, K. J., Beech, A. R., & Murphy, D. (2013). Sexual homicide: Definition, motivation and comparison with other forms of sexual offending. *Aggression and Violent Behavior, 18,* 1-10.

Kosslyn, S. M., Ganis, G., & Thompson, W. L. (2001). Neural foundation of imagery. *Nature Reviews Neuroscience, 9,* 635-642.

Krakow, B., Kellner, R., Pathak, D., & Lambert, L. (1996). Long term reduction of nightmares with imagery rehearsal treatment. *Behavioural and Cognitive Psychotherapy, 24,* 135-148.

Krakow, B., & Zadra, A. (2006). Clinical management of chronic nightmares: Imagery rehearsal therapy. *Behavioral Sleep Medicine, 4,* 45-70.

Kunze, A. E., Lancee, J., Morina, N., Kindt, M., & Arntz, A. (2019). Mediators of change in imagery rescripting and imaginal exposure for nightmares: Evidence from a randomized wait-list controlled trial. *Behavior Therapy, 50,* 978-993.

Kuyken, W., Padesky, C. A., & Dudley, R. (2009). *Collaborative case conceptualization: Working effectively with clients in cognitive-behavioral therapy*. New York: Guilford Press.

Langton, C. M., & Marshall, W. L. (2001). Cognition in rapists: Theoretical patterns by typological breakdown. *Aggression and Violent Behavior, 6,* 499-518.

Le Doux, J. E. (2000). Emotion circuits in the brain. *Annual Review of Neuroscience, 23,* 155-184.

Lee, D. A. (2005). The perfect nurturer: A model to develop a compassionate mind within the context of cognitive therapy. In P. Gilbert (Ed.), *Compassion: Conceptualizations, research and use in psychotherapy* (pp. 326-351). New York: Routledge.

LePort, A. K. R., Matfield, A. T., Dickinson-Anson, H., Fallon, J. H., Stark, C. E. L., Kruggel, F., · · · McGaugh, J. L. (2012). Behavioral and neuroanatomical investigation of highly superior autobiographical memory (HSAM). *Neurobiology of Learning and Memory, 98,* 78-92.

Libby, L. K., Shaeffer, E. M., Eibach, R. P., & Slemmer, J. A. (2007). Picture yourself at the polls: Visual perspective in mental imagery affects self-perception and behavior. *Psychological Science, 18*(3), 199-203.

Libby, L. K., Valenti, G., & Pfent, A. (2011). Seeing failure in your life: Imagery perspective determines whether self-esteem shapes reactions to recalled and imagined failure. *Journal of Personality and Social Psychology, 101,* 1157-1173.

Linehan, M. M. (1993). *Cognitive-behavioral treatment of borderline personality disorder*. New York: Guilford Press.

Linke, J., & Wessa, M. (2017). Mental imagery training increases wanting of rewards and reward sensitivity and reduces depressive symptoms. *Behavior Therapy, 48,* 695–706.

Luke, M., & Stopa, L. (2009). Psychological theories of the self. In L. Stopa (Ed.), *Imagery and the threatened self: Perspectives on mental imagery and the self in cognitive therapy* (pp. 156–164). Hove, UK: Routledge.

MacCulloch, M. J., Snowden, P. R., Wood, P. J. W., & Mills, H. E. (1983). Sadistic fantasy, sadistic behaviour and offending. *British Journal of Psychiatry, 143,* 20–29.

Maloney, G., Koh, G., Roberts, S., & Pittenger, C. (2019). Imagery rescripting as an adjunct clinical intervention for obsessive compulsive disorder. *Journal of Anxiety Disorders, 66,* 102110.

Mancini, A., & Mancini, F. (2018). Rescripting memory, redefining the self: A meta-emotional perspective on the hypothesized mechanism(s) of imagery rescripting. *Frontiers in Psychology, 9,* 581.

Marks, D. F. (1973). Visual imagery differences in the recall of pictures. *British Journal of Psychology, 64,* 17–24.

Markus, H., & Wurf, E. (1987). The dynamic self-concept: A social psychological perspective. *Annual Review of Psychology, 38,* 299–337.

McNally, R. J. (2003). *Remembering trauma.* Cambridge, MA: Harvard University Press.

Meevissen, Y. M. C., Peters, M. L., & Alberts, H. J. E. M. (2011). Become more optimistic by imagining a best possible self: Effects of a two week intervention. *Journal of Behavior Therapy and Experimental Psychiatry, 42*(3), 371–378.

Milne, M. I., Rodgers, W. M., Hall, C. R., & Wilson, P. M. (2008). Starting up or starting over: The role of intentions to increase and maintain the behavior of exercise initiates. *Journal of Sport and Exercise Psychology, 30*(3), 285–301.

Morina, N., Lancee, J., & Arntz, A. (2017). Imagery rescripting as a clinical intervention for aversive memories: A meta-analysis. *Journal of Behavior Therapy and Experimental Psychiatry, 55,* 6–15.

Morrison, A. P., Beck, A. T., Glentworth, D., Dunn, H., Reid, G. S., Larkin, W., & Williams, S. (2002). Imagery and psychotic symptoms: A preliminary investigation. *Behaviour Research and Therapy, 40,* 1053–1062.

Moscovitch, D. A. (2009). What is the core fear in social phobia?: A new model to facilitate individualized case conceptualization and treatment. *Cognitive Behavioral Practice, 16,* 123–134.

Moscovitch, D. A., Gavric, D. L., Merrifield, C., Bielak, T., & Moscovitch, M. (2011). Retrieval properties of negative vs positive mental images and autobiographical memories in social anxiety: Outcomes with a new measure. *Behaviour Research and Therapy, 49,* 505-517.

Mulkens, A. A. N., de Jong, P. J., & Merckelbach, H. (1996). Disgust and spider phobia. *Journal of Abnormal Psychology, 105,* 464-468.

National Institute for Health and Care Excellence. (2009). Depression in adults: Recognition and management (CG90). Retrieved from *www.nice.org.uk/guidance/cg90.*

National Institute for Health and Care Excellence. (2013). Social anxiety disorder: Recognition, assessment and treatment (CG159). Retrieved from *www.nice.org.uk/guidance/cg159.*

National Institute for Health and Care Excellence. (2018). Post-traumatic stress disorder (NG116). Retrieved from *www.nice.org.uk/guidance/ng116.*

Ng, A. S., Abbott, M. J., & Hunt, C. (2014). The effect of self-imagery on symptoms and processes in social anxiety: A systematic review. *Clinical Psychology Review, 34*(8), 620-633.

Ng, R. M. K., Di Simplicio, M., McManus, F., Kennerley, H., & Holmes, E. A. (2016). "Flash-forwards" and suicidal ideation: A prospective investigation of mental imagery, entrapment and defeat in a cohort from the Hong Kong Mental Morbidity Survey. *Psychiatry Research, 246*, 453-460.

Nigro, G., & Neisser, U. (1983). Point of view in personal memories. *Cognitive Psychology, 15,* 467-482.

Nilsson, J.-E., Knutsson, J., Jalamo, B.-S., & Lundh, L.-G. (2019). Imagery rescripting of early memories in health anxiety: A feasibility and non-randomized pilot study. *Journal of Behavior Therapy and Experimental Psychiatry, 65,* 101491.

Nilsson, J.-E., & Lundh, L.-G. (2016). Audio feedback with reduced self-focus as an intervention for social anxiety: An experimental study. *Cognitive Behaviour Therapy, 45,* 150-162.

Nilsson, J.-E., Lundh, L.-G., Faghihi, S., & Roth-Andersson, G. (2011). The enhancement of beneficial effects following audio feedback by cognitive preparation in the treatment of social anxiety: A single session experiment. *Journal of Behavior Therapy and Experimental Psychiatry, 42,* 497-503.

Nolen-Hoeksema, S., Morrow, J., & Frederickson, B. L. (1993). Response styles and the duration of episodes of low mood. *Journal of Abnormal Psychology, 102,* 20-28.

Nolen-Hoeksema, S., Wisco, B. E., & Lyubomirsky, S. (2008). Rethinking rumination. *Perspectives on Psychological Science, 3,* 400-424.

Norton, A. R., & Abbott, M. J. (2016). The efficacy of imagery rescripting compared to cognitive restructuring for social anxiety disorder. *Journal of Anxiety Disorders, 40,* 18-28.

Orr, E. M. J., & Moscovitch, D. A. (2010). Learning to re-appraise the self during video feedback for social anxiety: Does depth of processing matter? *Behaviour Research and Therapy, 48*(8),

728–737.

Öst, L.-G., & Sterner, L. (1987). A specific behavioural method for treatment of blood phobia. *Behaviour Research and Therapy, 25,* 25–29.

Padesky, C. A. (1997). A more effective treatment focus for social phobia. *International Cognitive Therapy Newsletter, 11,* 1–3.

Padesky, C. A., & Greenberger, D. (1995). *Clinician's guide to mind over mood.* New York: Guilford Press.

Padesky, C. A., & Mooney, K. A. (2012). Strengths-based cognitive therapy: A four-step model to build resilience. *Clinical Psychology and Psychotherapy, 19,* 283–290.

Panagioti, M., Gooding, P. A., & Tarrier, N. (2012). An empirical investigation of the effectiveness of the broad-minded affective coping (BMAC) procedure to boost mood among individuals with posttraumatic stress disorder (PTSD). *Behaviour Research and Therapy, 5,* 589–595.

Paulik, G., Steel, C., & Arntz, A. (2019). Imagery rescripting for the treatment of trauma in voice hearers: A case series. *Behavioural and Cognitive Psychotherapy, 47*(6), 709–725.

Perls, F. S., Hefferline, R., & Goodman, P. (1951). *Gestalt therapy: Excitement and growth in the human personality.* New York: Gestalt Journal Press.

Pictet, A. (2014). Looking on the bright side in social anxiety: The potential benefit of promoting positive mental imagery. *Frontiers in Human Neuroscience, 8,* 43.

Rachman, S. J. (1980). Emotional processing. *Behaviour Research and Therapy, 18,* 51–60.

Rachman, S. J., & de Silva, P. (1978). Abnormal and normal obsessions. *Behaviour Research and Therapy, 16,* 233–248.

Raes, F., Hermans, D., Williams, J. M. G., Geypen, L., & Eelen, P. (2006). The effect of overgeneral autobiographical memory retrieval on rumination. *Psychologica Belgica, 46,* 131–141.

Rapee, R. M., & Heimberg, R. G. (1997). A cognitive-behavioural model of anxiety in social phobia. *Behaviour Research and Therapy, 35*(8), 741–756.

Richter, A., Gilbert, P., & McEwan, K. (2010). Development of an Early Memories of Warmth and Safeness Scale and its relation to psychopathology. *Psychology and Psychotherapy, 82,* 171–184.

Riskind, J. H., & Williams, N. L. (1999). Cognitive case conceptualization and the treatment of anxiety disorders: Implications of the looming vulnerability model. *Journal of Cognitive Psychotherapy: An International Quarterly, 13,* 295–316.

Ritter, V., & Stangier, U. (2013). Cognitive therapy in body dysmorphic disorder. *Zeitschrift für Klinische Psychologie und Psychotherapie, 42,* 192–200.

Robinson, J. A., & Swanson, K. L. (1993). Field and observer modes of remembering. *Memory, 1,*

169-184.

Ross, C. A., Joshi, S., & Currie, R. (1990). Dissociative experiences in the general population. *American Journal of Psychiatry, 147*(11), 1547-1552.

Seebauer, L., Fross, S., Dubuschny, L., Schönberger, M., & Jacob, G. A. (2014). Is it dangerous to fantasize revenge in imagery exercises?: An experimental study. *Journal of Behavior Therapy and Experimental Psychiatry, 45,* 20-25.

Segal, Z. V., Williams, J. M., & Teasdale, J. T. (2001). *Mindfulness-based cognitive therapy for depression: A new approach to preventing relapse.* New York: Guilford Press.

Shafran, R. (2005). Cognitive-behavioral models of OCD. In J. S. Abramowitz & A. C. Houts (Eds.), *Concepts and controversies in obsessive compulsive disorder* (pp. 229-252). New York: Springer.

Shafran, R., Farrell, C., Lee, M., & Fairburn, C. G. (2009). Brief cognitive therapy for extreme shape concern: An evaluation. *British Journal of Clinical Psychology, 48,* 79-82.

Shafran, R., & Rachman, S. (2004). Thought-action fusion: A review. *Journal of Behavior Therapy and Experimental Psychiatry, 35,* 87-107.

Shapiro, F. (2001). *Eye movement desensitization and reprocessing: Basic, principles, protocols and procedures.* New York: Guilford Press.

Shin, L. M., & Liberzon, I. (2010). The neurocircuitry of fear, stress and anxiety disorders. *Neuropsychopharmacology, 35,* 169-191.

Simeon, D., Guralnik, O., Hazlett, E. A., Spiegel-Cohen, J., Hollander, E., & Buchsbaum, M. S. (2000). Feeling unreal: A PET study of depersonalization disorder. *American Journal of Psychiatry, 157,* 1782-1788.

Singer, J. A., & Salovey, P. (1993). *The remembered self: Emotion and memory in personality.* New York: Free Press.

Singer, J. L. (2006). *Imagery in psychotherapy.* Washington, DC: American Psychological Association.

Smucker, M. R., & Dancu, C. V. (1999). *Cognitive-behavioral treatment for adult survivors of childhood trauma.* Northvale, NJ: Jason Aronson.

Somer, E. (2002). Maladaptive daydreaming: A qualitative inquiry. *Journal of Contemporary Psychotherapy, 32*(2-3), 197-212.

Speckens, A. E. M., Ehlers, A., Hackmann, A., & Clark, D. M. (2006). Changes in intrusive images associated with imaginal reliving in posttraumatic stress disorder. *Anxiety Disorders, 20,* 328-341.

Spurr, J. M., & Stopa, L. (2003). The observer perspective: Effects on social anxiety and performance. *Behaviour Research and Therapy, 41,* 1009-1028.

Staring, A. B. P., van den Berg, D. P. G., Cath, D. C., Schoorl, M., Engelhard, I. M., & Korrelboom, C. W. (2016). Self-esteem treatment in anxiety: A randomized controlled crossover trial of eye movement desensitization and reprocessing (EMDR) versus competitive memory training (COMET) in patients with anxiety disorders. *Behaviour Research and Therapy, 82,* 11-20.

Steele, K., Boon, S., & van der Hart, O. (2017). *Treating trauma-related dissociation: A practical integrative approach.* New York: Norton.

Steketee, G., & Barlow, D. H. (2002). Obsessive-compulsive disorder. In D. H. Barlow (Ed.), *Anxiety and its disorders: The nature and treatment of anxiety and panic* (2nd ed., pp. 516-550). New York: Guilford Press.

Stopa, L. (Ed.). (2009). *Imagery and the threatened self: Perspectives on mental imagery and the self in cognitive therapy.* London: Routledge.

Stopa, L. (2013). Imagery and dissociation. In F. Kennedy, H. Kennerley, & D. Pearson (Eds.), *Cognitive behavioural approaches to the understanding and treatment of dissociation* (pp. 80-91). East Sussex, UK: Routledge.

Stopa, L., Brown, M. A., & Hirsch, C. R. (2012). The effects of repeated imagery practice on self-concept, anxiety and performance in socially anxious participants. *Journal of Experimental Psychopathology, 3,* 223-242.

Stopa, L., Brown, M. A., Luke, M., & Hirsch, C. R. (2010). Constructing a self: The role of self-structure and self-certainty in social anxiety. *Behaviour Research and Therapy, 48,* 955-965.

Stopa, L., & Jenkins, A. (2007). Images of the self in social anxiety: Effects on the retrieval of autobiographical memories. *Journal of Behavior Therapy and Experimental Psychiatry, 38,* 459-473.

Stott, R., Mansell, W., Salkovskis, P., Lavender, A., & Cartwright-Hatton, S. (2010). *Oxford guide to metaphors in CBT: Building cognitive bridges.* Oxford, UK: Oxford University Press.

Sumner, J. A. (2012). The mechanisms underlying overgeneral autobiographical memory: An evaluative review of evidence for the CaR-FA-X model. *Clinical Psychology Review, 32,* 34-48.

Sutin, A. R., & Robins, R. W. (2008). When the "I" looks at the "me": Autobiographical memory, visual perspective and the self. *Consciousness and Cognition, 17,* 1386-1397.

Sutin, A. R., & Robins, R. W. (2010). Correlaters and phenomenology of first and third person memories. *Memory, 18,* 625-637.

Tarrier, N. (2010). Broadminded affective coping (BMAC): A "positive" CBT approach to facilitating positive emotions. *International Journal of Cognitive Therapy, 3,* 64-76.

Taylor, S. (2020). Anxiety sensitivity. In J. S. Abramowitz & S. M. Blakeley (Eds.), *Clinical handbook of fear and anxiety: Maintenance processes and treatment mechanisms* (pp. 65–80). Washington, DC: American Psychological Association.

Teasdale, J. D. (1999). Multi-level theories of cognition-emotion relations. In T. Dalgleish & M. Power (Eds.), *Handbook of cognition and emotion* (pp. 665–682). Chichester, UK: Wiley.

Teasdale, J. D., & Barnard, P. J. (1993). *Affect, cognition and change: Re-modelling depressive thought*. Hove, UK: Erlbaum.

van Bentum, J. S., Sijbrandij, M., Huibers, M. J. H., Husiman, A., Arntz, A., Holmes, E. A., & Kerhof, A. J. F. M. (2017). Treatment of suicidal imagery using eye movements. *International Journal of Environmental Research and Public Health, 14*(7), 714.

van der Hart, O., van der Kolk, B. A., & Boon, S. (1998). The treatment of dissociative disorders. In J. D. Bremner & C. R. Marmar (Eds.), *Trauma, memory and dissociation*. Washington, DC: American Psychiatric.

van der Kolk, B. A. (2007). The history of trauma in psychiatry. In M. J. Friedman, T. M. Keane, & P. A. Resick (Eds.), *Handbook of PTSD: Science and practice* (pp. 19–36). New York: Guilford Press.

Veale, D. (2009). Body dysmorphic disorder. In M. M. Antony & M. B. Stein (Eds.), *Oxford handbook of anxiety and related disorders* (pp. 541–550). Oxford, UK: Oxford University Press.

Veale, D., Freeston, M., Krebs, G., Heyman, I., & Salkovskis, P. (2009). Risk assessment and management in obsessive-compulsive disorder. *Advances in Psychiatric Treatment, 15*, 332–343.

Victor, P. P., Teismann, T., & Willutzki, U. (2017). A pilot evaluation of a strengths-based CBT intervention module with college students. *Behavioural and Cognitive Psychotherapy, 45*, 427–431.

Wallace-Hadrill, S. M. A., & Kamboj, S. K. (2016). The impact of perspective change as a cognitive reappraisal strategy on affect: A systematic review. *Frontiers in Psychology, 7*, 1715.

Warnock-Parkes, E., Wild, J., Stott, R., Grey, N., Ehlers, A., & Clark, D. M. (2017). Seeing is believing: Using video feedback in cognitive therapy for social anxiety disorder. *Cognitive and Behavioral Practice, 24*(2), 245–255.

Watkins, E. R., & Teasdale, J. D. (2001). Rumination and overgeneral memory in depression: Effects of self-focus and analytic thinking. *Journal of Abnormal Psychology, 110*, 353–357.

Watson, D., & Tellegen, A. (1985). Towards a consensual structure of mood. *Psychological Bulletin, 98*, 219–235.

Weertman, A., & Arntz, A. (2007). Effectiveness of treatment of childhood memories in cognitive therapy for personality disorders: A controlled study contrasting methods focusing on the present and methods focusing on childhood memories. *Behaviour Research and Therapy, 45,* 2133–2143.

Wells, A. (1997). *Cognitive therapy of anxiety disorders: A practice manual and conceptual guide.* Chichester, UK: Wiley.

Wells, A. (2000). *Emotional disorders and metacognition: Innovative cognitive therapy.* Chichester, UK: Wiley.

Wells, A., Clark, D. M., & Ahmad, S. (1998). How do I look with my mind's eye: Perspective taking in social phobias imagery. *Behaviour Research and Therapy, 36,* 631–634.

Wild, J., Hackmann, A., & Clark, D. M. (2007). When the present visits the past: Updating traumatic memories in social phobia. *Journal of Behavior Therapy and Experimental Psychiatry, 38*(4), 386–401.

Wild, J., Hackmann, A., & Clark, D. M. (2008). Rescripting early memories linked to negative images in social phobia: A pilot study. *Behavior Therapy, 39*(1), 47–56.

Williams, J. M. G. (1988). Autobiographical memory in depression. *Psychological Medicine, 18,* 689–695.

Wilson, J., & Rapee, R. M. (2006). Self-concept certainty in social phobia. *Behaviour Research and Therapy, 44,* 113–136.

Wolpe, J. (1958). *Psychotherapy by reciprocal inhibition.* Palo Alto, CA: Stanford University Press.

World Health Organization. (2018). *International classification of diseases for mortality and morbidity statistics* (11th rev.). Geneva, Switzerland: Author. Retrieved from *https://icd.who.int/browse11/l-m/en*

Young, J. (1999). *Cognitive therapy for personality disorders: A schema-focused approach.* Sarasota, FL: Professional Resource Press.

Zeman, A. Z., Della Sala, S., Torrens, L. A., Gountouna, V. E., McGomigle, D. J., & Logie, R. H. (2010). Loss of imagery phenomenology with intact visuo-spatial task performance: A case of "blind imagination." *Neuropsychologica, 48,* 145–155.

Zeman, A. Z., Dewar, M., & Della Sala, S. (2015). Lives without imagery-congential aphantasia. *Cortex, 73,* 378–380.

찾아보기

ㅇ

ㅈ

저자 소개

루시아 스토파(Lusia Stopa)

영국 사우샘프턴 대학교(University of Southampton) 임상심리학과 명예교수이다. 그녀는 사우샘프턴을 인지치료 훈련을 위한 중심지로 세웠고 심리학과에서 인지치료와 임상심리학 프로그램을 지도하고 있다. 스토파 박사는 정신건강 치료사에게 심상을 특별히 강조하며, 그들에게 증거기반 치료 분야를 가르치고 슈퍼비전한다. 또한 개인 인지치료도 진행하고 있다. 그녀는 심리학을 공부하기 전에 영문학을 공부하였고 사람들이 삶 속에서 창조하는 내러티브에 관심이 많았다. 그녀의 혁신적 연구는 정신적 심상이 어떻게 자기를 나타낼 수 있는지에 초점이 맞춰져 있고, 그녀는 사회불안장애와 다른 장애들에서의 심상과 자기에 관한 책과 논문을 광범위하게 출간하고 있다. 또한 스토파 박사는 심상이 어떻게 회복을 촉진할 수 있는지 탐색하고 심상 다시쓰기의 효과성을 설명하기 위한 메커니즘을 조사하고 있다. 2015년 벡 인지행동치료 연구소는 인지치료 분야에 대한 그녀의 공헌을 인정하여 그녀를 교수로 초대하였다.

역자 소개

정은주(Eunju Jeong)

대구교육대학교 초등교육과 졸업(교육학 학사)

울산대학교 교육대학원 상담교육학과 졸업(교육학 석사)

영남대학교 미술치료학과 졸업(미술치료학 박사)

영국 Institute of Psychoanalysis 정신분석 수련

영국 The British Psychological Society 소속 기관 인지행동치료 수련

현 한국인지행동치료연구소 소장

울산 정앤정 미술치료연구소 소장

육군교육사령부 리더십처 CBT 자문위원

한국미술치료학회 이사 및 수련감독임상미술심리전문상담사

인지행동치료에서 심상

Imagery in Cognitive-Behavioral Therapy

2024년 9월 10일 1판 1쇄 인쇄
2024년 9월 20일 1판 1쇄 발행

지은이 • Lusia Stopa
옮긴이 • 정은주
펴낸이 • 김진환
펴낸곳 • ㈜학지사
04031 서울특별시 마포구 양화로 15길 20 마인드월드빌딩
대표전화 • 02-330-5114 팩스 • 02-324-2345
등록번호 • 제313-2006-000265호

홈페이지 • http://www.hakjisa.co.kr
인스타그램 • https://www.instagram.com/hakjisabook

ISBN 978-89-997-3191-4 93180

정가 23,000원

역자와의 협약으로 인지는 생략합니다.
파본은 구입처에서 교환해 드립니다.